智慧育人

◎ 李伟志 主编

班主任
工作艺术

天津社会科学院出版社

图书在版编目（CIP）数据

智慧育人：班主任工作艺术 / 李伟志主编. -- 天
津：天津社会科学院出版社，2022.3
　ISBN 978-7-5563-0805-7

　Ⅰ. ①智… Ⅱ. ①李… Ⅲ. ①班主任工作－研究
Ⅳ. ①G451.6

　中国版本图书馆 CIP 数据核字（2022）第 039247 号

智慧育人：班主任工作艺术
ZHIHUI YUREN:BANZHUREN GONGZUO YISHU
选题策划：柳　晔
责任编辑：柳　晔
责任校对：王　丽
装帧设计：高馨月
出版发行：天津社会科学院出版社
地　　址：天津市南开区迎水道 7 号
邮　　编：300191
电　　话：（022）23360165
印　　刷：高教社（天津）印务有限公司
开　　本：787×1092　　1/16
印　　张：33.75
字　　数：420 千字
版　　次：2022 年 3 月第 1 版　　2022 年 3 月第 1 次印刷
定　　价：88.00 元

编委会

主　编：李伟志

副主编：孙国兰

编　委：李慧睿　臧金莲　闻　军
　　　　张宝爱　龚　宇　李雪梅

序

　　散发着油墨清香,一部展示西青区优秀班主任工作经验成果的《智慧育人——班主任工作艺术》结集出版,呈现在我们的面前了。这本书凝聚着班主任辛勤耕耘、潜心实践研究的汗水,映现出他们的勤于思考、勇于探索的精神。

　　多年来,西青区教育局以习近平新时代中国特色社会主义思想为指导,以立德树人为根本,高度重视班主任队伍建设,精心选派思想素质好、业务水平高、奉献精神强的优秀教师担任班主任,他们搭设舞台,引领班主任专业成长,不断完善班主任工作制度和评价体系,激励班主任德业双馨,取得了显著成绩。全区班主任志存高远,热爱学生,无私奉献,大胆创新,在实践中总结,在总结中提高,形成了各具特色、独具匠心的班主任工作模式,推进了学校的素质教育。全区涌现出的优秀班主任爱岗敬业、呕心沥血的事迹感人至深,折射出人民教师高尚的师德风范。他们立足本职、勇于探索的成功经验,带动了全区班主任队伍的专业化成长。

　　班主任是班级之魂,是学生的领路人,是学校贯彻党的教育方针的执行者和实施者,是学校各项工作计划的骨干力量。班主任工作的成败决定着学校工作的成败。班主任队伍的建设直接关系到贯彻素质教育的成败。班主任工作是伟大的,他们是祖国的脊梁,撑起了学生的一片蔚蓝的天;班主任工作是平凡的,工作琐碎,事情繁杂,事无具细,必亲为之。多少辛苦,多少无奈,都被这平凡

——化解。然而,正是这平凡,才孕育了真正的伟大。也许默默奉献太过高尚,但哪个高尚不是用一颗永恒的心去诠释;也许灵魂使者太过伟大,但哪个伟大不是用一颗智慧的心去规划。为党育人,为国育才,今天的班主任重担在肩。

这本《智慧育人——班主任工作艺术》,是西青区优秀班主任的工作写照,也是全区班主任工作的缩影。这本书里没有华丽的辞藻,没有深刻的哲言,它记录的是班主任工作生活的点滴,普通而且平凡。思考,积淀,撷取片片感悟,连缀成文。这些文字也许没有教育理论专业研究人员的文章那么系统大气,没有高深的理论和时髦的语汇,但来自一线,鲜活灵动,真实感人。记载了班主任工作的感悟,见证了大家工作的辛苦,同时也是我们对班主任工作思考与总结的参照,更记录了西青区各级领导重视班主任工作的优秀传统。

诚然,这本书的文章,有些还不够缜密、成熟,但毕竟凝聚了班主任的心血,闪烁着睿智和探索的光芒。相信,有了睿智,有了探索的精神,就会有教育家的诞生,就会有西青区教育辉煌的明天。

编 者

2021 年 12 月

目　录

卷一　成长篇

卷二　探索篇

卷三　行动篇

卷四　研究篇

卷一·成长篇

学生的健康成长源于班主任拥有一颗爱心。育人先育心，班主任要善待每一个学生，关爱每一个学生，把学生当作自己的孩子，当成自己的朋友，给学生以心灵的自由，与学生打成一片，切实走进学生的心灵，做学生最信任的领路人。

智慧育人

刘玉梅，天津师范大学第三附属小学班主任、语文教师。

担任班主任工作30年，所带的班多次获得市级三好班集体，起到了率先垂范的作用。天津电视台、《天津日报》等媒体多次进行报道。先后被评为天津年度教育人物、天津市教育系统示范岗先进个人、天津好人、天津市三八红旗手、津门杰出班主任、天津市中小学骨干教师，并成立"刘玉梅名班主任工作室"，2019被评为全国模范教师。2021年7月1日作为全国教育系统代表受邀参加了庆祝中国共产党成立100周年大会。秉持教育初心，刘玉梅用自己的一份专业之心成为学生的筑梦人。

带班理念

让每一个与我相遇的孩子，
因我而快乐幸福地生活。

智慧型班主任的思与行

刘玉梅

一、什么是智慧型班主任？

什么是智慧型班主任？智慧型班主任就是具有较高教育智慧的教师。智慧型班主任的教育智慧是教育科学与艺术高度融合的产物，是班主任在探索教育教学规律基础上长期实践、感悟、反思的结果，也是班主任教育理念、学识修养、情感与价值观、教育机智、教学风格等多方面素质高度个性化的综合体现。智慧型班主任与研究型班主任有诸多共同之处，如都执着于教育规律的探索和现实问题的研究，对理论学习抱有很高的热情，将研究视为重要的成长基础，等等。但从二者的内涵和目标指向来看，智慧型班主任具有更丰富的内涵和更高的目标指向，它对现代班主任的成长提出了更全面的要求——即在实践与理论的紧密结合中，全面提升自身的教育智慧水平。

在实践中，班主任教育智慧的形成途径是多方面的，因而教育智慧的构成也是多类型、多层面的。它既包含基于整体感知、直觉把握的知性智慧，基于理论思考、规律认识的理性智慧，基于职业感、道德感、人际交往、师爱的情感智慧，也包含基于个体经验积累、实践感悟、教学反思形成的实践智慧。教育智慧是班主任整体素质的核心构成，它内在地决定着班主任教学工作的状态、质量和水平，自然而深刻地影响着人才培养的质量。

真正检验一个教师有没有智慧，要在实践中看。当教育出现一些新的变化和突发性的情况，当具体的任务、目标、场景随着情况发生改变，教师能不能敏锐洞悉，能不能做出快速的反应，能不能灵活机智地应对、能不能进行恰当的现场策略调整，基本上能真实反映一个教师的实际教育智慧水平。

二、为什么需要智慧型班主任？

智慧型教师是家长眼中理想的教师。"仁者""智者"这两个词，可以概括智慧型教师的基本特点。所谓仁者，是指有爱心、诚信、公正、无私、宽容的人；而智者，则是指那些富有学识和人生经验、思维灵活、善于处理问题、勤于学习的人。

成为智慧型班主任的途径是多样化的，除了接受正规的知识、能力、价值观等方面的培养外，更需要靠个人长期不懈的自我修养，包括个人阅读、生活经历与教育教学经历的体悟与反思、对人际的洞察与感悟等。因此，高度重视和深刻认识教育智慧的意义与价值，切实提高班主任教育智慧水平，努力探索智慧型班主任成长的机制和途径，进而让智慧回归教育，让智慧唤醒课堂，让智慧引领班主任专业成长，是时代的呼唤，是班主任专业成长的需要，是课堂教学焕发生机与活力的契机，是当下教育教学改革的重大使命。

班主任作为一个班级的"将领"，对班级的影响极大。一个班级的成功与否很大程度上取决于这个班级的班主任。因此，班主任的素养极为重要。也就是说,班主任的素质如何,直接关系到素质教育的成败。

班主任志当存高远,要以一个管理者的身份来要求自己,从这个角度出发,班主任所要具备的素养至少还应包括:德才兼备、刚柔并济、善于激励、遇事沉着冷静……

一句话就是——育德的智慧。

(一)育德的智慧

1. 育德的智慧之一——示弱与信任

示弱可营造一种轻松的氛围。现代教育理论认为,教育的本质是交往,是师生心境的开放。崔永元的《实话实说》节目之所以做得这么成功,就在于他营造了一个平民化的谈话环境,观众乐于说,敢于说。教师示弱,首先展现了一种教育态度。教师剔除"师道尊严"的想法,主动从圣坛上走下来,走到孩子们中间去,这对学生来讲,是多么大的鼓舞!

教师示弱,学生得到尊重和信任,进而变得更强大,我们何乐而不为呢?

一封鸡毛信

课间,班里的小图书管理员芳芳和田田找到我,跟我抱怨说:"刘老师,咱班的图书太多了,教室里的两个书柜都满了,同学们捐助的图书都没地方放了。"

听完之后我习惯性地问道:"那你们说怎么办好呢?"

"我俩早就观察好了,咱们学校的功能楼里还有几个空书柜呢,要不叫大虎他们几个力气大的同学把空书柜搬到咱班来吧!"

我被这两个"护家"的小机灵鬼儿逗乐了，笑着说："那可不行，学校有规定，一个班只能配备两个书柜。你们说的功能楼里的空书柜是备用的。"

"那可怎么办呢?"芳芳皱起了小眉头，"我们给校长写一封要柜子的信怎么样?"突然，一个小点子从她的嘴里冒了出来。

对她们的想法我给予了肯定和支持。我想无论校长答不答应孩子们的请求，这都不重要。重要的是让孩子们体验遇到困难积极想办法和付诸行动的一个过程。

于是我给四个小图书管理员进行了简单的培训，告诉他们申请书柜的格式和写法。没想到四个二年级的孩子仅用了半个小时就把这个六年级才接触到的应用文体——书柜申请书写好了。

当他们写好后给我过目时，且不说那充满童趣的内容、富有层次感的段落，单是他们写的抬头称呼就让我忍俊不禁了。

这封信抬头的称呼是这么写的："我们二年八班全体同学最最尊敬的，全学校最帅的，办事最有能力的，对我们最和蔼可亲的胖校长您好:(只这个开头他们就占了一行还多，其实我们校长姓张，只不过长得比较胖而已。)"

据校长后来跟我说，他接到这封信时，信上面还插有一根鸡毛，简直就是"鸡毛信"。"刘老师，如果是你找我申请要个书柜，我绝对会按规矩办事，给不了。但是我看了孩子们的信，那真的是不忍心不给呀。"说完，校长哈哈大笑起来。就这样，全校唯一拥有三个书柜的班级就是我们班。

我的这些做法确实受到过一些老师的质疑。他们曾问我:"这样培养出来的孩子会不会太功利?"我觉得不会的，因为孩子们的出发点不是"为我"，而是从集体的利益出发的。而在整个实施过程中，既培养了他们的礼貌待人，又锻炼了他们周全的做事方式。

我的"左膀右臂"们

明天,我要代表我们学校去教育局参加市级三好班集体的评选,因为路途比较远,这一来回得需要一天的时间。

为了以防我不在时有什么意外发生,我郑重其事地对全班同学说:"孩子们,明天我要去区里参加市级三好班集体的评选,外出半天,向大家请个假。一会儿我和校长协商一下,给咱班派一个临时的班主任来。希望你们……"

还没等我把话说完,荣超就站起来说:"刘老师,我们准您的假,您就放心去吧。"

"我看没必要给咱班派临时班主任,我们能管理好的。"班长晓晴说道。

"对,我们不用,这也是我们向全校的老师和同学展示我们的机会……""老师,我们真的不用……"看着孩子们一个个胸有成竹的样子,我决定让他们来个"小鬼当家"。

这一天,我是"身在曹营心在汉",生怕孩子们会出些岔子。

第二天早上我刚走进教室,小管家们已笑眯眯地向我走来,每个人递给我一份材料,我定睛一看,竟然是工作总结。

班长晓晴说:"老师,我们知道您平时工作很忙,除了要给我们上课,还有许多工作要做,所以我们几个商量好了,为了节省您的时间,每人写了一份昨天工作的总结。您什么时候有时间,就什么时候看,反正咱班表现不错!"说完冲我一吐舌头,我被她的调皮样子逗乐了,更被几个班干部的贴心感动了。

课余,我打开那几份工作总结。下面是摘录的一些片段:

"上午第三节课是音乐课,负责搬琴的刘宇和业成没用我提醒,一下课就把琴搬到了教室。并且我发现上课之前,他俩一边调整放琴桌子的角度,嘴里还一边喋喋不休地讨论着什么。我上前一问才知道,他们竟然为让音乐老师弹琴时舒服些,在那儿商讨着椅子的摆放位置。于是,我对他们这种细心的做事方式和为他人着想的工作态度给予了口头表扬……"(学习委员刘一凡)

读着读着,一凡这个理着小平头、做事严谨的小学究的样子出现在了我的面前。

其实,学生并不需要老师死盯看牢,也不需要手把手地去教。很多时候,他们自己知道管理自己,知道自己教育自己。只是我们不太信任他们,总以为他们离开了我们就不行。你瞧,一凡多会抓典型表扬呀。

"老师,我先向您报个喜讯,放学前,我去德育处查看考评记录,大课间和中午用餐的时间就数咱班的纪律最好了,全都是满分十分。李顺告诉我,中午吃饭时,别的班有两个学生用馒头屑扔着玩儿,正好有一块落到他的餐桌上,他怕食堂阿姨看到了会认为是咱班同学没有实行'光盘计划'而减分,所以他就把那块馒头给吃了……"(纪律委员李岩)

想象着李顺强吃下那块馒头的憨态,想象着纪律委员李岩去德育处查看考评的那种紧张心情,我意识到缓解教师的工作压力,工作轻松、生活愉快幸福的秘籍就是——拥有得力的左膀右臂。

"您去参评市级三好班集体,我们都打赌咱班准能评上。我想,如果咱班评上了,会有很多的领导和老师到咱们班来参观。于是我把大家召集在一起集思广益,看看怎么把咱班在现有的基础上,装饰得更漂亮一些。因为我想,大家动脑子总比我一个人点子多。小伟从家里带来了一个鱼缸,摆在了咱们的书柜上。他说养几条小鱼能给咱班注入新的活力。斯荣等几个女生看见墙角有一

节暖气管子暴露在外边,说不雅观,于是就让绿萝的枝蔓爬了上去。她们还说这个创意是她们女生的专利……"(生活委员陈晨)

今天早上我走进教室的时候,就已经发现了这些小变化。真没想到生活委员陈晨带领着同学们,想着法儿、变着样儿地把教室布置得整洁又温馨。教室环境装扮成他们喜欢的样子,整洁的教室让我疲惫的身心都能得到放松。每次听到任课老师们对他们的夸赞与认可,孩子们的干劲儿就更足了。

"今天是收饭费的日子,我担心有的同学忘记带了,于是和家长商量好了,多带了136元,以备不时之需。但是咱班同学没有一个忘记的,全都及时地交了饭费。收饭费的老师还夸咱班习惯好呢。对了,老师,您看到我放在您办公桌上的一摞作文了吗?那是语文课上,我给同学们布置的一篇题目为《刘老师外出时的心愿》的作文。我是想让同学们体会一下您的辛苦……"(班长晓晴)

多带一份饭钱以备同学需要,这是一个多么有爱心的班干部呀。以他们的视角来写我的心愿又是多么有头脑、有意思的一件事呀。

最有意思的是,除了我们的年级组长,其他任课老师居然不知道一上午我没有到校上班。事后他们开玩笑说:"刘老师,我觉得您这个班主任都可以隐退了。"

从孩子们的工作总结中,我看到了他们的主人翁意识。孩子都愿意在班主任不在的时候表现出强大的一面。这就和"懒妈妈养个勤快娃娃"一样。他们越想表现,班主任就越轻松。

因此,利用好班干部,班主任就可以去做他们的遥控器。我们何乐而不为呢?

感谢你们——我的左膀右臂!

心理学家威廉杰姆士曾说过:"在人所有的情绪中,最强烈的莫过于渴望被人尊重、被人重视。"成年人亦是如此,更何况孩子呢?作为教师,我们要给予孩子充分的尊重和信任。在平时工作中,我深深地感受到,老师的大胆示弱不仅能够成为学生积极进取的动力,而且还能使他们更加"倾心"于老师,更乐于接近老师。

2. 育德的智慧之二——个性与团结

现在教育界有一种观点,就是要让孩子有自己的个性。是的,我们不能把学生培养成没有主见、不能独立思考的人,我们应该让他们充分发展自己的个性。

作为一名班主任,要在班级管理中变以班主任为主体为以学生为主体,变强制命令为民主协商,变千篇一律为百花齐放,使学生在班集体中心情舒畅、思想活跃,营造培养学生个性发展的良好空间。

在全面实施素质教育的今天,班级工作应最大限度地依靠民主管理,班主任应充分发挥每个学生的积极性,让大家施展才华、接受锻炼、增长才干。这样学生在参与班级的管理中,才会逐渐增强主人翁的责任感,懂得珍惜集体的荣誉,在平时的言行举止中,就会更主动、更自觉地关心集体的工作,维护集体的利益。

一次拔河比赛

2019年那次拔河比赛,孩子们的精神面貌依稀还在我眼前。也就是那次比赛,按下了学生"为班级而战"的键。

为了迎接十月一日国庆节,九月底学校要举行年级拔河循环赛。当我按学校要求准备在班里选出男女生各十名学生组队时,他们并没有表现出我所想象的那种"争先恐后"的竞争场面。甚至有几个孩子斜躺在椅子上,阴阳怪气地说:"我才不参加呢,怪累的。谁参加谁就是大傻子。"他们几个人的话引起了很多同学的哄笑。这样一来,主动举手参与者更是寥寥无几了。

孩子们对"拔河比赛"所表现出来的不屑一顾的"态度",仿佛这项活动与他们俨然没有一点关系,这着实让我对班集体建设感到忧虑。

我摇了摇头,满心颓唐。没办法,只好按体重身高两项叠加优先的标准,把队员组齐了。

上任一个星期了,对于新接手的这个六年级六班,我最大的一个感触是——自由散漫。

面对班级的这种现状,作为他们的第九任班主任,我首要的任务就是想办法增强班级凝聚力,把一粒粒散落的沙子凝聚在一起。

我把这次拔河比赛列为我实施计划的第一步。据我观察,我们班重量级选手不在少数,这在拔河比赛中是非常有优势的。如果正常发挥的话,即使拿不到冠军,也会取得较好的名次。

对于这次拔河比赛,我进行了精心组织策划。午自习的时间,我从网上找出一些拔河比赛的视频和同学们一起观看,然后让学生找窍门、得技巧。没想到学生们还真看出了很多门道。

张磊说:"咱们在做准备姿势,握绳时双手手心一定要向上。让绳子从腋下穿过。"他的建议得到了同学们的认可。"还有,咱们站立时身体尽量向后倾斜,半蹲、马步、重心向后压。拔河时身体倾斜度要达到 45 度以上。"何军补充道。

"你们看视频中的队伍排序,是不是都是按体重,从绳子末端到最前面,依次由重到轻排列的。""对,是这样的……"孩子们为又找到一个小技巧欢呼雀跃着。

我知道这些技巧对于一个普通班级来说可能是至关重要的,可对于我们班来说它还不是——我们班最缺少的是"团队精神"。

我从德育处找到了他们去年拔河比赛的现场录像。李靖看完点评道:"别的班队员拔河时气势如虹,咱们班的队员拔河时状态如'虫'呀。"他说完之后,班里一阵沉默。我知道每个孩子的心里多多少少都会有对即将举行的拔河比赛有新的想法。

于是我对同学们说:"咱们班无论身体素质还是智商并不比其他班的学生差,只要咱班拧成一股绳,就没问题。""没错……"孩子们的情绪也被我煽动起来了。

纸上谈兵终究不是事,大课间的时候,我带着学生在操场上进行演练。为了让学生在这次比赛中能品尝到胜利的果实,我花了一番心思。

学生练习时,我专门找来体育老师在旁边作技术指导,一一为他们讲解要点。经过专业的指导,学生的信心更足了。眼看着比赛的时间渐近,从学生的精神状态来看,我心里终于有了底气。队员朱敏把脚崴了,他都不想放弃训练。

当循环赛开始后,我和拉拉队员们一起为他们加油狂喊:"某某身子往后仰,某某脚用劲儿……"小莲人小鬼大,她竟然从英语老师那借来了一个扩音器,她这一喊不要紧,立刻把对方的音量压了下去。

当我们班首战告捷时,我和拉拉队员们的嗓子都喊哑了,我们都不在乎,沉浸在这六年来首次胜利中,更准确地说,我们被前所未有的班级凝聚力感动着。

最后,当我们班连胜五局,以绝对优势夺得冠军时,我和孩子们一起欢呼,我用手机定格下这"气势如虹"的瞬间。

在总结会上,无论是场上拔河的运动员,还是场下负责呐喊助威的啦啦队员,都发表了激情洋溢的获胜感言。

有的同学说:"我们六班同学是最棒的,今后我们在其他方面也会表现得更好。"有的说:"我们是团结的六班,我爱我们的班级。"面对同学们争先恐后的发言,我很高兴,士气算是给鼓起来了。

这次比赛的完胜对学生而言该是多大的鼓励呀!这样的教育力量胜过老师的千言万语,直到孩子们毕业回学校看我时,回忆起那次比赛我们还会十分激动、自豪。

打造个性生日

什么最能让人难忘?那就是出人意料,与众不同。孩子们过生日那天,为他们策划一个"个性生日",必将令他们终生难忘。个性生日能让在学生感动之余,激发他们向前行走的动力,发挥同学们的聪明才智,增强班集体的凝聚力。

为此,我们班的"生日智囊团"就应运而生了。为了让同学们的生日过得既高兴又有意义,智囊团的"创意大咖"们可花费了不少的心思,下面就是两个小案例。

案例一:给缺少爱的学生以关怀

小凡是外地生,虽然沉默寡言,但心地善良,和同学们私下里的关系很要好。一天早上,小凡到我办公室交他们组的作业时,我发现她的眼睛红肿,显然是哭过的样子。

于是我开玩笑地问她:"到底是什么伤心事,让我们小美女的眼睛哭成了红桃子?"听我这么一问,小凡的眼圈又红了,她哽咽道:"老家的爷爷生病住院了,昨晚爸爸妈妈接到叔叔打来的电话后,连夜赶回去照顾爷爷了。"

我明白了,懂事的小凡既为生病的爷爷担心,又为自己感觉无依无靠而难过。这对于一个十一岁的孩子来说,无疑是很难承受的。于是我安慰她说:"爷爷不会有事的,你有事就找老师和同学,我们都是你的亲人呀! 一切都会好起来的。"孩子这才收住了眼泪。

再过两天就是小凡十二岁的生日了,我知道背井离乡和父母在外打工的孩子需要一份特别的关怀,于是我把小凡的情况告知给了生日智囊团的学生。

"生日智囊团"的同学们可是花了不少心思。小凡生日那天,班里的每一位同学都从家里做了自己拿手的菜带到教室里,陪她共享生日晚餐。全班同学手捧蜡烛为她祝福,为她爷爷祈祷,小凡感动得哭了。

这时候每个同学都拿出了送给小凡的生日礼物——红包。当然红包里放的不是钱,是同学们给她的一个个意外惊喜。她的好闺蜜给她的红包里写着:"周末用我的手机陪你跟住院的爷爷视频。"同桌给她的红包是:"我在你的书桌里放了一本《名人传记》……"这些"红包"都和小凡的日常生活密切相关,是她喜欢的。

其实学生过生日缺少的不是礼物,而是对他们的关心、理解和爱护。在同学们的呵护下,小凡变得开朗活泼,积极投入班集体的工作,成绩也节节攀升。

虽然小凡下学期转回老家上学去了,但她总会在与我们的微信中提到那次同学们专门为她设计的"个性化生日"。她时常会提到——想念老师、想念同学们、想念我们的班集体。

案例二:给有特长的同学以"独家一份"

江桓是我们班《小书虫作文报》的主编。他生日那天,从早上到中午都没一个同学向他表示祝贺。江桓虽然嘴上不说,但是心里充满了期待。没想到最后一节课的时候,随着琳琳的起唱,全班同学都把目光投向他,随着节拍,唱起了生日歌。

随后,《小书虫作文报》的所有小编辑,把一张还散发着油墨香的报纸递到了他的手中。这是一份专属于江桓的生日报。"生日智囊团"的同学们在当天的《天津日报》《今晚报》中寻找出当天重要的新闻,这一天发生在学校、班级中最有趣、最温暖、最感动的故事、最有创意的事件等记录下来。同时,还把江桓在这一天种种令人欣喜的趣事、点点滴滴的进步放在一起,汇成了这份"生日报"。

对于江桓来说,这一天是温暖、创造、快乐相伴的一天;这一天是有笑、有汗、有付出的一天。作为班主任的我,应"生日智囊团"的要求也把对他的祝福写在了报纸的上端——祝:长大后能成功地办起全球发行第一的"桓报"。

我想,不论是"集体生日 Party",还是"个性生日",这一系列的活动让我们共同感受到了爱和感恩。在班级管理中,只要积极向上的有益活动,都会增强班级凝聚力。一个班级,只有具备了凝聚力,才能产生正能量。

3. 育德的智慧之三——理解与支持

在我的教学生涯中,我深深感到:教师与家长沟通时的方式各种各样,涉及内容更是方方面面,一定要注意向家长"多报喜,巧报忧",更要把教师自己对学生的那份浓浓的爱心、耐心和责任心充分地展现给家长,让家长深切地感受到教师是真心实意关心、爱护他的孩子,老师所做的一切都是为了让孩子能够成为一个优秀的学生,那么我们工作一定能够得到家长的理解、支持和配合,也一定能够获得比较满意的效果。所以说,教师与家长的沟通是一门艺术,更是一种智慧。

班级群里的"游戏链接"

事情发生在 2020 年的 3 月。

早上，我一睁眼，习惯性地拿起手机，准备提醒家长上报孩子的体温。这时我发现，有一个昵称为"战无不胜"的人在班级微信群里发了一个游戏链接，而且这个链接发送的时间竟然是凌晨一点多。

我的好心情瞬间被扰乱了，是谁这么不自觉地往班级群里发这个？我往下一滑屏幕，看到"战无不胜"是班里的小陆拉进群的。

这时，我想到自己前两天把准备发给爱人的信息错发到工作群的事。所以我猜想，准是在家休假的小陆家长或是双休日不急于起床的小陆，玩游戏时不小心发错了地方。

我不打算深究这件事，只是在游戏链接的下面@了一下"当事人"说："发错地方了吧。"然后我在后面还加了一个笑脸。

我本以为这只是个错发事件，没想到第二天早上，当我打开班级微信群时，又一个相同的游戏链接再次出现了，也是在凌晨一点左右。看起来这绝不是一个偶发事件了。

我心想：这个小陆真是太不懂事了，作为两道杠，以后怎么给其他同学做榜样呀。可是我又心存疑虑，小陆如果想发这个游戏链接，为什么不用自己的手机？难道他还幼稚地认为换个手机、换个昵称，就能迷惑"敌人"的眼睛不成？

作为群主，我把这个昵称为"战无不胜"的"外来入侵者"移出了班级群，并设置了只有群主邀请才能进群的规定。

我打算找小陆聊一聊，于是拨通了小陆的电话。接电话的是小陆，一听我的声音，孩子高兴地向我打了一声招呼："老师早！"

"哦,你早。今天是周日,你怎么没有多睡一会儿呢?"

"哈,老师,昨天我看您推荐给我们的《小王子》,太有趣了,可惜我没有看完,想今天早起会儿争取把这本书看完。"

从孩子说话的精神头儿上,我不能把他和神秘的"战无不胜"联系起来。

我试探着问道:"小陆,你看咱班的班级群了吗? 你拉进的'战无不胜'怎么往咱群里发游戏链接呢?"

"老师,是我爸发的。"

"什么? 你爸!"

我简直不敢相信自己的耳朵,一个四十来岁的人,竟不顾影响,往自己孩子班级群里发游戏链接。

"这些日子我爸厂子没有开工,他闲着没事就玩游戏,他玩的这款游戏只要在凌晨把链接分享到超过五十个人的群里就可以免费玩。"

我终于明白了事情的真相,看来当老师不仅要对付"熊孩子",还要应对个别的"熊家长"。我和小陆商量着,先不要告诉他爸我知道了这件事。

我拨通了小陆爸爸的电话,从他那含糊不清的语音,我断定他是被我的电话喊醒的。我装作一无所知地问道:"小陆爸爸,昨天不知是谁拿小陆的手机把一个陌生人拉进班级群,还发了游戏链接,您知道这件事吗?"

"是吗? 老师,真对不起呀。准是……准是我家的二丫头趁我不注意……拿我的手机发的。"小路的爸爸竟把这个"锅"甩给了自己两岁的小女儿。

我知道每个家长都是要面子的,没有点破他。"那请您一定看好二丫头吧,很多家长对此有意见了,怕自己孩子迷上游戏影响学习。""好的老师,我一定说她。"小路的爸爸连连应着。"您可一定看好了呀,再有类似的情况,影响可就不好了。"

小陆的妈妈是做销售工作的,为了在年前多赚点钱提前回了湖北老家,小陆的爸爸只能自己带着两个孩子留在天津。

我跟小陆商量了一个计划,让小陆给他爸爸出主意,每天跟着抖音视频做一些美食。这样既可以消遣,又可以改变一日三餐只吃方便面的现状。

第二天,小陆单独给我发了一张他和爸爸烘烤小蛋糕的图片。虽然蛋糕烤煳了,但是下面的配文却很美好:特殊时期,特殊甜点,一段美好的特殊时光。

我给了他们父子一个大大的赞和笑脸。

看起来,教育真像是在织毛衣,老师、家长、孩子三股绳拧在一起,才能最终"成衣"。

枪手

翻开小哲的默写作业,我心中的火气一下子冲上了脑门,看着那"成熟"的笔迹,我再一次断定作业不是小哲写的。

我拿着他的作业本快速来到教室,把本子使劲地放到小哲的桌子上,大声说道:"今天你一定跟我说清楚,这个作业是谁写的?""是……是我写的……"看着小哲躲躲闪闪的眼神,我追问道:"你说是你写的,我暂且相信你。那么现在请你用这样的笔迹抄写一行字吧。"

也许是我铁青的脸色吓到了他,也许是他怕一写漏了馅儿,小哲的眼泪竟然像断了线的珠子掉了下来。他的眼泪触动了我心中的那根柔软的弦,一看他这样,我的火气消了一大半。

"跟老师说说，是怎么回事？"我尽量让自己的声音听上去不那么凶。

"是我妈给我写的，我不让她写，她非得给我写，呜呜……"他很委屈地说。

对于小哲的说法，我觉得还是有一定可信度的。小哲平时在学校挺乖巧，可是对于他的妈妈，我真的有点发怵。

每星期三轮到小哲做卫生时，他妈妈准会出现在教室门口。小哲扫地，她就从小哲手中接过笤帚；小哲擦地，她就从小哲手里抢过拖把。总之，小哲在他妈妈眼里是不能干一点儿活的。

我好言相劝："孩子们的事就让孩子们自己做吧，他们会做好的。""老师，孩子还小，我来就好了。"小哲妈妈总不能接受当下的教育理念，可是我又不能从她的手中把笤帚夺过来递给小哲。每每看到这一幕，我只能无奈地摇头叹息。同学们都笑称小哲为"妈宝男"。

没想到，她今天竟然变本加厉，替孩子写起了作业，她是真不懂得"惯子如杀子"的道理呀。

语文课上，我对昨天留的词语进行了默写。不出我所料，小哲的默写条挂起了一串"红灯笼"。我借机把小哲妈妈请到了学校。

当我指出孩子的作业出自她手时，她的面部飘过了那么一丝丝不自然，随即就说："昨天我看孩子写作业太晚了，怕影响他睡觉，所以就代劳了。"她搓着双手，讪讪地笑着。

"我们每个当母亲的都疼爱自己的孩子，但是您能替他参加毕业考试吗？您能替他工作吗？您能跟他一辈子吗？恕我直言，您这样做真不是一个好妈妈。"我把连珠炮似的话，射向了她。

"我这样做还不够好吗？"她像是问我，又像是自问，眼神变得患得患失，可能是我的那句"您不是一个好妈妈"触动了她的某根

卷一 成长篇

神经,她望向我,深深地吸了一口气,仿佛下了很大的决心:"我不是小哲的亲妈。"我有点懵了,有哪个后妈能对不是自己亲生的孩子溺爱到这个程度?

"我怕孩子的爸爸、奶奶还有邻居们说我这个后妈心狠,所以我就尽我自己所能疼这个孩子……"

听着小哲妈妈的诉说,我有些同情她。因为她太在乎别人对她的肯定了。她是个善良的后妈,即使她的教育方法不对,也不能改变这个事实。我决定帮助她放下思想包袱,转变教育孩子的观念。

如何让她成为一个尽职快乐的妈妈呢? 我终于找到了一个好办法,解铃还须系铃人。小哲妈妈的出发点,不就是为了孩子好吗? 不就是让孩子高兴吗? 既然她的快乐、哀愁全在小哲身上,她一定会特别重视小哲的想法和态度。那我就要寻求小哲的帮助喽。毕竟没有哪个好面子的大小伙子愿意被同学们笑称"妈宝男"的。

我通过对小哲的教育来说服他妈妈,让妈妈了解自己真正的喜好,用多样的沟通方式和循序渐进的方法帮助她改变育子观念。

反过来,妈妈对小哲的超级"关爱"他体会得到吗? 当然,我会时常在小哲的面前不露声色地夸奖妈妈对他的呵护。

一天,看到小哲戴着用毛线精心编织的手套,我夸赞道:"这手套的颜色搭配还有款式,真是独具匠心。"同学们看了一直追问,这个手套是从哪买来的? 只听小哲骄傲地说:"啥呀,是我妈给我织的。"

我把这件事通过电话讲给了小哲妈妈,她在电话那边喜极而泣。她的泪我是能懂的。

在她接小哲的时候,我悄悄地塞给了她一本《目送》。并在书中的一段话下面划了红色的波浪线:"所谓父女母子一场,只不过意味着,你和他的缘分就是今生今世不断地在目送他的背影渐行渐远。你站在小路的这一端,看着他逐渐消失在小路转弯的地方,而且,他用背影默默告诉你:不必追。"

我希望她看完,能明白我的心思。

我想作为一名教师,我会尽可能做到不让家长缺席对孩子的教育。让每一位家长都能成为我们教育的"合伙人"。

(二)管理的智慧

在担任班主任工作的实践中,我深深体会到:要想把一个班集体带好,并且使每个学生在德、智、体、美、劳方面全面发展,必须做到"知己知彼",也就是要了解每个学生的心声,知道他们每天都在想什么,在学习中遇到了哪些困难和难题。这样就不会盲目地发号施令,因为我们教育的对象是学生,只有对他们了解非常深,才能"症对下药",切好每个学生的脉;才能因材施教,不让一个学生掉队。而真正了解学生的途径,那就需要管理的智慧。

1.管理的智慧之一——沟通与倾听

成功的教育取决于多项因素。其中,一个最重要的因素是教师与学生之间的沟通质量。

苏霍姆林斯基说过,教育艺术的基础在于教师能够在多种程度上理解和感受学生的内心世界。倾听不失为一种最好的方法,我们老师应该去听学生的心声,从交流、交谈中了解学生的想法。可在生活当中,有不少老师总认为,学生是小孩子,倾听他们的心声没有必要,特别是学生犯错误时,更是不给他们说话的机会。做一名教师,遇到事情仅凭自己的主观判断对待学生,实在不应该。教师要学会放下架子,利用一切可以利用的机会,听听学生的心

卷一 成长篇

声,听听他们的想法,注意学生的情感变化,让学生充分展示出自己的内心世界。

从事班主任工作以来,我用学生喜欢的方式来与学生交流,收到了事半功倍的教育效果,也让我真正走进了学生的心灵。

一封甜蜜的"情书"

2020年我轮岗到一所新的学校,接手了一个一年级。在开学的第一天,上课铃打响后,我发现班里所有的孩子几乎都在自己的座位上了,唯独小艺的座位是空的。我等了两分钟没有见他的身影,便向学生们询问。所有的孩子异口同声地告诉我:"小艺从来都不和我们玩,也不和我们说话。"

听到这些话,我的心为之一颤。我向教室外张望时,却见小艺紧蹭着教室门口的墙根,咬着手指头,不敢进来。我微笑着,向他招招手说:"快点进来吧,你是我们一年二班的学生,我们大家都在等着你上课呢。"我故意加重了"我们大家"这几个字,显然小艺没有想到我会这么说,脸红了一下,低着头快步走到了自己的座位上。从他眼中闪过的那一丝害羞的神情,我断定小艺并不是大家口中所说的那样。

其实,在我接手这个班级前,就对小艺有所耳闻了。很多好心的老师给我支着说:"你就在这儿教一年,犯不上跟这样棘手的学生较劲儿,最好得过且过。"我没有把这些话放在心上,因为我觉得当下所倡导的"快乐教育",不只是让那些正常的孩子快乐,更应该让那些"个别"的孩子快乐。

下课后,孩子们像小鸟一样围在一起叽叽喳喳地说这说那,而小艺却坐在座位上低着头玩橡皮。看到一个年仅六周岁的孩子生活得那么压抑，我的心里不好受，我决定在这一年的时间里争取改变他，即使不能改变，也要让他快乐一点。

我走到小艺的跟前，用特别轻松的语气问道："今天老师讲的数学题你听明白了吗？"小艺对我的问话无动于衷，只是不停地摆弄着胸前的那颗扣子。我又重复了一次，他依然不开口。我知道一个被人们轻视的孩子是不会轻易让别人走进他的内心世界的，这需要时间，需要等待。

放学后，我故意抓起小艺的小手，看了看说："这胖乎乎的小手太可爱了，让老师牵着你走吧！"小艺的手在我的掌心里挣扎了一下，片刻便安稳了下来。我感觉孩子的身体也放松了许多。当把孩子的小手递交给前来接他的奶奶时，我大声地用所有家长都能听到的声音说："孩子今天表现不错，第一天听到上课铃，就进教室坐好了。"小艺的奶奶连声向我说着客气话，被奶奶牵着手回家的小艺，一步一回头地看着我，我感觉到了孩子对我的信任。

接下来的几天，每到放学走路队时，小艺都会主动地把他的小手递给我，让我领着他走，我知道这个孤僻的孩子已经悄然向我打开了他的心扉。这引得许多小家伙的羡慕，大家都争着让我牵着他们的小手。每当此时，我都能感觉到小艺得到老师"厚爱"的那种激动与兴奋，即使他还没张嘴和我们说过一句话。

对于这个自出生之日起就被亲生父母抛弃的孩子，我知道唯有爱才是他的解心锁。他不仅需要我的爱，更需要来自集体、来自大家的爱。为了能让他像其他孩子一样快乐生活，我特意在上语文课时安排了一个开火车朗读词语的游戏，轮到小艺的时候，全班同学的目光一齐投向了他，小艺立刻把头低了下去，眼圈儿红了。我轻声对他说："老师知道你会，我读完，你再读好吗？"小艺张了半天嘴，终于从唇缝里蹦出了几个字。

在我的带动下，骤然间教室里响起了一阵掌声。那掌声热烈、持久，有的孩子竟然比小艺自己更激动，大声喊着："小艺会说话了！小艺会说话啦！"这一天，小艺露出了从来没有的笑容。打铁要趁热，小艺的字有了进步，我展示给同学们看，让他收获了自信。班里的所有活动都带着他参加，让他收获了来自集体的温情。

让我想不到的是，开学一个月后，有一天刚下课，小艺走到我跟前，把一张叠得方方正正的粉色纸递到了我手中，并微笑着看着我。我很好奇，打开一看，纸上画着一个大大的桃心，上面还歪歪扭扭写了一行字："老帅（师）我ài nín"。看着这封用音节和错字拼成的"情书"，我忍不住笑了一下，心里暖暖的。我知道此时孩子正在向我传递着一种喜欢我、愿意和我亲近的信息。于是我拿起笔很认真地在"帅"字上加了一笔，并且告诉他，我要给他写一封回信。孩子听了很高兴。因为他们还没学汉字，所以我的回信全用拼音代替，并且我还画了两颗红红的桃心。当小艺拿着我给他写的回信并趴在桌子上用大得不能再大的声音拼读出来时，他的脸上绽放出前所未有的笑容。

现在的小艺像变了一个人似的。他不再孤僻，开始和同学们一起交谈了，虽然声音还是很小；他和同学一起玩游戏了，虽然看的时候多，玩的时候少……每天看着小艺那溢于言表的快乐，我一再提醒自己，对于这个极度缺爱的孩子，要让关注的眼神再温柔些，让窝心的语言再温暖些，让智慧的爱再些多，让教育的眼光再放长远些……

和问题生"过招"的日子

每天在教室里上演的"连续剧"精彩与否，全在于班主任的"导演"艺术。如能智慧出招,这部"连续剧"定会引人入胜。

初次相识

开学的第一天,我万万没想到教务主任把韵韵领到了我们班。韵韵是从市里的一所小学转学过来的。虽然以前我没有教过他,但是关于韵韵的种种"壮举",我从比他早一年转到我们班的小梁那里得到了不少情报:写遗书恐吓让他写作业的老师;扬言如果哪天他从楼上跳下去了,就是××老师逼的……有的老师因他每天都要吃治疗心脏病的药,有的老师因他宁可教低年级、包双科也不愿意再带这个班。家长们也是纷纷上访,要求校长把自己的孩子转到别的班去。整个班级在他的影响下是一片阴霾。

说实话,见到韵韵的第一眼,凭我多年的经验,我觉得他是一个非常"难搞定"的孩子。让我当时担心的是:我们班是市级优秀班集体,我怕其他学生受他影响。

我特意摆出一副威严的姿态,朝教室最后排一指,极其冷淡地说:"你就坐在最后排的那个空位上吧!"

当我把严厉的目光扫向他时,却发现韵韵一只手把书包扛在肩上,一只手插着腰,一双眼睛斜斜地打量着我,问道:"你再说一遍,是哪个?"和老师说话竟然用"你"而不用"您",可见他并不把我放在眼里。我知道自己后面的日子将不会好过。

首次"交锋"

韵韵第一天上学,就把班里搞得乌烟瘴气:上课不听讲,随意接老师的话茬儿并自由走动;对于科任老师的批评,他根本就不当回事儿。本来好好的课堂就因为他被破坏了,正常的教学根本进行不下去,最主要的是,其他的学生也无法学习。

卷一 成长篇

他最大的优点就是心理素质特别好,随便你怎么"冷嘲热讽",他都能承受,而且还不怎么生气。你自己气个半死,他照样笑嘻嘻的。有时越是看他满不在乎的样子,我就越生气,我感觉自己主要精力全都耗费在这个韵韵身上了。

有时候看他玩得忘乎所以,我就故意喊他名字让他回答问题,想出他洋相,让他知道不听课的恶果。但是这样做效果奇差,站不了一分钟,他就开始左右摇晃桌椅,让周围的同学也听不好课。

下课的时候,他追着同学打,追不到就把同学的桌子椅子踹到了一边……为了达到哗众取宠的效果,竟然还从练习本上撕下一张白纸,卷成烟卷儿状叼在嘴里,模仿电视剧里黑帮老大,一副"天王老子我都不怕"的架势。

一天,班长程丽拉着晓敏来找我。看到晓敏那满脸的泪痕,我就知道这事准又和韵韵有关。果不其然,晓敏哭诉着:"上美术课的时候,坐在我后面的韵韵一直揪我的头发。我扭头告诉他别揪了,没想到他竟然偷着剪我的头发。"呵!这次居然用上了剪刀,我一听就火冒三丈。这孩子就是不让人省心,每次打架闹事都少不了他,我一边安慰着晓敏,一边让程丽把韵韵给我找来。

"我听晓敏说,你上课时不仅揪她头发,还用剪刀剪她头发,搅得大家上不了课。作为男子汉,你认为这样做对吗?"面对这样的"混世魔王",我感觉我的眼睛在"喷火"。我紧盯着他,严厉地说道。

韵韵并不搭腔,也不看我,只是用小眼睛"翻着天"。一阵沉默之后,我又加重了语气说:"明天,我要在校会上当着全体师生的面宣布,你——韵韵是一个专门欺负女生的不齿之徒,并且连承认错误都不敢,根本不配当什么男子汉。"

我故意加重了"男子汉"三个字。我的这一激将法起了作用,他仍然不看我，却气嘟嘟地说："我错了，我和晓敏道歉，这行了吧。"

虽然他不知道，作为老师，没有权利，也不可能在全校师生面前点名批评某一个孩子。但是自认识他以来，我第一次听他认错，已经感到很满足了。看着他气鼓鼓的样子，积聚在我心中的怨气一下子跑得无影无踪了。于是，我把他放走了，看他满不在乎地横着膀子离开办公室的背影，我心里不免有几分恼怒。

再起祸端

在接下来对于韵韵的教育上，我又犯了经验主义的错误。

我从很多的教育案例中看到过类似的教育方法，对于这些行为出格的"特殊分子"，如果给他一个小班干部当，把他的精力引到正事上来，既可以让他们体验到自我价值，还可以增强自信心。经过反复权衡，我决定安排韵韵当我们班的纪律协管员。其实这个纪律协管员，是我特意为他设的一个虚职。班里有纪律委员，已经把班级管理得很好了，根本不再需要什么"协管员了"。

我想以此牵制住韵韵。我是这么想的：让你管纪律，总不会自己不守纪律吧。

我没有经过班委会的商议，就直接把这个"官职"给了韵韵，因为我实在不好和同学们说让韵韵当纪律协管员的理由。要知道，班里安排的每个小班干部，实力都是一等一的强。我怕其他孩子不理解，会问我："刘老师，怎么能让这样一个'问题同学'当班干部，当班干部的条件又是什么？"而这些我是没有办法给孩子们讲清楚的。

开始的几天，韵韵对自己确实多了一些约束，不再像以前上课随便下座位了。但是他下课还是不能完全管住自己，有时还会在教室里疯跑疯闹，甚至欺负同学，很多同学对身材魁梧的他是敢怒不敢言。

但不管怎么说，我觉得韵韵还是有所收敛的，还是有一些进步的，于是我加大了对他的表扬力度。可是好景不长，有一天，韵韵把小军的变形金刚铅笔盒抢走了，在小军和他交涉的过程中，韵韵凭蛮力把小军推到了，小军的头磕在了桌角上，流了血。这时韵韵不但不愧疚，反而嚷嚷着说："谁让他不给我？活该。"面对如此暴躁的孩子，我气愤地说："这个纪律协管员你别当了！""不当就不当，我才不稀罕呢。"韵韵说完若无其事地跑走了。

鉴于小军头上的伤，我给韵韵的家长打了电话。不到十分钟的时间，就听到从很远的地方传来了粗鲁的、骂骂咧咧的声音："猴崽子又惹什么祸了？不让老子有一刻的消停，让我逮着你……"眨眼的时间，一个彪形大汉带着风闯进了办公室。从大汉的眉眼，我知道他就是韵韵的家长。在他嚷嚷的时候，我让学生把韵韵找来了。韵韵刚进办公室，彪形大汉就指着他的鼻子咆哮道："你又给我惹祸！"说着，随手抓起旁边的一把椅子，准备向韵韵砸去，此时的我大喝一声："住手！"我把高我一头的韵韵护在了身后。

这时候我对韵韵没那么"恨"了，也不觉得他可恶了，反而对他生出了很多的同情。韵韵生在一个让我们无法想象的家庭里。后来听同事们告诉我，韵韵的爸爸是派出所的常客。

放学的时候，我把韵韵留了下来，准备了解一下情况，以便开展后面的工作。可能是因为我今天对他的施救，韵韵首次在我面前低下了他那"高傲"的头，说话时像一个胆小的小女生一样，看着自己的脚尖。

从和他的谈话中，我知道他从小就是在拳头下长大的，所以在他的意识里，"打"能打来别人对自己的言听计从，也能"打"来自己想得到的东西。孩子在家长那没有得到过任何有益的影响,老师也因嫌他每天惹是生非,对他缺少耐心的正向引导。

我开始反思自己的所作所为:以前自己的得失心太强,总是急火火地想把他转变成一个好学生,不经意间失去了平衡心和平常心,于是多了一份急躁,少了一份耐心,可是结果常常事与愿违。

"猛兽"归山

我心平气和地问道:"你长大想成为你爸那样的人吗?"他摇了摇头。我说:"我也不希望,我不希望我的学生一辈子总跟派出所打交道。我希望你是一个积极向上的好孩子,就像咱班的同学们那样。"

韵韵看了我一眼,那眼神中没有了往日的傲慢和不屑,我觉得只要他能听进我的话,就有门儿。我给他搬了把椅子让他坐下,又给他倒了杯水放到他手中,示意他喝口水,滋润一下干裂的嘴唇。我问:"你愿意帮我做一些事吗?"他咧了咧嘴说:"老师,我这样的人,能做什么事呀?"一个十几岁的孩子说这种话,这是一种怎样的自卑呀。我走过去拉起他的手说:"你在老师眼里可是一块蒙尘的宝石,慢慢就会发光的。这样吧,你每天就做我的小跟班吧,协助老师管理好咱们班,争取再次夺得市级三好班集体的荣誉如何?""没问题!"韵韵和我击掌后,快乐地离开了办公室,此时他脸上的笑容才像一个孩子的笑容——充满了童真。

此后,只要一下课,韵韵会准时上我面前报道,帮我整理书本、拿教具、打开幻灯片……可以说只要他能干的,我全都让他代劳。每次韵韵从我手中接过一份我亲手做的早餐,一块巧克力,听到我发自真心的鼓励……都会蹦出一句从来没说过的几个字:"谢谢老师。"

卷一 成长篇

我发现韵韵仿佛找到了自己的生活方式,告他状的人渐渐地少了。虽然偶尔还有,但是只要我给他指出来,他都会用手抓抓后脑勺,不好意思地说:"下次我改!"我发现,韵韵在情感上对我有了信任。

为了让他尽快融入小伙伴当中,我让他主动帮助身高不高的小林擦黑板,帮力气不大的小坤提水擦地,帮擦玻璃的同学涮洗抹布……

现在的韵韵不再是被我揪出来的后进学生,而是渴望被承认的主动付出者。在拔河比赛中,韵韵发挥了他力大无穷的优势,为我们班夺得年级组冠军起到了决定性的作用。渐渐地,同学们不再视韵韵为洪水猛兽了,一些集体活动也会邀请他一起玩。

值得一提的是,一个原本上课坐不住到处乱跑乱窜的韵韵,在经得我的同意后,竟然搬来了两个小鱼缸在教室里养起了小金鱼,修身养性起来。此刻,我对加德纳"对于一个孩子的发展最重要、最有用的教育方法是帮助他寻找到一个他的才能可以尽情施展的地方,在那里他可以满意而能干"的话语有了更深刻的理解。

2. 管理的智慧之二——鼓励与批评

天底下没有不犯错误的学生。但是,当面对学生的缺点和错误时,并不是每一个老师都能保持清醒的头脑。坦白讲,批评总是不太受人欢迎的,没有一个人会说自己最烦别人表扬,就是喜欢别人批评自己。在各行各业的人中,教师可以说是使用批评最频繁的人,因此,教师更应该认真研究批评艺术,使学生听了老师的批评以后,能够在"心中暗点头"。

我国著名的教育改革家、全国特级教师魏书生在他的专著中有这么一段话,非常有启发意义:"制药厂已经把许多良药制成了糖衣片,许多过去极苦的、难吃的中药也加上了蜂蜜和香料。人们越来越欢迎甜口的良药。如果我们教育学生还停留在忠言逆耳、良药苦口的传统观念上,就落伍了,就不受欢迎了。"要想纠正学生的缺点,要想帮助学生改正错误,前提是:学生必须乐于接受我们的批评,乐于听取我们的忠言,乐于服用我们给他开出的药方。当然,"顺耳的忠言"和"甜口的药方"更容易被学生接受。

给学困生一个台阶

从教这二十几年中,我所教的任何一个班里都少不了一个特殊的小群体——学困生。他们有的是理解力弱,无法学会的;有的是从一年级没有养成好的学习习惯,知识越落越多,以至于上课犹如听天书,到最后自暴自弃不学了的……成为学困生的原因真的很多。

我正在办公室备课,班长晓妍推门进来了,她还没走到我跟前,就着急地说:"刘老师,您快上咱班看看去吧,小昭和英语老师杠上了。"我不禁皱起眉头,对于小昭这隔三岔五就要上演一场和科任老师对阵的戏码,我真是见怪不怪了。

"我就不好好学,看你能怎么办!"我老远就听到小昭扯着嗓子叫嚷的声音。透过后门玻璃,我看见小昭趴在桌子上,头发遮住了眼睛,脚还一抖一抖的,一副"我就这样,你能奈我何"的架势。为了不影响其他孩子上课,我把小昭叫到了办公室。

对于小昭这种只知道打电脑游戏、穿名牌、吃大餐的孩子,在多次和家长沟通、对他循循善诱的教育失败后,我早已失去了教育他的热情。

我没有"跟他废话",让他站在一边自我反思。我继续在电脑前完成学生优秀作文的输入工作。

由于用电脑的时间有些长，我的眼睛有些模糊，手头不由得慢了下来。这时小昭凑到了我的跟前说："您这打字速度也太慢了吧？我来帮您打吧，保证是您速度的三倍。"

办公室的同事听了说："小昭，行呀，还懂得倍数问题，看来数学学得不错呀，这次数学单元测试考到两位数了吗？"小昭听了老师们对他的冷嘲热讽也不气恼，只是搔了搔脑袋，嘿嘿地笑了。

我决定给他一个台阶，也想歇一歇早已累得酸痛的眼睛。于是我站起身，让小昭坐下，说："好吧，剩下的这篇作文你帮我输入吧。"

小昭坐下来后，两只小手在键盘上快速地飞舞着，用打字如飞来形容一点也不为过。

在成绩面前自卑的孩子，心灵总是敏感的，他们能在老师的一个小小眼神、一句无心的话语中，读出是关切爱怜还是漠视与不屑。

这是我教他的一年中，第一次从小昭的脸上看到了"专注"。我心想，如果小昭把这股专注劲儿用到学习上，何至于语数外三科都不及格呢？

"刘老师，我打完了，您看是不是速度很快？"我发自内心地夸奖道："小昭，你打字神速呀。"听了我的表扬，他眉宇间流露出兴奋来。

"刘老师，以后我就不去上课了，我就在办公室给您帮忙吧！反正我去了啥也听不懂，行吗？"也许是这次给我帮忙使他获得了极大的成就感，小昭用祈求的眼神望着我。

"帮老师打字可以，但是该上课的时候一定要上课。如果实在听不懂可以抄抄生字，多读点书。字认多了你打起字来速度会更快。"小昭想了想说："行，刘老师！我听您的。"我故意逗他说："你可要想好了,君子一言,驷马难追呀。"小昭一拍胸口说:"没问题。"

此后,小昭课余时间经常到办公室帮我输入作文。有时我遇到一些电脑问题也向他请教。最可喜的变化是,小昭在课堂上很少再出"幺蛾子"了,科任老师也不再向我告他的状了。他大多数的时间是拿着笔在那写生字,看看故事书。

让我倍感意外的是,有一次我留了一篇作文《有意义的一件事》,没想到小昭竟然破天荒地交了作业,内容就是帮我打字的事。面对他的第一篇"大作",我给了极高的评价。帮他改完后,我当着全班同学的面朗读了他的这篇作文。再看小昭那两道弯弯的眉毛,掩饰不住他快乐的心情。

看着他灿烂的笑脸,我想:如果改变不了他的成绩,也不要嫌弃他,保留他的自尊心吧。也许我帮不了小昭考上大学,但是我有能力给他一份快乐的心情,我想这就足够了。

做班主任的,似乎总也逃脱不了一种"命运":总有那么几个学生让班主任觉得黔驴技穷,好言好语劝过、当头棒喝斥过、最后败下阵来的是沮丧不已的班主任。

学困生学习成绩不好没有成就感,这就导致他们对学习不感兴趣,如此恶性循环真的可以毁掉一个孩子。我们可以不动声色地让他做他喜欢的事情,参与到老师希望他做的事中来。但有一个条件就是我们要有足够的耐心来等待。

我的"欲擒故纵"计

教育是一项充满智慧又极具挑战性的工程,不仅锤炼孩子,更历练教师。教育就像种树,若选择的土壤、水分、光照适宜,树就会苗壮成长。

四月初,学校组织全校两千多名学生去天津极地海洋馆进行研学活动。为了使这次活动顺利完成,我特意在班里召开了一次准备会。

在会上,我抛出了议题:"这次出行我们该带什么,不该带什么?"同学们畅所欲言,说得头头是道。正如我所愿,孩子们首先提出了不能带手机。有的孩子说,带手机会助长同学之间的攀比心;有的孩子说,去参观的人那么多,如果每个人都手持一部手机的话,很有可能被挤掉,那后果就不堪设想了。站在一旁的我,只是微笑着点头,表示对他们意见的认可。因为我知道,对于高年级的学生来说,由他们自己定出的规矩更具有说服力。为了安抚几个蠢蠢欲动的小心灵,我答应孩子们,当他们随叫随到的摄影师。

出发了,懂事的孩子们怕干扰司机叔叔的正常驾驶,所以即使同座的两个人说话也会把声音压得很低。为了给孩子们的出行留个纪念,我站起身,准备为每一位学生拍一张文明出行的照片。

当我走到小智跟前准备给他拍照时,发现小智的神情有些怪异。拍照时,他的眼神好似在躲闪着什么,不像其他孩子那样做着各种摆拍姿势,而且有一只手放在脱下来的校服下面。凭经验,我知道小智违规了。我本想拿开小智的校服看个究竟,但是又一想,小智没敢肆无忌惮拿出来,说明他是知道自己错了。为了不让其他学生受其影响,我心生一计。

我站在小智身边,拍手示意让所有的孩子都安静下来,说:"因为咱班人数比较多,所以我昨晚给小智打了个电话,让他也带一部手机来,协助老师给大家拍照。老师之所以给小智打这个电话,是因为小智这学期进步最大,老师决定把这个为班集体服务的机会给他,大家觉得怎么样?"对于我的建议,孩子们是同意的,毕竟我知道自己在孩子们心中的分量。小智听完,脸一下子红了,像个熟透的苹果。

到了海洋馆,小智完全颠覆了平时他在同学们心目中的形象,变得说话没来由的谦逊,态度也是从来没有过的那么友好。我发现小智已经不是前来参观游玩的,而是变身为一名摄影师。他的眼神每次无意间与我交流时,我都能从他那双明亮的眼睛中,读出感激,还有内疚。我用手冲他比了一个 OK,他也冲我笑了笑,神情仿佛释然了很多。

中午时分,大家坐在海豚表演馆里,一边吃着小食品,一边观看着惊险刺激的动物表演。而此时,同学们或专注观看表演,或吃着美食,或小声谈论,或相互拥抱……一张张相片通过小智的手机传到了我的手机上。对于一直处于拍照状态的小智,我示意他稍做休息,可是他依然没有停下来,我知道小智的心里在想什么。

回来之后,小智主动找到了我,红着脸向我鞠了一躬,并把手机递到我手中,万分诚恳地说:"老师对不起,您惩罚我吧。"我扶正了他的肩,轻轻地对他说:"知道自己错并能及时改正的孩子,将来一定会有出息,老师提前恭喜你了。"

自此以后,小智真的变了。我很庆幸,自己选择"欲擒故纵",顺势而为的教育方式,放弃了惩罚的利剑,赠予他了一个自我改正的方法。

对于教师而言,掌握批评艺术非常重要,但是前提是教师必须要有良好的师德修养,必须要有正确的学生观和教育观。成长中的孩子天真烂漫,他们渴望老师给予精神鼓励。后进的孩子就像久旱的禾苗,需要及时浇灌。教师在关键时刻一句恰如其分的表扬,往往能够改变孩子的人生。

3. 管理的智慧之三——独立与自由

世界上没有两片相同的树叶,更何况是充满生命力的人呢?

每一个学生作为一个"人"来说,都会"天生我材必有用"的。对于学生来说,他的某一方面不如其他学生,他的心里肯定是难过的,或者说是不舒服的。

个体是有差异的,有的学生成绩好,有的学生体育好,有的学生文艺好,有的学生性格好,有的学生动手强,有的学生会做家务……只要教师用一双明亮的眼睛真正关注每一个孩子,你都会发现,每个孩子都如金子般有着闪光的一面。让我们带着对孩子的欣赏、引导他向着对于他个体来说的合适目标前行。

行者——李飞

外面的雨越下越大,教室里还剩下十多位没被家长接走的学生。他们有的焦急地看着窗外,有的在小声地抱怨着家长为何不趁雨小时来接自己,有的盯着教室门口,幻想着下一个出现在教室门口的身影会是自己的家长……

窗外的雨像泼,像倒,雷声隆隆。这样的恶劣天气,我知道这些孩子还需要再等上一些时间。

为了安抚住那一颗颗躁动的小心灵,我安排他们拿出作业本先写会儿作业。

"老师,能把我的手机先给我吗?"看着在那里鼓捣来鼓捣去,一直不肯拿出作业本写作业的李飞(化名),我把我的目光从他脸上移开,用沉默表达了我对他这个要求的拒绝。

这个李飞,就是老师们口中常说的那种拿放大镜都找不到任何优点的学生。上课时,他的眼睛从来没有睁大过,总是处于一种神游状态。

有一次,学校领导前来听常规课,为了让他站起来提提神,我特意找了一个简单的问题问他："武术的'武'字最后一笔是撇吗？"他想都没想，立刻就回答道："是。"当时看着他说话不经大脑的样子，我真是有点儿恼火。对于"武"字没撇这个问题我已经提示了很多次了。他见我摇了摇头，立刻又说道："那你说没有，就算没有吧。"此话一出，引得听课老师都忍不住笑出了声。

看见全班同学还有老师都笑了，他不但不以自己的表现为耻，还英雄般地扫视了一下教室，为自己能引起小小的轰动而自豪。

平时唯一看见他有点精神气的时候，就是他出去旅游回来，跟同学们"白话"一路上的见闻了。他站在同学当中，连说带比画，那样子像极了在说单口相声。

李飞的妈妈是导游，所以他外出的机会要比一般孩子多得多，见识也比一般孩子广得多。

见我没有搭理他，李飞又开始了惯用的、耍赖磨人的方式："刘老师我求求你了，您就把手机给我吧，我绝对不玩游戏。我只是想知道我妈妈今天带团去了哪儿。刘老师我求求您了……"

他的"魔音"很让人起火。我本想把他叫过来说说他，可是一想还是算了。自开学以来对他的教育还算少吗？苦口婆心式、循循善诱式、激励式……我用过的招式太多了。总之对于这个集全家宠爱于一身的，家长崇尚"分数无用论"的大宝贝儿来说，我所有的说教就是对牛弹琴。

我坐在讲台上继续保持着对他不理不睬的模式。没想到李飞竟然变本加厉，他从座位上下来，身子匍匐在地上，一只手撑地，另一只手伸向我的方向，悲壮地喊道："老师……求求你把手机……给我吧……"看着他那另类的表演，我是又好气又好笑。我担心从我们班教室门前经过的家长看到这场面，会引发不必要的麻烦，再说那些认真写作业的孩子，也被他烦得不行了。

我只好冲他招招手，让他过来。李飞一见有门儿，立刻从地上爬起来跑到了我的跟前。"老师您答应了，我真的只想看看我妈妈发的朋友圈。今天她带团去的是四川的宽窄巷，听说挺好玩儿的。"

"老师也相信你，要手机不是为了玩游戏。可是我已经答应你妈妈了，每天到校你把手机交给老师保管，只有你离校的时候才能把手机给你。现在你还没有离校，我只能遵守和你妈妈定的协议，手机还不能给你。"李飞听后说："老师您……您这是欺骗……我不和您玩儿了……"说着，气鼓鼓的，扭身要走。

看着他那不服管教的样子，我很头疼，但心中又暗自觉得好笑：比起你闹得那些自行失效的保证来说，我这算哪门子欺骗？我又没答应给你。

为了安抚住他，不再影响其他同学，我只好把他安排在我跟前的一个座位上，准备和他闲聊。

"听说你和妈妈去过很多地方，还去过日本和泰国，是吗？""嗯！"从这一声重重的"嗯"字，我听出了他强烈的不满，一副不耐烦的样子。

"你刚才说，你妈妈今天带团去四川成都的宽窄巷了，你去过四川吗？""去过，去过都江堰。"看到李飞的情绪不这么激烈了，我想我能继续这个话题了。

"是吗？我也去过。"

"那您敢过同心桥吗？"此时李飞的眼睛是我见过睁得最大的时候了。"看着底下湍急的水流，我哪敢过呀，是我孩子和丈夫一人拽着我一只手，硬把我拖过去的！"

"真的吗？哈哈……老师您胆子真是太小了。"虽然他说我胆小，但从他那胖乎乎的小脸上，我看得出他绝没有一点嘲笑的样子。

"那天走过桥后，我的腿都软了，所以都没顾得上听导游介绍同心桥的来历。如果你知道，就给我讲讲吧。"占住他的嘴，不让他再生事，我觉得是应对他最好的办法了。

"老师，这我全知道，我给您讲。"

"同心桥又名夫妻桥、安澜桥。传说在清朝初年，有一个姓何的教书先生，他是当地出了名的多管闲事的人，有一次他和他的妻子何夫人去游山玩水……"

李飞绘声绘色地讲着。

我真没想到李飞的知识量这么大，更没想到他能把故事讲得这么动听。底下的同学早已放下了笔，围在他的旁边饶有兴趣地听着。

以前我怎么就没发现他还有这方面的才能呢？我想，这也许是自己以前对他的成见造成的。

李飞突然停下来对我说："刘老师，我的手机里保存了都江堰的所有图片，我能不能把图片导到咱们教室的电脑上，让同学们看着大屏幕上的图片，我讲给大家听？"

"没问题。"我为自己曾对李飞的偏见而有一丝自责。"谢谢老师!"他开心地叫道。

当李飞站在大屏幕前，一边用小棒指着图片，一边侃侃而谈。在开始介绍都江堰的景色时，他竟然用了相声中常用的表演形式——贯口，那真是一气呵成呀。眼前这个带着"说书范儿"的胖小子，还是我所熟悉的那个李飞吗？

渐渐地，我们班的门口站了许多外班的学生和接孩子的家长。

当李飞把"安澜桥"的前世今生讲完之后，掌声不断，教室的门口居然有个家长喊道："胖小子，再说一段。""跟说相声的岳云鹏都有一拼了,再讲一个。"很多同学也跟着嚷道。李飞的眼中冒着光,是激动、是自豪、是认可。

看着这个差点被我忽视掉的"奇才",一个大胆的计划突然在我脑子里闪现……我环抱着李飞的肩膀说:"宝贝儿,明天找老师,我有一个大计划。"虽然李飞并不知道我这个所谓的"大计划"是什么,但从他重重点头,说那个"嗯"的时候,我能感受到孩子对我的信任。

第二天一下课,李飞就找到了我,我拉着他的手说:"李飞,你让我看到了一个不一样的你。你不仅知识面广,而且这么善于演讲,表达能力不一般,你一定可以成为一名优秀生的。"

李飞的眼睛一眨不眨地望着我。"现在老师跟你商量一下,如果你愿意听我的话,改掉一些不好的习惯,那么我准备在咱班每周五的最后一节托管课开辟一个'介绍自己去过的地方'专栏,你做主讲。让同学们对我们祖国各个地方有一个更好的认识,也为学好初中的地理课打下基础。你给同学们做好表率,等以后也让其他同学上前去讲,不知道你愿意不愿意?"

"只要让我表演,您提什么条件我都答应。"李飞高兴地说道。

"祖国在我心中——介绍自己去过的地方"课程的开发,成了我们班的一道风景。只不过后来这个课程的名字被李飞改成了"行者"。他说希望自己和同学们行走在祖国的大地上,把所见到的一路繁花、一路美景介绍给大家。

在六年级的三好生评选中,李飞仅差一票当选。当我想安慰一下他时,没想到他却说:"老师,我知道您要说什么。没事,我可是行者,行者乃孙悟空是也,我是不会被任何困难打败的,这点挫折对于我来说不算什么。"说完他还像小猴子似的手搭凉棚,对我敬了一个礼。

我知道只有当我们走进孩子内心时，我们才能真正寻找到走进他内心的路。有时候，世界上不是没有千里马，只是没有伯乐来发现他们，所以说，教育不仅要用心、用力、用情，还要用智慧。

需要"特殊照顾"的孩子

若把学生的心灵比作一条河，教师就是摆渡人，循环往复。教师不断地在这条河上撑船，探寻暗礁、激流，扮演着摆渡人这一永恒的角色，在这个过程中自我成长，有苦涩更有快乐。

新学期的第一天，我刚接待完一批天真可爱的学生和满怀热切希望的家长，正端着一杯茶，边喝边憧憬着五年级一班美好的前景。

"您就是刘老师吧?"一声招呼打断了我的思路，寻声望去，映入我眼帘的是一位六十多岁的老妇人，她拉着一个小女孩。

还没等我说话，老妇人就拉住了我的手说："我是舟舟的奶奶，听以前的孟老师说，这学期您教他们了，请您一定对我们家的舟舟要多多照顾。"说着，她把那个叫舟舟的小女孩推到我跟前，"舟舟快说老师好!"

小女孩走到我面前，给我鞠了一个躬，嬉笑着说："老师好，您今天穿的衣服真漂亮!"这是我遇到的第一个首次见面就"敢"夸我的学生了。但是单从她的长相来说，明眼人一看就知道她不是"一般的孩子"。

舟舟的奶奶一直跟我说着客套话，但她只字没提舟舟是个智障的孩子。对于这一点我是可以理解的，我再三保证会特别照顾舟舟。

在安排座位的时候，我本想按高矮个让舟舟坐在靠前的位置，这时,小班长走到我跟前提议说:"刘老师,您还是让舟舟坐在最后一排吧,反正她上课也不听,听也听不懂,一至四年级她全是坐最后一位。她是随班就读生,不算入班级考试成绩的。"

我听取了小班长的建议,因为我还没有摸清舟舟的"不一般"到哪种程度,最主要的怕她影响到别的孩子上课。

上课时,我用余光随时关注着舟舟,发现她拿着一盒荧光笔在纸上画图。我没有走过去阻止她的违规操作,反正她也不出声音,画就画吧,不然又让她干啥呢?

下课的时候,舟舟跑到我跟前,把两只小手往我面前一伸,得意地问我:"刘老师,看我指甲漂亮不漂亮?"天哪,舟舟上课时趁我不注意,把荧光笔的水涂在了指甲上。

看着那色彩都涂到了指甲外的十根手指头,我无奈地摇了摇头,对于这样的孩子让我说什么好呢? 于是我故意大声叫道:"好看是好看,但是荧光笔的水停留在你的皮肤和指甲上会中毒的。"我的表情和语气让舟舟深信我所说的话是真的,看她害怕的样子,我拿出湿巾,一边细心地帮她擦掉,一边告诉她以后千万不要做这样的"傻"事情了,舟舟点头答应了。

再上课的时候,舟舟虽然不再用彩笔涂指甲了,可她又不停地撕卫生纸,把卫生纸撕成一条条放在嘴前吹。看到纸屑像蒲公英一样飘起来,就发出咯咯的笑声。虽然声音不大,同学们也习以为常了,但是长此下去根本不是个办法。

我想,必须让她多多少少学点东西,即使学不会,也要让她懂得什么时间该干啥就得干啥。

当孩子们抄写生字的时候,我走到舟舟身边,摸着她的头说:"老师想和你商量一件事。"舟舟睁大了眼睛,疑惑地看着我,也许她长这么大还没一位老师有事找她商量。"你看,全班同学都在写生字,你也和她们一起写好吗?"我尽量让自己说话的语气听起来和蔼可亲。

"不好!"舟舟说完就趴在了桌子上,竟然大哭起来,嘴里还嚷着:"不要写,我不要写!"她用撒泼来表示对我的反抗。

我知道我必须狠下心来,不能由着她的性子来。

我拉起她的小手说:"来,和老师在教室里走一圈,看看同学们的字写得怎么样,你来当小督察员,帮老师把把关。"舟舟一听笑了,用手背在脸上一抹,算是擦掉了眼泪,随着我在教室里看同学们写字。

同学们也很配合,舟舟所到之处,同学们都把自己的本子让她看一看。没想到舟舟看完小超的字后竟然说:"小超,你这个字出格了,赶紧改过来。"这不就是我刚才巡视时说过的话吗?小超听后搔搔后脑勺,不好意思地笑了,拿起橡皮涂掉重新写了起来。舟舟一看自己的话起了作用,神气得就像一位小老师。

我一看时机差不多了,拉着舟舟的手说:"如果同学们写生字时你也写,我就让你帮老师收本子,怎么样?"没想到她高兴地答应了。虽然她的字写得没有章法,只是一些粗细不一的线条组合,并且还都是倒笔画,但那又何妨呢?即使我教的一百个字她只认识一个字,我觉得对于舟舟来说这都是不小的进步。

每次她写完都会举着本子,摇晃着走到我的办公桌前,随手一丢,说:"得星星……得星星。"这时我总会放下手里的活,亲切地望着她,一边画着对勾,一边表扬她:"舟舟写得真好啊!"然后给她画上一颗星星,望着她心满意足地捧着本子,摇晃着走回座位时,我的心里充满着不由言说的喜悦。

舟舟对她本子上的五角星分外珍惜,因为我告诉她只要得到两颗星,我就奖励给她一册小绘本。

现在上课舟舟基本上没有太多的小动作了,不是在那一笔一画地写生字,就是拿出我给她的幼儿绘本一页一页地认真翻看,有时还写同学们特意给她抄写的一些笔画比较简单的"字头"。

有一次,一节课的时间她都没有抬头,一下子写了三页生字。这对于普通的学生来说可能是不值一提的,而对于舟舟却是一个巨大的变化。当我和同学们把掌声送给她时,她竟然高兴得手舞足蹈,虽然那动作不是很协调。看着她喜人的变化,惊人的改变,我心中有的只是满满的欣慰和为人师者的自豪。

对于舟舟来说,能像其他学生那样正常上下课已经很难了,我还要随时地接她不定时释放的"大招"。

早上我刚走进教室,舟舟两只手各举着一个矿泉水瓶向我走了过来。看她歪歪斜斜的走路姿势,我真怕她摔倒了。

"老师,给!"舟舟把一个装满红色水的瓶子递给了我,她又举起她手中的绿色矿泉水瓶说:"为庆祝胜利,干杯!"说着她拿手中的瓶子就要和我手中的瓶子碰。

还没等我反应过来,几个早读的孩子立刻喊道:"老师别喝,那水有问题!"

原来这是舟舟在小区门口买来玩的"生物球",没想到放到水中后竟然化成了水,她觉得很像电视上演的"鸡尾酒"。想到昨天上课的时候我表扬了她,舟舟在家没舍得喝,今天早早来到学校,想和我一同分享。

看着她那双无辜的眼睛,我的心中五味杂陈:我感动于她能够想着把自己认为最好的东西留给我,又为她天生的无知与无畏所气恼……孩子,你让我说什么好呢?

我摸着她的头,看着她干得起了皮儿的小嘴说:"想和老师干杯吗?""想!"舟舟不假思索地回答。"那咱们用白开水干杯好不好？老师不爱喝带颜色的酒,你也不要喝,可以吗?"

这确实是一个需要格外照顾的孩子。为了让她多喝一些水,别上火,我经常让她过来和我干杯。"干杯"成了我督促舟舟喝水的一种快乐方式。

一天课间,我看见舟舟对小林说:"你看你的嘴都干了,上火了吧? 来,咱俩干一杯。"我没想到舟舟也会用自己的方式关心着别人。

关心帮助舟舟的过程,在全班同学的心里,悄然培养了人与人之间那份最珍贵的同情之心,关爱之情和互助之风。就这样,全班形成了一个合力,所有学生都向他伸出友谊之手,没有一个孩子歧视她。

班干部鸿莉主动要求和舟舟做同桌,这让舟舟欣喜不已,她终于结束了五年单座的历史。走路队的时候,鸿莉牵着她走。吃午饭的时候,鸿莉教给她怎样铺桌布。

一次,舟舟的鞋带开了,鸿莉也和她一起蹲下身子,一边讲解着系鞋带的方法,一边演示着。拆了系,系了拆,足足讲了三四遍。舟舟听得分外认真,因为她可不想惹这位如大姐姐一样照顾她的同桌生气。当舟舟自己成功系了一次后,附近的同学都高声欢呼起来:"舟舟会系鞋带了!"那兴奋的表情绝不亚于自己取得的巨大成功——虽然这个鞋带在她走了几步之后又松散开了。

后来,别人的东西掉在舟舟面前时,她还会捡起来还给人家。这些微小的进步在别人的眼里是微不足道的,但在我和家长眼里,这已能称得上是不小的变化了。

每个学生都是一颗耀眼的星星,现在不发光,只是因为那束光还没有照到她。静心细想,我感到自己很幸运,能成为这个学生的心灵摆渡人。舟舟在不断地考验着我,使我一次次顿悟,在此过程中我不断闪现出教育灵感的火花,使自己的教育越来越贴近学生的需求。

(三)指导的智慧

1. 指导的智慧之一——示范与激智

在同学聚会时,我们经常谈论的一个话题是:在教过你的老师里面,给你印象最深的是谁? 答案不外乎是这么两种:一种是"身怀绝技"的,还有一种是把特别的爱给了特别的你。无数的经验让我们知道,只有具有这种人格魅力的教师,才能真正把教育变成师生相处的一段幸福生活,让教育真正影响学生的一生。

我常想,既然这两种类型的老师能给我们留下深刻的印象,那我们就要朝这个目标努力。

> **露一手**

这已经是我接手的第 N 个差班了——五年级二班。学生成绩参差不齐,大多数孩子学习基础差,不仅语数外三科成绩在全镇排名垫底,而且纪律是全校最差的一个班。

这个班的以前的班主任告诉我:"咱班的这群孩子最大的特点就是好战,往往是摁下葫芦起了瓢。"听了这话,我一阵发怵。

"那一般情况下,咱们的老师是怎么处理呢?"我希望得到些有用的经验。

"咱没别的办法,现在的孩子都挺金贵的,谁打架了就请家长呗。让双方家长看着解决,比咱老师解决得好,省的解决不好落埋怨。刘老师,你得做好心理准备,一天最少请三波家长。"

我赶紧自嘲说:"呵呵,没关系的,这说明咱们班的进步空间是特别大的!"我心里想:这会是一个怎样的班呀,那班主任一天也别教书了,除了解决问题就是解决问题。

总之,这个班问题多多,我只能想办法"应战"了。

第一天上课的时候,我早早地来到了教室,想提前了解一下班级情况,好有个思想上的准备。

教室里一片混乱,学生们无视我的存在,该干什么还干什么。看起来连给新老师留个好印象,他们都懒得给。有几个孩子在教室里一边跑着,一边模仿着武侠片里的动作,"嘿嘿"地拳脚相加。我好不容易抓住了一个从我身边经过的男孩儿,才结束了这场武斗。

这时,上课铃打响了,没想到有几个学生竟站起身想往厕所跑。没组织,没规矩。铃声对于他们来说,什么都不代表,没有任何意义。我凶神恶煞地堵在了教室门口,把那几个孩子挡了回去。

这时,有四个男生抱着乒乓球拍气喘吁吁地冲进了教室。我努力地使自己平静下来,我知道这属于团伙作案,也属于他们的习惯动作,我的任何说教都是枉然,因为法不责众。我也没打算罚他们,因为很有可能这帮孩子还期待着我的惩罚。我能想象到,几个学生一块儿罚站,不用上课,站在那儿偷着乐的画面。

看起来,这个班的状况比传说中的还要糟糕。

看到他们手中的球拍,我改变了策略,决定降温败火冷处理,我打算给他来个"投其所好"。

第二节课大课间的时候,我让学生排好了队,围在校园的乒乓球台的四周。我大声地对同学们说:"今天老师摆个擂台,十个球定输赢,谁如果能赢了老师,我允许他午自习时间不用学习,可以下来练球。"(这样的大话我还是可以说的,因为据我所知,这些孩子没经过什么专业训练,平时只是玩玩而已,水平应该属于业余中的中下水平。)

我给的这个奖励可能是太诱惑人了。孩子们又叫又跳,一个个摩拳擦掌,跃跃欲试。打乒乓球是我的一项爱好,我曾代表区打过市赛,所以收服班里的那几个"小山头"应该是不在话下。果不其然,那几个孩子被我打得落花流水,有几个甚至连零都没有突破,几场下来锐气全无。

有个围观的男老师,也凑热闹前来和我过招。男老师和女老师打,会让着我一些。于是我利用了这个机会,小胜了他。这下孩子们一下子沸腾了,奔走相告:"我们刘老师赢了!""哼,还是男老师呢,连个女老师都打不过。"仿佛赢的不是我,而是他们。听了孩子们的话,我没为他们幼稚的言语而生气,反而嗅到了他们希望我赢,希望他们班的老师能赢的信息。我觉得这就足够了,看来我这场擂台赛没有白摆。

比赛一结束,他们呼啦一下就把我围了起来,让我教他们打球。对于他们提的所有要求,我全大方地答应了下来。我摸着他们的小脑瓜说:"我不教你们,能教谁呀,你们全是我的孩子,我还指着你们给我长脸呢。"听我这么一说,有几个孩子竟然拉起我的手摇晃起来,这个动作很自然地拉近了我们之间的距离。

当上课铃响起,我再次走进教室时,学生们从来没有像今天这节课坐得这么好——各个正襟危坐。我懂他们的小心思,他们怕我食言。令我吃惊的是,这节课他们没让我说一句维持纪律的话。学生们望着我,目光和过去的不一样,好像才认识我似的。

一到下课的时候,孩子们都会围在我身边,我拿着球拍,一边给他们讲解一些打球的小技巧,一边找孩子做示范。偶尔有一两个打算展示展示"拳脚"的,也被同学们用恶狠狠的目光制止住:"别闹,听老师讲!"

看起来，我首战告捷。时不时地在学生面前露一手，这样做真的是树立班主任威信、建立良好师生关系的一个好策略。跟崇拜自己的学生在一起，我觉得师生之间的关系幸福而和谐。

渐渐地，我说话管用了，一切都逐渐地走上了正轨。我意识到，学生们之所以信服我，听我的，是因为平时和他们下棋我让他们俩子儿，和他们跳绳比赛我以绝对实力碾压他们。这样在不少学生的眼里，我成了无所不能的人。

说实在的，与学生共舞，必须要有两把刷子，才能方显教师本色。

《"无中生有"，谎言也美》

我教的每个班都会遇到语文学习的后进生，其实他们的存在是合情合理的。

开学后，我接任了一个新班的班主任，工作开展得还算比较顺畅，没有涌起传说中的波澜。上课时，全班 42 个孩子全都低着头记着笔记，没有一个左顾右盼的。毕竟是一群孩子，有谁不希望给新班主任留下一个好印象呢？我在孩子们的座位间巡查着，正暗暗庆幸自己的一点点个人魅力之时，却发现小猛在我刚讲完的课文《少年闰土》的书页上画插画，并在画下配文"二朗神大站神查"（二郎神大战神獒）且不说字乱得像一组让人无法破译的密码，一共七个字，他竟然写错了三个。

我早耳闻过小猛的大名，他上课从不认真听讲，最主要的是考试从来没有及格过。见他如此入神，我拍了一下他的肩，低声说了一句："画得还行，但是字写得太丑了，把字写好了。"小猛没有作声，只是调整一下写字姿势。当我再次遛到他的身边，发现小猛在抄写黑板上的笔记,虽然字还是一如既往,但是我觉得他还是想进步的。

接下来的几天,我暗中观察着小猛,希望能从他的身上找出那么一点点闪光的东西。几天的追踪调查,我发现小猛很喜欢帮助人,虽然学习成绩比较差,但是和同学们很能玩儿得来。

于是我心生一计,下课之后,我把小猛叫到了身边,很随意地问道:"你觉得我的课讲得怎么样?给老师提点儿意见呗。"也许他从来没有见过任何一个老师这样诚恳、信任地和他谈过话,竟然脸红了。他挠了挠头,嗫嚅道:"我觉得您讲得挺好的。""我发现你也挺好的,听讲越来越认真了!"我的这一评价,着实让小猛吃惊不小。看着他吃惊的神情,我继续说道:"我一直把认真听我讲课的学生,认定为给我捧场的朋友,你也算是我的朋友了!"我特意加重了"朋友"俩字。我又一次捕捉到两朵红云从小猛的脸颊上飘过。

第二天,我发现小猛听课比以前认真了很多。他的字虽然还是那么"不堪入目",但确实是有进步的,至少在态度上。于是我开始实施我的"计谋"了。

课后,我又找到小猛,故意装出一副非常为难的样子,对他说:"我朋友的孩子今年也上六年级了,可是他病了,要在家休学一年。但他想自己补上落下的功课,明年和你们一样也去读初中。所以我答应他把一个同学每天记的笔记拍下来用微信传给他,以助他自学。"小猛并不知道我后面要说啥,只是静静听着,"你是我的好朋友,你能帮我这个忙吗?"小猛万万没想到,我会提这个要求。他嘴动了动,看着我,答应也不是,不答应也不是。因为答应了他就得让自己的字"洗心革面",懒散了六年的他这得需要下多大的决心呀。不答应也不是,毕竟我刚才说了我们是"朋友",我有什么困难,朋友必须要帮助的。见他有所迟疑,于是我跟了一句:"你可是咱同学圈里最讲义气的,我这个忙,你不可以不帮呀!"被我这一"追击",小猛只好点了点头,说道:"那好吧!"

转天上课记笔记时,从小猛身边经过时,我低声说了一句:"拜托啦!"

当他一次又一次地把精心完成的笔记交到我手上时,我对他表示了感谢,并鼓励他说:"不错,下次把字写得再直些,你看有些字都趴下了。"小猛不好意思地点了点头。在我一次又一次的"无理"要求下,小猛的字越来越好了,当然了,我也不吝啬我的赞美之词。直至有一天,我发现,小猛在一大段笔记的下面竟然打了横线,我知道小猛真的进步了。

第一学期结束了,小猛语文考试及格了。我把他喊了过来,把"那个生病孩子"的感谢信转交给了他。我和他一起品读着信中那一句句带有温度的谢意,一边和他一页页地欣赏着那本记录着他成长足迹的语文书,那成功的滋味在空气中流动着。我知道,下学期我的班里又多了一名优秀的学生。

善意的谎言带有教育的智慧,我的这招"无中生有"使教育的方法转了个弯,就为学生的心灵点亮了一盏明灯,我们何不用智慧和机敏为学生营造一方晴空呢?

其实我们在立德树人的路上,只有随时转弯,就可能使我们的教育产生神奇的效应。作为班主任的我们,每天都会遇到各种问题,不妨聚焦"如何解决问题"这一点,努力改变我们看问题和解决问题的角度,因为路的旁边也是路。不一样的路途,也许风景更加旖旎。懂得做教育随时转弯的教师,总会在"山重水复疑无路"之时,找到"柳暗花明又一村"。

2. 指导的智慧之二——理解与宽容

一位哲人说过一番耐人寻味的话:"天空收容每一片云彩,不论其美丑,故天空广阔无比;高山收容每一块岩石,不论其大小,故高山雄伟壮观;大海收容每一朵浪花,不论其清浊,故大海浩瀚无比。"哲人之言无疑是对宽容最生动直观的诠释。

那么,什么是宽容? 尊重学生的独特之处而能有一种兼容之心是一种宽容;承认学生的长处而常怀赞赏之意是一种宽容;了解学生过失的起因,并给予原谅,常留信任之心是一种宽容;体察学生的痛苦和难处,而抱同情之心,并及时伸出援助之手,是一种宽容……

《装病》

工作这么多年,屡屡遇到装病的孩子。小翔就是个"装病"孩子中的"经典人物"。他每每装起病来,让我感到既好气,又好笑。

你瞧,大课间的时候,同学们排好了队,正准备下楼进行冬季长跑。小翔一脸痛苦地走到我跟前说:"老师,今天我不能出去跑步了。"

"还没好呀?"小翔好像听出来我语气中的质疑,一边用食指和拇指捏着自己的喉咙,一边说:"我嗓子疼得厉害,我妈说今天就不让我跑步了。"说着小翔还皱着眉,使劲地咳嗽了几声。我虽不是医生,但我也能听出来,他的嗓子没有他表现出来的那么严重。

"那好吧,你就在教室里看书吧。"我没辙了,既然都把家长搬出来了,我也不好说什么。

可是小翔自从学校启动冬季长跑以来,他好像没有一天好受过,先别说前几天,就说最近三天,前天在准备下楼的时候,小翔临时眯眼了没下去;昨天下楼梯不小心崴脚,跑不了了;今天嗓子又疼……

次数一多,我算悟出一点名堂来了。因为外面的天气寒冷,不如待在教室里暖和,所以对于全身肉乎乎的小翔来说,他是不愿意享受和寒冷搏击的快乐。这小家伙真是太"狡猾"了!

当同学们跑完步回到教室以后,小翔就像一架小飞机,一会儿和这个同学逗两句,一会儿和那个同学争论几声。我心里有数了——他的嗓子没病,有的只是"懒病"。

我也不点破他,继续听着他在教室里"飙高音"。上课了,同学们都做好了,我从包里拿出了一袋巧克力,笑眯眯地说:"我的朋友昨天刚从国外回来,给我带回来两包巧克力。同学们刚跑完步,我每人发一块补充一下体力,大家尝尝鲜。"我一边说着,一边按座位依次分发给孩子们。小孩子对于吃好吃的,那可是一点儿抵抗能力也没有,大家都期待着品尝一下外国巧克力的味道。

当发到小翔的时候,小翔笑容满面地把手伸向了我,这时我故意装作恍然大悟的样子说:"哎呀,我差点忘了,咱班的小翔嗓子疼,不能吃甜的,尤其不能吃这黑巧克力,那样对嗓子更不好了。真是太可惜了,不能和同学们分享美食了。不过不要紧,老师还有一袋,希望你明天嗓子能好!"说着我还拍了拍他的肩膀,以示安慰。

这回轮到"装病兄"目瞪口呆了,同学们一边吃着巧克力,一边咂吧着小嘴说:"好吃,真好吃。"我想这是对贪吃的小胖子小翔最好的惩罚了。

没办法,可怜的他,只能趴在桌子上自食其果——流口水了。

第二天,大课间的时候,小翔没有跑到我跟前请假。我故意逗他说:"小翔,嗓子好了吗?如果没好老师准你假。"

"老师,我已经好了,嗓子不红了。"他张大了嘴巴,指着让我看。

我在心里暗笑。

装病的孩子，如果听之任之，孩子会变得狡猾，自然不好。但是如果劈头盖脸地批评一顿，会让孩子产生逆反心理，后面也不好教育。

小学生的"爱"与"情"

课间的时候，班长明珠在一群同学的簇拥下，手里拿着一张纸条走到我跟前，气嘟嘟地说："老师，您看看，也不知道是谁放到我书箱里的。"

我打开一看，原来让这个小家伙恼怒的是一封"图文版"的情书呀！我心里偷偷地乐开了，没想到二年级的孩子这么快就开始"恋爱"了。

纸条上画的是一个小男孩牵着一个小女孩的手，小女孩还戴着皇冠，穿了纱裙。在图的下面写着：珠珠，我好爱你！一看这熟悉的稚嫩笔迹，我眼前浮现出璇的面庞，一个极度内向的小女孩。

明珠是我们班的小班长，不仅学习优秀，而且还是我们校会的主持人和升旗手，可以说，他是一个人见人爱的男孩子。

我故意问道："你知道这是谁写给你的吗？"二年级的孩子还没有"按图索骥"的心眼儿。

"不知道是谁这么讨厌，早上我到教室放书包的时候就发现了。"明珠说着，还使劲皱了皱眉头。看起来他对这个给他写信的"崇拜者"深恶痛绝。

随同而来的几个同学也表现出对这件事的零容忍，在他们幼小的心中，这是一件非常令人不齿的事。

看着这个"不解风情"的小男生，我知道这件事如果处理不好，两个孩子的心灵深处将会留下阴影,也会给其他孩子一个不正确的认知导向。

上课的时候,我走进教室,没想到教室出奇安静。我知道他们一定在等待有着"警察叔叔侦查能力"的我,来"揪"出那个惹明珠生气的罪魁祸首。

我故作轻松地说道:"我们每个人心中都会有许多自己喜欢的人,可能是养育自己的父母,可能是和谐相处的同学,也可能是帮助过我们的陌生人。"同学们都睁大眼睛看着我,不知我葫芦里到底卖的是什么药。

"我发现咱班有一个同学特别有眼光,喜欢咱班的明珠同学。"我发现有几个孩子扭头捂着嘴嬉笑着,甚至还有几个孩子扮鬼脸。那意思仿佛在说:"写纸条的倒霉蛋,有你好看的。"

我继续说道:"明珠同学的数学每次考试都是一百分,而且他画的画在各种比赛中都获过奖,表现优秀的孩子很多人都会喜欢。老师也很喜欢咱班的明珠同学,你们谁像老师一样喜欢明珠同学?请举手!"

在我的鼓动下,除了趴在桌子上继续生闷气的明珠,全班四十三双小手全都举了起来。

"我想请你们说说,明珠同学都有哪些优点?"教室里一下子热闹起来了。"我每次遇到不会的题,明珠同学都主动帮我。"小星说着,还朝明珠扬了扬脸,显示俩人的关系还不错。"明珠的字写得最棒,都赶上书法李老师的字了。""明珠特别爱看书,懂得知识比我们都多。"

我把目光投向小璇:"请你说说明珠同学还有什么优点?"

"昨天我的抄书本用完了,明珠同学就借给我,所以在学校我的作业就完成了,回到家妈妈还夸我呢。"

我忽然明白了,在大人"词典"中的"喜欢"是多么狭隘呀,小璇的纸条上的"喜欢"分明就是一种感谢!

被同学们盛赞的明珠,已经绷不住偷偷地笑了。

"那我们现在把自己喜欢明珠同学的理由写在一张纸上送给他好吗?""老师可以画爱心吗?""当然可以画喽,因为我们是用心去喜欢同学的嘛!"我笑着说道。

"以后我们无论喜欢哪位优秀的同学,我们既可以当面告诉他,也可以写成书信送给他。"我笑着引导大家。

孩子们频频点头,一场"似是而非"的早恋风波就这样被我平息了。

小学生心中的"爱"与"情"不等同于成人的"爱情"。作为班主任的我们一定要用科学的方法,来解决孩子们成长路上的烦恼。

3. 指导的智慧之三——指导与分享

"现在的学生真是越来越难教了!"我不止一次地听到老师们这样抱怨,事实也的确如此,现在学生的成长环境与我们那时相比有了很大的区别。许多老师都有这样的感受,每一届学生都跟上一届学生不一样,都比上一届学生难教。学生虽然聪明,但是教师智胜一筹,碰到问题,不应埋怨,不应发火,而应动脑筋,想办法,因地制宜、随机应变,想出最佳的方法来最终圆满解决问题。指导与分享,应该是解决我们班主任工作中棘手问题的一个很不错的方法。

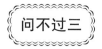

问不过三

小乐老师跑进办公室,关上门,终于忍不住放声大笑起来。

小乐老师笑得前仰后合的样子,弄得我们一头雾水,大家忙叫她分享让她产生如此"笑果"的故事。

小乐老师一边笑着,一边给我们讲道:"大家都知道我们班的小豪吧?"

"哦,知道,不就是整天黏着你,连你上个厕所都要跟进去的那个'小尾巴'吗?"小豪可是我们办公室出镜率最高的学生了,没有一个老师不认识他。

"这都上五年级了,还一点儿上下课的意识都没有呢!什么时候想问我问题,站起来就问。根本不管这个问题和我讲的课有没有关系。"小乐老师无奈地摊了摊手。"每天一下课,就缠着我问个没完没了。如果他问的问题和学习有些关联还行,可是他问的竟然都是'乐老师您怎么今天穿这件绿色长裙了?''乐老师你猜我的哪支笔最好用?'这种我俩每天的一问一答都可以编一本《十万个为什么》了。"

"这说明你是最有魅力的老师。"同办公室的老师打趣道。

"这个您还真没说错,心理学老师告诉我,这是学生喜欢我、依赖我、想引起我对他关注的表现。可这样一来,课间我都没有工夫处理其他事务了。"

小乐老师继续说道:"每天对于小豪近乎撒娇似的追着、围着、问着,我今天想到了一个好方法。我告诉他,每天他只能问我三个问题,超出三个问题我会拒绝回答。我让小豪在每次问我问题之前,先想一想这个问题该不该问,这样就可以让他减少问我问题的次数了。"

"那小豪答应了吗?"我们饶有兴趣地问道。

"当然答应了!我告诉他如果不按规矩办事,下学期我就申请不再教他了。并且我们俩已经拉钩为证了。"

"这不,刚才一下课,小豪就追着问我:'乐老师,乐老师,下节课上什么课呀?'我让他自己看课表,并且提醒他,今天已经使用完一次问问题的权利了。他吓得赶紧捂住了嘴巴。"小乐老师说:"我还没走出教室,他的老毛病又犯了,又跑上来问我:'乐老师,今天的语文作业是交给学习组长吗?'天天都是这个流程,可他还要问我。于是我故意冷着脸说道:'你看你又浪费了一次机会。'"

听我这么一说,小豪搔搔脑袋,想了想说:"是呀!"我再次提醒他说:"你还有一次机会,自己一定要珍惜。最可笑的在后面呢!"

"你快说来听听。"我们催促道。

"我刚要出教室,小豪就拽住了我的衣袖,开始了他那无敌缠人术,对我说:'乐老师,我能再问你一个问题吗?',你们猜我怎么说的?"

我们都看着小乐老师,想知道她放出了什么大招。

"我就板起脸来对他说:'小豪同学,你已经使用完你问问题的权限了。'小豪说:'我只问了两个问题。'我就问他:'你刚才问我,乐老师我能问你一个问题吗?'这是不是一个问句?小豪说'是'。我说'那不就得了呀。'"

听我这么一说,小豪捶打着自己的小脑袋,为掉进我为他挖的"坑"懊恼不已。

我们都为年轻的小乐老师伸出了大拇指,不由感叹:这才是真正的教育高手。

亲子阅读分享会

我们班每个孩子都有一本"我和爸妈共阅读"的小手册。在这本小手册中,我设计了三个专栏:第一个是"我想说"专栏,让孩子在此留下和家长共同阅读书目时的感想,记录和父母阅读过程中发生的小故事。第二个是"让我轻轻地告诉你"专栏，让家长在与孩子享受亲子阅读的过程写下自己的心声，谈一些自己的见解。家长可以就文本思想对孩子进行点拨，让孩子有更深刻的理解。第三个是"遇见"专栏，我根据家长和孩子的交流沟通提出自己建议和鼓励的话语。可以说，这么一本小小的"我和爸妈共阅读"的小手册，写下了阅读带给我们所有人的快乐、感动和思考。

亲子阅读实行积分制，每读完一本书积一分。书的总页数超过了三百页就积二分。如若能把自己所看的书成功推荐给另外的家庭，还可以获得一分。到学期结束，我们对积分高的家庭进行奖励，并授予他们"书香之家"的称号。

在学期末的亲子阅读分享会上，获得"书香之家"称号的家庭先是孩子发表"我想说"的成长甜蜜，再是家长谈"让我轻轻地告诉你"感言，然后是我的独家点评。家长们很吃惊，吃惊于仅仅一个学期的时间孩子识字量迅速增大，阅读能力火速提高，表达能力节节提升，更是感慨孩子用笔尖留住了阅读的快乐，而且还学会了思考。

现摘录一组家庭的分享会内容：

航航说：

"无意之间，我和爸妈同时发现了一本名为《孩子别烦恼》的书。读完后，我深刻地认识到：其实，父母与子女之间真正需要的是互动、是了解。这种互动的方式是多样的，共读一本好书就是其中的一种。"

航航的爸爸说：

"我从中得出了不少有效的家庭教育方法，对培养孩子思想、道德品质、交际技巧都大有益处。当然，孩子也从中受益多多，很多好习惯的养成就来源于对书中主人公的认识和肯定。

　　我觉得做家长的也要读书,不然和孩子就会无法沟通,也分享不了读书的感受。这样久而久之,孩子与父母的关系也只能停留在亲情上,而不会是既是父母又是知心朋友的那种融洽的关系。所以我对自己的要求是,要求孩子阅读的书籍,自己也必须大概了解书的内容。"

　　我说:

　　"阅读,让航航更理解父母了;阅读,让父母走进了航航的心里。'全家'同读一本书,广义上来说,这本书永远也读不完。"

　　"由此不难看出,家长在为孩子的成长感动,老师为这样的亲子阅读喝彩。家校教育也悄然形成了合力,这种亲子阅读的模式,潜移默化地影响着班级中,每一个学生、每一个家庭和我们的班集体,因为它是两代人的灵魂和心灵的对话。"

　　认真只能让我们正确地做事,而智慧才能让我们做正确的事。所以,有没有智慧,成了教育有没有效果的关键。作为教师,要善于释放自己的教育智慧。释放了的智慧,才有能量、才有价值。

刘培培,天津市西青区当城中学班主任、语文教师。

　　曾获天津市师德先进个人,西青区名班主任、最美女教师、学科带头人和青年专业技术骨干等荣誉称号。曾获全国"我的文化我的班"班主任演讲比赛特等奖,西青区班主任论坛一等奖,西青区首届团体心理辅导课一等奖,西青区首届心理健康教师说课一等奖。2018年入选"西青区班主任培养提升工程"。所带班级曾被评为西青区三好班集体。

带班理念

在平凡的工作中与学生共同成长。

圈圈变形记
——在平凡中与学生共同成长

刘培培

圈圈其人：

你是否接触过这样的学生？

第一眼，这是一个爱穿紧身衣服的健硕小胖子。

第二眼，这是一个小心翼翼的孩子。

第三眼，这是一个站姿独特的孩子。

这仅仅是第一次接触时，他在 15 分钟内表现出来的样子。他叫圈圈，一名新初一的男孩。在与圈圈相处的一年里，可谓是初时所见，颇为诧异；日渐相处，内心震动。

多次接触后就会发现，通常与学生、家长沟通的要认真听课、完成作业、遵守课堂纪律、尊敬老师、团结同学等话题基本不需要讨论。因为，圈圈的行为早已超出了常规范围。他大部分时间都沉浸在自己的世界里，不肯让他人走进自己的世界，更不愿意走进别人的世界。大众理解的规则意识对他而言基本不存在，他的内心秩序，对大众而言基本无法理解。所以，他的很多行为都经常让人费解，如他为何上课时会从座位上下来，坐在地上，甚至在地上"摸爬滚打"地拽衣服、拿东西、骂人；为何会不分时间地点，突然躺在地上；为何会坐在楼梯台阶上，一阶一阶地用屁股蹾到楼下；为

卷一 成长篇

何会趴在两个楼层之间的楼梯扶手上一动不动；为何会想出班就出班，不想回班就不回班；为何一会儿突然在室外某一角落发呆，又突然在校园内游荡……如此种种，都会让人百思不得其解，见者便问我："怎么我和他说话他都不搭理呢？怎么劝都劝不住，拉也拉不回来，这可怎么办呢？"然而这些行为，基本每天都在上演，所以圈圈的校服总是脏兮兮的，布满油点等污渍。再加上他的鼻子经常流血，蹭在手上，抹在衣服上，都要看不出衣服原本的颜色了。

和圈圈每天固定要做的事情一样重复出现的就是他的姿态。圈圈犯错后看人基本都是斜着眼，露出大部分的白眼仁，似乎带有小心的、谨慎的、试探的意味，抑或靠着墙，低下头，根本不看人。对于站姿，他双腿叉开，犹如钢铁般坚硬的圆规，然而几秒后，他开始不规则摇摆。

圈圈还会出现各种"突然袭击"，如管制物品被没收，拿不回来，他就堵在办公室门口坚决不走。不明缘由地突然对高年级学哥学姐动手，事后却唯恐避之不及……

圈圈家里对他也是力所不逮。圈圈的卫生状况堪忧，虽不是蓬头却是垢面，指甲里常有黑泥。着装方面也要为他操心，刚入秋就会看到圈圈穿着厚绒卫衣，脸热得红扑扑的。而过几天，刮着冷风，圈圈居然穿着半袖或者短裤来上学。而他的鞋子除了脏，还经常是坏的，偶尔开胶掉底后，我们不得已，用鞋带帮他固定。

但是，他也并不是一无是处的，在他的身上，依然具有很多闪光点，这些闪光点藏在他的缺点中，并没有发出闪亮的光芒，等待着身边人的细心发现，比如他的好奇心很强，对没有见过的事物都想摸摸看看，甚至想一探究竟。他钻研性强，对自己感兴趣的事情能维持一段时间的钻研劲头，颇有打破砂锅问到底的韧劲。

一切看似异于常人的背后都有着不为我们发现的原因，我不禁会想,到底是什么事情让一个还在青春烂漫年龄的他如此抗拒他人呢?他这样的行为方式,是怎么形成的呢?

确实,在平时的教育教学工作中,圈圈会出现各种各样的问题,有些问题令人意想不到。但是,面对他,我总想为他做点什么。希望在我们相处的日子里,我能让他的外在形象稍见整洁,能让他的内心感受到来自外界的关爱,能让他的头脑里稍有规则意识,能让他的情绪得以合理宣泄,从而使他有归属感,对班级有认同感,提升自身的幸福感……正是这些想法,也让我逐渐正视了他身上的优缺点,慢慢改变了对他的教育方法,也期望在不断反思中,不断改进教育方法,更好地为学生服务。

作为一名班主任,虽然工作平凡,但我愿在平凡中和学生共同成长,用爱心去陪伴学生成长。成长是无尽的阶梯,我愿用心守望学生成长,用智慧引领学生成长。

请您跟随我,一起走近圈圈的世界:

一、尊重特性,悦纳学生

世界上没有两片相同的叶子,没有两朵相同的花;每一片叶子上都有属于自己的叶脉,每一朵花上都有属于自己的花形。每一个学生都是独立的个体,他们拥有属于自己的个性、思维方式和做事方法。子曰:"知者乐水,仁者乐山;知者动,仁者静;知者乐,仁者寿。"在大教育家孔子的眼里,"知者""仁者"都有着不同的喜好、特质,都会有不同的表现。那么,我们教的学生,由于家庭环境、性格特征、兴趣爱好等各不相同,在班级里的表现也会大相径庭,表现出个体的差异性。当面对班级里个性迥异的学生时,老师就要有一个宽广的胸怀。面对这样的差异性,尤其是需要老师帮扶的学生,他们充满了独特的个性,老师要尊重他们的特性,更要从心里悦纳他们。

悦纳学生,是落实立德树人根本任务的一种表现。作为教育第一线的老师,不能按照一根统一的尺子去丈量学生的表现,更不能去过分要求学生做得尽善尽美,而是要在悦纳学生的情况下,营造一种和谐、温馨的氛围,让学生在这样的环境中拥有轻松愉悦的心情,感受到老师对他的爱,体会到班级的幸福感。只有悦纳学生,才能更好地发现学生身上的闪光点。

那么,怎样才能做到悦纳学生呢?

(一)尊重学生,关爱学生

哈佛大学霍华德·加纳德教授曾指出:"对孩子的发展最重要、最有用的教育方法是帮助他寻找一个使他的才能可以尽情施展的地方,在那里他可以满意而能干。"而达到这种状态的前提是老师悦纳学生。教育家爱默生说:"教育的秘诀是尊重学生。"由此可见,悦纳学生的前提是尊重学生。

当老师认可每一位学生,并从他们的身上发现闪光点时,学生就会体会到被认同、被欣赏的感觉。尤其是需要帮扶的学生,从老师认同的态度中他们可以体会到老师对他的尊重,从老师欣赏的态度中可以体会到老师对他的支持。学生会因为老师的尊重、认可、欣赏自主悦纳自己、肯定自己、关心他人,甚至还会增强自我价值感。老师对学生的关爱要从学生的实际角度出发,循序渐进地引导学生肯定自身价值。

(二)以身作则,树立榜样

学高为师,身正为范。老师在班级教育教学中率先垂范,把悦纳学生的行为展示出来,以身作则地做出表率时,学生也会跟着心悦诚服地行动起来。

处于青春期的学生暂时出现差异行为,老师要悦纳。因为他们正处于青春期,人生观、价值观都在逐渐形成,很容易受到身边人的影响。所以,此时老师率先做出表率,对存在差异的学生不要用批判的态度去看待,不要用否定的言语去指责,而应正视他的问题,用温柔的语言与之沟通。老师的一言一行都呈现在学生的面前,学生在潜移默化中受到老师的影响,慢慢地也会向老师学习,悦纳身边的人。

(三)因势利导,悦纳他人

如果面对同学的差异行为置之不理或加以嘲笑,同学之间彼此就会产生不良的思想观念。此时,老师应该站出来,告知学生不能用自己固有的思维去看待他人,要明白在集体之中的每一个人都是具有个性并存在差异的,就如同人们的手指是各有长短。让学生认识到每个人是独立的个体,但是都有其自身意义的,无论是谁,都应当尊重他人的人格,接纳他人存在的个体差异,学会悦纳他人。

老师,您怎么对他那么好

阳光下,任凭学校喇叭放出任何带有指令性的音乐,圈圈就是原地站着不动。他低着头,双手认真地相互抠着,似乎双手中有着无限乐趣。

看着他的动作,我真的有些不知道该如何去与他接触。到底什么话题会让他乐于与我沟通呢?他这样,算不算是一种试探呢?试探新班级的同学会如何看待他,试探新老师对他的态度,试探新老师能接受的底线,试探学校领导会对他采取什么措施……或者说,这是他对自己的一种保护?在"不明敌我"的情况下,杜绝外界的一切信息,无论他人对他是善意的、恶意的或是揣测的,都忽略掉,自己感受不到、接收不到就是最安全的。这一切都是我的猜测,仅接触这几天,我对圈圈的了解还很有限。

学校自编操的音乐响起,富有青春气息又具有很强的节奏感,让我这位老师也跟着点动脚尖,圈圈还是不动。

"圈圈,这套自编操多有意思呀,教广播操的还是一位这么年轻帅气的男老师,和他一起动起来吧。"圈圈把头转向左边,双手缓慢地捂住耳朵。看来我的试探是不奏效的。

我回到位置,一边学习自编操,一边观察孩子们的学习情况,以便一会儿休息后进行总结点评。可能是我的动作惊动了圈圈,圈圈扭转头看向我。这是个好机会,可以让他看一看老师也在学习,他这位学生就更有必要参与其中了。然而"理想很丰满,现实很骨感",当我刚要开口邀请他和我一起动起来时,圈圈回转身体,继续他自己的玩手游戏。

然而,这一切,都被站在最后的小豪看到了。小豪是一位外地转校生,因为假期里右手手腕骨折了,所以在做操时站到了队伍的最后确保安全。这样的安排方便了他对班级同学进行观察。他细心地发现,这三天来,面对圈圈的种种表现,我没有对圈圈大声斥责过,没有严厉批评过。可能是出于好奇,也可能是出于对全新环境的试探,在回班的过程中,小豪问我:"老师,您怎么对他那么好?"

我笑了,小豪的问题让我看到了属于这个年龄段的孩子的单纯和质朴。这么多年来,没有一个孩子问过我为什么会对谁好,我也从未想过要有针对性地对谁好,而我要做的是关爱我的每一个学生,因为我是一名教师。

"无论是谁,都希望得到别人的尊重,都希望身边的人对他好。无论他是你们嘴里的好学生,还是差学生。还是你觉得我对你不够好呢?"我反问道。

"老师,不是的。您看出我不敢用力,知道我骨折了,让我见习。虽然我的手不能用力,但是别的动作我都做。您看看他,他什么都不做呀。"小豪小声地说,似乎怕自己的话被圈圈听到引起误会。

"你们是不同的。或许现在他做的,已经是他的进步了。而你,或许正在一如既往地优秀着。"

小豪看着我笑了笑,笑中充满了真诚。

二、无惧"破窗",积极面对

"勿以恶小而为之,勿以善小而不为。"生活中,无论事情或大或小,或好或坏,都应当予以关注。须知"不积跬步,无以至千里;不积小流,无以成江海"。在教育教学中,每次对学生的正确行为进行及时表扬,积累起来就有可能在学生心中形成满满的正能量。而对班级里出现的违反纪律的情况,如果不能第一时间纠正,就会给学生一种心理暗示,让他们错误地以为错误行为的发生会成为不了了之的事。这种意识很有可能就会在学生中产生辐射,在班级中逐渐形成违规违纪的风气,这就如"千里之堤,毁于蚁穴"。班级中良好风气受到抑制,将给班风带来消极影响,对班级建设形成阻力。这种情况在心理学上称之为破窗效应。

破窗效应理论认为,在人们生活的环境中,如果放任不良现象存在而不加以及时制止,会诱使人们纷纷效仿,甚至变本加厉。广大青少年学生正处于学习和成长的关键时期,因此,作为班级的管理者,班主任在班级管理时要对破窗效应高度重视,对班级工作进行优化和修正。

(一)制定班级制度,防止"第一扇破窗"

为了更好地规范班级成员,为了班级形成积极向上、和谐友爱、相互帮助的班风,班主任可以和学生共同探讨,商讨班规的内容,形成班级成员内部约束力。这表面上看似是对学生的约束,实则是学生的自我约束,从而形成合力来共同维护班级制度。由此可见,班规是中学生自我管理的重要制度。有了制度的约束和保护,学生的行为有标准、有界定、有自由,良好的班会逐渐形成,能使错误行为有效减少,从制度的层面有效地保护了好窗,防止"第一扇破窗"的出现。

(二)修复"破窗",无惧问题

一个班级有几十名学生,每一个学生都具有自己独特的性格,难免会有学生犯错,产生"破窗"。因此在班级每个"第一次"的活动,班主任都要保持警惕心,注意可能会出现的问题,减少"破窗"出现的概率。如若出现"破窗",就保持一颗平常心,亡羊补牢,及时修复,为时不晚。找出问题的原因,及时去解决,就能阻断"破窗"继续蔓延。

教育有效性的关键就是及时。"破窗"产生,班主任及时出现,及时制止、及时解决、及时引导。学生犯错后,内心也会有内疚、恐惧,班主任解决问题时要及时抓住这一时期,一旦错过这关键时机,就不容易与学生产生共鸣。

(三)榜样教育,减少"破窗"出现概率

班级中如果学生出现错误,那么班主任就要检查班级制度是否能有效约束、引导学生行为。如果制度中出现了漏洞,而班主任还没能及时察觉、弥补,那学生就会钻空子、纷纷效仿。所以在班级管理时,学生犯错既要及时引导学生解决问题,还要关注班级制度是否完善。

班级环境和学生是相互作用的,良好的班级环境能促使学生严格要求自己,学生在班风正的班级里会希望班级越来越好。所以,班主任平时就要对班级里每一件有善意的小事,对学生充满正能量的行为,对学生维护班级形象的行为进行表扬,在班内树立榜样学生、榜样行为。如有学生随手捡起其他同学掉落在地上的物品并归还,班主任表扬他帮助同学,每次有这种情况班主任都会表扬,慢慢学生就会效仿正确的行为。如此,维护班级的行为增多了,破坏班级秩序的行为减少了,"破窗"出现的概率就减少了。

教室里的一缕烟味

"报告!班主任,数学老师让您去一下班里。"好不容易坐下来休息一节课,我就听到了班长的声音。

"发生什么事了呀?"我总要了解一下班级情况,不能一头雾水地进班呀。

"呃,老师,这个事不太好说,您进了班就知道了。"班长羞涩地低下了头。

卷一 成长篇

"班长呀,这班里到底是发生了什么事?怎么还不好说呢?你放心说吧,你依照课任老师的要求来找我了,你是班长,更希望班级好吧?"我边走边劝说。

看我们先后走出办公室,班长才说:"老师,我实在不好意思在办公室说,圈圈在教室里抽烟了。"

"在别的课上也抽过吗?数学老师是如何处理的?"我询问着。圈圈的表现一再突破着我的认知。开学一个星期了,我每天都能接到不同年级老师、学生的"投诉",什么爬楼梯、窜教室、骂人、不做操、不注重个人卫生……看来今天升级了,居然在教室内吸烟。

我敲门走进教室,只见学生们在座位上做着题,数学老师站在圈圈书桌旁苦口婆心地劝圈圈回到座位,但圈圈呢?我看到书和书包把书桌下能看到里面的空隙都堵住了。我走近一看,圈圈在里面坐着呢。好一个防御工事,仅用一些物品就把外面的视线都挡住了!怪不得吸烟之前没有被人发现。似乎是听到了脚步声,当我站在数学老师身旁的时候,圈圈含着手指抬起头看着,怯生生的眼神让人心生怜悯,如果不是事先知道他在教室里吸烟了,我的想法真的会被他的外表改变。

"数学老师,您不要生气。发生什么事了?"我尽快安抚着数学老师。

"他上课没几分钟就坐到地下了,我怎么劝他都不起来。我总不能因为他就让班级里其他学生都不听课了。于是我让他坐够了就起来,不要往前爬影响别的学生听课。然而没一会儿他就来回摆弄书,我想着讲完这道题就让学生们做题,我再和他谈谈,可就在我回头写板书的时候,就闻到了一股子味道,我看到他那里冒出烟来。坐在他前面的学生就和我说他抽烟了。"

我看向圈圈,抿着嘴笑笑,说:"圈圈,走呀,和老师一起去办公室。"圈圈含着手指看着我,眼神是那么不情愿。"我的办公室比你现在坐在地上要舒服一些,咱们去那里聊天,怎么样?"或许是更舒服打动了他,也或许是聊天减少了他的戒心,他拿出手指,双手撑着地,和我一起离开了教室。

来到办公室,我并没有急着问他话,而是站在他的对面,注视着他。他立即低下头,再次咬起手指,两腿一点点地向外劈开,呈"大"字型站立。嗯,他的站姿风格保持不变。

"圈圈,刚才老师和同学说的事情你做过吗?"我问道。我得到的是一阵沉默。这样的陪同,没有换来他的任何举动,我们俩就像两尊雕像一般保持着姿势站立着。他不说,我不动。然而问题终究是要解决的。"圈圈不想说话是吗?没关系的,那咱们就换个方式好吗?那一会儿咱们俩聊天,存在的情况你就点头,不存在的情况你就摇头,可以吗?"

过了几秒钟,圈圈点了点头。还不错,至少今天能有点头或者摇头的交流了。

"刚才的数学课上,你坐在地上了吗?"圈圈点点头。

"刚才的数学课上,老师让你回到座位,你回了吗?"迟疑了一下,圈圈摇摇头。"圈圈真是个诚实的孩子。"我借机表扬了一下。

"圈圈刚才在数学课上抽烟了吗?"又是一阵沉默,之后圈圈点了点头。

"那是你第一次吸烟吗?"似乎这个问题他很不想回答,圈圈沉默了更长的时间,然后摇了摇头。我很期望我会得到肯定答案,但是他摇头了。

"那这次是你上初中以来第一次吸烟吗?"小学已经无法改变,那就让他的初中少些烟雾吧。我想他或许会点头,毕竟我在这节课之前没有闻到过他身上的烟味。还好,圈圈点头了。至少从这看出，圈圈的烟瘾并不大。

"那接下来可能需要你说话来回答了，你要是不想开口，可以写出来。"然而，圈圈沉默如斯，这回我没有得到任何回复，但还是要尝试一下。我拿出纸笔，放在办公桌边上，以便圈圈来取。"为什么要吸烟呢?"圈圈保持沉默，一如既往地咬着手指。我把纸笔拿起，放在圈圈面前说:"手指这么香呀，圈圈一直在吃。能让老师看看你手指上的好东西吗?"圈圈脖子一僵，稍微抬起头，看了看我手里的纸笔，又看看我。短暂对视后，我立刻轻抖一下纸，示意圈圈去拿。圈圈看着纸笔，伸出手去拿。我开心地向他笑一笑。

"圈圈，按照咱们的班规，我一会儿会给你的家长打电话，请你的家长来学校说一下你的事情。"这时候，一动不动站在办公桌前的圈圈猛地抬起头，眼神中再次流露出委屈的神色，甚至转眼间，他的眼睛中已满是泪光。看着他的变化，我解释道:"正是为了你好，我才会和你的家长来谈你的事情，这不是告状。你接着写，为什么会抽烟呢? 不会写的字可以标拼音。"

圈圈站在办公桌旁，看着纸一动不动。一分钟后，圈圈还是一字未写。我告诉自己，也许他不知道写什么。"圈圈，你先写下自己的名字。"我提醒道。接收到我的信息后，圈圈提笔写下了自己的名字，然后就又恢复了原状。"圈圈，刚才是在哪个课上发生的呀?"我接着提醒。"是在数学课上。"圈圈非常小声地说。"那就把'在数学课上'写下来。"我就这样一步一步地引导下去，圈圈写下了"圈圈在数学课上因为无聊抽烟"这句话。

看着自己写的这句话，圈圈的眼圈再次红了。我趁此机会问他:"是因为觉得自己不应该吸烟而悔过吗? 那就要注意，以后无论在哪儿，无论因为什么，都不能吸烟，在你十八岁之前，这件事都不能接触，因为这对你的身体是一种伤害。"圈圈拿着我给他的纸擦了擦眼泪,"嗯"了一声。

"圈圈,你的烟和打火机呢?老师替你保存一下,过一段时间确保你不会再吸烟了,老师就让你自己保管。"

"老师,我没有烟了。我就拿了一根烟。"圈圈说。但是关于打火机,他却没有说话。这时,下课铃响起,我对圈圈说:"我进班看一眼,你不好意思当着我的面拿出打火机,那我就不看着了。"说后,我就离开了办公室。

几分钟后,当我回到办公室时,打火机安静地躺在办公桌上,圈圈圆规般站着,看着我。

班级里的那一缕烟味消散了。

三、温馨陪伴,淡化问题

陪伴是给孩子的爱。苏霍姆林斯基曾这样说:"请记住,教育——首先是关怀备至地,深思熟虑地,小心翼翼地去触及年轻的心灵。"每一个学生都是独立的个体,他们身上有独属于自己的性格,所以班主任面对他们时要饱含爱意,因材施教。而陪伴,是最温馨的教育方式。教育学生是一门艺术,正因为对学生的这份爱,所以一切的方法以爱为起点。班主任要相信,用心来陪伴,用智慧来指导,一定会走进学生的心灵世界。

班主任对学生的热爱和关怀,表现在班主任工作中的方方面面,尤其是在处理班级的突发事情上。无论是男生还是女生,处在青春期的他们总会热血沸腾,总会思绪万千,总会豪情万丈,这使得他们在一些事情上容易犯错,或者采取不当的处理方式。那么在这种情况下,对他们长篇大论讲道理未必会是他们喜欢听的。即使他们心里很清楚班主任讲的道理是正确的,但还是不想去接受。遇到这样的情况,还要继续进行严肃的批评以期望让学生明白道理吗?其实可以换一换方法。

(一)静默陪伴显温馨

先处理情绪,再处理问题,在面对班级学生突发冲突时可以采取这样的顺序来解决问题。当冲突出现时,应该让当事学生静下来。因为在这时候,学生的情绪比较高涨,容易激动。如果班主任急于解决问题,而忽略了学生的心理,问题反而更难解决。所以,此时班主任可以让学生冷静一下,什么也不用做,过多的话语也不用说。静静地陪伴着学生,既不指责批评,也不夸赞表扬,只是用温暖而关怀的表情看着、陪着,观察学生表情的细微变化,感受学生情绪的细微转变,从而让学生慢慢卸下内心防备,感受到老师对他们的爱。

(二)如话家常显温馨

当学生的情绪逐渐缓和后,内心逐渐平静了,这时候班主任再与学生沟通就比事情刚发生时容易一些。此时的沟通最好是如话家常般的日常聊天。如果对学生进行说教,可能让学生好不容易稍微打开的心扉再次闭合,即使班主任再说什么也不易让言语入脑入心,更不要说打动学生的心,感化学生心灵了。而如话家常的沟通聊天,是让学生感受到班主任是充满感情的,话语之中满是暖意和温度。这样,学生才更愿意和班主任交流,更容易信服班主任的教育。

在谈话中,班主任首先要与学生共情,肯定学生的情绪,表达对于学生的理解。其次,和学生共同查找出存在的问题。找出问题不是为了进行批评,而是为了教育。教育学生如何看待问题,如何解决问题。再次,和学生一起分析问题。在分析问题的过程中融入学校班级的管理制度,用自己春风化雨般的语言表达出来,不是将制度变成硬邦邦、冷冰冰的桎梏,让学生明白制度是对他们的保护,遵守规章制度就是在保护自己,尊重他人。之后再晓之以理,动之以情,分析事情中存在的错误,提出合理的建议。在沟通之中,学生的情感得以宣泄,心里的疙瘩得以解开。

(三)相信学生显温馨

在冷静沟通后,学生的情绪基本上得以解决。学生也能够明白道理,知晓如何解决问题。此时,班主任要给学生一剂信任的强心针,相信学生存在的问题不是他所想的,以后再出现相似的情况是能解决的。班主任对学生的信任是一个信号,这能让学生感到错误不是自己主动要犯的,而且自己有足够的能力在以后解决类似问题。长此以往,学生有这样被相信的心理暗示,就会慢慢地相信自己,对自己提高要求。

我会一直陪着你

"报告!"清脆的声音打断了我批阅作业的思路。纪律班长走到我的身边,小声说:"老师,圈圈今天中午在教室玩手机,还玩出声来了。"

这一点倒是我没有想到的,因为上个星期,圈圈妈妈明确表示过孩子没有手机,不会带手机来学校的。即便圈圈妈妈说孩子没有手机,我还是向圈圈妈妈强调,无论哪天孩子带手机来学校了,要告诉我一声,而且还要嘱咐孩子一定要按学校要求把手机交上来统一管理。然而,圈圈的手机不仅带来了,还没有上交。看来每天早晨收手机的工作还需要更加严谨。

下课休息时间,学生基本都出去了,恰巧此时圈圈正在教室里挥舞着手臂。

"圈圈,到老师这里来一下。"我站在人相对较少的墙边叫住圈圈,"刚才午休时间有老师在咱们班吗?"

"有,老师。"圈圈用他那细腻的嗓音回答。

"老师让你们干什么了?"

"让我们休息。"今天孩子状态不错,能聊上两句。

"那咱们圈圈干什么了? 休息了吗?"

"不困。"

"刚才老师看你挥舞着手臂走出来的,你在模仿谁呢?"

……

"是模仿手机游戏里的人物吗?"

"嗯。"圈圈又开始了他的劈腿站姿了。看来我问他的话触及他不想回答的内容了。

"是刚才看到的手机游戏里的人物吗?"

圈圈一愣,似乎没有想到我会这样问他。他的手不经意地抓紧了校服裤子口袋。

"那圈圈是带手机来学校,还放在了自己的裤子口袋里了吗?"我笑着看向他攥着手机的手。实在是太明显了,当我在班级门口看到他时,就看见了他裤子口袋里的手机。"那圈圈,带了手机要怎么办? 是不是早晨收手机的时候忘记上交了?"

圈圈"嗯"了一声,手伸进口袋更卖力气地摁了摁手机,几秒钟的思想斗争后,他拿出了手机。

"圈圈真棒,知道忘记交手机,经过老师提醒就想起来了。"我一边夸,一边竖起大拇指,"妈妈知道圈圈带手机了吗? 一会儿老师也要提醒一下你的妈妈。圈圈还出去吗？要是不出去就可以回班级了。"

上课铃声响起，圈圈就在门口徘徊，没有想要进门的举动。

"圈圈，打上课铃了，进班上课了。"我指了指教室的方向，想让圈圈进教室。可是圈圈走到门口边上就不再前进一步了。

"圈圈怎么不进班级了呢？有什么心事，可以和老师说说。"圈圈没有任何回答，令人意外的是，圈圈翻转眼球，看向棚顶。这短短的几分钟到底发生什么事情了呢？为什么圈圈又不沟通了，还不进班级了呢？他还有这两个星期以来完全不同的动作了。然而，当我在思索着再说什么可能会和他有共同语言时，圈圈突然一个转身，把身体趴在墙上，仰着头，伸出右手去点教室门口的电子显示屏。

我立刻说："圈圈，用手点电子显示屏是容易受伤的，显示屏漏电也会电到你的。"然而我的话对于圈圈来说不起任何作用，圈圈还是用他的手指不停地点击着屏幕。"圈圈，那个屏幕不是触摸屏，再点也不会有什么变化啊。把身体转过来可好？我怕你这样趴着墙站一会儿会摔倒。"一瞬间，圈圈的手指停在空中，好似我对他隔空点穴一般。下一瞬，圈圈把手指在嘴里点了一下，就放在屏幕上滑动起来。原来孩子是发现了新玩法，我急忙制止："圈圈，这样就更危险了，容易被电到的。而且这样你和显示屏都脏了呀，显示屏上的灰进了你的肚子，会让你的肚子疼。"奈何我无论说什么，圈圈都是那样点着屏幕，对我不理不睬。

这也不是办法呀，总要探得圈圈不进教室的原因。突然我脑中闪出一个想法，他是不是因为不能玩手机了，就不想进班级了？权且试他一试。"圈圈不进班级，是因为教室里没有手机吗？"我的一句话让圈圈成功地转过身来，含着手指，满眼委屈地看着我。

"你是觉得把手机给了老师,老师就应该立刻还给你玩是吗?"我问。圈圈闻言,还是用委屈的神色望着我。"还是圈圈觉得,有手机才有意思,没有手机就不进教室?"我再问。圈圈立即双眼放光地看着我。

"圈圈,学校有明确的规定,手机到校要交给老师,放学才能拿回去。中午你能主动地交上来很好,但是现在不进班级可会影响你的学习。"我引导着,希望他能明白,"放学手机就给你了,还有一节课的时间"。不说这句话还好,说了这句话,圈圈的双眼竟蒙上了一层薄雾。然而学校的规定不能违。

"圈圈不想回班,那和老师去办公室好不好?"也许换个地方,他的心情就会有所转变了,就会回班级了。可圈圈仍旧一动不动。

"那圈圈想去哪里呢? 老师陪着你。"他一如既往地看着我,不在乎我到底在说什么。

"圈圈想一想,老师总不能放你一个人在外面呀,这样太危险了。你要是哪里也不去,老师在这里陪着你。"或许过多的言语也无法打开他的心,那就陪伴好了。

我站在他的对面,尽自己所能温柔地看着他,还时不时地说上一两句:"圈圈,站了这么久累不累呀?""圈圈想坐下了,这地面太凉太脏,还是班级的椅子好,你觉得呢?"

"圈圈你带手机了,老师要和妈妈说一声,你要和妈妈说说话吗?"然而,当我把手机放在圈圈耳边时,圈圈躲开身体,逐渐地向手机的相反方向弯曲,不理会电话另一边妈妈说的话。看来圈圈在有事的时候并不习惯家长的介入。但是现在孩子带手机来学校,应该告知家长,让家长了解到情况。此时,在教室里上课的老师探出头来,温柔地对圈圈说:"圈圈,回班里坐着多舒服呀,你看站在外面多累,教室里你还能听我讲有意思的内容。"可是圈圈完全无视老师的话，"来，老师带你回班好不好？"说着，上课的老师伸手来挽着圈圈进班。但是当老师的手一碰着圈圈，圈圈立即像是受到攻击一般警戒起来，手紧紧地抓住门框。为了不让圈圈出现更大的反抗，上课老师不再劝他了。

"圈圈不想进班没有关系。老师会一直在这里陪着你，你想回班时转身就能回去了，你想去老师办公室，你在前面给老师带路就好。老师陪你站着！"我们就这样站着，他由原来的仰头望天，一点点地低下了头。我想圈圈的心思应该有所转变了，等过会儿会更好劝。恰在此时，圈圈妈妈来了。我简短地和圈圈妈妈谈了一下情况，圈圈妈妈不好意思了，可能是因为她曾斩钉截铁地说孩子没有手机，不会带手机吧。然而现在的重点不是说这个，现在圈圈的状态有所缓和，应该比较容易做思想工作。

"你不进班干什么？在这站着干什么？我这上着班还要出来找你，我都不知道怎么和领导请假了。谁让你带手机的？你说话呀？"还没等我开口，圈圈妈妈就展开了连环问话。而沉默是不变的回答。

面对这样的情况，圈圈妈妈的劝说也是无效的。晓之以理，动之以情也没让圈圈走进班级。看到这样的情况，我选择退而求其次，尊重圈圈的想法。"圈圈，马上就要下课了，一会儿楼道里会有很多学生，大家都会看到你在楼道里。你可以选择和妈妈说或者和老师说你的想法，是进班呢，是下节课进班呢？还是回家呢？"圈圈依旧沉默，但是他转头看向楼道外，似乎是在向我传递着他的意图。"是想回家吗？"我尝试着问了下。圈圈点点头，咬着手指看向我的手。我明白了，这是在向我要手机呢。

我看向圈圈妈妈，她似乎也感受到了孩子的意图："老师，您把手机给我，别给他，不能让他这样。"

"圈圈妈妈,无论如何,要以孩子的安全和健康为前提。"送走这对母子时,我看着圈圈一刻不停地看着妈妈手里的手机。希望家长能在焦急回去上班的时候,明白我的意图。陪伴,不仅仅是身体的相随,更要有心灵的相依。

四、给予期待,适时引导

曾子曰:"吾日三省吾身:为人谋而不忠乎?与朋友交而不信乎?传不习乎?"曾子这种接受了外界传来的信息,再经过自身思考加工处理,转化为自己的内心秩序,从而来支配自己的外在行为,就是我们认知的过程。每个人的认知风格不同,所以形成的认知也不同,这就是我们平时在生活中经常遇到的情况:人们对同一件事会有不同看法。正因为如此,班级这个小世界才会丰富多彩。此时就需要班主任运用智慧,引导学生向正确积极的方向发展。其实,这时班主任正可以用认知来教育学生,用期待来引导学生。

面对老师的积极期待,学生会发自内心地要求自己,形成自律、自强的情感,使自己逐渐成为老师所期待的学生,进而促进自身的发展。同时,老师的期待要符合学生的情况,只有如此,才能更好地让学生感受到老师的积极情感。著名教育家陶行知曾说:"在你的教鞭下有瓦特,在你的冷眼里有牛顿,在你的讥笑中有爱迪生。"所以教师的这份期待要用积极的态度,用有温度的语言传递出去。

(一)正面评价,正面鼓励

金无足赤,人无完人。成人亦不可避免地会犯错误,更何况处于青春期的学生。面对学生的问题、不足或错误之处应当批评,指出问题所在。过分的批评会让学生产生自卑的心理,认为自己就是这样的。比如处理座位周边垃圾这种情况,不要因为学生周边有垃圾就批评指责学生为什么不知道捡起来。这种话语并不会给学生一个明确的指示,也不能让学生知道以后再出现类似的事情应该怎么做。面对这种情况,老师应该提醒学生把课桌旁的垃圾捡起,待学生捡起后,评价学生捡起垃圾的行为,然后指导学生遇到垃圾要捡起来,并在学生下次主动清理废纸片时进行鼓励。这样,学生对于如何保持卫生这件事便有了自己的认知,也通过老师的指导知道该怎么做了。

(二)春风化雨,情感沟通

对学生的信任和期待是一股无形的力量,蕴藏在老师的语言中。那教师要通过什么方式来给学生以期待,才不会让学生有刻意之感呢?其实,很多学生在生活中缺少与家人、老师的沟通,他们觉得家长和老师更关注的是成绩,也就很少会在沟通中表达情感。在平时的工作中,教师可以多与学生沟通,聊聊生活中的琐事,谈谈最近大家熟知的大事小情,说说彼此的想法,潜移默化地影响学生。

(三)合理期待,表达关爱

在充满情感的沟通中,学生感受到温暖,愿意接近老师,能体会到长者的关心,达到"亲其师,信其道"的效果。此时教师在沟通中鼓励学生,"××事情你做到了,有进步""××事情你的方法真好",诸如此类的表扬话语会让学生继续努力下去。"老师相信你,你能做到!"鼓励期待能让学生发挥出更多能量。

你能为班级做什么?

"老师,你是那个小胖子男生的班主任吗?"迎面走来的保洁阿姨问我。

"阿姨,您说的那个男生长什么样的?"我问。

"就是那个长得胖,看着肉还挺瓷实的男生,脑袋还比较圆。"保洁阿姨一边描述着,一边看向楼道口。哦,我明白了,阿姨说的是圈圈。这周他们组做值日,他中午出去倒过垃圾,难不成在倒垃圾的时候出了什么状况? "阿姨,是我们班的男生,您有什么事吗?"

阿姨有些难为情地看着我,看得我十分不好意思,阿姨的嘴唇动了动,叹了口气,最终还是说:"其实我是不想找你说的,但是你还是和那个孩子说一声,下楼倒垃圾的时候不要来回甩垃圾,也别颠垃圾,否则,他走到哪儿,哪里就有垃圾。我也和他说过两回,但是那孩子根本不理我呀。我说我的,他做他的,有时候他嘴里还絮絮叨叨的。我这才找你说。"

"阿姨,没事的,您这是为了孩子好才来找我的。如果孩子把垃圾撒得满地都是,我代孩子向您道个歉,您也别和孩子计较,我再和孩子好好谈谈。"我真诚地向保洁阿姨说。看来今天的阅读课,我又要和圈圈开始聊天了。

阅读课上,圈圈慢慢地从自己的座位里挪出来,怕是今天他已经看完从图书馆借来的书了。为了不影响其他学生看书,这节课和圈圈聊天,我装作并没有看到他的行动,看看他到底要去哪里。看着圈圈小心翼翼地向前蹭着,还时不时地向我这个方向看来,我觉得这孩子真是童心未泯。几分钟后,孩子一点点挪到我的身边,小声地说:"老师,我能擦黑板吗?"

"呀,圈圈,你怎么出座位了,也没有和老师打声招呼呀? 这要是离开班级了,老师得多着急呀。你刚才说你要干什么?"我故作惊讶地问。

"嗯哼,嗯哼。"圈圈哼哼了两声,"老师,我想擦黑板,不想坐那里看书。"

"为什么不想看书,反而要擦黑板呢?"我不解地问,圈圈不是说过干活累吗,怎么今天主动要求擦黑板了?

"嗯,我没有《朝花夕拾》这本书,我能擦黑板吗?"圈圈很坚持他的想法。

"那圈圈你知道怎么擦黑板吗?"学校的黑板要注意保养,总不能胡乱擦。

"先擦,然后再保养。老师,我能擦黑板吗?"看来圈圈今天势必要擦上黑板呢。

"圈圈,除了擦黑板,班级里还有很多事务需要做,今天你想擦黑板,那明天你想干什么呢?"我觉得,应该引导圈圈,把目光投放到班级里,去观察,去爱护班集体。

"我能擦黑板吗?"圈圈重复着问。

"可以擦黑板,圈圈关心爱护班集体,老师高兴还来不及呢。圈圈,老师每天来上班,我都会问自己,今天能为孩子们做什么。那么;圈圈你每天有这样问过自己吗? 你能为班级做什么呢?"也许从未有人这样问过圈圈,面对我的问题,圈圈瞬间愣住了。他歪着头,含着手指,注视着我。眼神中是困惑,是不解,是思考,而渐渐地却是落寞,此时只听到一声低低的话语:"我能做什么呢……"

"圈圈,你能做的有很多呀,课上听课、不睡觉、不说话、不偷吃,课下不迟到、及时回班,平时帮助同学、做卫生,做自己力所能

卷一 成长篇

及的事,等等。"我一样样地数着,听得圈圈眼中放着光芒。

"嗯嗯,我知道了。我去擦黑板了。"圈圈认真地擦着黑板,连边角都仔细擦拭着,保养液的气味散入整间教室。

五、共同面对,提升自信

苏霍姆林斯基在《给教师的建议》里说:"教育者要有效地进行教育工作,首先必须尊重和欣赏受教育者,使受教育者树立自豪感和自信心,这是一条重要的教育规律。"在教育学生的过程中,教师陪伴着每一名学生成长。教师对学生的尊重和欣赏是发自内心的爱,是对每一个学生的认可。教师善于发现学生的闪光点,让学生身上的"金子"散发出更美的光,让学生更有自信。拥有自信,学生会从内心深处肯定自己,相信自己,即使"我很棒"这样的话从不说出口,但是自信的光芒无法遮掩。

莎士比亚说:"自信是走向成功的第一步,缺乏自信即是人失败的重要原因。有了自信心才能充满信心去努力实现自己的目标。"面对问题时,拥有自信的学生会认为"我有把握""我能胜任",不畏惧失败。而不自信的学生会不相信自己,或者退缩畏惧不敢向前,积极性不强,效率不高。所以在教育教学中,培养学生的自信心能有效地促进学生健康生活、快乐成长。

(一) 关心鼓励,走向自信

学生自信心的形成,离不开他人的影响。一个人如果认为身边的人不关心他,他自己是很难建立起自信的。反之,如果他身边经常会有人鼓励他、相信他能把事情做好,就易于建立起自信心。莎士比亚说:"赞美是照在人心灵上的阳光,没有阳光,我们就不能生活。"对于一部分学生来说,一旦遇到挫折困难,就会认为自己不行,从而怀疑自己是否能够战胜困难,再到否定自己,认为自己根本做不到,直至直接放弃,这样会失去尝试的想法,缺失放手一做的信心。长此以往,就会形成固定思维,认为"我不行",从而消极面对学习生活中的挫折。

对此,教师要细心观察学生的心理变化,及时关心学生,了解学生的情况,和学生一起分析所遇到的挫折中有哪些情况是能由学生自己独立面对的,有哪些是需要学生咨询请教后可以做到的,有哪些是确实需要他人帮助才能解决的,再分析学生的情况,结合挫折,分析学生有哪些优点可以发挥,有哪些短板需要克服。教师要鼓励学生发挥自己的长处去面对挫折,克服自己的短处来尝试解决问题,从而尝试逐渐解决挫折,慢慢建立自信。

(二)家校一致,正面管教

学生的第一所学校是家庭,家长在家庭生活中的培养对孩子自信心的树立有一定的影响。当步入青春期,学校教育和家庭教育都在潜移默化地影响着学生的思想。所以在教育方向上,家长和学校要保持一致,尤其是当面对学生犯错时要进行正面管教。正面管教不是不批评,而是不指责、不抱怨。明确地告诉学生做哪些是不可取的,避免哪些错误的行为,再指导学生如何做是正确的,如何做能培养出良好的习惯。正面管教要结合学生的个性,注意避免唠唠叨叨,说教不停。

班主任可以通过家长会来指导家长如何做到正面管教,明白正面管教对学生的正面影响,也要在学生出现问题时及时和家长取得联系,告知家长情况,了解近期学生在家状况,和家长一起分析,提出合理建议,共同教育学生。

(三)培养能力,体验成功

学生的自信不是凭空而来的。打铁还需自身硬,培养学生的自信,更要培养学生的能力,学生有能力把事情做好,才容易培养出学生的自信。一个从未体验过成功的人,如何能感知成功的喜悦呢?过多的失败体验,常常会使学生怀疑自己的能力。教师可以根据学生特点,和学生一起制定一个适当的短期小目标,使学生通过努力即可达到。达到一个目标后,再制定下一个小目标。体验过成功后,学生有了成就感,就更相信自己能够做好,以此往复,形成良性循环,学生的自信心就树立起来了。

教师还可以对学生进行方法上的指导,使学生具备获得成功的能力。学生即使失败了,还可以从方法上寻找原因,而不是简单地归因为自己不行,从而丧失自信心。

孩子不怕

"圈圈,出操了,咱们不睡觉了,出去呼吸呼吸新鲜空气。"我叫着圈圈,可圈圈趴在桌子上一动不动。"来吧,圈圈是不是睡迷糊了?老师领着圈圈出操好不好?"可是当我的手搭上他的胳膊时,圈圈的手却用力攥着桌边。

此时,他的前桌久久走过来,他拍着圈圈的肩膀叫道:"嗨!圈圈走了,出操了。"可是圈圈依然不为所动。我伸手示意久久和其他同学一起出操,不要打扰圈圈。我送着孩子们去操场,同时及时向领导报备了这件事,毕竟留圈圈在班级里,而且还是刚才那样的状况,并不安全。看着孩子们在跑道上走向班级指定位置,我突然想起发生在上午大课间的一件事。

今天天气寒冷，可是圈圈却顶着一头板寸，本就圆圆的头此刻就更显眼了，又正赶上新理的头发，头顶泛着青茬，在凉风中更显得清凉了。大课间时，两个班级的学生站在一起，圈圈那新发型立刻吸引了大家的注意力，有的学生面露惊讶表情，有的学生看着圈圈强忍笑颜，还有的学生哈哈大笑，笑过了之后还不忘逗圈圈两句，"圈哥，够圆啊""圈哥冷不冷啊"……我及时出面制止了他们，虽然他们不大笑了，不再说话逗圈圈了，可是那戏谑的眼神仍时不时地飘向圈圈。

看着如此的情况，我把圈圈的位置做了调换，我站在了圈圈和另一个班级之间。虽然我挡住了笑声、眼神，但是圈圈的头却一点一点地低了下来，原本爱念念叨叨的他没发出任何声音。看着圈圈这样，我走到圈圈身边，轻声地说："圈圈是周末理的发吗？这是咱们班最标准的发型了，比仪风仪表参考图上的发型还标准。回去后，一定要让同学们向你学习！"圈圈"嗯"了一声，头没有再往下低。

看来我对圈圈的宽慰并没有达到预想的效果，今天下午大课间，圈圈就没有出来。大课间后回到班级门外，我透过玻璃看着平时活泼好动的圈圈，他安静地趴在课桌上，像是被人点了穴。我叫出圈圈，带他去了他最喜欢的楼道水房窗户那里。看着窗外的校园如此安静，我也放缓语气，对圈圈说："孩子不怕，你今天做得很好。既有着标准的发型，也没有用一个错误的行为去解决另一个错误的行为。你知道刚才老师去哪里了吗？估计你是猜不到的，我就不让你猜了，直接告诉你吧。我去找他们班主任了，告诉他们班主任我们圈圈遇到的事情，让他们班主任去教育他们去，我们圈圈是要受表扬的。"我拿出圈圈喜欢的糖递给圈圈。圈圈抬起头，笑了，虽然没有说一句话，但那眼神里的黯淡不见了。

"圈圈,老师想和你说件事,就是遇到事情要告诉老师,不要自己藏在心里,说出来,咱们一起想办法来解决。你看今天,是因为老师在你的身边,及时发现了事情,能帮你解决。那如果以后老师不在你的身边呢? 你遇到了事情,我们怎么帮助你呢? 只有你说出来了,我们才能帮助你,对吗?"我歪下头,向圈圈笑一笑。

"哦。"圈圈用他最经典的语言回答了我。

"走吧,咱们回班,相信自己,相信咱们班的同学们,我们都会帮助你的。"

我带着圈圈走回教室。

夕阳下,阳光透过那扇窗依然明亮。

六、信任学生,鼓励前行

著名教育家陶行知先生说过:"真的教育是心心相印的活动,唯独从心里发出来的,才能达到心的深处。"教师是学生成长道路上的引路人,指引着学生向正确的方向前行。随着年龄的渐长、教师的教导、知识的学习,初中生价值观念逐渐增强,能较正确地明辨是非,但是面对自己的未来,很多学生还是缺乏信心,或者有的学生对未来茫然无知、彷徨无助,这时候教师还要帮助学生,指导他们对事情的失败、成功进行正确的归因,不妄自菲薄抑或狂妄自大。教师要引导学生思考家国大事,把对自己的思考放诸社会大潮流中。带领学生了解社会上常见的职业,把自己的理想和自己的学习结合起来。在教育教学工作中,教师要相信学生,即使目前他们有迷茫、有困惑,但在教师的教育教导下,他们内心是能够逐渐明朗的。抬头是山,脚下是路,有坚定的内心,有明确的目标,在挫折面前才能有勇气坚持下去。

（一）转变观念，相信学生

教师要信任学生，就要先转变观念，不是简单地去相信学生能做好哪件事，而是从观念上相信学生有足够的能力让自己发展。学生作为教育教学活动中的主体，有自己的认知、理解、情感和判断，他们是具有思想的独立个体。当面对生活时，学生会不断地思考、反思，在这个过程中自我意识得以发展。通过思考，学生为实现目标会进行自我调节、自我更新，逐渐形成独立处事的能力。对于处于青春期的学生而言，他人的信任是他们成长道路上重要的助推器，他们期望得到家长、老师的信任，而不是大人们唠唠叨叨的嘱咐。

当然，成长的道路上既有坦途，也有荆棘。在学生遇到困难时，教师没有指责的客观分析，是学生渴求的信任。当学生路遇荆棘，教师更应该成为那个懂他的人，站出来安慰、鼓励他们，给他们信任的力量，帮助他们分析问题、解决问题，引导他们拥有坚强的意志和乐观的精神。

（二）用心倾听，换位思考

学生在不断修正自己的错误中逐渐长大，走向成熟。但是有些学生出现错误了，却不敢和家长、老师说，害怕家长或者老师批评他们，或不知道该怎么和家长、老师来说自己出现的问题。因此，教师可以尝试着站在学生的角度来看学生面对的问题，这时再去听学生的讲述，教师可能就会更加理解学生的心理。在和学生沟通时，不要打断学生的话，要认真倾听，这样才能更好地了解学生的实际想法。学生倾诉后，教师再结合学生的心理，事情的关键点，晓之以理，动之以情，帮助学生解决问题。这样学生更能从心

里接受老师的教导,教师才能达到教育目的。

(三)鼓励学生,遵从选择

相信学生,就要给学生选择的权力,而不是替学生做选择。在生活中,家长和老师作为过来人,的确比学生经历得多,知道得多,懂得更多的人生道理。但是这并不是大人能为孩子做选择的理由。在做决定前,教师可以明确地告诉学生可能会存在的情况,这些情况会有什么样的结果,再让学生结合自己的情况做出选择或决定。这样无论是成功还是失败,学生能更平静地面对,更理智地分析。

给学生选择的权利,其实就是给学生相信自己的权利。给学生权利,也是鼓励学生相信他能努力做好的方法。在学生遇到困难时鼓励学生败不馁,学生就会树立战胜困难的信心。因为初中生虽然心理逐渐成长,但仍然不成熟,遇到困难时容易否定自己,所以要鼓励学生勇于承担,不轻言放弃,勇于面对困难。鼓励学生,还要在成功时鼓励学生胜不骄,树立远大志向。学生具有较强的可塑性,初中阶段更需要用知识来武装自己大脑,用理想来指导自己前进。获得成功的确可喜,但也要引导学生把自己的成功放在自己的理想中,明白每一次的成功都是向理想更迈进一步。

支持你的选择

一天,生物老师找到我说:"这次同课异构比赛,用你们班试课。"

我很高兴,这是对孩子们的一种肯定,对班级的一种认同。当我把这个好消息告诉孩子们时,孩子们一阵欢呼,脸上洋溢着喜悦的笑容,有的孩子说:"老师,这证明了您经常说我们是优秀的是对的,我们是优秀的。"大家一个个挺起小胸膛的样子带着自信,带着兴奋,仿佛即将奔赴战场的小战士。可是一会儿,有人发出了质疑之声:"老师,圈圈怎么办?他要是出状况了怎么办?这不是让别的学校老师看到了吗?"孩子们立刻随声附和。这是一个好契机!每一个孩子都应当被尊重,每一个孩子都应该被支持。

"圈圈,明天咱们班要给外校老师试课,而且生物老师还不在学校,上课的时候没有咱们本校的老师留在实验室,现在老师把选择权交给你,你自己选择,你是去上课,还是不去上课。"我注视着圈圈。

"我去上课。"圈圈低声回答着。

"好的。我尊重你的选择,明天你和同学们一起去上课。现在,老师想嘱咐你两句,你想去上课,老师很高兴,明天的你要表现出咱们学校的风采,就要在课堂上遵守纪律。你做得到吗?如果你选择去上课,这些你需要做到。如果你担心自己做不到,你也可以做别的选择。"我向圈圈解释,不过我相信他是想去的。

"我能做到。"圈圈说着点了下头,比刚才稍微肯定些。

"好!我相信你!相信明天你会做好的!"我高声说。

"老师……"立即就有学生提出疑问。

这时,我认为相信圈圈比怀疑圈圈更好。"让我们去相信圈圈,相信他为了自己、为了班级、为了学校能做好!"我向满怀不解的孩子眨眨眼。此时圈圈更是坚定地看着我,似乎能被允许去上这节试讲课对他是一种莫大的幸福。

第二天,当孩子们排队去实验室时,学习委员把圈圈带到自己前面,还嘱咐圈圈:"你别站最后了,就站在我的前面,这样我们可以带着你。"圈圈在即将进教室时,我最后一次嘱咐他:"圈圈,老师相信你！实验室里的器材只能在老师让用的时候才能用,不让用的器材不能去拿,不让用的时候不能去用,还要注意安全。"

看着孩子们在实验室里坐好,看着圈圈局促地坐在实验台旁,其实我也惴惴不安,但我既然选择相信他,那我就要说到做到。我想此时,圈圈更需要大家的尊重。即使这节课他食言了,我也相信他努力尝试了,就应该鼓励他,让他向更好的方向发展。

下课铃声响起,孩子们的脸上满是笑容。从他们的笑容中我能看出来,圈圈这节课做到了。这不仅仅是一节生物课,更是一节生动的思想教育课,既教育了孩子们要对身边人信任,更教育了圈圈,他说到做到了,他是有能力做好的。这一节课,孩子们彼此的心离得更近了。

七、同学关爱,同伴期待

在社会中,我们每个人都扮演着不同的角色。以学生为例,面对父母,他是一名孩子;面对老师,他是一名学生;面对朋友,他是一位伙伴……每天,学生都在各个角色中切换,做每一个角色需要做的事情。无论是哪一个角色,我们都要知道担任这一角色所要行使的权利和履行的义务。当然,角色不是一成不变的,随着年龄的增长,时代的变化,每一个角色所承载的权利和义务都会有所不同,而每一个人所扮演的角色也会相应改变。

在青少年时期,相对于父母的态度,学生们更在乎同伴之间的态度。儿童时期,学生大多向家长寻求安全感和社会支持,而到了青少年时期,学生则更多地向同伴寻求安全感和社会支持,这让他们在同学面前能更好地扮演着同伴角色。

同伴关系也是一种人际关系,在班级里人与人之间的交流,是形成密切关系的前提。影响一个人同伴关系的因素有很多,比如认知能力、兴趣爱好、外在相貌、卫生习惯、脾气秉性等。这些都会影响身边人对自己的态度。而有了同伴,快乐的事情有人一起分享,痛苦的事情有人一起分担,遇到困难有人伸出援助之手,迷茫无助时有人指点迷津,悲伤失望时有人安慰……同伴就像第二个港湾一样,能让学生获得温暖。那么如何在青少年时期更好地培养学生的同伴关系,用同伴之间的期待来促进学生成长呢?

(一)创建团结的集体环境

温馨团结的班集体环境有益于学生身心健康发展,同学之间的关系都是友善的。在温馨和谐的班集体中,学生不用担心自己会被排斥,这能减少学生的孤独感,促进学生社交能力的正向发展,有助于学生将来更好地适应社会生活。在班集体中,班主任对于学生良好的交际进行正面评价或者奖励,表扬在交往过程中学生的友好行为,让学生感受到同学之间的关爱。同时这也是在教育全班学生,帮助学生理解人际沟通的真善美,分辨沟通方式的好与坏,潜移默化地提高他们的人际交往能力。

在温馨团结的班集体中,学生感受到同伴之间的关爱,此时再向学生提出友好的同伴期待,才能让学生体会到同学对他的情感需求。一个被需要的人,在班级里才会更有归属感,才会更容易感到幸福。当他感受到其他同学对自己的关爱时,便能感受到同学对自己的期待。在同学的期待下,他会更加努力地实践,以让自己成为符合那份期待的角色。

(二)关注学生成长需求

处于青春期的初中生充满自我意识,具有较强的个性,还经常通过向身边人展示来证明自己的与众不同,希望与同学建立友谊关系,得到老师的关注和重视,但是却容易在这个过程中产生偏差而不自知。班主任在对这些学生进行教育前,要对学生的个性和成长需求有充分的了解,再结合学生的情况对学生进行"角色期待"。在教育中,班主任了解学生的心理情感和成长需求,会让学生感受到班主任的尊重和理解,使学生获得一种集体归属感。这样做能让学生愿意积极地配合班主任的工作,从而为"角色期待"奠定了感情基础。

(三)用帮助来提出期待

对学生的期待是为了成就学生的美好,期待不是等待,所以当学生遇到困难的时候,要及时伸出友爱之手,及时地帮助能让被帮助的学生感受到关爱之暖,鼓励的话语能让被帮助的学生拥有更坚定的意志。比如一个不想参加跳绳活动的学生,当同学说"你跳得还不错,我相信你准能有一个好的发挥,参加吧,这两天我陪着你一起练跳绳",可能他就会改变想法,参加活动。

所以,为学生创建温馨团结的班集体环境,用"同伴期待"来指导学生,关注学生的需求,向学生传递彼此的期待,能够满足学生的心理需求。把对学生的期待用正面评价的方式予以强化,从而让学生感受到同学之间的关爱,帮助学生实现角色上的期待,更好地为学生的成长奠定幸福基石。

同学们是爱你的

"同学们,明天咱们学校要进行体测。"我站在讲台上向学生们宣布这项通知。

"啊!""不要吧!"一时间教室内"哀嚎"一片。"老师,有跑步吗?""问这个干什么啊!"听着孩子们掩耳盗铃般的话,我笑着说:"孩子们,体测当然有跑步了。放心吧,都是平时你们体育课练习的内容,只要保持一颗平常心,认真面对就好了。这虽是一次体测,也是一次身体锻炼,放轻松。好了,说几点注意事项……"

虽在前一天大家叹息痛苦,但是真的到了体测那一刻,孩子们还是很兴奋的。整齐的两列队伍徐徐向操场迈进,那左顾右盼的小脑袋就出卖了他们看似平静的心。操场上用以检测的器械早就吸引了他们的注意,更有好奇宝宝今天早晨就问我:"老师,操场上的那些都是体测要用的机器吗?都是测什么的?"这些都是可以理解的,正是这样的年龄,哪能有不好奇的孩子呢?更有孩子跑来问我:"老师,您说让我们在操场上照顾着点圈圈,他要是不听怎么办啊?"孩子们的心里还是关心圈圈的。"为他鼓劲加油!"我说。

圈圈也是好奇的一分子,圆圆的眼睛不停地盯着那些器械。我走到他的身边叮嘱:"圈圈,还记得昨天老师和你说的吗?第一,要跟紧你们那一组的组长,测完一项后立刻去找组长;第二,要跟着队伍走,不能想去哪里就去哪里;第三,要注意安全,不能好奇去碰器械,还要注意运动安全;最后,要听从测试员的安排,有事情了找老师,老师不在就找同学,我们大家都会帮助你的。""嗯,知道。"圈圈把视线从器械上转移到我的面前。

我把每一组的状况都看一遍,再去寻找圈圈的身影时,发现圈圈已经到了1000米测试的起点了。这1000米,他能坚持下来吗?一声令下,同学们好似离弦的箭一般飞奔出来,一个个迈开步子,你争我赶,好不激动人心。可圈圈呢?他正缓慢地向前迈着脚步,有点健硕的身体好像并没有成为他的助力,而是成了他前进的负担。每迈出一步,他的身体都要跟着颤动一次,头都要跟着点动一

卷二 成长篇

次,圈圈就这样一步一步地跑着。一圈终于跑下来了,圈圈真是累了,他放慢了脚步,一步一步变成了走。但是那几位领头的男生已经第二圈了,整整甩了他一圈。一句句"圈圈加油"从圈圈身边响起。领头的那些男孩子们朝气蓬勃、活力四射,青春的律动在阳光的照耀下散发着迷人的光芒。圈圈也在他们的带动下,迈着艰难的脚步跑起来了! 真的跑起来了! 圈圈的胳膊颤抖了,头上仰了,腿落地的速度也变慢了,可他没有放弃,他在同学的鼓励下坚持着。

或许真的跑不动了,还剩下最后的两三百米路,圈圈又要走了。已经跑完的同学从操场的另一侧奔过来,他们要干什么? 原来他们在陪跑,还不停地扭过头对圈圈说:"别走,快到了,圈圈跑吧。"可能真的没力气了,圈圈在鼓励下怎么也提不起速度。久久发现了这种状况,竟伸出一只手,推着圈圈跑。另外两个孩子分开后护着圈圈跑,似乎是怕圈圈出现什么意外似的。这群孩子们真是可爱,他们用自己的实际行动向圈圈、向老师们展示了什么叫同窗情谊! 我用相机永久地记录下这感人的瞬间!

体测结束了,但是同学们的爱没有结束。"圈圈,同学们是爱你的。他们在乎你!"回到教室的我郑重地告诉圈圈。当我把照片展示给同学们看的时候,那几个小伙子反而羞涩一笑,说:"老师,这不是应该的吗? 怎么还照下来了。"而圈圈出神地看着那张照片!

八、制造机会,提升期待

每一位学生在学校里都有一个统一的角色——学生,这是他们的共性。但是由于每个人的独特性,有一部分学生同时还有其他角色。如热爱体育的学生可能还是体育委员、体育特长生,喜欢画画的学生可能还是宣传委员、板报设计者,独爱数学的学生可能还是记分员,热爱劳动的学生可能是卫生监督员等,这又是学生的个性。

每个学生在扮演自己的角色时,还会展现出自己的特性。班主任要尊重学生的个性,接纳学生的个性,并且依据学生的个性,指导学生更好地挖掘自身的优点、特长,表现出更优秀的自己。教师要成为学生的发现者、引导者、组织者,而不是要求者、命令者、灌输者。不要期望教师对学生期待的总目标能够立刻实现,要有针对性地为学生一步一步设定目标,把大目标有节奏地分成一个一个小目标,让学生感到自己能够通过努力逐步实现。教师要努力实现学生的可持续发展,使其获得发现问题、思考问题并解决问题的能力。这是一个学习的过程,也是学生应该学会的方法。

(一)适时提供机会,合理角色期待

教育要抓住时机,适时的教育才能起到教育的作用。抓住教育时机,对学生进行深入浅出的教育,尽最大的可能放大教育力度。在教育教学中,教师要利用身边的素材,抓住生活中的小事,及时对学生进行教育。如当学校、班级组织活动时,可以对活动举办的目的、参加活动的目标、活动过程中的注意事项等进行教育,让学生认识到活动对自身素质的提高和对自己未来的发展有着重要意义。这样,学生对活动有了新的认识,对自己也会有所期待。而班主任针对活动对学生提出的期待,也会促使学生发展。

教师对学生提出的角色期待,要符合学生本人身份,同时,还要学生本人体会到教师对自己是寄予厚望的。当学生知道自己被寄予满满的期待,会不自觉地对自己进行审视和期待。所以想让学生充当某一个角色,就要让学生知道老师、同学甚至家人都对他抱有期望。如果没有告知他,他可能就会把这份期待误判为老师在为难他。

(二)重新认识自我,形成角色期待

大多数学生对自己的优缺点没有明确认知,但有的学生对自己的缺点却是十分清楚。这让学生的目光局限在狭小的视野里,对自己的角色期待有局限性。随着教育的改革创新,教师也要引导学生重新认识自我,从政治素养、道德品质、学习能力、意志品质、体育健康、神品情趣、实践能力、创新意识等多方面来审视自己、认识自己,从多维度来寻找自身的优缺点,再扬长避短,对自己重新定位,形成符合自己的角色期待。而在这个过程中,教师也要结合学生的优缺点,和学生一起构建,提出对符合学生的角色期待。对学生的角色期待明确,会减少学生的角色冲突。因为如果对学生的要求过多,而每个角色之间的要求又不一致,就会导致发生角色冲突。

(三)提升期待值,加强责任感

如今的青少年,生活水平日益提高,成长环境更是比父辈、祖辈优越很多。然而很多学生是独生子女,在成长的过程中更多的是接受家人的付出,习惯了以自我为中心,责任意识不强。他们可能不理解家中长辈为何如此勤俭节约,不懂为何长辈总会顾及他人的感受,不明白为何长辈热衷看新闻、天气预报。因此,在教育工作中,教师要让学生通过劳动、实践等体会生活。我国把培养社会主义建设者和接班人作为教育的根本任务,教师对学生的期待要有所提升,要在活动中体会到劳动人民的可贵之处,体会到劳动最光荣,要在活动中"踏踏实实修好品德,成为有大爱大德大情怀的人",要在活动中感受到国家的强大,增强敢于付出的责任感。"勿以恶小而为之,勿以善小而不为",教师要让学生从身边的小事做起,承担起相应的社会责任。

这项工作我只信任你

圈圈最近经常喜欢趴在前后门的玻璃上,在教室里,就透过玻璃看楼道;在楼道,就透过玻璃看教室里。为此,班里经常有值日生投诉圈圈在班级的玻璃上摁上了一座座"五指山"和一片片"湖泊",也常有外班的老师或学生说被他吓了一大跳。圈圈对老师的教育充耳不闻,依旧我行我素。

这该如何是好呢?

恰好今天早自习,我走向班级,清晨的阳光洒向楼道,一缕阳光下,圈圈正趴在班级后门的玻璃上冲着班里的同学们做鬼脸,玩得不亦乐乎,室内的孩子们看到我站在他的身后,并没有出声。也许圈圈玩得太尽兴了,竟没有发现我的到来,还在那里摇头晃脑、摆动身子逗着教室里的同学们,嘴里还不时地发出笑声。这时的他就像一个四五岁的孩子。

"圈圈玩什么呢?这么开心,也带着老师一起玩呗。"我轻轻地在他的身后说。

"哎哟!"圈圈完全没想到我会来,看到我后就立刻低下头含手指去了。

"还玩吗,圈圈?不玩了的话,咱就回班了。"我率先转身回教室,圈圈紧随着我也回到了教室。教室里的孩子们憋着笑看着圈圈,圈圈不好意思地走回了自己的座位。且让他先不好意思一会吧,能有这样的情绪是好事呢。

"孩子们,近期创文工作需要我们的共同努力,为了创建更加美好的环境,每一位同学都是创文贡献者……"我一边说着一边观察圈圈的状态,嗯,还可以,圈圈没有趴下去。"大体的工作咱们也都安排完了,现在就剩下一个艰巨而又很能代表咱们班门面的工作,不用进班级,只要在外面走动就能知道干不干净的,同学们知道是什么吗?"

学生们面面相觑,渐渐地都把目光集中到前门的玻璃。"是呀,就是玻璃,很是能代表咱们的门面呢。可是玻璃容易脏,一不小心手碰上了、脸碰上了就会把印记留在玻璃上了。谁来承担这份艰巨又荣耀的工作呢?"我一边说着,一边环视班级。

听了我的话,圈圈就扭过头去看了看他刚才趴着的后门玻璃。"圈圈,你在后门玻璃上看到了什么,能和我们分享一下吗?"我问道。"啊啊。"圈圈含糊地说着。"有手指印吗?"我只好明确地问。"有。"圈圈回答。"有别的印记吗,一块一块的?"我继续问。"有。"圈圈回答。"那怎么办呢?"我接着问。"擦。"圈圈回答。"那圈圈,你认为谁擦比较合适呢?"我刚一问完,圈圈就惊讶地看着我,似乎没想到我会这么问他。

这时,有学生在下面小声地说:"他刚才就在那趴着来的,以前可都是咱们擦来着。"闻言,圈圈说:"我擦。"看来现在的圈圈越来越有责任心了,我引导着说:"圈圈,真棒,有担当!那你会擦玻璃吗? 可要擦干净了,要让人看着有种心明眼亮的感觉。""嗯,我知道。"说完,圈圈就起身要擦玻璃。

"圈圈有责任心,这么快就要去擦玻璃了。实话说,圈圈这项工作我只信任你,相信你能做好!"我肯定地说。

圈圈擦玻璃的手一顿,随即朝玻璃哈了口气,擦起来。

"老师,前门擦吗?"

"老师,您看干净吗?"

"哎,你别碰上玻璃!"这句话是这一天里圈圈说得最多的话。

九、挖掘优点,激发兴趣

(一)换一种眼光看待学生

谚语"梅花优于香,桃花优于色"的意思是梅花好在浓香扑鼻,桃花好在色泽鲜艳。在教育工作中,学生又何尝不是那一朵朵的梅花、桃花呢?他们都是一个个独立的个体,有着自己的个性和特性,我们不会因为桃花的香气不如梅花就看不到桃花的美,也不会因为梅花的色泽不如桃花而不赞赏梅花的气韵。那面对学生呢?是着重看待学生的优点还是缺点呢?如果看到的缺点大于优点,不妨换一种眼光看待学生,这样就会看到学生身上的优点或闪光点。或许学生的不足正巧是教师重点要求的内容,那不妨从学生的其他优点入手,对学生多加表扬与鼓励,并对学生有更明确的期望,学生就会渐渐进步。苏霍姆林斯基就曾说:"教育技巧的全部诀窍就在于抓住儿童的这种上进心,这种道德上的自勉。要是儿童自己不求上进,不知自勉,任何教育者就都不能在他的身上培养出好的品质。可是只有在集体和教师首先看到儿童优点的那些地方,儿童才会产生上进心。"

一个长期被批评、被指出缺点是什么的学生,容易在自己的头脑中固化自己的缺点,这样学生的缺点就很容易深深扎根于学生的心里。对于学生的不足,我们也可以换种眼光来看待。教师教育学生,指出学生的缺点要有方法和策略,可以把学生的不足当作教师的真心期待告诉学生。如学生的字迹不够工整,写完作文后,教师可以说:"你文章的中心明确,感情真挚感人,如果再把字写得工整,那就是锦上添花了!"如此学生会更易于接受。

(二)满足学生的合理需求

美国著名社会心理学家马斯洛在《人类激励理论》一文中提出需要层次理论。马斯洛把需求分成五个层次,呈金字塔式分布。马斯洛认为,当人的基础需要得以满足时,才会有动力去追求更高层次的需要。追求更高层次的需要就成了驱使行为的动力。如果人的基础需要得不到满足,可能会影响自己的正常发展。《管子·牧民》中说:"仓廪实而知礼节,衣食足而知荣辱。"意思是说百姓的粮仓充足,丰衣足食,才能顾及礼仪,重视荣誉和耻辱。

那么在教育工作中,教师也要注意合理满足学生的需求,逐步提高学生的自我内驱力。有了自我内驱力,学生就会主动地想要认知和了解,解决和实现。提高自我内驱力是对自我的一种肯定,是想要满足相应需求的愿望。教师要逐步引导学生由"他需要我做"走向"我需要自己做",使学生成为有自我选择权,会为自我负责,有自我创造的个体。

(三)激发学生兴趣刺激需求

爱因斯坦说:"我认为对于一切情况,只有'热爱'才是最好的老师。"同样做一件事,有兴趣的学生可能会更有自觉性,在做的时候也会感受到快乐。如果是缺乏兴趣的学生,可能会有一种完成任务的机械感。苏霍姆林斯基也曾说过:"不能把小孩子的精神世界变成单纯学习知识。如果我们力求使儿童的全部精神力量都专注到功课上去,他的生活就会变得不堪忍受。他不仅应该是一个学生,而且首先应该是一个有多方面兴趣、要求和愿望的人。"所以在平时的教育教学工作中,教师可以采取多种形式来激发学生兴趣。

在教学中,教师可以结合教学内容安排相关活动,如学习《中国石拱桥》一课,作者茅以升介绍了赵州桥的长度、宽度及其外形特征。教师此时可以让学生把掌握到的数据和了解到的内容用图片的形式展现出来,来激发学生在绘画方面的兴趣。这一内容也可以用解说词的形式展现出来,这样既培养了学生的语言表达能力,也激发了学生主持表演的兴趣。劳伦斯曾说:"一个人若能对每一件事都感兴趣,能用眼睛看到人生旅途上、时间与机会不断给予他的东西,并对于自己能够胜任的事情,绝不错过,在他短暂的生命中,将能够撷取多少的奇遇啊。"是啊,如果学生能遇到各种各样吸引人的活动,那么他们在学习之时既丰富了学识,培养了能力,还能拓宽思路,发展思维。也许在这些活动中,学生的兴趣就会被激发,学生的内驱力被调动,学生的需要得以满足。

带你走进你的花园

"老师,我无聊!"出操时,圈圈在队列里一边行进一边和我说。我的内心很震动,这是第一次圈圈主动找我,向我袒露内心感受。这让我想起前两天做课堂练习的时候,圈圈一会儿说想去擦黑板,一会儿说想去扫地,就是不想在椅子上坐着。当时的我怕他无聊,就给他画了几个描线的几何图形教他来描。或许对于圈圈来说,这可以开发一些他的其他潜能,三百六十行,行行出状元,即使不是状元,培养点兴趣爱好,也可以让孩子在无聊的时候有些事情来做,不会无所事事地感叹无聊了。

卷一 成长篇

可是难题又来了,在学校让他做什么既能让他感兴趣,又能让他有成就感,还能让同学们对他的感观越来越好?足球、篮球等体育运动应该不行,想想圈圈上下楼都感觉比较累的样子,此等剧烈运动应该不适合圈圈。那唱歌呢?估计也不行,大家都在上课学习,他在座位那里唱歌,既影响老师上课,又影响学生听课。那还有什么是他每天都能做,又不影响他人的事情呢?

对了,可以让他画画。上次带着他描图形,他就很感兴趣,不仅描了好长时间,还边描边笑。可也不能总是描图形呀,描多了,会不会变得单调而无聊了呢?那要怎么让他感兴趣?看他在草稿纸上自己创作的画,不太适合让他自己作画,那要怎么画才能让他感兴趣,减少无聊感呢?对了,好像两年前比较流行的《秘密花园》,书中有既定的图案,不一样的涂色,即使是同一张图片也会创造出不同的效果。这不仅能发挥他的想象力和创造力,或许还能有意外的收获。正好我有一些《秘密花园》的图片,可以打出来,供他选择,让他创作。想到就做,这样能让圈圈快乐。

打印完图片,我拿着一张我画的成品和一张空白的图片就去找圈圈了。

"圈圈,你看,这是什么?"我献宝一般从身后拿出那张《秘密花园》的图片给他看。圈圈摇一摇头,嘿嘿,看来这孩子还不知道这是什么呢。那就让他自己一点点见证自己的奇迹吧。"这叫作《秘密花园》,很神秘的,只要你心有所想,画在上面就能成真。"我把我已画完的成品给他看,这时我们俩周围已经站了一圈学生:"哇,《秘密花园》!""老师,这是您画的吗?""老师,好漂亮啊!"孩子们七嘴八舌地说起来了。可能是身边同学们的话调动起了圈圈的兴趣,也可能是我的画让他想尝试,他拿起我画的那张画看了起来。

"你像老师这样,涂上自己想要的颜色,组成自己喜欢的样子就可以了。怎么样,圈圈,想尝试吗?"我伺机而动。

"想怎么涂都可以吗?"圈圈看来是动心了。

"是呀,想怎么涂就怎么涂。不需要在乎这张图必须是什么颜色,它应该是什么颜色。你想让它成为什么颜色,它就会成为什么颜色。"我鼓励他说,不能给他太多的框框,他容易退缩。"只要你尽量地不涂出边框就可以,不过画出去也没关系,多画几次就越来越顺畅了。打算试一试吗?"

"可是我今天没有带彩笔啊。"圈圈的话证明他想画了,真好!

"没关系,老师有笔,同学们有笔。这几支笔你先拿去用。"说着我把手里的笔推给他。

"真的画成什么样都行吗?"圈圈小心翼翼地问。

"对,只要是你画的就行。这是一种美,虽然你说不出来,但是你却可以用你的画笔表达出来。你创作出来的就是一种美。老师觉得,这张图就神秘在即使你不说话,图片也能表达情感。老师还打算在宣传栏里为你专门开辟出一块园地,只展示你的画作,让同学们去欣赏。"

"嗯,我去试试。"圈圈拿起了那幅空白的画。

"老师,我也想画。"一名学生突然说,我回头向他眨眨眼睛,我们都笑了。

十、积极反馈,强化效果

陶行知先生曾用两种截然不同的方法喂公鸡吃米,来让学生明白主动与被动的区别。那么在教育工作中,教师要如何强化学生的主动性,达到教育目的呢?

（一）目标巧设定

1.宜少不宜多

人的精力是有限的,用相同的精力去做一件事和去做多件事的效果是不同,把更多的精力放在重要的事情上会取得较好的效果。所以,对目标的设定适宜一次就设定一个,不适合一次设定几个目标。老话"贪多嚼不烂"就是这个道理。

教师可以把实现总目标的过程分解为具体可操作的几个小目标来完成,每一阶段的小目标都是对上一阶段目标的强化,是对上一阶段目标中的正确行为进行积极强化。每当实现一个小目标,也会给学生进行积极的正面强化,激励着学生朝着目标继续努力下去。

2.宜简不宜繁

在目标的设定上要注意内容不要过多,如果一个目标里内容不够明确,学生心里就会不知所措,如果一个目标里内容过于繁多,学生就会内心烦乱。这两种情况都会让学生没有明确的努力方向,降低了学生的成功概率。而一个目标内只有一个内容,这样学生就会对自己努力的方向十分明确,也知道自己的现状和目标的距离。这个目标既不要给学生遥遥无期的无力感,也不要给学生轻松简单的轻视感,而是要让学生有种通过努力能成功的进取感。

3.宜异不宜同

每个人都是独立的个体,因此在为学生设定目标时要因人而异,如此也是对学生的尊重。而在不同时期,学生的目标也是不同的,强化的措施也会不尽相同,也要随着学生情况的变化而变化。目标的变化是在强化学生行为。

(二)反馈多褒奖

1. 家庭教育参与其中

父母是孩子最好的老师,父母参与到教育中来,会使教师对于学生的教育更有效果。首先,父母和教师要对学生的教育保持一致性,这样在采取强化措施的时候才能有连续性和一致性。家长是最了解孩子的人,他们能根据孩子的具体情况,结合孩子以往的表现找到最适合的强化措施来鼓励孩子。其次,父母对孩子的评价要保持正向,尤其是孩子在场,父母与其他人聊天谈及孩子的话题时,要多进行表扬,呵护学生的心灵,强化孩子的正确行为和取得的成效,让孩子感受到家长的支持,有力量继续下去。

2. 遵循强化的基本原理

用最简单的、最无形的强化物作为最主要的强化物。那什么是最简单、最无形的强化物呢? 比如精神上的奖励,通过语言进行表扬。再比如简单的事物,如奖状。如果能用语言表扬,那么就不要使用贴纸。如果贴纸能有效果,那就不用奖状。如果奖状能有效果,那就不用小文具。如果小文具能奏效,那就不用糖果。强化物的使用是循序渐进的,最好不要一开始就用有形的、重要的物品强化。当然了,如果遇到了重要的事情,这些也可以通过询问学生来定。通常情况下,学生愿意为自己的选择去努力。

3. 反馈以正强化为主

正强化是什么呢? 比如无形的表扬,有形的奖励。正强化能够增强学生的行为,让学生感到愉悦。所以在对学生的教育中,当学生出现进步或者良好行为时,要予以及时强化,用积极的方式来反馈,促使学生产生积极心理,从而维持良好行为。延后的强化效果没有及时的强化效果好,所以想要达到最好的强化效果,就要及时地进行强化。

负强化不是以表扬为主的,其不够积极主动,是为了摆脱不愉快而进行的强化。比如学生不喜欢做家务,家长就会以如果你能完成体育锻炼,那就不用做家务来妥协。为了不做家务而去做体育锻炼,那么这就成了负强化。负强化并不能给学生带来正面的心理暗示,也很难带来积极的心理状态,所以,对于学生的反馈要以正强化为主。

这是圈圈的画作

自从圈圈开始画《秘密花园》,他经常说的话就变成了"老师,您说涂这个颜色合适吗""老师,这个树叶我涂成什么颜色好呢""老师,都涂成一个颜色可以吗""老师,我打算把这张图涂成……"看着他能把画画当成一件事情来做,我还是很欣慰的,至少这样减少了他无聊的时间。尤其是我把他的画在班级展示后,他还特意买了个汽车转笔刀。看来这件事情能让他上心一段时间。

看到圈圈如此努力地去做一件事,我想我这个老师也应该尽些绵薄之力。恰值此时年级板报需要调换,这真是一个千载难逢的机会啊!虽然班级里有圈圈的展示园地,但是毕竟展示的范围有限,只有本班学生知道,如果能在年级板报里也得以展示,那么圈圈的自信心和成就感会不会有所提高呢?同学们对圈圈的认同感会不会有所提高呢?于是带着憧憬和希望,我去找年级组长商谈。

"组长,我们班能申请预留板报中的一角吗?"

"只要是有利于学生、有利于工作开展,当然可以的。"组长很爽快地说。

"其实我是想为圈圈争取一点儿地方,展示圈圈画的那个《秘密花园》。"我说。

"哦,想法很不错。那他画得怎么样啊,别画得不好,咱们还展示,这样起不到好的教育效果。"组长说。

"您看看,这是圈圈最近画的。"我说着把提前准备好的几张画作拿给组长看,每一幅画都有不同的特点。

"还不错嘛,没想到圈圈还有这方面的才艺,你挖掘得很好啊,好好培养,这也是一种教育方法。"组长对于圈圈的画给予了展示的机会,想来这对圈圈而言将会是一个不小的触动。

带着这个好消息,我找到了圈圈,告诉圈圈:"圈圈,你这两天要关注咱们年级的板报,主要是新换的板报内容,会有惊喜!"听了我的话,圈圈一脸迷茫的表情看着我。嘿嘿,我现在且不说透,要让圈圈自己去发现,让圈圈去亲身体会这种快乐!

下午第一节课的课间,圈圈站在年级组的板报前,一动不动,双眼直直地看着板报左下角。是的,那个位置正张贴着他的画作,一张美丽的、充满青春气息的《秘密花园》!在"花园"里,有他成长的足迹,有他思考的火花,有他青春的印记。周遭的人流丝毫影响不到圈圈,他就那样认真地看着。

"那不是咱班圈圈画的吗?"突然一个声音响起。"是你们班圈圈画的,太不可思议了。""他能把图案涂得这么好看!"各种声音在他的身边响起。是呀,谁能想到,这个错误连连、地上坐、地上爬的"脏男孩"能画出这样的画呢?这也是一种美的教育,让其他孩子和老师看到不一样的他,也让他自己看到了不一样的自己。

卷一 成长篇

113

十一、教学相长,收获幸福

我国当代著名教育家叶澜说:"教师须能够从个人专业中求获职业尊严与内在欢乐。"教育教学是教师幸福感的主要来源,教师在教育学生的过程中,也在不断反思自己、充实自己、完善自己。在这份职业幸福里,既有付出的成就感,也有收获幸福的喜悦。

2014 年第 30 个教师节前夕,习近平总书记考察北京师范大学时发表重要讲话,勉励广大师生要做有理想信念,有道德情操,有扎实学识,有仁爱之心的"四有"好老师。这是教育赋予教师新的使命,教师要自觉做先进思想文化的传播者,更好地承担起学生健康成长指导者和引路人的责任。正如俄罗斯剧作家罗佐夫所说:"人在履行职责中得到幸福就像一个人驮着东西,可心头很舒畅。人要是没有它,不尽什么职责,就等于驾驶空车一样,也就是说,白白浪费。"

(一)树立正确的理念

理念决定方向,心态决定命运。教师虽是一份职业,也是实现人生价值的体现,更是服务社会的过程。教师的理念要随着时代的发展而发展,用发展的眼光看待自己的工作,要为祖国培养合格的建设者和接班人。所以,教师的工作是光荣而幸福的,要在一次次的传道授业解惑中享受着教师的幸福。

(二)丰富自己的学识

陶行知先生说:"我们做教师的人,必须天天学习,天天进行再教育,才能有教学之乐,而无教学之苦。"大家经常说,要给学生一杯水,教师就要有一桶水。然而随着时代的进步,信息化进程的推进,教师想要给学生一杯水,就要成为不竭的河流,用自己的学识去引导学生如何学。所以,教师就要随时汲取知识,丰富自己的学识,充实自己的头脑,提升自己的气质。在教育教学中,教师要用人格魅力去感染学生,使其"亲其师,信其道"。

时代不同,每一届学生的特点也不尽相同,而学生可能出现的情况也各不相同。教师为了积极地面对问题、艺术性地解决问题,便要主动学习新思想新理念,在学习的过程中,充实而幸福。和学生相互沟通交流时,教师不仅能学到学生身上的闪光点,也能提高自身的能力。教师的不故步自封,紧跟时代前行,也能宽容、理解、欣赏学生,提高职业幸福感。

(三)用真心去关爱学生

高尔基说:"谁不爱孩子,孩子就不爱他。只有爱孩子的人,才能教育孩子。"一个充满爱心的教师,面对学生时,学生也能感受到教师的心意,因为爱是相互的。对学生的爱,既要爱学生的优点长处,更要接受学生的缺点不足。赠人玫瑰,手有余香,教师在工作中向学生传递真、善、美,学生就会感受到真、善、美。教师毫无保留地为学生付出,学生也会感受到付出也是一种收获。

真心的付出是不以收获为目的的。在工作中,看到学生在自己的帮助努力下一点点进步,看着学生为了实现自己的目标而努力,我的职业幸福感油然而生。当教师的付出被学生感受到,一句"老师您辛苦了"都会让教师内心温暖。

这是老师的衣服

阳面的教室，在第三节课时已布满阳光。上完第三节课，真热！我又和孩子们畅谈了一节课的课文，已经口干舌燥，正好喝口水润润。一拿水杯，水杯里却没有水了，那就回办公室喝口水吧。

有了水的滋润，我又精神饱满地走回教室。然而站在门口那一瞬间，我被眼前的一幕震惊了。热闹的教室似乎瞬间变得安静，圈圈在拿我的衣服，准确地说，他在帮我拿我落在教室里的衣服。

班级里学生们井然有序，鹏鹏一边问着同学们还有没记录作业的，一边擦着黑板。薄薄在保养黑板，擦过后还不忘挥舞着手臂来加速保养液的挥发。小宇在检查黑板笔是否都盖上盖子，黑板笔里是否还有液体、庆庆在检查垃圾桶、其他孩子们进进出出，或者打水，或者上厕所。每一个孩子都有自己的事情在做。而我的那件衣服就孤零零地被我遗忘教室里，挂在椅子背上，椅子又恰巧放在了黑板下，紧挨着电脑台，让仅能通过一人的地方显得逼仄，影响了鹏鹏和薄薄的动作。就是这件被遗忘又影响他人工作的衣服，被圈圈看到了。

他走到讲台旁，向椅子旁挤过去。而他的到来让正忙着擦黑板的鹏鹏和保养黑板的薄薄更是难以挪动脚步，他们说："圈圈，我们正忙着呢，去一边玩。"圈圈似乎并没有听到他们的声音，伸手去抓椅子。他一用劲，椅子就被拽动了一点，他似乎发现了什么，动作停了下来。然后他健硕的身躯又往前动了动，把鹏鹏都挤到另一旁了。他轻轻地翘起椅子，让椅子背与黑板和墙形成一定的角度，又用手托起椅子背后面的衣服，他的动作是那么轻柔，甚至显得小心翼翼。被挤得不耐烦的鹏鹏刚要扭过身子和他理论，却也愣住了。圈圈专注地向上托起衣服,没有感受到身边人的变化。他又把托起的衣服拢在一起,一点一点地向外带出来。终于衣服脱离了椅子背,圈圈深深地呼出一口气。端详了一下衣服,伸手拍了拍,好像在掸去灰尘。这一切好像都做完了,圈圈看了眼衣服,就搭在了自己的胳膊上。就在他抬脚迈向教室门口时,看到了我。他就像被我使了定身法术,站在原地不动了。

"谢谢圈圈!谢谢你帮我找到衣服。"我走向圈圈,向他伸出手。

这真是一个赤诚的孩子!

千教万教,教人求真；
千学万学,学做真人。

卷二 · 探索篇

班主任担任着如何营造宽松和谐的班级氛围的责任。例如教会学生设计"家"，让班级拥有家的温馨，引导班级中的每个成员都来为这个"家"出谋划策，开展多彩活动，培养班级主人翁意识等。班主任要集集体的力量，科学管理班级，共同开创宽松和谐的学习环境。

智慧育人

肖红,天津市西青区中北第二小学班主任、语文教师。

曾获西青区教育系统学科带头人、西青区第五届专业技术优秀青年技术骨干、西青区小语骨干班成员、优秀少先队中队辅导员等荣誉称号;撰写教育、教学、心理类论文在国家级、区级评选中多次获奖;荣获西青区第四届、第六届班主任论坛一等奖;2018 年入选"西青区班主任培养提升工程";所带班级曾获得西青区"优秀少先队小队""优秀少先队中队""三好班集体"荣誉称号,深受学生们的喜爱。

带班理念

挖掘学生潜能,涌现快乐源泉。

我的岗位 我成长

——班级小岗位管理制度的探索

肖　红

教育家叶圣陶一再强调,自主性应该实实在在地贯穿在整个教育教学中。我们应当树立以学生为中心的服务管理思想,努力实践自主管理模式,强化学生的主人翁意识,让学生在自主管理中学习知识,发展能力,树立正确的情感态度和价值观,做自我发展的主人,最终获得全面发展。

一、班级管理制度化的创新——小岗位制的设想

(一) 班级小岗位管理制度设想的由来

最初设立一个小小的岗位还是源于一个不起眼的他——小启。

四年前一个周五的上午,因为区里少年宫组织活动,班级里有一名女同学一早化好妆就跟随带队老师出发了,计划中午回来,在校吃午饭,饭菜需要自行到食堂去盛。时间过得很快,转眼就到了上午的第四节课,参加活动的女孩还没有回来,我不由得有些迟疑:如果回来晚了,食堂没有饭了怎么办? 问题不难解决,但是老

师是给学生"制造麻烦"的高手,我顺势将问题抛给了全班在座的同学,大家议论纷纷,有的说把自己的饭菜分给同学吃,有的说自己带了零食可以拿来分享,而小启在最后一排高举起自己的手说:"老师,我能帮她去盛饭。"话音未落,大家看着他,笑成一片,其间还夹杂着些许评论:"你就知道吃!吃货!""还惦记着别人的呀,哈哈哈……"教室里一下子沸腾了起来。

举手说话的这位同学是小启,他是同学们眼中的"吃货"。小启圆滚滚的身材,胖乎乎的脸,在妈妈的精心"喂养"下,本就小巧的五官被肉肉挤得更加紧凑,学习、卫生、言谈都不是他的特长,在我们班待久了的人都知道,他做什么事都是慢吞吞的,不催他个四五遍是没有效果的,唯独吃是他最擅长的事。小启的书桌箱里什么最多?零食。课间谁吃东西了,他就站在谁那里。所以,当小启提出要帮同学去盛饭的时候,大家哄堂大笑。

介于小启说话时的一本正经,也出于对学生的尊重,我请小启站起来,说说自己的想法。小启有些兴奋,也有些害羞,他不好意思地笑着站起来说:"你们别笑……别笑,我真的能帮她盛饭,而且还比别人快好多呢!"说到这,大家更是笑他"吃货",他自己也不好意思地低下了头。平静了一会,我要求他继续说。"加饭菜的同学们都会取好自己的饭后走大楼梯下楼加饭,人比较多,也容易发生冲撞,到了楼下也已经排起了队伍,盛饭得等好一会儿,我去盛饭走的是南面的小楼梯,因为要比大楼梯多走一段距离,所以很少有人走,但是我试过,一路畅通,反倒能最先到,前面排不了几个人。"说到这儿,同学们都安静下来,不怎么说话了,突然有一名同学问:"你自己的饭还没取,还能取别人的?"小启迅速回答:"我一下课就先拿好自己的饭,这会儿所有的同学都在班级门口取饭,我不会耽误时间的,如果大家再让我第一个取饭,我就更不会耽误时间了!"

这是我和同学们第一次看小启这么认真地说话,他看着我的眼神分明在说:"老师,我可以的,让我去吧。"大家都不再说话,而我也将这个任务交给了无比认真的小启。

下课铃声响了,参加活动的女同学还是没有回来,大家好像都非常有默契地在自己书桌周围"慢吞吞"地整理学习用具,只看小启迅速地从教室的最后一排冲到教室门口,在饭箱中取上一盒饭放在了自己的课桌上,又返身快速地走出了教室。教室里剩下的同学们整理好自己的物品,纷纷到饭箱取饭,当最后一名取饭的同学还没有落座的时候,小启已经气喘吁吁地站在教室门口了,他的脸上挂满了得意的微笑。他把取来的饭放进了班级饭箱,并盖上了小棉被,小启才安心地走回自己的座位,一系列举动让大家纷纷为他竖起了大拇指,同学们满脸的赞意,小启也找到了从未有过的成就感。从那以后,大家给他封了个职务——饭长,比起之前的"吃货",不但好听,还充满前进的动力,之后做许多事情,小启的行动都提速了。

小启在同学们的眼里是一无是处的"落后分子",在老师眼里是普通得不能再普通的一般孩子,而就是这样一个普通的孩子,那一次让所有人刮目相看,不仅仅是因为打饭这么简单的事,而是因为大家在这件事中看到了他解决问题的能力和成长。

我们的教育最终要做的不是学生做会了多少题目,不是他们会考多少分,我们的教育最终要培养有能力的人。何为能力?能力是完成一项目标或者任务所体现出来的综合素质,能力是直接影响活动效率,并使活动顺利完成的个性心理特征。能力总是和人完成一定的实践联系在一起的,离开了具体实践,既不能表现人的能力,也不能发展人的能力。那么,我们班级管理者最智慧的方式就是为学生提供实践的机会,进而提升学生的能力。

卷二 探索篇

（二）班级小岗位管理制度概念的界定

班级小岗位就是为每一名学生提供能力锻炼的"工作台"。班内成员能力有强有弱，有高有低，班委会成员往往能力越来越强，普通同学显得能力不够，这也充分证明实践锻炼对能力提升的必要性。班级小岗位区别于班委会，它面向班内全体学生，它面向班级整体工作，岗位有高有低，要求的能力也有强有弱，它依班情而产生，视情况而定，班主任可以依学生的能力做出相应的选择。小岗位往往以班级为单位，尽可能地开发班级岗位资源，请学生们根据个人能力加入岗位，依据岗位管理制度参与班级管理，一方面完善班级管理体系，另一方面提升学生自身发展能力。

小岗位管理者自然就是班级小岗位的负责人，依据公平、自愿的原则担任小岗位的职务，在岗期间完成岗位任务。一方面，班级小岗位能够使不善言谈与交流、能力较弱的同学提升、锻炼自己的能力，另一方面，班级小岗位管理者还同样是同学思想教育、文化学习和课余生活等各项活动的带头人，甚至是在班级管理中起着组织者、管理者和火车头作用。因此班级小岗位管理职务对促进班级健康发展、形成良好班风有着至关重要的作用。

小岗位在班级中有序地开展、运作，就要求有管理的规则，也就形成了班级小岗位管理制度。班级小岗位管理制度是班主任为实现学校培养目标，以学生的年龄特征为依据，以多种形式进行沟通、协调，调动班级管理与事务全员参与，进而培养主动、全面发展的学生。

班级小岗位管理制度的建立，一方面促使管理的制度化、规则化；另一方面，所有的小岗位管理制度是师生依据班情共同商议的约定，能够提升班级管理的透明度和学生的参与度，使班级管理带有温度;而最为重要的是,班级小岗位管理的最终目的是不治而致。

就个体而言,班级小岗位管理不是在吼叫与嘶喊中达成对学生的约束,而是在小岗位的自主能动中形成对自身行为的自我约束,从而渐渐改善行为、优化行为、提升行为,养成良好的行为习惯。

就班级而言,班级小岗位管理是班级制度文化建设的一个方面。班级文化可以作为班级特色来展示,也是区分一个班级与另外一个班级的主要内容。班级文化中包含的班级制度文化其实也是班主任为了管理班级应用的管理方法。而小岗位管理制度就是其中最为重要的组成部分。

(三) 班级小岗位管理制度的理论依据

班级小岗位制度是国内外的学者在针对班级管理制度和班级文化营造的探究中被开发出来。

1. 专家学者已经在研究现状并取得阶段成果

1943 年,马斯洛提出了需求层次理论。需求层次理论在班级小岗位制度中有一定的指引性。因为班级小岗位制度其实从某种程度上来说就是在满足学生的需要。

其一,满足学生情感和归属的需要。这是因为人人都需要得到相互关心和相互照顾。从马斯洛的第三个需求层次来看,这已经从简单的基本需要上升到了情感的需要。这种情感的需要往往比生理上的需要更为细致。班级小岗位制度的设定恰好能够满足这个层次的需要。一方面是因为班级小岗位制度的设定其实可以产生更为紧密的关系。这种关系存在于普通学生和普通学生之间、普通学生和小岗位责任人之间、小岗位责任人与小岗位责任人之间。另一方面则是小岗位制度的产生让学生有了一种心理依赖。比如"遇到事情问班长""遇到卫生情况问卫生委员"等。班级小岗位制度设定过程中,小岗位责任人的产生会让普通学生有一种心理上的寄托,会让他们都有一种潜在的竞争感,从而激发好胜心。这种好胜心的产生,在老师的合理控制下可以真正转化成学生自身提升的发展动力。

其二,是尊重需要。尊重需要是学生希望自己拥有社会地位,在个人能力和个人成就上得到认可。这种尊重需要也可以分为内外两种情况的需要。对内需要是指一个人是否能独立自主,是否能胜任。外部则是需要受他人尊重。学生在小岗位制度中,主要是尊重需要中的个人能力得以提升和得到其他学生的尊重方面满足了需要。

其三,是自我实现的需要。运用小岗位采用不同的激励模式以满足学生对荣誉、奖项、表扬等追求,促进学生自我实现。自我实现的需要也是通过班级小岗位制度让自己成长为自己期望的人。

2. 小岗位管理制度符合培养未来人才发展的需求

班级小岗位制度符合培养未来人才发展的需求。在小岗位制度的部署和实践中能够让孩子更加有责任心,能够积极面对挫折和困难,并且在解决困难的过程中懂得团队协作的乐趣。这种对未来人才发展需求的满足正符合了培根的人性发展理论。"最能保人心神健康的预防药,就是朋友的忠言规谏。"这是培根在《论说文集》中的一句话。探究班级小岗位制度的过程完全可以和这句话相互对照。因为班级小岗位责任人所要做的就是在其他学生有疑问或者是做错事情的时候进行规谏。那么,其他学生就能够得到心身健康,对于小岗位责任人来讲,其能够得到一种发展。这种发展不局限于个人能力,更能够延伸到精神层面。基于培根的人性发展理念,国内的很多教师也积极地探索小岗位制度的重要实践。

3. 现代化、完善的班级管理制度的需要

班级管理现代化是指在科学理论的指导下,运用科学的手段和方法,高效调度和科学管理班级的成员和各项工作,力争创造最佳教育效果的活动过程及结果的总和。小学班级管理体制主要是用作约束整体学生的日常行为活动,这也为其有序开展相关活动提供了有力支撑。作为班级集体建设的关键环节,完善的班级管理制度十分必要。通常情况下,班级制度主要是由一些共识性的要求、条例等构成,以此来规范和引导个体学生的实践行为。组织建设相对完善的规章体制,并且充分发挥其实际效用,这对于班级统筹工作而言十分必要,一方面可以让班集体的管理工作更加高效,另一方面还可以提升班集体的凝聚力,让学生可以充分认知到班集体的力量源泉,因此打造良好规范的班级建设环境必须要给予制度体系充分的重视。

4. 核心价值观培养的需要

小岗位管理制度作为科学的班级管理制度注重完整性、尊重个性差异、培养创造性,是以学生全面发展为本的重要理念。班主任将核心素养的具体基本点细化到日常班级管理制度中,使其与学生的日常行为规范相融合,切实促进学生的全面发展。小岗位管理制度试用灵活积极地管理办法规范师生行为,调整教师和学生之间的管理关系,通过组织、计划和指导,把每个学生的主动性和自觉性充分调动起来,继而为素质教育的有序开展提供充分保障,推动班级建设实效性的提升。

5. 我校快乐教育的办学理念促进学生自主发展的体现

我校将"快乐教育"作为办学理念,即充分调动师生两方面的积极性,使教师善教,学生乐学,在师生融洽、合作的气氛中,全体学生得到生动、活泼、主动的全面发展的教育。

快乐教育需要教师放手,小岗位管理制度恰恰为快乐教育搭建了管理平台。以往我们的教师往往充当了保姆的角色,导致我们的学生缺少"自己走路"的机会,辛勤的教师们总是苦口婆心地帮助每一个孩子规划成长路线。而小岗位管理制度则是将"教师要"变成"学生要",小小的岗位成了学生自己快乐的追求,我担当我快乐,我努力我快乐。我在班级有岗位,我是快乐的,我对班级有贡献,我是快乐的,我被班级需要着,我对班级有责任……其实班级小岗位管理制度就是促进学生的自主发展,继而找寻到学习的乐趣,生活的意义。

(四)班级小岗位管理制度建立的意义

1. 人物关系发生了变化

小岗位管理制度是促进班级学习、生活氛围越来越浓厚、越来越和谐的一种有效方式。在这一过程中,班主任教师、学生、家长之间也发生了改变。

一是班主任教师与学生之间不再是教师作为引导主体。班主任的身份和角色发生了改变,从最初的引导者变成了参与者和监督者。一方面班主任教师从漫灌式教育转变成交互式学习,班主任和学生之间以小岗位管理制度的模式进行沟通。这不妨碍班主任教师进一步了解学生动态,反而是能够通过小岗位管理制度进一步了解班级的具体情况。

二是班主任教师与家长之间的关系不再是家校联动的传统形

式,而是进行了改良。传统的家校联动形式变成了引导家长监督参与,家长能够通过线上小岗位评比等小活动时刻了解自己孩子的动态。

三是学生与学生之间的关系逐渐丰富起来了。在实行小岗位管理制度的过程中,极大地调动了学生的参与度,学生与学生之间的关系逐渐形成了互相监督、互相学习、互相追赶的新模式。

四是学生与家长之间的关系也因为小岗位管理制度的实施与参与变得更为紧密,学生更愿意和自己的父母进行沟通。

2. 班级文化发生了变化

小岗位管理制度是班级文化建设的隐形部分,在小岗位管理制度实行的过程中,班级岗位制度被完善,这使得班级文化中制度文化更清晰,观念文化更凸显,行为文化更突出,如在小岗位管理制度的实施过程中,学生们知晓了秉承公开与尊重的班级观念开展各项工作与活动,营造了良好的、积极的班风,在遵循各项工作的工作标准指引下,学生行为规范得到了有效的约束,逐步形成了一个制度化、有序化、文明性的班级环境,而良好的班级文化会影响学生人生观、价值观的形成,潜移默化地影响着学生的成长。

与此同时,这种内在的制度文化影响着班级文化的外在形式,即班级环境会有相应的改变,比如:窗明几净的教室,生机勃勃的生物角,内容丰富的黑板报,多姿多彩的宣传栏……在平等对话、鼓励创新、各尽其才的班级小岗位管理制度的带领下,班主任老师带领的班级总是会给人带来无限的精彩,渐渐形成了极具文化气息的班级氛围,或极具科学探索精神的班级风貌。无论是哪一种,班级文化都在小岗位管理制度的建立和实施过程中潜移默化地形成。

3.学生成长发生变化

从学生成长方面来看,小岗位管理制度的融入也是让学生真正和自己进行深层次对话的一种有效途径。在日常教学过程中,很多学生都会在课业中忽略自己其他的优点或者是缺点。尤其是在国内应试教育的环境中,家长和学生将所有的目光都投放在了成绩方面。但是,作为教师却明白个人成绩并非是一纸试卷,还有个人能力和个人素质方面的影响因素。班级小岗位管理制度的落实也是让学生充分了解自身的一种有效途径。其可以让学生和自己进行深层次的对话,让自己明白是否可以加入甚至是胜任某一个班级小岗位,这样可以充分凸显出学生的自身价值。

4.学校方面发生变化

卢梭和杜威提出"教育既是生长",陶行知提倡"教育既是生活"。这种教育理念能够从班级小岗位管理制度过度到校园层面。校园作为教师和学生的孵化器,所承担的作用和重要性不言而喻。创建制度生态校园环境,用以滋养教师成长,同时可促进学生全面发展,达到增进学生核心素养的目的。班级小岗位管理制度可以进一步优化学校"生态系统",改善校园的"育人生态",构建高效的"班级生态",完善适合每个学生发展的"课程体系"。

二、班级小岗位管理制度的基本架构

(一)班级小岗位管理制度建立的基础

班级制度文化建设是学生健康成长的规范保障,班级管理岗位是班主任落实班级制度文化建设的重要措施。岗位设立要结合本班的实际情况,结合学生的成长需求创新设计。

学生需要小岗位管理制度找到自己的位置,明确努力的方向,养成良好的习惯。

我们班是一个由42名成员组成的班集体,13名女生,29名男生,男生、女生的人数差距较大,从人数上就能感觉得到这个班的阳刚之气旺盛。

接任这个班是六年级的时候,这是他们小学阶段的最后一年,担任这个班的班主任时,他们之前已经有了六名班主任,我是他们的第七任班主任,半路接这样的班,倍感任务的艰巨。当务之急就是用最短的时间摸清班级情况,采取方式做调整。

一个42个人的集体不算小,要想开展日常学习、生活工作就需要拥有一个联动机制,也就是一个班级的管理,逐层逐级、分工合作,否则就是各自为战,一盘散沙,那就说说这个班的现有班级管理情况吧。

班级日常管理制度:

学习方面:

学习目标不明确。为什么到学校来学习、生活,很多孩子都异口同声地答:"我爸妈让我来学习知识,以后能考个好大学,有出息。"学生终日叫苦不迭:"老师要我学习、交作业,我要为老师而学……"家长关注学习成绩,整日问孩子学了什么。除了学习知识,考个好成绩,并无其他目标。

学习状态涣散。班级学习情况大体可分为三个梯度,第一梯度为钻研型,这一梯度的学生学习兴趣高,紧随老师的授课进度,有思考、有疑问,规规矩矩地完成学习任务。此类人数在10人左右。第二梯度为被动学习型,这一梯度的学生学习兴趣不高,课上安安静静地发呆,课堂学习无接受、无反馈,课下照抄作业,做一个交的上作业的"好孩子",此类人数在18人左右。剩下的为第三梯度,放飞自我型,这一梯度的学生无论课上课下做的都是自己想做的事情,教师追得紧了学一学、交一交作业,只要是不学习,做什么都好,此类人数在 14 人左右。这样的人数比例曾经导致我在接班之初,班内课上因第三梯度学生的"自我放飞",带着第二梯度的学生一起胡闹,学生导致第一梯度的学生苦不堪言,教师的课堂授课出现严重受阻的混乱局面。

缺乏良好的学习习惯。学生课前准备不够充分,往往一节课开始了,学生的桌面上各个学科的内容都有,凌乱不堪;课上说话随便,缺少聆听和征询他人意见的习惯。不过教师若稍加提醒,哪怕是一个眼神,他也会知道怎样做是对的。

卫生方面:

孩子们还是比较单纯、可爱的,劳动时各个都争先恐后,班级里一半的学生做一天的卫生,持续做一周,强势的同学能选择自己喜欢的卫生项目,随和的同学选择剩下的卫生项目,当然,众多人做卫生中也不乏挂名值日、不劳而获的同学,没有组长管理者,凭借人缘听从指挥安排,看心情决定今天的卫生质量。在什么时间具体完成哪件工作,完成到什么程度,学生一头雾水,明显空有满屋子的热血少年,教室卫生状况依旧脏乱不堪,卫生管理制度不够完善。

活动方面:

学校和班级内会定期组织各项活动:具有挑战性的活动,例如朗诵、演讲等往往无人问津,只得教师委派,基本上都是一两名同学包揽;而如果是体育比赛等又会出现"分帮派"竞争的参与情况。短板依旧是短板,孩子们仍然没有得到锻炼,长处也因为意气用事,没有得到很好地发挥。但是能从中发现,他们最大的优点就是有着一腔热血。

班主任是一个班级的大家长,班级里的大事小情都需要管理,尤其是小学阶段的班主任,班主任不但是学生的家长,还可能成为学生的"保姆"。简单说,学生的各科学习状态班主任要掌握,出现学习困难需要负责与相关任课教师沟通,还要与家长沟通;学生的安全问题时刻关注,每一个孩子都是家中的宝贝,安全是班主任教师每日的头等大事,课堂安全、课间安全、交通安全等都是班主任需要时时刻刻操心的事;习惯养成也是班主任教育的重点,学生的心理成长也要时时关注……良好、科学的班级管理可以让一名班主任把所有的事情处理得轻松自如,反之班主任恐怕会叫苦不迭。

经过短暂时期的观察,我觉得作为班主任应搭建平台,借助小岗位管理制度,为每一名学生提供自我发现、自我探索和自我成长的空间,也为自己班级管理找到越来越多的合作者。

家庭环境间接促进了这种科学管理方式。单亲家庭、留守儿童等原本是较为特殊的情况,但在我们这种"城中村"的小学中并不鲜见,家庭的特殊性造就了孩子性格的特殊性,在缺少爱的环境中成长,孩子要么过于自卑,要么过于暴力,个性十足,就像原野上自由生长的野草,想怎么长就怎么长。而不缺爱的孩子又往往得到了来自家庭中太多的关爱,但因为过分溺爱,导致他们如温室里的花朵,经不起半点挫折。不同的家庭教育环境使班主任思考:伸出手掌,五根手指难以平齐,如何让每个家庭中的孩子都有进步和成长呢? 一个牵动全班人的岗位责任制度呼之欲出。

(二)班级小岗位管理制度建立的基本构想

建设班级小岗位能促进学生的发展和班级生活的自主,引导学生参与到自我管理中来,以主人翁的姿态参与班级管理。班级是由不同学生组成的一个集合体,班主任应对每位学生进行全面了解,掌握学生全方位的情况,在管理和教育中注意培养学生的个性,扬长避短,使其有用武之地,有成就感,从而促进其不断发展,提高自身素质。对那些不循规蹈矩,甚至行为有些出格的学生,班主任应能持宽容态度,不歧视,不厌弃,耐心做他们的思想工作,并注意发现这些学生思想行为上的闪光点并加以保护和深度挖掘。引导学生自我管理,根本上在于培养其自我管理的能力。教育是要将"捕鱼"的本领传授给学生,不是直接将"鱼"给他们,即通常所说的"授之渔",而不是"授之鱼"。

培养自我管理的能力,必须要有一定的途径,丰富多彩的课外活动是培养学生自我管理能力的重要渠道。我根据学生个性、爱好、特长的不同,遵循"扬长避短,偏才互补"的原则设置学生的职务,大到班长、副班长,小到窗台长、路队长。班内形成了一种"人人有事干,事事有人干,我为人人,人人为我"的良好学习氛围。班级的常规管理落实到了每个人身上,从而大大促进了学生参与班级管理的主动性和能动性,同时也提高了学生的积极性、参与性。

多渠道进行合理评价。实践证明:无论搞什么活动,如果不进行及时、合理的评价,效果会大打折扣。于是,我开学张贴了评比表,并且把每人的表现纳入小队评比中,加强了孩子的合作精神和团结互助精神,也起到了相互督促的作用。

(三)班级小岗位管理的设计

班级小岗位管理制度的岗位和人数目标是:事事有人做,人人有岗位。

当前,班主任们在建班中常常使用的建岗方式为"按需设岗"和"因岗定人",而我们班又多了一个"因人设岗",整体上呈现了设岗的多样性。

班主任在班级日常管理中会通过设置班委会成员的岗位来进行班级的日常管理工作,比如班长担任班级全面的管理,学委起到带头学习的榜样作用,并对班级学习进行安排与协调,劳动委员肩负班级卫生的规划和执行监督,宣传委员包揽了班级所有的对内对外的宣传工作,体育委员更是班级的运动带动者,各学科课代表则是老师的小助手。这么算下来,这样一个十几人的班委成员的确为班级管理注入不少力量,也为老师顺利开展班级管理工作提供了有力的帮助。

但是对于一个平均四十人左右的常规班级来说,十几个岗位涉及的人数还不到班级人数的三分之一,也就是说,如果班级成员都积极主动、充满热情地投入校园生活、班级管理之中,结果是最多只有三分之一的学生能够参与进来,也只有三分之一的同学得到了锻炼,而剩下的同学们呢? 这样计算下来,我们流失的受教育对象占比很大。为了有效改善这一局面,挖掘每个学生的潜能,就得给每个人提供锻炼的平台,所以为了重新建设这个班,我引导学生们踏上了寻找岗位之旅。

我们班根据"按需设岗""因岗定人""因人定岗",设定了如下岗位:

1. 常规岗位

常规岗位指的是班级日常管理中的班委岗,它包括常务班长、学习委员、生活委员、卫生委员、宣传委员、体育委员、纪律委员、学科课代表,他们构成了班委会,成为班级管理的核心力量,他们各有分工又共同为班级服务,成为班主任管理班级、建设班级文化的有力助手。

2. 班级特需岗

一个班有一个班的特色,一个班有一个班的情况,世界上没有两片相同的叶子,也不会有相同的学生,当各具特色的学生集合在一个教室里,就形成了各具特色的班集体。育人要因人而异,班级管理也是如此。班级特需岗位就是指班主任根据本班学生的特殊情况,为学生、班集体设立的特殊岗位,而这个岗位在班主任老师建设班级中又起着至关重要的作用,满足班主任教师建班、治班的需求,故称为特需岗。班级特需岗往往是班主任教师设置的,目的在于通过岗位管理帮助学生形成某种习惯,或提高某种认识,它会因为班级情况的不同而不同。以下是我"半路接班"时设置的特需岗。

(1)机灵通讯员

还没有接这个班的时候,我就对这个班经常出乱子有所耳闻,往往是班主任还没有出面解决这件事,学生们已经用自己认为"对"的方式将问题扩大化了,最终导致一件原本不算事情的事情愈演愈烈,人尽皆知,并因此导致家长反目或者师生不合等,产生了不良的后果。我如何第一时间知道发生的事情,或者赶在事情闹大前出面解决问题很关键,这就需要有一名教室里的学生与班主任通讯,即班级事务通讯员。通讯员能够分得清事情的对错,看得出事态的轻重,并且当班主任需要了解班级历史事件的时候,他能够公正转述曾经发生的事情。班干部有时候要在课间处理班级事务,很多事情可能看不到,也听不到,往往事情发生了,班干部因为自己在忙也不知道到底发生了什么事情,反倒在通知和转述过程中支支吾吾,说不清楚。而我发现我们这个班里,课间"闲人"很多,他们很好热闹,容易滋事,如果将其利用起来,既可以解决我在教室里"眼睛"的问题,也可以让他得到观察和应激反应的锻炼,一举两得,"机灵通讯员"这个小岗位是我的特需。

（2）班级形象大使（班级形象专员）

"一个成功的形象不一定决定你成功，但是一个失败的形象一定会让你失败。"形象对于任何一个人都有着至关重要的作用，学生也要维护好自己的形象。有人可能会问："小学生天天穿校服、背书包，一看就是个学生样，这还有什么需要特别注意的吗?"在我看来，有。

关于校服，要关注它是否整洁，有没有吃饭时的污渍、油渍和学习时候留下的笔水痕迹，有没有乱涂乱画。随着年龄的增长，还要关注校服有没有衣不蔽体，有没有破损，如果这些都没有，那么这校服的主人应该是一个爱干净的孩子。

关于红领巾，要关注它有没有及时清洗、鲜红闪亮，有没有折叠平整、打结卷边，如果这些都没有，那么这条红领巾的主人应该是一个爱集体的少年。

关于头和手，要关注头发有没有异味，梳理是否平整，脖子有没有及时清洁，指甲有没有剪短，皮肤上有没有留下笔水的痕迹，如果这些都没有，那么这应该是一个健康向上的学生。

所以从外在开始，学生要有学生的样子，学生要保持好学生的形象。因此，在我的班级里，我需要这样一名班级的形象专员，在以上方面中起到表率的作用，同时监督他人，帮助每一个孩子阳光地面对彼此。

（3）小喇叭广播员

"滴滴答……滴滴答……小喇叭开始广播了……"每当这首熟悉的旋律响起时，我们都能被迅速地带回到那无忧无虑的童年生活之中。我在我们班也设置了这样的一个小喇叭岗，做什么呢?刚接这个班的时候，孩子们都用考量的眼神审视我，有的胆子大的第一天就直接问我："老师，你能待几天?"他们对于一个老师能长久地教他们并不抱希望。于是,我趁机让每个人不记名地写写自己的想法,答案出奇一致:我们这个班同学好打架,总出事,还和老师对着干,没人愿意教我们,不过我觉得我们也没那么不好。可是当我让他们给我介绍介绍班级的优点时,孩子们又说不出什么。于是,为了改变班级里的低落情绪,也为了转变学生对班级认识,我想到广播站,设立班级的小喇叭广播员,让广播员每天固定时间播报班级里的好人好事,用一个小小的广播员调整班风朝向,注入正能量,鼓舞气势,转变学生们关注自己的视角,带动学生们转变行动的方向,久而久之通过行动的改变转变别人的评价。

(4)课堂纪律观察员

因为以往的一些原因,这个班的学生课上听课状态很不理想,总是我行我素,上课说话的现象比较普遍,这严重影响了教师的讲课和学生的听课效果。前面说过,这个班的学生学习可以分为三个梯度,第一梯度是认真学习的,第二梯度是不太认真学但是能认真完成作业的,第三梯度是干脆不认真学习的。我的课堂观察员最终的目的是想让课堂恢复平静,大家达成在课堂上认真听讲的效果。从哪下手呢?我瞄向了第三梯队的学生,他们是课堂上精力最旺盛又不认真听讲的孩子,我的课堂纪律观察员就从他们中产生。

作为课堂纪律观察员,需要发现谁在课上没有听讲,但是空口无凭,需要课下验证,怎么验证呢?观察员需要在下课的时候走到被观察者面前,向他提问一至两个课上老师讲授的问题,如果被提问者都没有解答出来,则印证观察员判断正确。观察员想要做到这一点的前提是需要自己在课堂上认真听讲,听老师讲了什么才好提问。用这样近乎游戏的方式来激发第三梯队学生的学习兴趣,起初他们听课的时间不会像第一梯队那样时间长,但是慢慢地打开知识的大门,有望再次燃起其学习的火焰。

(5)课间活动督导员

我认为课间活动是安全隐患最大的时间段。课间活动应该是学生进行完学习后的自由活动时间、调整放松的时间、活动筋骨的时间,但是由于时间短,学生们来不及到操场上运动就上课了。然而,在楼道内活动,空间狭窄,很容易造成伤害事故,事实证明,在楼道内也确实不可以追跑打逗。而摆满桌椅的教室就更不可以运动了。于是学生们就被安排了作业,还需要班主任教师监管安全,这样的空间和气氛不仅让班主任老师很疲惫,学生也感到无比压抑,可是放手不管又确实频频出现事故,怎么做到两全其美呢?课间活动督导员就应运而生了。他们负责在课间的时候边休息边监督班内同学们的课间活动,既为学生自己争得了自由的空间,也让班主任老师在工作之余有了休息的时间。

(6)班级卫生保洁员

我们学校的保洁员阿姨是比较厉害的,一方面是她们工作很辛苦,也很认真,把学校大楼打扫得干干净净,另一方面是阿姨们做完卫生后的保持力度大得惊人。她们能在第一时间发现哪些学生把垃圾丢在了垃圾桶外边,或者是把水洒在楼道里,然后她们用大嗓门式的批评教育方式教育孩子,让他们及时改正,当然阿姨也会帮忙清理。久而久之,在这个过程中,孩子们见到阿姨都会自觉地问阿姨好,并不自觉地看看自己有没有破坏了周围的环境。但是到了教室里面,卫生可就和在教室外面大不相同,我时常会看到同学们吃过早点的塑料袋从书桌箱里掉出来,用过的验算纸躺在地上,就连不知什么时候喝的水也洒在了地上,比起室外的整洁,我们教室内的环境就有些狼藉了,也许我们也缺少了那么一位像保洁员阿姨一样的叮嘱员,让我们在教室内养成环境文明的好习

141

惯,那么就让我们仿照保洁员阿姨来寻找一下班内的卫生保洁员,来保证我们有一个良好的学习环境,于是我的又一特需岗位——班级卫生保洁员应运而生。

(7)今日明星岗

"每个孩子都是一颗闪耀的星,只是有的时候他们在发光,而我却没有注意到。"这样的感悟还是源自我们班每次托管放学时的一个小小的场面。

根据市里的教育教学调整,我们从 2021 年开始提供放学自愿托管服务,为父母上班无法提早接孩子的家庭解决监管孩子的困难,所以上托管和不上托管的孩子就分成了每日两次放学的成员。以往放学时大家列好队伍,由体育委员整队、喊口号、举班牌带队出校门,现在,体育委员不上托管,第一波放学就领队回家了,等到托管的学生放学的时候,谁来带队、举班牌、喊口号成了同学们关注的焦点。在班主任老师的眼里,这只不过是需要一个人举着班牌从四楼下楼走到校门外的过程,全程不过百余米,用时不超 3 分钟,可是这却成了班内 20 名托管孩子的焦点。"老师,今天谁举牌?""老师,我也想举班牌。""老师,他昨天都举过班牌了。"……突然间,我意识到,这小小的牌子,短短的路程,却满载着孩子们的自豪与骄傲。兴趣就是前行的无限动力,于是让谁带队不再由我说了算,而是孩子们的行动说了算,人人都有机会。从此每日路队的班牌下也增设了一个岗——今日明星岗,唯有今天表现突出的学生才有资格争取到它。

班级特需岗的设立除了弥补班委会成员管理的缺失,补足班主任班级管理的不足之外,还有一个重要作用就是激发学生的自主创造和自主管理的兴趣。以往的班干部选举让许多学生失去了兴趣,班主任的特需岗位让岗位内容变得丰富而新鲜,任职条件也不再单一,更加倾向学生的个人特点,使得学生自我特长得到了发挥,从而激发了学生的参与热情。

3.学生创造岗

小岗位管理制度的终极目标就是让全体学生参与班级管理,人人有事做,事事有人做,所有人能在班级管理中达到自治和自我提升的目的。"有岗位,就有地位"是班级小岗位管理制度的最好写照,也成了我们班学生的追求。为了找寻自己的岗位,学生们开始关注班级中的问题,并将这个问题与自己所长相结合,提出了自己认为比较必要的岗位,我称这类岗位为学生创造岗。

(1)护绿小天使

班级里的一名女同学小美,父母在曹庄花卉市场卖花。开始选岗以来,她突然间对班级里的花发生了兴趣,主动询问父母各种花的浇水量和浇水周期,然后自告奋勇地报名成为我们班的小花匠,大家给她起了一个好听的名字——护绿小天使。

(2)新闻播报员

班级里的一名男同学受到特需岗"小喇叭广播员"的启发,创设了一个"新闻播报员"的岗位,他说在家里,爷爷特别愿意看《新闻联播》,早上妈妈送他上学的路上也总是听广播、说新闻,他打算当一名新闻播报员,每天为大家播报一到两条热点新闻,于是我们的新闻播报员就产生了。

(3)气象播报员

受到"新闻播报员"和"小喇叭广播员"的启发,有同学认为电视里每天《新闻联播》后面都会有天气预报,让大家知道未来三天内的天气情况,如果自己知道天气情况就可以自己安排好自己的事情了,这也省去了父母操心,于是班级里的气象播报员岗位就诞生了。

（4）开心小饭长

饭长这一岗位是我们班的一次偶发事件促成的，也是触动我建立小岗位班级管理制度的诱因。这是发生在一个同学们眼里除了擅长吃别无所长的后进生身上的故事，而就是这样一个孩子，却在吃饭这件事上帮助同学解决了快速取饭的问题，虽然事件不大，难度不高，但是他在班级里却有了自己的位置。

（5）图书管理员

为了响应"书香校园"的号召，每名同学都会从家带来两本书作为课间的精神食粮，书放在班级阅览的公共图书角，大家可以相互传阅，使得阅读的内容更加丰富。同时，学校为了丰富学生们的阅读内容，也开放图书馆，为每个班级添加了大量的新书，这样，我们班内图书角的书的数量就不小了，但是随之而来产生了一些问题：哪些书是学校的，需要学期末的时候归还？哪些书是同学们自己带来的，学期末要带回家？有的书今天有，明天就没有了，这些书到了谁的手里？图书阅读中破损了怎么办？有的图书丢失了怎么办？有问题就会有解决问题的人，就有小岗位的产生，负责这一岗位的人，我们就专业地称他为图书管理员。

（6）情绪调解员

这一岗位的产生，源自一次我愤怒后给学生讲的故事。接班初期，学生们还保留着以往的习惯，比如意气用事、一言不合就动手等，他们喜欢用力气来解决问题，而不是用脑子，这点让我很恼火，因为当时的我就像一个民警，分分钟都在调解纠纷。有一次得知学生打架后，我赶往现场，将长久积攒下来的愤怒一股脑地吼了出来，不问缘由地将参与者通通数落了一通，毫无情面可留。学生们安静了，愤怒后的我也渐渐恢复了平静，思索事情怎么收尾。思前想后，我给他们讲了一个关于魏书生老师的故事，魏书生老师也和学生们生气,为了让自己不再和学生发火,他在班级里挑选了一位控制教师发怒的同学,当魏老师发怒的时候,这位同学及时提醒老师以改变解决问题的方式。没想到的是,当时班级里有学生自告奋勇地说:"老师,我听说法律上有调解员,我来当个情绪调解员如何?我爱开玩笑,让我来试着劝和吵架的人,老师如果需要我也行啊……"班级一下子从刚刚我震怒的凝固气氛中缓解下来。我觉得试试无妨,于是,我们的情绪调节员就上岗了。

(7)座位调换员

这个职位的产生具有班级特殊性,我刚刚接班不久,对班级里的情况了解不多。班级座位的合理安排不仅能够保证班级的稳定、和谐,用好了还能促进班级的团结、进步。但是陌生的环境和陌生的师生关系让我对座位的安排无从下手,课间,我试探着与几名同学闲聊,说把某某同学和某某同学放到一起坐,结果他们认认真真地给我做了一个既往分析和未来的预计,接下来我非常喜欢"请教"他们,他们也愿意和我分析,就这样,我的座位调换员就产生了。

(8)宠物管理员

还记得那是一次语文课,我们正在交流如何说服父母或者老师在某件事情上达成一致。书上给出的建议有很多,其中一条就是在班级里建设一个生物角。其他班级在课程结束后纷纷成立了班级生物角,在教室里养起来小乌龟、小金鱼、小蜗牛等,而我们班却争论不休,难以达成共识。学生们对于小动物的喜爱之情是毋庸置疑的,但是基于班情,同学们对于是否能够有效保护小动物存在争议,最终大家达成的共识是采取试用期,试用期一个月,在这一个月里,由一名同学承接小动物的管理工作。我们为新岗位取了一个好听的名字:宠物管理员。

（9）失物招领员

有同学发现,班级里时常会有物品掉在地上无人问津,积攒多了,老师就会在班里问,于是有同学就学着老师的样子,赶在大家都在的时候,站在前面问问某件物品是谁的,这项工作不难,还解决了我不少麻烦,讲台上不再有堆积的无人问津的物品,承担这项工作的就是失物招领员。

（10）讲台美容师

班主任是在教室里出现最频繁的教师,每次去教室我都有一个习惯——带一些工作讲台上去做,所以每次都要把刚刚上过课的讲台整理一番。一名心细的女孩子发现了,自己争取了一个职位:"老师,这个不难,我做得好,名字我都想好了——讲台美容师。"

（11）洁具小管家

大家轮流做值日,有同学发现值日生做过卫生后,因为习惯不同,物品的摆放总是不尽相同,有时候甚至出现将卫生工具遗失的状况,于是就有人想出了保管洁具的岗位——洁具小管家。

（12）门窗小卫士

负责上学、放学、室外课及课间门窗的开关管理工作。

（13）节能小行家

负责上学、放学、室外课中的电灯、电扇、多媒体电源的合理使用工作。

（14）黑板美容师

负责课间或者课上擦黑板的工作。

（15）墙报维护员

这个班的学生对于在黑板上画画、写字、出板报这项工作展现出较高的热情,时常会因为没能参与出板报而感到沮丧。每次出板报之后,总会有部分内容被过来过去的同学不小心涂抹掉,于是,我们就设置了墙报维护员,担负班级板报的修补。

（16）后勤保障员

接班的时候,班级里有一名同学,大家给她起了一个外号"机器猫":钢笔没水了,她提供钢笔水;需要用到胶带和剪刀,她有;运动会上有同学跑步时摔倒了,她提供创可贴;就连老师需要双面胶时,她也能提供,大家说她有一个哆啦 A 梦的大口袋,要什么有什么,"机器猫"的外号就这么叫起来了。在自创岗中,她发挥特长,创设了后勤保障员的岗位,争取为大家提供优质、全面的后勤服务工作。

（17）放学联络员

学生放学的时候,类型也不尽相同,有父母接的,有校车接的,父母接的也会出现家长因某种情况来晚的,校车接也会因为某个孩子有特殊情况提前走、校车接不到的,等等,所以我时常会等到学生们都妥善安排好了才会下班。一次在校门口等家长的时候,我和学生闲聊,学生得知这一情况后,就自创了放学联络员的岗位。每日放学前与班主任及时沟通今日放学回家人数变动情况,家长晚接的,联络员告知相关学生等待;校车学生提早请假回家的,联络员转告司机师傅,使其知晓情况,以免等待;如有家长没能及时接走的,联络员会与班主任进行沟通,有了这个贴心的岗位,一天繁杂的事情再多,也不会出现放学工作的纰漏。

（18）小小快递员

一名同学挺机灵,又擅长跑步,可是在教学楼里不允许他跑来跑去,总是憋得他难受,于是他给自己创建了一个邮递员岗,他发现有时候老师找同学或者需要给某名同学作业等,跑腿这活儿能让他释放一下自己的精力,于是就主动申请,并扩大了自己的"业务范围",承接师生、生生、师师甚至是班级和学校之间的作业、文件的传输工作,还给自己提出了工作宗旨:安全、及时、准确送达。

(19)桌椅小排长

负责每日教室内桌椅的整齐摆放,使其有序而美观。

(20)网站管理员、文字撰稿员、图片采集员

现代教室多媒体的使用丰富了课堂教学的形式,提升了学生和学习兴趣。在现代技术面前,小孩子往往能够展现惊人的能力。在几次任课教师的课堂上,一位学生自主解决了杀毒和部分软件的使用问题,为任课教师解决了一些难题。为了支持他的特长,我将建立起来的班级网站交给了他。他笑着说:"这回我成了名副其实的网管了。"不过他也提出了自己的建议,技术操作没问题,但写文章有困难,于是他给自己找了两个搭档,文字撰稿员负责写稿子,图片采集员负责提供相关的信息图片。

其实,每个学生在"找工作"的过程中就是在承担着一份参与班级管理的责任,无论这岗位是大与小,他们都在结合自身的特点参与其中,这极大地调动了学生的主观能动性,提升了自我价值的认同感,成为班级有序开展管理的一个起点。

(四)班级小岗位管理制度的目标和任务要求

找寻到适合自己的岗位,设立响亮的岗位名称,是小岗位管理制度实施的起步阶段,小岗位管理制度最终想要实现的是把责任落实到人,各尽其职,达到事事有人做、人人有事做的目的。具体地说,就是要使参与班级管理的每名学生有明确的努力方向,并切实可行地采取行动,在自我约束和自我管理的过程中实现自我提升。那么,要做到自我约束和管理的关键就是要拥有具体可行的方向,就要做到职责表述清晰、简洁明了、具有可操作性,学生只有

明确了自己的职责,才能很好地履行自己的义务。所以,制定明确的目标是设定小岗位管理制度后的必要环节,它提供给学生应该做、如何做、做什么的方向,是学生们竞争上岗的依据。

秉承着共商共议、相互尊重、有所提高的原则,我们制定了班级岗位管理制度的工作目标,详见下表。

表 2-1-1　班级班委工作内容

班委名称	工作内容
常务班长	组织召开班委会,协调班委会成员之间的工作,为班委会成员的工作提出建议和帮助,合理评价班委会的工作情况
学习委员	起到学习带头作用,监管各学科课代表的工作执行情况,给予各学科课代表提出工作建议和帮助,组织召开学习活动
卫生委员	安排并监管班级卫生情况,制作值日表,对值日做合理评价;考核卫生类小岗位的岗位工作,给予帮助和评价;定期开展班级大扫除
生活委员	考核生活类小岗位的岗位工作情况,给予帮助和评价
纪律委员	班级各项纪律规范的标杆;监管班级纪律岗位的执行情况,并提出建议与评价
宣传委员	组织班级活动,开展宣传工作,监管活动类岗位的执行情况
体育委员	开展体育活动,带领班级做好体育锻炼活动,保障课外活动的安全

表 2-1-2　班级小岗位类别、名称、任务及目标

小岗位分类	小岗位名称	小岗位任务	小岗位目标
管理类	课间活动督导员	负责督导课间不文明行为,及时发现并给予制止	课间没有追跑打逗情况,同学说话走路文明、有序
	课堂纪律观察员	课下对课上纪律有问题的同学提出随堂知识考核	考核知识掌握准确,能够对被考核人起到警示作用
	图书管理员	登记图书借阅记录,并做好图书保管工作,以防丢失	图书角借阅记录规范,图书不丢失、不损坏
	座位调换员	提供座位调整合理化建议	调整后的座位对教学及管理有实效
	门窗小卫士	负责上学、放学、室外课及课间门窗的开关管理工作	门窗按时开关,并做好记录
	节能小行家	负责上学、放学、室外课中的电灯、电扇、多媒体电源的合理使用工作	做到人走灯灭,节约用电,延长电器使用寿命,减少更换、维修次数
	放学联络员	保证放学滞留学生的安全及传达放学有关学生情况的通知	信息及时,保证班主任与家长及时沟通

小岗位分类	小岗位名称	小岗位任务	小岗位目标
服务类	墙报维护员	修补黑板报、补上墙报的文字丢失和破损内容	班级板报时刻如新
	开心小饭长	根据班级当天出勤人数增减订饭人数,及时解决餐盒异常情况,杜绝浪费	取餐有序,餐食无浪费,用餐无等待
	失物招领员	发现、搜集丢失物品,并及时发布招领启事	班内学生无物品丢失
	后勤保障员	提供学习及生活中相关物品及其保管工作	胶水、胶棒、剪刀等公用用具随用随有,工具保管如初
	气象播报员	负责提前一天向班级同学播报天气情况	阴雨天无淋雨,衣着得当
	护绿小天使	提供花卉知识,科学管理花卉种植	花卉知识准确,美化教室环境,增长植物生长相关知识
	宠物管理员	负责照料班级小动物	保证小动物的健康生长,保持环境卫生,美化心灵
	小小快递员	负责同学之间、师生之间,班级与学校之间的文件传递工作	物品拿取准确,拿取过程安全,行为有礼貌
	桌椅小排长	负责整齐摆放桌椅	教室桌椅摆放整齐
学习类	新闻播报员	每日向大家提供新鲜的咨讯	新闻资讯时效性强,有意义
	课前领读员	分学科、分课程进度,带领晨读和课前两分钟朗读	声音洪亮,时间合理,内容适合
	快乐小讲师	代替老师为同学们解答学习中遇到的不会做的题	讲解清晰,易懂,态度良好

卷二 探索篇

续表

小岗位分类	小岗位名称	小岗位任务	小岗位目标
活动类	报刊出版人	负责班级墙报和黑板报如期出版	及时更新,版面设计美观大方,出版迅速
	活动出品人	提供班级活动策划方案,具有团结协作精神	主题突出,活动合理
	网站管理员	负责班级网站的技术操作,及时更新班级网站,及时上传班内信息,不沉迷网络	班级网站内容实时更新
	文字撰稿员	负责班级网站和班级活动的文字撰稿	文字简介体现班级积极向上的生命力
	图片采集员	负责班级网站和班级活动的图片整理	图片主题突出,任务清晰
卫生类	卫生保洁员	负责班级室内日常卫生监督和提醒,告知有损班级卫生的不文明行为并敦促及时改正	教室窗明几净,地面干净,桌面整洁
	讲台美容师	每节课间及时整理讲台,规范物品的摆放	讲台无杂物堆放
	黑板美容师	负责课间擦黑板、清理黑板槽	无上节课遗留文字,黑板槽无灰尘
	班级形象专员	监督班内学生的仪容仪表是否干净、整洁,红领巾佩戴是否规范	人人仪表整洁大方
	洁具小管家	负责保管班级卫生用具,并定期更新	洁具用后摆放整齐,无遗失、无损坏

明确岗位目标和岗位职责,可以使学生在担任职责时不再是被动地接受班主任的安排,而是自我考量后的深思熟虑,慎重的选

择,挑起的就是一份责任。

在岗位目标设置的同时,班主任引导学生对岗位进行分类,组成了不同的部门,建立起了全班学生自主管理的服务网,每个人都承担起自己的责任,做到各司其职,各尽其能,"人人有岗,岗岗有责",使得每位学生在相对稳定的较小范围内培养自己的能力,生发责任心和责任感。

也曾有教师产生过质疑:班级小岗位管理就是增设班内的班干部,一个班的学生都是官,是满足了学生的虚荣心,但真的能做到"人人有事做,事事有人管"吗?

需要明确的是,班级小岗位制度是以管理事务的形式赋予每名学生参与班级事务的权利并拥有属于自己的独特体验,它并不等同于班干部。时间证明,"小岗位"为学生的成长搭建了平台,它不仅丰富了学生的角色体验,还强化了学生的责任意识,更有助于学生积极向上的情感培养,使之在班集体中逐渐实现自我管理、自我激励、自我追求的和谐统一。

另外还需要说明的是:岗位的设置不是一成不变的,是要随着学生年龄的增长和班级的管理需求逐步变化、逐步完善的。比如低年级的班级管理会侧重以班主任老师的引领为主,设置一些有益日常行为规范的小岗位,而到了高年级则会侧重学生自身个性特点的岗位,比如高年级的学生已经在计算机课上学习了计算机操作,就可以设置网站管理员和图片采集员等,而随着班级问题逐渐解决,也可以减少几种原有岗位,比如讲台美容师和黑板美容师,随着学生们习惯的养成和能力的逐步提升,可以将其合二为一,优化岗位,发现新问题,探索新岗位,提升新能力。

三、班级小岗位管理制度策略

(一)班级小岗位管理制度的自主竞聘机制

1.拟定自主竞聘的原则

(1)竞聘秉承公平、公正、公开的原则

所有岗位面向班级里的全体学生,每一名学生都可以参与到竞聘的竞选和测评的过程中来;不以成绩高低论长短,不以以往过错论是非,只看岗位能力;竞选全程全员参与,公开投票,公示投票结果。

(2)竞聘秉承自愿参加、自主选择的原则

竞选岗位由学生依据自身兴趣和能力自主选择,不进行教师委派和同学推荐,学生自愿参加竞聘活动,自主选岗后进行个人申报,参与竞聘选举。要让学生知道机会往往是留给有准备、肯争取的人,站在那里一动不动,机会是不会自己找上门来的,许多事情原本都是公平的,关键是看自己能不能发挥主观能动性,争取到它。

(3)竞聘秉承遵循岗位目标择优上岗的原则

班级小岗位在师生共同商讨下提前公示并显示各岗位的具体工作目标,学生需依据岗位目标上的内容进行自主申报,申报相同岗位的同学会依据岗位目标要求由同学们进行择优选举。相同目标没有被择优选举的同学可以继续申报其他岗位。

(4)竞聘采用民主测评的原则

每一名同学都是竞聘岗位的参与者,也是班级管理的负责人,竞聘岗位的同学需要秉承负责人的态度向全班同学陈述自己的岗位意愿,同时要接受全班同学的岗位能力测评,接受全班同学的监督。

2. 自主竞聘流程

（1）公布小岗位

竞聘前一周,班主任和全体师生分析班级当下情况,发现问题后共同设立班级小岗位,并公布岗位名称及相对应岗位目标。同学们用一周的时间进行自我考量并筹备自我申报书。

（2）组织报名和资格审查

岗位公布一周后的第一个晨会进行小岗位报名登记,统计报名人数,审核报名资格,有书面《岗位自荐书》方可进行岗位竞选。《岗位自荐书》是我们班进入高年级后采用的一种形式,结合了语文教学中自荐信的教学内容,除了起到学以致用的作用之外,还让学生在书写自荐信的过程中起到习得做事认真的态度和对相关岗位加深认识的作用。

（3）竞聘上岗

竞聘者依据个人申报在讲台前进行独立陈词,完成自荐后的陈述。按岗位陈述,一个岗位可有多个人同时申报,同一岗位竞争对手按姓氏音序先后排序,依次陈述。

（4）民主测评

测评人在测评中只看竞聘者的能力与岗位目标的契合度,不考虑与岗位无关的其他因素进行测评,测评者都需要明确:每个人都是有闪光点的,只是发光的地点不同而已。

测评人由参与本岗位以外的其他同学结合竞聘人的陈述和能力进行民主测评。这个环节可以采用两种方法,前期班级氛围培养得比较良好的班集体可以直接采取举手投票的方式进行民主测评,测评过程比较简单,省时间,效率高。如果班级氛围相对比较紧张的班级建议采取不记名投票的方式进行。在接班初期的时候，我常用的方法是第二种方法，因为班级小岗位的选举就是为了让更多的学生参与到班级管理中来，让更多的学生尝试服务、管理的存在感，找到自己的价值所在，而这一过程中势必会让原有的班级佼佼者失去某些职务，心理产生波动，为了避免这种波动牵连到个别人身上，第二种方式就比较适合，其相对温和含蓄一些。但是随着班级小岗位管理制度逐渐推行，班级小岗位变为了一种全班参与的常态化后，轮换岗位未必就是一件不光彩的事情，当学生们已经欣然接受的时候，第一种方式就更适合我们使用，它让小岗位竞聘快速而高效起来。所以使用时需因地制宜，合理选择。

班级小岗位的竞聘让选举过程变得井然有序，它为每一名学生提供了一个公平的竞争平台，为每一名学生提供了展现自我的机会，它充分地调动了学生积极参与的热情，最大限度地调动了全班同学的参与度，在竞争中逐渐提升学生自我认识和管理的水平。

(二)班级小岗位管理轮换制度

当班级内各岗位开始有序运转了一段时间后，当学生们熟悉了自己的岗位职责和运作、工作能力得到一定的锻炼之后，班级小岗位管理制度就会面临新的问题：有的同学能力比较强，完全胜任了岗位任务，并且能够将岗位职责做得很好，具有兼备其他岗位的能力；而有的同学的表现则差强人意，遇到简单一点的问题还可以勉强完成，但是遇到稍微有些复杂的问题就会一筹莫展，不知如何是好。这些现象推动着班级小岗位管理制度的发展，从而进入一个新的阶段，即岗位轮换。

岗位轮换即班级有计划地按照大体确定的期限，让学生轮流担任一种以上不同工作的班级管理方法，从而达到提升学生的适

应性和开发多种能力、进行多种训练、培养综合素质人才的目的。为了有效实现这一目的,小岗位轮换需要遵循以下几项规则:

1. 自主自愿规则

虽然小岗位轮换的管理方式可以增加学生的岗位体验,增添学生的岗位实践能力,但因具体情况的不同,效果也各不一样,要想使得小岗位轮换制度发挥出较好的效果,班主任或者是主动提出换岗的小岗位者必须与原岗位人员进行充分沟通,尊重是小岗位班级管理制度建立的基础,双方充分的沟通与交流能够减少岗位变化后给学生带来的不安和焦虑,减少岗位轮换的负面效应,使小岗位轮换达到预期的效果。

2. 合理流向规则

班级管理中各个岗位承担的工作职责、要达成的工作目标都有所不同,对学生工作能力的要求也不尽相同,那么在轮换小岗位的时候就要考虑到学生能力与小岗位的职责相匹配,避免"大材小用"造成学生的自我膨胀、能力得不到应有的提升,也要避免"小材大用"给学生带来的岗位困扰,从而打击学生的自信心,抑制成长速度。

3. 合理时间规则

小岗位轮换制度实施过程中,要充分考虑岗位轮换的时间周期,合理的岗位轮换时间可以让小岗位班级管理制度发挥事倍功半的效能。如果在较短的时间内频繁地更换岗位,学生忙于适应每个小岗位带来的新鲜感,但缺少了认真钻研、履职履责的行为,使得轮换仅仅流于一种形式,效果大打折扣。而如果更换周期过长,又会导致在岗的小管理者对工作产生厌倦感,已经做得比较好的小岗位管理者缺少了适时晋级锻炼的机会,工作有困难的小岗位管理者也困扰在自己的工作中,消磨意志,使得班级小岗位管理者萎靡不振。那么多长时间的轮换周期比较适宜呢？

日换岗。我们班有一个特殊的岗位是需要每日轮换的，它就是"今日明星岗"。这个岗位主要是给一天中有突出贡献、有明显进步、表现出色学生的奖励岗。它的时效比较短，却激发了学生们每日的成长，使得学生时常注意自己一日行为习惯。

周轮换。我们没有哪一个岗位是在一周就要进行一次改选的，因为过短的时间不足以让小岗位管理者适应并创造性地完成岗位职责。但是，一周的时间却足可以培养学生良好的习惯，所以我称它为"周轮换"，而不是"周换岗"，敏锐的班主任都不会放过这个时间契机。为了让我的学生养成自我约束和自我管理的好习惯，我们和许多班级一样，每周都会轮换一次座位。但这不仅仅是为了调整学生们看黑板、学习的视角。要知道，换座位不仅是桌椅的移动，还有更换区域的卫生打扫，更换座位时的交流沟通，许多班主任都会遇到过学生换座位时产生的烦恼："老师，我的东西不见了。""老师，他的座位太脏了，我不要坐……"有问题、有交流就是成长的过程。

月换岗。班内各类小岗位的轮换周期为一个月的时间，一个月基本上是四个星期，四个星期的小岗位包含三个成长阶段：第一周：所有小岗位的适应阶段。在这一个星期中，所有小岗位管理者了解自己的岗位职责，明确岗位目标，熟悉岗位流程。第二、三周：所有小岗位的规范上岗和创新管理阶段。经过第一阶段的岗位熟悉，在第二、第三周里，小岗位管理者根据自己的岗位职责逐渐熟悉掌握管理的内容，规范完成岗位职责，能力稍低些的岗位管理者遵循岗位管理的流程，继续熟悉岗位管理职能，能力较强的小岗位管理者可在规范管理基础上，进行职能的创新管理。第四周：所有小岗位的思考与总结阶段。在三阶段的岗位实施过程中，每个岗位都会给学生留下诸多感慨,在小岗位管理工作中,小岗位管理者不但要完成本职工作,还要对自我管理工作进行反思和总结,总结工作中取得的成绩,还有工作中的困惑和遗憾,并且思量下一阶段小岗位竞聘的职位。新岗位可以是原有岗位的延续,当然也可以是新岗位的挑战,不过每学期每名同学都要轮换两个岗位以上的管理工作,既是对自己的挑战,也是学会换位思考,体会他人工作的不易,帮助同学们在体会中渐渐感悟到合作的快乐。

半学期换岗。班级常务岗位的轮换周期为两个月,也就是半个学期轮换一次,轮换的主要是班级常务岗位,往往是班干部,是班级管理优势比较强的同学,他们既承担着班级事务的组织协调工作,同时肩负应对班内突发事件的处理,保持着班级管理事务的稳定,他们是班级小岗位的榜样,也是班级小岗位管理制度执行的维护者,稍长的担任时间能够有效促进班级管理的稳定性。

4.取长补短规则

小岗位的竞聘之初,秉承尊重学生们自主自愿的原则,充分发挥了学生们各自的特长与爱好,帮助学生们建立了班级管理和自我管理的自信心,保护了学生的自尊心。在这股自信心与自尊心的驱使下,学生会逐步将自己的管理职责扩大,拓展自己未曾尝试的领域,在这个过程中,班主任可以根据学生自身特点和存在的问题,适时引导学生从事班级岗位管理的选择,在管理中提升自己,约束自身的不足,达到取长补短的效果。

小岗位管理的轮换制度充分考虑学生的成长需要,作为班主任要在尊重学生自主自愿的基础上做出新的尝试,不断地给自己设定新的挑战目标,实现新的突破,有新的作为。另外,小岗位的轮换制度,推动了小岗位人员的流动,促使学生多方位、多角度体验班级管理的角色,给予了学生更多的实践和学习的机会,体会到不同岗位的职责与乐趣,加强了学生之间的交流和合作。比如我们班的"报刊出版人",在带领人员出板报的过程中常常会和班级"卫生保洁员"发生冲突,因为出板报时总会把板报手稿弄得到处都是,粉笔末也到处都是。轮流换岗时,因为"报刊出版人"不服气,觉得没什么了不起,就竞聘了"卫生保洁员"的管理岗,一个月下来,深深感受到"卫生保洁员"的不易,学期过半,当她重新回到"报刊出版人"的岗位上时,常常提醒小组人员注意保持周围的环境的卫生。

(三) 班级小岗位管理制度的评价机制与评价方式

教育活动在逐步进行过程中,教育评价也是学生成长教育中的关键一环,而且是起着重要作用的一环,俗语讲"编筐编篓,重在收口",评价就是对前期教育活动的"收口"。

《教育学》中对教育评价是这样定义的:教育评价是指在一定教育价值观的指导下,依据确立的教育目标,通过使用一定的技术和方法,对所实施的各种教育活动、教育过程和教育结果进行科学判定的过程。

教育评价有着诸多功能:导向、监督功能;鉴定、管理功能;诊断、激励功能。

教育评价的监督功能是指教育评价有对被评价对象起检查、督促的功效和能力。它的检查作用主要表现在教育评价总是将被评价对象与评价目标相比较,以确定其是否达到目标,以及达到目标的程度;它的督促作用主要体现在教育评价总是找出被评价对象与目标的差距,使其明确以后努力的方向和途径,督促被评价对象朝着评价目标前进。班主任可以利用监督功能促进小岗位管理者的自我约束和管理。

教育的管理功能是指教育评价具有使管理活动及评价对象的行为得到调节、控制、规范并使其趋向于教育目标实现的效用和能力。其需要班主任教师在实施班级小岗位管理的过程中与学生建立平等、详细、明确的管理规则。

教育的激励功能是指合理有效运用教育评价,能够激发和维持评价对象的内在动力,调动被评价者的内部潜力,提高其工作的积极性和创造性,从而达到教育管理的目的。

借助教育评价的诸多功能,在小岗位管理中我们均可巧妙使用教育评价,开展积极性评价,让教育评价发挥功能效用。

1. 小岗位管理制度的评价机制

班级评价机制的建构有助于设计班级小岗位管理模式,提高班级管理效率,进而提高班级岗位管理措施的针对性和实用性,减少随意性和个别问题处理的概率,也促进班级管理者从"师治"走向"生治",从"人治"走向"自治"。

依据功能的不同,我们将班级小岗位管理中的评价机制分为两种类型:激励评价机制、制约评价机制。

（1）激励评价机制

激励评价是指在小学生受教育的过程中,对其产生的值得肯定的行为进行夸赞和表扬,促使小学生保持并增强这种良好的行为,进而加快小学生的自我发展。

做任何事情都需要一定的激情,只有激情才能够激活思维、激发动力。可是激情容易燃烧,也容易熄灭,一两个星期,学生的激情就能够被激发出来,时间长了之后,尤其是经历了挫败之后,还能保持旺盛激情的,少之又少,所以建构一个持续激励评价机制,激发学生的热情,就能使学生看到希望,个个争先上进了。

这里,让我们一起来分享教育家陶行知先生的"四颗糖"的故事:陶行知先生在担任某小学校长的时候,一日在校园内看到一名男同学用泥块砸另外的同学,当时就制止了他,并要求他放学后到办公室去一下。放学后,当陶行知先生走进办公室的时候,那名学生已经等在那里了。陶行知先生并没有批评他,而是从裤兜的口袋里掏出了一块糖给学生,说:"你按时到了,我迟到了,奖励给你。"学生迟疑地接下来。陶行知先生又掏出一块糖:"我制止你用泥块打人,你立即就住手了,我也应该奖励你。"学生惊诧万分。陶行知先生又掏出了第三块糖,说:"据我了解,你用泥块打人是因为那些学生欺负女生,这说明你是有正义感的,所以这颗糖我也奖给你。"这时候,这名本应该受到批评的学生流着眼泪说:"校长,我错了,我砸的不是坏人,是自己的同学……"陶行知先生笑了,又掏出了第四块糖说:"这块糖也奖给你,那是因为你认识到了自己的错误。好了,我的糖都给完了,我们的谈话也结束了。"

故事虽有些久远,但是从故事中我们依旧能读到一个睿智的教育家用激励评价的语言引导孩子的行为智慧。

现在,很多家长也学着使用激励的评价教育方法,比如:学生按时完成了家庭作业,或者考试取得了好成绩就会奖励学生好吃的或者买玩具等。在班级管理中,也有的老师效仿奖励模式,小测验优秀的学生就奖励一个小粘贴,当小粘贴集齐5个或者10个可以兑换铅笔、橡皮等小奖品。这些物质上的激励一开始是很起作用的,但是随着年龄的增长,学生们对奖励物品的认识越来越清晰,也会渐渐地对奖励缺乏兴趣,他们觉得既然对物品失去了兴趣,也就没有必要再为之努力奋斗了,进而也就失去了学习的动力。

激励评价的机制本没有错,但是在使用中,教师或者家长在激励中用错了力,使错了方向,结果就会事倍功半了。

防微杜渐,在班级小岗位管理制度中应当如何正确使用激励性评价机制呢?

我们要明确评价目的。我们建立小岗位班级管理制度的目的是通过学生参与班级管理的过程,达到学生自我管理、自我约束、自我成长的目的。为此,教育评价的落脚点不是学生得到了多少个粘贴,不是获得了多少奖状和奖品这种外在需求上,教育评价的关注点应当放在学生内在动力的培养和满足上。

表2-1-3 班级小岗位评价表

小岗位评价表				
岗位名称:		岗位人:		
岗位评价项目		优秀	良好	一般
1.认为自己可以胜任目前的岗位				
2.熟知自己岗位的管理职责				
3.能够独立完成本岗位的管理工作				
4.本岗岗位职责完成情况				
5.在本岗位的管理目标中进行创新 (注:没有—一般;有—良好;有且取得较好成果—优秀)				
6.在本岗位工作任职期间,帮助过其他岗位人员的工作 (注:没有—一般;一次—良好;大于一次—优秀)				
荣誉称号:	总评:			
岗位心愿:				

说明:

1.这份评价单中每个项目的评价共分为三个等级,在自评和他评的过程中,三个等级借用评价方法中提供的方法对被评价人进行岗位工作的评价。

2.总评是根据以上评价项目的优秀、良好、一般的综合考量,总评优秀的数量会决定岗位人获得怎样的荣誉称号。

3.荣誉称号一般设置有:岗位小能手、综合考核优秀奖、综合考核进步奖等。

4.岗位心愿一栏自评人填写自己担任本期岗位时的内心希望,可以是对自己岗位工作的想法,可以是自己下一期岗位工作的设想。他评人则填写对测评人的岗位工作建议。

这张班级岗位工作评价表里,既关注了每一名岗位工作者工作的情况(第4条),同时也更多地引导班级小岗位管理者对自我岗位认知和能力的评价(第1、2、3、5条),同时还引导各岗位管理者在班级管理中开展互助合作的管理环境(第6条)。

这份评价表不再重视学生的外在的物质追求,而更多地注重学生内动力的激发,通过这样的激励方式,在提升学生能力的同时,注重学生精神世界的营养,引导学生乐观而自信地承接管理任务,勇于承担责任,富有快乐的创新精神等。

激励性评价机制意图在于让班主任保护和维持学生的工作积极性,人人都有被肯定的需求,让每一名学生都感觉到自己的价值。

(2)制约评价机制

激励评价机制为每一名岗位管理者注入了大展拳脚、施展自我才华的强心剂,鼓励小岗位管理者大胆、自信地尝试班级管理,在为小岗位管理者提供了自我发展的广阔空间后,给予了精神营养。但是,作为一名班主任,我觉得在尊重学生自我成长中也需要约定,犹如再好的钢材也是需要高温塑型才可用,茁壮的大树也需要剪枝去权才能参天。小岗位管理者在"锻造"的过程中,也不可放任成长,同样需要有规有矩,才能成方圆。于是在班级小岗位管理评价中,我们还制定了一份班级制约评价机制,全班同学、所有小岗位管理者也要依据这份岗位制约评价来审查自我行为,评定小岗位管理者的管理能力。

表 2-1-4　小岗位管理者岗位制约评价

勤劳　笃行　乐奉献
1. 依据岗位职责准时到岗,不迟到、不早退、不无故旷职(勤劳)
2. 岗位工作有始有终、善始善终(勤劳)
3. 分内之责不推脱、不抱怨、不发小脾气(言行)
4. 不做有损小岗位职责的行为(言行)
5. 取人之长,补己之短(言行)
6. 所有岗位人人平等,不自轻自贱,也不骄傲自大(德行)
7. 自己事尽量做,他人事尽力帮(德行)
8. 为集体贡献力量,集体的荣誉大于天(奉献)

在日常学习《中小学生守则》的过程中,我们提取了其中的第三条:"勤劳、笃行、乐奉献",将其作为班级小岗位管理者成长约束的信条:

勤劳是要求每一名小岗位管理者都应在自己的岗位上行动起来,并做到有始有终,努力做到善始善终,这是小岗位管理者的基本要求。

笃行是在言行和德行上帮助小岗位管理者约束自己的行为和心灵,行要端、德须正,培养出来的人的品性才可贵。

奉献是时刻提醒我们每一个人都不是孤立的存在,共存需要个体的奉献。

"天行健,君子以自强不息。"小岗位管理者当在约束中勤勤恳恳,发奋图强,锤炼永不止息的奋斗精神。

2. 班级小岗位管理制度的评价方式

"良言一句三冬暖,恶语伤人六月寒。"在育人的过程中,积极性、鼓励性、科学性的评价将会给学生带来长远的、向上的影响,积极的评价可以充分调动小岗位管理者的管理热情,提高小岗位管理者的自信心,促进小岗位管理者身心的健康发展,进而促进其全面发展,凸显小岗位管理者的独特性。

从评价主体来看,小岗位班级管理评价可分为自主评价和合作评价两种。

自主评价就是学生对自己岗位的管理情况和自我阶段性成长过程的自我评价。这种评价方式旨在减少教师的主观评价,增大学生自主评价的空间,培养学生正确认识自我的能力。在此过程中,教师要指导学生对自己的岗位管理进行总结,反思自己的管理态度、合作精神和探索创新能力等,给自己一个较为客观和准确的评价,建议学生最好将对自己的评价整理好,描述性地记录下来。

合作评价,着重强调学生之间的相互评价。这种评价方式,要求班主任注意评价方法的创造性,需要激发学生互评的兴趣,同时引导学生正确开展互评。可以以小组为单位开展互评,这样学生相互间熟悉对方的情况,评价也相对较为公正。

采用两种主体的评价方式既凸显了岗位管理者对自己岗位自觉认真完成的要求,又能促进同学间的友好合作、互帮互助的氛围。

从评价角度来看,小岗位班级管理评价应当是多元的。

(1)横向评价

横向评价是一种较为常见的评价方式,就是将班级内的学生在同一个时间进行横向比较,做出客观的评价。在横向评价过程中需要注意的是,要把学生分成不同的梯度,让学生在与自己水平相当的同一个层面进行比较。这样,一方面可以不伤害岗位管理比较单一、能力相对较弱的学生的自尊心,又可以使他们看到自己的不足,在肯定他们优势的同时,对他们进行适度的鼓励和帮助,以达到促进学生进一步发展的目的。

（2）纵向评价

纵向评价也是一种常见而较好的评价方式，它是以时间为轴，把学生现在各个方面的表现与自身过去某一阶段的表现进行比较，从而得出客观的评价结论。根据小岗位轮换制的时间，纵向评价的时间跨度刚刚好，四周的时间里可以让学生清楚地记得工作之初的懵懂和熟悉岗位后的工作情况、工作态度的变化，便于管理者对自身的发展变化进行比较，从中总结经验，吸取教训，进而促进学生产生"超越自我"的决心和信念。

宠物管理员是我们班学生结合语文课堂上的一次交际活动产生的班内管理岗位，基于学生们年龄段的特点，学生们的积极性很高涨，起初"养什么、如何养"的问题就让我们的宠物管理员头疼不已。上任两天后，一只巴西红耳龟落户到我们班级的宠物角，投食、换水、做缸内清洁，第一周就是宠物管理员手忙脚乱的一周，这期间还得应付同学们对小乌龟的宠爱，烦琐的工作使他的热情渐渐冷却，他不由得产生抱怨，偶尔还会和同学们发生口角，即便是上课的时候，也会闷闷不乐地注视着宠物角发呆。从第三周开始，他在宠物角前忙碌的身影就不是那么频繁了，相反，宠物角上多了一个信息板，上面标注了巴西红耳龟的习性，并做了一份简单的表格，小乌龟是每两天喂食一次，谁在哪一天喂食了小乌龟就要在表格上做好时间和投喂人的登记记录。宠物管理员只做好准备饲料和定期给乌龟换水的工作，这样不但减轻了自己的工作，还留出了时间让大家和小乌龟玩耍，解决了发生口角的矛盾，工作得以顺利开展。那么，对宠物管理员这种前后工作的行为方式变化的考量，就属于纵向评价。

（3）差异评价

学生的个体发展有着较强的独特性与不均衡性,所谓差异评价,是指在一个班级群体里,承认学生个体之间在学习或者能力水平上的差异是客观存在的,从而使用不同的评价标准,因人而异对学生进行灵活而具有个体特色的评价。因此,我们在确定评价标准时,要着眼于学生的发展,软化"班级参照",强化"自我参照",对水平高一点的学生,让他们"永不满足";对水平低一点的学生可以放松一点,让他们不感到自卑。只有充分考虑个体差异发展的全面性,关注学生个体的强项,才能最大限度地发挥其创造潜能,促进其个体价值的实现。

（4）觅优评价

"不以不善而废其善。"觅优评价是一种努力寻求学生身上的闪光点、争取让每一个学生都获得成功体验的具有明显激励性质的评价方式。为了促进学生的发展,在评价中应采取多种激励措施,鼓励和帮助彼此,变"纠错"评价为"觅优"评价,用满意的效果来强化班级管理的动机,提升自我发展的动力,促使学生们在原有基础上都有良好的发展。

（5）平等评价

平等评价就是把师生放在平等的地位,师生互动,对教师的主观评价结果和学生的自主评价结果进行平等、双向的评价交流。交流过程中,教师要允许学生阐述自己的意见,理解、接受学生不同的意见,并就有异议的问题进行平等探讨。这种评价方式,有利于纠正教师对学生的定性评价中不太正确、不太合理的主观因素,也体现了学生在班级管理中的主体地位。

（6）发展性评价

基础教育课程改革倡导学生实施发展性评价,并彰显出评价对学生发展的作用所在,增强学生的自尊心、自信心,让学生觉得自己被尊重、被爱护,注重学生个体之间的处境与发展需要,强化整个发展与变化的全过程,利用发展的眼光看待每一名学生,让学生在原来的基础上获得明显的进步,在此期间,不仅仅教师需要了解学生具有的可挖掘的潜能,学生也需要了解自己潜在的能力。

（7）鼓励评价

不是每一名学生都能成为璀璨耀眼的星星,对于那些不太闪耀的繁星又当如何呢？重视鼓励。很多"一锤定音"的评价使得很多平凡的学生被禁锢在"起跑线"上,学生往往会在某一次失误后,被教师或者同学给予否定的评价,在此之后,学生就再也"爬不起来",自信心受到了严重的打击,以至于在学习和很多事情中都受到影响。因此,班主任教师就应该在最初的评价过程中,注重发展性评价,始终坚持着"宽容、原谅、鼓励"等原则,让学生更加自信、健康、快乐成长。

（8）建设性评价

建设性评价,是指在岗位评价的过程中,不仅对小岗位管理者的表现进行及时反馈,更能给小岗位管理者进行有针对性的指导,提供有建设性的意见。比如除评价其在工作岗位上是否尽职尽责、管理能力是否提升外,可以为岗位管理者提供出现的一些问题的建议,如何解决此类问题的方法,做到思维共享,互帮互助。

通过多元评价,学生学会更全面、更客观地评价自己和同学的小岗位,获得更丰富的小岗位实践体验,进一步坚定做好小岗位的意志,也使班级生活充满了活力。

无论是哪一种评价方式,评价都重在肯定,评价的目的无不在于激励学生挖掘自身潜能,主动参与班级管理;引导学生从评价中总结,从评价中反思,从评价中逐渐提升。

四、用"心"制定班级小岗位班级制度

用力做事只能把事情做完,用心做事才能把事情做好。老子说:"天下难事,必做于易;天下大事,必做于细。"一个用"心"做事的学生,才是班级小岗位上真正需要的人。

(一)管理类制度让学生便得信心

"管"原意为细长而中空之物,其四周被堵塞,中央可通达。使之闭塞为堵,使之通行为疏。管,就表示有堵有疏、疏堵结合。所以,"管"既包含疏通、引导、促进、肯定、打开之意,又包含限制、规避、约束、否定、闭合之意。"理",本意为顺玉之纹而剖析,代表事物的道理、发展的规律,包含合理、顺理的意思。可见,"管理"就是合理地疏与堵的思维和行为。

班主任在从事班级管理的过程就是依从学生身心发展的规律,将合理、顺理的行为加以疏通、引导,打开成长的道路,而将阻塞发展的行为习惯加以约束,规避走入岔路的风险。如今,小岗位管理制度要求班主任将部分管理权限转移到学生的手中,管理权限的下移为具有班级管理经验的学生提供了"实战"的机会。

表 2-1-5　班级小岗位之管理类岗位及岗位职责

小岗位分类	小岗位名称	小岗位职责
管理类	课间活动督导员	负责督导课间不文明行为,及时发现并给予制止
	课堂纪律观察员	课下对课上纪律有问题的同学提出随堂知识考核
	图书管理员	登记图书借阅记录,并做好图书保管工作,以防丢失
	座位调换员	提供座位调整合理化建议
	门窗小卫士	负责上学、放学、室外课及课间门窗的开关管理工作
	节能小行家	负责上学、放学、室外课中的电灯、电扇、多媒体电源的合理使用工作
	放学联络员	保证放学滞留学生的安全及传达放学有关学生情况的通知

以上岗位属于班级小岗位中的管理岗位。小岗位管理组上岗之初,往往会出现指责之声:"老师,我说他,他就是不听……"抱怨之声:"太难了,我不想干了……"小岗位管理者锐气大减,信心不足。信心从哪来?

1. 信心从束己中得

"管理"与"管人"不同,不是对对方的指指点点、批评指责,不是颐指气使地指出他人的缺点、错误来凸显自己管理者的身份。"管"重在"理"上,自身行为合"理"才可得到他人敬仰,依"理"行事方可取得受管理学生的认可,而这"理"就是大家共同商议的岗位准则、岗位目标。管理类小岗位管理者想要树立自己的信心,信心从哪来? 不是索要同学们对你的认可,不是班主任教师给予的善意的鼓励,而是从自身出发,依准则约束自己的行为,依准则管控他人的举动,才能打下牢固的信心根基,才能种下信心不灭的火种。

2. 信心从利他中得

岗位管理者的目的是什么? 不是标榜自己的身份,而是使得受管理对象得到更好的成长。在教学楼内追跑打逗,课间活动督导员及时指出并建议回到座位准备物品要比指责批评有效;课堂上随意说话,纪律观察员课下交流、辅导要比批评、侮辱奏效,在实施管理的同时给予对方合理方式的推荐,将自己与他人融为一个集体,不分对立,会巧妙地取得他人的认可,从有利他人的成长中增强自身管理的自信。

(二) 服务类制度让学生拥有恒心

服务的意思是指履行职务,为他人做事,并使他人从中受益的一种有偿或无偿的活动,不以实物形式而以提供劳动的形式满足他人某种特殊需要。在班级中服务岗位就是尽自己的所能不求回报地为班级、为同学提供需要。

表 2-1-6　班级小岗位之服务类岗位及岗位职责

小岗位分类	小岗位名称	小岗位职责
服务类	墙报维护员	修补黑板报、补上墙报的文字丢失和破损内容
	失物招领员	发现、搜集丢失物品,并及时发布招领启事
	后勤保障员	提供学习及生活中相关物品及其保管工作
	气象播报员	负责提前一天向班级同学播报天气情况
	护绿小天使	提供花卉知识,科学管理花卉种植
	宠物管理员	负责照料班级小动物
	小小快递员	负责同学之间、师生之间,班级与学校之间的文件传递工作
	桌椅小排长	负责整齐摆放桌椅

　　表 2-1-6 中展现了班级中的服务类小岗位,岗位不大,却兼顾了大家学习生活中的小细节。与管理类岗位相比,服务类岗位显得默默无闻,它面对的往往是班级中的陈设物品,少了几分与学生之间的交涉沟通,更需要岗位执行者用心观察,时常要求岗位工作者一个人独自完成。

　　实时关注和持久坚持是这类服务类小岗位的工作关键。坚持一天是兴趣的促使,坚持一周是热情的鼓舞,坚持一个月是责任的担当,坚持一学期是服务意识的熏染,唯有长久的持之以恒才能品味服务的内涵,才能感受到责任的重量。

(三) 学习类制度让学生变得细心

"博学之,审问之,慎思之,明辨之,笃行之"方可促进学有所成。在我们日常的学习生活中,从博学、审问到能明辨、笃行的重要环节就是慎思,体现在学习类小岗位管理制度工作中就是细心思考,精心安排。

表 2-1-7　班级小岗位之学习类岗位及岗位职责

小岗位分类	小岗位名称	小岗位职责
学习类	新闻播报员	每日向大家提供新鲜的咨讯
	课前领读员	分学科、分课程进度,带领晨读和课前两分钟朗读
	快乐小讲师	代替老师为同学们解答学习中遇到的不会做的题

比如,新闻播报员每天的工作时间只有课前的两分钟,两分钟的时间里播报最有价值的新鲜资讯,需要播报员做到的就是前一天需要在众多的新闻资讯中进行细心筛选,细心琢磨,挑选出既贴近学生需要又有价值的资讯内容。因为拥有了细心,新闻资讯的内容富有营养,开阔着班内同学们的眼界,滋养着学生们的精神家园。

处处留心皆学问,学习类小岗位管理使得学生用细心感受着成长的乐趣。

(四) 活动类制度让学生拥有热心

只有在不断开展的活动中,才有可能使这个集体逐渐地发现问题继而解决问题,并在这个过程中产生班级凝聚力和发展的动力。

在学生校园生活中参加的活动,可以分为两类:一类是学校组织的活动,另一类是班级内部的活动。无论哪类活动,意欲产生活动预设的效果,都需要调研、策划、筹备、开展甚至总结,而这一系列过程需要筹划者们有热情,有兴趣,肯尽力,即要拥有一颗热忱之心。

表 2-1-8　班级小岗位之活动类岗位及岗位职责

小岗位分类	小岗位名称	小岗位职责
活动类	报刊出版人	负责班级墙报和黑板报如期出版
	活动出品人	提供班级活动策划方案
	网站管理员	负责班级网站的技术操作
	文字撰稿员	负责班级网站和班级活动的文字撰稿
	图片采集员	负责班级网站和班级活动的图片整理

学校教育关注学生身心健康发展,为学生们提供丰富多彩的活动项目,如一年一度的春运会、校园艺术节、社会实践、"我爱发明——科技小制作",再如一月一主题的主题教育活动、特殊日子

的文化教育：雷锋纪念日、母亲节、国家安全教育日、教师节、国庆节等。班主任也会时常根据班内的教育情境，开展班级内的团体活动，比如：每月一次的小岗位竞选会、小岗位表彰会、主题辩论会、联欢会、欢送会等。这些活动的顺利开展正需要依仗一群热心的小岗位管理者的付出。

热心的报刊出版人会精心搜索主题活动的精华，在月初上新，在月末更版，为大家提供新鲜的主题资讯，开阔视野，打开眼界；热心的文字撰稿员"我心写我班"，记录下活动期间班集体的点滴成长；热忱的图片采集员则拥有一双如炬的眼神，发现班级活动中的精彩瞬间，按下快门，定格美好；而将班级的美好一一呈现在这个数字化、现代化的时代，就要依靠网络管理员的科技大脑，动动手指，将班级的美好展现在群体面前。

热忱激发了活动类小岗位管理者的工作热情，他们用热情调动了班级学生的兴趣，用热情营造了丰富灵动的班级氛围，也尽力落实这班小岗位管理者的责任。

（五）卫生类制度让学生拥有清心

从小提升学生卫生意识，养成好的卫生习惯，是确保班级卫生环境的基础，同样是帮助学生热爱劳动、健康生活的有效方式。

作为班主任要有一颗清心，即思路清晰之心。偌大一个班级卫生环境，指望班主任面面俱到，处处监管，只能让班主任觉得捉襟见肘，层级管理方可化复杂为简单。先定岗，再定责，给培训，再执行。定岗，让班级卫生划分清楚明白；定责使得每名值日生了解自己的岗位职责和任务清单，减少推诿和责任不明晰的情况；培训是班主任给予学生成长的有力支撑。及时的培训，现场的示范，手把手地教会学生如何做卫生，做到什么程度，可以快速有效地推进班级卫生环境的质量。

作为班级的小主人,我们的学生应当具有一颗清心,即清爽之心。除了家,教室就是学生们学习生活的第二场所,是学生们的第二个家,我们的学生在各自的卫生岗位上要拥有一双发现清洁问题的眼睛,拥有一颗"我的地盘我负责"的责任心,拥有一双勤劳的双手,拥有一颗追求洁净的心灵,这样我们的班级卫生在大家的共同努力下,必然会焕然一新。

五、班级小岗位制度管理促进学生自主发展

自主管理模式强调学生的主体地位,是一种启发、引领、鼓励学生自我管理、自我评价、自我监督、自我实现潜能的模式,能为学生搭建一个自律管理、自我实现的平台,能培养学生的文明行为和社会责任心,提高学生的自信心和积极性,促使学生身心全面发展。

(一) 班级小岗位管理制度培养学生自律

苏霍姆林斯基说:"唤起人实行自我教育,乃是一种真正的教育。"所谓的自我教育,就是指我们的学生——受教育者根据集体的需要,对自己提出目标,提出要求,从而养成良好的思想品德,改正不良习惯,进而提升自我认识、自我监督的一种教育,也就是自我约束——自律。这份自律体现在班级小岗位管理制度上,就是让学生在从事班级事务的实践过程中从"要我做"转变成"我要做"。

小岗位管理制度将班级管理的权限由教师掌管转移到了学生的手中,学生们成了班级名副其实的主人,以往班级里出现什么问

题都是问老师,小岗位班级管理制度让学生们有了一种主人翁意识,"有事请问负责人"成了班级的一句口头语。小岗位管理者为了避免自己被问住,换句话说就是为了更好地服务于大家,体现自己岗位的职能,往往会认真地履行管理职责。

因为小岗位的光环效应,学生们会自觉遵守规则,久而久之也就养成了习惯。学生们抛开了教师"让我做"的他律生长环境,而是渐渐自我要求,变成了"我要做",在自律中拥有了一份责任感。这正应了那句话:如果一个人有了责任心,那么他会努力把每一件事做得完美。而后,自律和责任相互裹挟,引领小岗位管理者们朝着一个信念奔走:人所能负的责任,我必能负;人所不能负的责任,我亦努力尝试,在不断磨炼自己的过程中,求得更高的知识,提升更强的能力,进入更高的境界。

可见,真正的自律是一种自省、一种自警、一种素质、一种自爱、一种觉悟,会让一名学生充满积极向上的正能量。

(二)班级小岗位管理制度锻炼学生自强

小岗位班级管理制度的实施是一个使学生从"做了"到"都做好了"的自强过程,就是要让每一个学生在学习生活过程中潜能可以得到充分开发。班级小岗位管理制度让学生主动参与到班级管理事务的实践中,让学生对自强精神有新的了解。在小岗位班级管理中自强就体现在培养小岗位管理者在较长时间内做好同一件事的持久性上,就体现在小岗位管理者在执行岗位职责过程中的自我突破上。

持之以恒使自强。在实施小岗位班级管理的过程中,班级岗位的建设是需要目标引领的,每一个小岗位管理者首要的任务就是要明确自己的职责是什么,而后,在班级管理过程中会出现三种情况:目标过高,能力难以达成;目标与能力刚好契合;目标过低,能力有余。

有些事务性的岗位工作,学生每天重复做,可能会觉得无聊,尤其对于能力比较强的学生来说,更容易在中途产生换岗或者离岗的念头。面对这种情况,班主任教师鼓励学生在岗位上坚持,让小岗位管理者明白,担任一个职务就是承担了一份责任。对于目标过高、能力不足的小岗位管理者,班主任要帮助这类学生建立强大的自信心,适时引导存在管理困难的小岗位管理者向老师或者同学进行请教和学习。

(三)班级小岗位管理制度实现学生自立

自律是学生对自我行为的管控和约束,自强是学生对自身能力的发现与提升,而自立则是学生全面成长的体现。

自立是依靠自己的力量有所收获的行动,也是一种学习、生活的习惯,同样还是一种人生观,一种积极向上的生活态度。我认为,拥有自立品质的学生才更有能力把握好人生的方向,开拓精彩的生活,实现人生的梦想。

班级小岗位管理通过浸润式的体验让学生逐渐拥有自立的能力。回顾刚接班之初,尤其是半路接班,下课后,总是有许许多多的学生很天真可爱地来到面前,问问这个,说说那个。不回答不解决显得我冷酷无情,不近人情,疏远了师生之间的距离,可是回答了这个,解决了那个似乎与我和学生都没有多大的进益。小岗位管理制度最终改变了这种混乱无序的状态,当有人在自己的职责范围内开始解决他人问题的时候,便会为自己拥有的能力而自豪,而那些被帮助的人也从这个过程中明白,原来不是什么事情都需要大人来帮忙解决,他们自己也是拥有一定解决问题的能力的。

因此,学生们逐渐学会了自立,品尝到了成长的滋味。

(四)班级小岗位管理制度实现学生自治

相比自律、自强、自立的三个阶段,自治则是小岗位管理制度的最高阶段。自律、自强是在班级管理制度中约定内容上的自我完善,自立是自我完善的途径,而自治则是进入了自我审视阶段,它要求管理者自己发现问题并解决问题,是自我内在提升的过程。

自治往往发生在小学的高年级阶段,当学生们能够在班级小岗位管理制度的引领下拥有了责任心和担当能力后,能力得到提升,内心得到充盈以及达到了自我肯定后又不满足于现状,进而进行新的尝试与探索。

自治过程中学生会根据自身存在的问题提出新要求,制定自我管理目标。比如,我们在高年级经常使用的目标墙,学生可以将自己一周或者一个月或者是一个学期的目标写在目标墙上,完成了就给自己粘贴达成目标的手势。又如,进入高年级,每次的班委会会议上,学生会根据班级目前的情况提出班级新的或者是下一步的管理建议,约定新的管理制度,班级基本走上了学生自己管理班级的轨道,达到了自治管理的最高阶段。

其实作为班主任,我们在与学生的日常管理中不难发现,学生们只要有了一个适合的目标,就会很认真地投入。不同的是,每个孩子的目标不尽相同,每个学生想要努力的方向也各不相同。如果我们的班级管理者能够根据学生的成长特点,帮助学生找寻到适合自己的努力方向,那么教育就是一个双向互动的过程,会加速学生的身心发展,会助推班级有效管理。

在小岗位实施的过程中,学生从"做了"到"都做了"到"都做好了"需要经历一个过程。不同的学生经历的过程有长有短,但无论怎样,都需要学生亲自经历,只有经历了,才会有感受,轮换才会有体验,评价才会促成长。

　　教育家叶圣陶一再强调,自主性应该实实在在地贯穿在整个教育教学中。我们应当树立以学生为中心的服务管理思想,努力实践自主管理模式,强化学生的主人翁意识,让学生在自主管理中学习知识,发展能力,树立正确的情感态度价值观,做自我发展的主人,最终获得全面发展。

让我们的集体
成为每个人心中的乐园

邢丹丹,天津市西青区杨柳青第一中学班主任、语文教师。模范共产党员。

2008 年硕士研究生毕业后参加工作,任教以来,爱岗敬业,勤勉认真。曾获西青区"名班主任"、西青区优秀青年技术骨干、西青区学科带头人等荣誉称号;获得西青区班主任论坛一等奖;多篇论文获国家级、市级奖项;多次作课获市级及以上奖项。

带班理念

立德为本，育人为先。
教育不是强行的改变，而是心灵的滋养。

高中班级文化建设行动研究

邢丹丹

班级文化是班级群体文化,是班级建设的灵魂所在。其实质是一种全体成员共同认可并矢志不渝、乐于为此拼搏的共同的价值观念和精神追求,是建设一个优秀班级的最重要的一环。班级文化一旦形成,就会在班里形成神奇的"教育场",一个可以对全体学生进行集体教育的"教育场",它潜移默化地影响着集体中的每个人。高中阶段,班级文化建设对高中生的世界观、人生观、价值观的影响十分重大。具体来说,高中班级文化建设是育人的百草园,是管理班级的文化场,是促进学生发展的助推器,是促进学校文化建设的根据地。

一、高中班级文化建设的构成

高中班级文化的构成分为四个层面——物质文化、制度文化、精神文化、行为文化。物质文化主要是教室环境和卫生环境,制度文化指班规、卫生制度、班级条例等班级制度,精神文化包括班级价值观念、班级精神等道德标准,行为文化指学生的言谈举止、行为习惯、活动和交往方式等。物质文化是基础,制度文化是保障,精神文化是核心,行为文化是表现。

（一）物质文化

表层物质文化，是以教室环境、班级文化标识为主要内容的文化形态。它是班级文化的载体。在一个窗明几净，富有极浓厚文化氛围的班级中，全体学生会自发地形成浓浓的学习风气。中学班级的物质文化建设，主要是通过对教室乃至住校生寝室环境的布置及对环境的要求，构造一种教育的外部文化环境，它从一个方面体现着一个班的精神风貌。

教室环境是班主任与学生沟通的象征和媒介，是班级凝聚力的载体。它包括教室的各种布置、图书角、板报、班级宣传栏、墙饰、名言条幅等。清新的壁纸、温馨的合照、青翠的绿植、精美的板报，能凝聚成一种勤勉、大气、自信的文化场。它体现着一个班的精神风貌及精神追求。窗明几净，地上无纸屑，一个文明的学习环境是不容易营造的。它要求师生必须要有文明的观念、文明的规范行为和集体公德心。文明高雅、富有特色的班级环境，才能增强学生的集体荣誉感。

（二）制度文化

制度文化是班级文化的保障，是以模式化的人际交往方式和规章制度为主要内容的文化形态，是班级全体学生共同认可并自觉遵守的行为标准及监督机制所表现出的抽象文化形态，是评定学生各种行为的内在尺度。制度文化具体指班规、卫生制度、班级条例等，要突出科学性、民主性和实用性。

在制度文化建设方面，我们可以参考广州市执信中学许志强老师的"操行评优八条标准"。这八条标准为：一是坚持四项基本原则，拥护党的方针政策，尊重国旗，严肃认真地参加升旗仪式；二是没有缺交作业;三是上课和自习课没有违反纪律;四是早自习迟到只限于两次正课没有迟到、旷课;五是卫生区以及教室的清洁卫生,劳动无迟到无缺席;六是每天按规定穿着校服,违规只限一次;七是坚持两操,没有无故缺席;八是自觉维护环境卫生,不乱丢、乱扔、乱吐。

这八条只要有一条达不到,操行就不能评优。这八条标准,把学生的操行评比与班级的常规管理密切联系了起来,而且易记、易操作,便于施行。操行评比本来很抽象,但通过与学生在校的日常表现以及在校应该做到的常规要求联系,就使之规范化、具体化和制度化了。

作为班级的制度文化,制定这八条标准是容易的,谁都可以制定,但如果以为制定这八条标准就是班级制度文化建设的全部内容,那就错了。班级制度文化的本质内涵是实施、监督和制衡,是要培养学生的法治意识和法治精神,养成遵纪守法的自觉性。法制意识和法治精神是现代人必须具备的素质,为了同当代社会接轨,应该让我们的学生在中学阶段就培养这种意识,形成这种素质。

在制度文化建设过程中,要让法治和自觉的观念深入人心。正如马卡连柯所说,当我们给个人一种影响的时候,这影响必定同时应当是给予集体的一种影响。制度文化建设的实质是通过集体进行教育从而形成良好的集体,良好的集体必须有共同的目的、一致的行动,必须形成正确的集体舆论。这里存在一个前提,那就是班级制度必须是全体成员共同认可的,且具有较强的可操作性。因而班级制度必须以理服人,经过全体学生充分讨论,由班主任指导,由班委会、团支部投票决议,进而形成制度。

（三）精神文化

精神文化相当于一个"学习场"，是班级文化建设中的精神文化层面，既是以文化育人的重要依托，也是整个班级文化建设中的核心。班级精神文化包括班级全体成员的共同意识、风气、审美观念、道德标准、价值观念、班级精神、思想观念、集体舆论等，其中班级价值观是核心。

一个班级的班魂，就是班级精神。精神文化要经过不断的积累，沉淀，提炼。比如"拼搏、自信、悦纳自我"的班级精神文化，"积极进取"的班级精神，都是很好的高中班级精神文化建设的方向。在班级精神文化建设过程中，班主任应一视同仁，用倾听、包容、发展的眼光去看待学生，这至关重要。南宁市第十四中学的一位班主任老师就把"永不言败，永远进取"作为全班同学共同的价值取向，作为班级的精神文化。

在2019届高二(三)班"君屹班"，我曾建设的精神文化是：博学于文，约之于礼，是为君子；自强不息、厚德载物、慎思明辨、大济天下，是为信仰。此外，我将《弟子规》中"居有常，业无变""进必趋，退必迟""见人善，即思齐""朝起早，夜眠迟"这些精心挑选的句子醒目地张贴于班级教室后方的宣传板。我不仅给学生阐释其中的精神文化，让学生每日晨诵，并在班级各项日常活动中督促学生身体力行，以此来建设本班"尊师好学、勤奋自勉"的班级精神。

（四）行为文化

行为文化建设通过约束学生一系列的言谈举止来影响班级成员的行为方式，最终促进学生的发展。这从本质上来说也是通过一种潜在的文化氛围来影响学生，教育学生。天津市南开中学有四十字"镜箴"："头容正,肩容平,胸容宽,背容直。面必净,发必理,衣必整,纽必结。颜色宜和,宜静,宜庄;气象勿傲,勿暴,勿怠"。这是行为文化方面的典型例证,它通过学生的仪表、身姿、态度、精神风貌的具体规范来影响人、塑造人。张伯苓常讲："人可以有霉运,但不可有霉相! 越是倒霉,越要面净发理,衣整鞋洁,让人一看就有清新、明爽、舒服的感觉,霉运很快就可以好转。"张伯苓特别注重仪表,他信奉这样的理念："一衣不整,何以拯天下?"耀华中学学生形象标准是:发理、衣洁,仪表端庄;言美、行正,落落大方;尊师、爱幼,施助见长;遵纪、守法,自律自强;勤奋、刻苦,意坚志刚;勤朴、忠诚,正直善良;自爱、自重,健康交往;乐观、爽朗,胸怀坦荡;赤诚、爱国,铭记不忘;淑世、淑身,追求高尚。可以说,以上行为文化,是这两所学校文化建设的突破口。在各个学校中,种种仪表规范、教学楼里张贴的"轻声慢步"、校园中的"勿踏草坪"等等,这些都属于行为文化。

二、高中班级文化建设的重点内容

(一) 确定富有特色的班训、班徽、班旗、班呼、班歌、班服、班旗等

班歌是心声,是号角,主题一般昂扬向上,可挑选现成歌曲,原创或者改编。班呼也就是班级口号,铿锵有力,音韵和谐。比如我曾拟过的班呼:不卑不亢、积极向上、精益求精、超越梦想。班训是班级文化建设的指路标,是集体的誓言,是全班同学的共同意志,学生将在它的鞭策下前进。班训是班级整体精神和目标的体现,主要是对学生的要求、训导、告诫或防范。班训是班主任带班理念

的外化,比如2019届高一(11)班,我的带班理念是:让每个学生获得身心成长,努力建设识礼、奋进、团结、开放的班级。班训是拼搏、热情、自信、自强。班呼是激情澎湃,不可阻碍,斗志昂扬,十一最强!我所带2016届(7)班班训是自尊、自律、自省、自强。班呼确定为"激情澎湃,七班不败,共创精彩,不可阻碍"。我所带2019届高三(13)班"红旗班"班呼是:红旗飘扬,气壮山河;青年向上,引吭高歌;一颗红心,一片赤诚;热爱祖国,报效国家。班歌是《红旗飘飘》。班训是爱国、向上、勤勉、踏实。我所带2020届高三(6)班班训是:温暖友爱,苦中有乐,厉兵秣马,精益求精。班呼是:岂曰无衣,与子同袍,乾坤未定,修我戈矛。班歌是《开心往前飞》。

以下是我们部分班训、班徽的设计:

红旗飘扬 气壮山河

（二）优化班级环境

"与善人居,如入芝兰之室,久而不闻其香,则与之化矣。"人都是环境的产物,学生潜移默化会受到班级环境的巨大影响,每个学生都是班级文化的化身。

1. 环境是班级文化的外显因素

在建设 2019 届高一（11）班"青青竹林"班级环境时,我多方筹划,用"竹文化"培育和熏染学生。板报、墙报上的"竹子文化"彰显气韵,班级日志《竹林日志》记录着班内每天的大事小情、我们的榜样和骄傲。

2.让班级环境为班级精神"说话"

在2020届高三(6)班"东风班"班级文化讨论的前期,学生从2019年10月1日庆祝中华人民共和国成立70周年阅兵式上亮相的东风41洲际战略核导弹获得了灵感。这是我国研发的新型先进武器,是祖国战略核力量的中流砥柱,跻身全球洲际导弹榜单最前列,堪称国之利器!它的前身经历了多次改进和自我超越,能够象征班级同学热爱祖国、勇于创新、追求卓越、精益求精的精神,鼓励我们既要成就个人,更要以实现中国梦为己任!我们的班级精神是:今日自砺为青年先锋,来日自信成国之重器!班级环境也以此为理念布置。如下面的"破釜沉舟图","6冲"的每一划都由若干小红纸条构成,每张纸条是每个同学的阶段性考试目标。

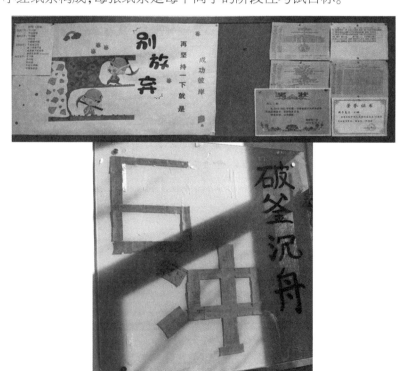

(三) 完善班级制度

班级制度是集体与个性交互作用的调节器。一方面,高度整合的班级制度有利于集体目标的实现,维护集体的利益和秩序;另一方面,它又是班集体对其成员的期待,对个人权利、义务和行为方式做出的规定。在制度文化建设中,既要重视规范在实现集体目标、保护集体利益和秩序中的作用,又要重视集体秩序对个人的保护和发展,并善于运用规范调节集体与个人之间的关系。要考虑周全,既简洁明了又全面细致,既有要求又有落实监督。

高三(6)班班规

(1)维护学习氛围,入班即静,入座即学,劳逸结合,砥砺前行。

(2)互帮互助,互相鼓励,互促学习,绝不互相打压。团结一致,不落下任何一个同学。

(3)气正风清,公平正义。敢讲真话,弃恶扬善。互相包容,相互谅解,多为他人着想。互相尊重,不取笑他人。

(4)午晚自习保持安静,不乱动,不下座,不讲题,不讲话。午晚自习未经允许不随意进出,特殊情况晚进来的走后门。

(5)值日生七点之前进班,其他同学七点一刻之前进班,迟到者做卫生一天。早自习可以站起来读或背。

(6)我为人人,人人为我。按时主动保质保量完成值日,排考场同组同做同离,有始有终。值日彻底(符合班级标准),检查卫生追溯责任到人,责任人由部长安排做一次卫生死角的卫生。

(7)课间不大声喧哗,安静进出,不追逐打闹,不大声谈笑,不闹腾。

（8）教室内不允许出现任何零食饮料，少产生垃圾。及时清理垃圾，自己座位附近卫生自己负责，违者做卫生一天。

（9）上课不乱说与课堂无关的话，不趴桌子，犯困的话经老师允许可以站到后面听课。

高三（6）班班规（简版）

生活"两不"：不迟到

不忘校服外穿

课间"三不"：不闲聊

不打闹

不群聚吃喝

卫生"四不"：不忘做卫生

桌下书本不乱

桌面桌下无垃圾

桌面无杂物（学习用品之外的）

自习"五不"：不下座

不问题

不说话

不发出声响

不随意进出

制度文化建设与班风建设紧密相关，班风建设的过程有赖于科学的班级制度的建立与维护。因为好的制度可以让坏人变好，而不完善的制度也可以让好人学坏。比如"一人一职"制度，事事有谋划、人人有担当，有助于形成民主、公正、和谐的班风。请参考"职责一览——生活部"：

表 2-2-1 "一人一职"制度

生活部	书记	每天早上仪表检查和提醒
	生活委员	拿粉笔、班费收支
	路队管理	走读生晚自习后整队、数人、带队(男生)
	路队管理	住校生晚自习后整队、数人、带队
	通风员	全面负责窗户的开关 准时通风不得遗漏(大课间、午饭后、下午大课间、晚饭时间)
	书架维护	每周两次清整 每天维护 定期浇水
	安全员	每天离班及离校前的电灯 电扇 空调 门 窗
	饭卡充卡	每天准时充卡
	电脑录入	需要时随时
	摄像	班会及学校活动摄像
	消毒员	放假离校前消毒 每周二和周四擦门把手讲台等公共区域
	排座位	排座位(留档)及日常桌椅整齐,空桌子表面无杂物、垃圾,书籍整齐
	晚自习管理	晚自习出勤、纪律
	路队管理	走读生晚自习后整队、数人、带队(女生)
	校服检查	每天从学生进班后即刻开始并随时观察全班校服外穿,并及时纪录在班级日志上

(四)搞好班风建设

班风的实质是班级文化的集中体现。健康向上的班风可以陶冶情操,健全人格,培育品德。2019 届高三(13)班班风"拼搏、向上"是班呼里"青年向上,引吭高歌"的具体表现。

卷二 探索篇

　　班风对每个学生都是一种约束和激励。学生处在这种环境中,会不自觉地接受教育。然而,良好的班风不是一朝一夕形成的,它需要全班学生和班主任的共同努力。班主任只有师德高尚,才能引领良好的班风。班主任的一言一行,都可能引起班级学生的更大关注。师德是确保"培养什么人"的前提和基础,是立德树人的关键。班主任要关心和研究学生,要像慈母般关心爱护学生,关注学生的思想品质、性格兴趣等,激励学生健康成长,对学生一视同仁,这样才能有助于良好班风的形成。

　　营造班级班风,首先是营造民主的班风,我班全体同学对班委工作的民主评议每月一次,发挥民主监督;每周一次的班委例会上,班委们反映问题、研究措施、决策事务,获得成长。其次是营造踏实奋进的班风,评选最努力、最踏实的"学习之星"来树立学习榜样。

　　班风建设的重点:以真诚善良为本,以务实付出为荣;从个人生活到集体交往到服务他人。班风建设需注重培育民族精神;注重挖掘中国传统文化;注重立体渗透,由内而外;注重与时俱进,紧贴实际。班风建设中要规避的误区:脱离实际,曲高和寡;有头无尾,有始无终。

　　良好班风的建设需要多管齐下。首先,在班会等日常德育活动中要给学生思想震动和精神冲击。比如观赏励志电影《风雨哈佛路》《无问西东》《我和我的祖国》等,可以触动学生心灵。其次,要抓住教育契机,比如国庆阅兵、国家公祭日。集体的挫折比如班级篮球比赛失利,也是很好的"挫折教育"的契机。最后,要开辟班风建设的多种渠道,比如"班级博客"可以作为学生的精神花园,从创建之后不断充实班级新变、同学风采、板报风采、学生习作、教师寄语等板块,还可以建立"个人档案激励"机制,拿到班会课上讨论、通过、实践、改进。在侧板上设立"进步风云榜""班级英雄榜",对成绩优秀或者进步的学生进行表彰,班内发奖品激励。

(五)创新理想教育

1. 理想教育是班级文化建设的核心

有一个教育定律被称为"理想创造辉煌"。英国内阁教育大臣、盲人戴维还在幼儿园时就曾表示,自己未来的梦想是长大以后当一名英国内阁大臣。可是英国历史上还没有盲人进入内阁的先例,他要创造历史。长大后,他梦想成真,成为英国内阁教育大臣。他说:"只要不让年轻时美丽的梦想随岁月飘逝,成功总有一天会出现在你的面前。"没有目标和理想,行动就没有动力。理想教育是中小学德育无论到何时都不能抛弃的关键点,是班级文化建设的核心内容。正因为理想教育由来已久,才会出现当前理想教育陈词滥调、难以入心的现状。如何规避学生对理想教育的"审美疲劳",已越来越受到关注,创新理想教育是必经之路。

《新时代爱国主义教育实施纲要》提出:"要高举中国特色社会主义伟大旗帜,广泛开展理想信念教育""要聚焦培养担当民族复兴大任的时代新人,培育和践行社会主义核心价值观,广泛开展爱国主义、集体主义、社会主义教育""要把青少年作为爱国主义教育的重中之重,将爱国主义精神贯穿于学校教育全过程,推动爱国主义教育进课堂、进教材、进头脑。在普通中小学、中职学校,将爱国主义教育内容融入语文、道德与法治、历史等学科教材编写和教育教学中。"将学生的个人理想和爱国联系起来,创新理想教育,正是进行爱国主义教育的必经之路。以文育人,从优秀传统文化中学生可以得到滋养,增强底气。优秀传统文化中"厚德、博学、慎思、明辨""独善其身、兼济天下"这种赤子之心,古典诗歌中流传至今的名篇凝聚着的忧国忧民、以天下为己任的爱国主义情感,《离骚》《登岳阳楼》《永遇乐·京口北固亭怀古》《书愤》《湘夫人》这些诗词,都可以在潜移默化中涵养学生的爱国情操。

2. 创新理想教育的实践

我所带 2019 届高三(13)班"红色文化"的设立初衷是创新理想教育,接手这个班级是在 2018 年 8 月。此前,我一直在思索"如何厚植爱国主义情怀"这个问题,经过班委会讨论商定,我们决定从"做一个爱国青年、上进青年"的角度入手,让学生明白青年的追求是热血,青年的称谓是激情,青年的境界是敢为天下先!运动会开幕式上,我们团旗开道,队列整齐。全班小白帽、小白鞋彰显着"精益求精"的追求。红旗就是神圣,红旗就是信念,红旗就是荣光!一颗红心,一片赤诚!热爱祖国,报效家国!在这种精神激励下,高三(13)班在半个学期之内全员加入共产主义青年团,历次考试包揽学习成绩优胜奖!那一年,班级篮球队获得学校团体二等奖;一名同学当选区级优秀团员,两位同学当选校级优秀团员;一名同学当选校级优秀团干部;一名同学当选"西青区孝亲敬老中学生"。

用中国革命中"艰苦奋斗"的精神来创新理想教育,请参考以下案例:

"艰苦奋斗　抢占制高点"班会

一、艰苦奋斗之革命传统

"天将降大任于斯人也,必先苦其心志,劳其筋骨,饿其体肤,空乏其身。""不经一番寒彻骨,哪知梅花扑鼻香。"你还能举出哪些反映这一主题的成语故事吗?

精卫填海、大禹治水、愚公移山、悬梁刺股、卧薪尝胆、凿壁偷光。

曹雪芹著《红楼梦》用了十年,李时珍著《本草纲目》用了二十七年,徐霞客著《徐霞客游记》用了三十四年,哥白尼著《天体运行论》用了三十六年,托尔斯泰著《战争与和平》用了三十七年,马克思著《资本论》用了四十年。

总之,作为中华民族的传统美德,勤劳勇敢、自强不息、艰苦奋斗,都是我们民族精神的重要内容。正是依靠这些精神,中华民族才历经沧桑而不衰,巍然屹立于世界民族之林。理想的实现都是一个艰苦奋斗的过程,艰苦奋斗是我们民族精神的重要内容。

1927年10月,毛泽东率领秋收起义部队转战千里,将红旗插上了井冈山,建立了最早的农村革命根据地。1928年4月,毛泽东与朱德会师,扩大了革命武装力量,点燃了工农武装割据的星星之火。根据地军民团结一心,多次粉碎了国民党反动派"围剿",在广大革命者中燃起了新的希望,形成了伟大的井冈山精神。

1934年10月至1936年10月,中国工农红军以百折不挠的革命精神和所向无敌的英雄气概,赢得了两万五千里长征的胜利。从此,长征精神犹如一座丰碑,树立在我们民族复兴的史册中,它成为中华民族意志与品格的注脚和前扑后继追求光明与理想的象征。

孟泰是新中国成立后,鞍钢第一代全国著名的劳动模范,多次受到毛主席接见。其先后当选为第一、二、三届全国人民代表大会代表;出席中国工会第七、八次全国代表大会,并当选为执行委员。他爱厂如家,艰苦创业,以高度的主人翁精神,高尚的自我牺牲品格,在恢复和发展鞍钢生产中做出了重大贡献。孟泰成为鞍钢人的旗帜,他的名字传遍全国。他的爱厂如家的主人翁精神,被誉为

"孟泰精神"。

1962年冬,焦裕禄受党的委派来到了兰考,当时,正是我国国民经济处于暂时困难时期,兰考的风沙、内涝、盐碱等自然灾害很严重,农业产量很低,群众生活很苦……焦裕禄同志以高度的革命精神,对干部和群众进行思想教育、阶级教育和革命传统教育,激起县委领导班子和人民群众抗灾自救的斗志,掀起了挖河排涝、封闭沙丘、根治盐碱的除"三害"斗争高潮。在除"三害"斗争和各项工作中,焦裕禄以身作则,带病实干,严于律己,关心群众,后来,因积劳成疾,以身殉职。

铁人精神——当王进喜带着腿伤、拄着拐杖在现场指挥打井时,突然出现了井喷的迹象,如不及时压住,不仅会机毁人亡,连那高大的井架也要被吞没到地层里去。他当机立断,果断地采取措施,用水泥代替重晶石粉调泥浆压井,自己毫不迟疑地扔掉双拐,纵身跳进了泥浆,用身体去搅拌泥浆。经过3个小时的紧张搏斗,井喷被压住了,钻机被保住了,而王进喜的身上和手上却被碱性很强的泥浆烧起了大泡。目睹这一切的当地老乡被深深地感动了,他们夸赞道:"王队长真是一个铁人啊!"从此,"铁人"的称号便在大庆油田传开,铁人成了中国工人阶级的骄傲!老铁人王进喜说:"宁可少活二十年,拼命也要拿下大油田!"新铁人王启民说:"宁肯把心血熬干,也要保持油田稳产高产。"

我国著名石油开发地质专家王启民参加工作40多年来,先后主持和参与了8项重大开发试验任务和数十项科研攻关课题,荣获"全国科学大会奖""国家科技进步特等奖""'九五'中国十大科技奖""国家科技成果特等奖"等19项奖励。为了国家的石油事业,他几十年如一日,把所有的时间和心思都花在了油田勘探开发的科研实践中,为大庆油田开发建设立下了汗马功劳,被誉为"新时期铁人"。

二、今日审视:你同意以下哪种观点？为什么？

观点1:艰苦奋斗就意味着过苦行僧般的生活。现在人们的生活水平提高了,没有必要把艰苦奋斗挂在嘴边。

观点2:艰苦奋斗不仅是一种勤俭节约、艰苦朴素、反对铺张浪费、奢侈挥霍的生活作风和道德品质,也是一种不畏艰难、坚忍不拔、奋发图强、拼搏创业的精神状态和高尚情操。

有人说,现在我国的社会主义现代化建设取得了巨大成就,人民生活水平有了大幅度提高,各方面的条件得到了很大改善,我们不再需要艰苦奋斗了。大家同意这种看法吗？

在人类社会上,从盘古开天辟地,到石器的制作、摩擦生火的发明、金字塔和万里长城的建造、人造卫星的发射、基因和纳米技术的发明⋯⋯从仓颉造字,到古希腊和罗马文明、新航路的开辟、丝绸之路的开辟、三次科技革命的兴起⋯⋯一切文明成果,无一不是艰苦创业精神的结晶。

三、同桌商量之后,人人列表写出自己每天的详细时间规划表。

时间是挤出来的,抓住每分钟学习,抓住学习的每分钟,高效学习;没有时间的保障,一切等同于空话。目标:不拖沓,不懒散,不废话。不论你的行动是不是现在开始,重要的是开始以后就不要停止。行动未必带来快乐,但不行动却一定不快乐。

三、高中班级文化建设的行动

（一）高中班级文化建设的一般性策略

1. 全员参与策略

班级文化建设本着全员参与的原则，班级精神才能入脑入心。班级文化形成之后，更需要所有成员共同参与维护，各种班级活动及班会都需要全员参与。班级文化必须广求民意，充分讨论，人人发言，全班交流。经过全体同学充分讨论、民主协商达成共识，绝不能是班主任或班干部的主观意愿。班级文化建设绝非一日之功，而是要慢慢渗透，比如南宁市第十四中学班主任老师建设"永不言败，永远进取"的精神文化，是这样做的：

> 不能靠说教，而主要是通过参与竞争，在实践中培养和形成起来的。没有竞争就没有进取性的心理文化，在学校，最能调动一个班集体同学的情感的，莫过于校运会等各班最高层次的体育竞赛。这关系班集体的荣辱，是不能等闲视之的……所以把校运会这件事做好。标准并不是一定要赢，而是要充分挖掘班的全部潜力，调动班的全部积极因素，众人一心，众志成城……我正是要凭借学生进入高中后首届校运会，把我班的进取性的心理文化培育起来，成为全班同学共同的价值取向的一种进取性的心理文化，只有获得全班同学绝大多数的认同，才可以转化为巨大的物质力量。班主任可以参与校运会的策划和组织，但必须把学生放在主体的地位，充分依靠他们，调动他们的积极性和聪明才智。

2.巧妙引导策略

班主任可以举例介绍什么是班级文化及其重要意义,引导学生思考要将班级建设成为怎样的班级。而树立一种班级价值观念,说到底是你想成为什么样的青年,怎样才算优秀男生或女生,什么样的学生堪称榜样。引导学生树立正向的、有激励性的班级价值观念,比如班级要团结、拼搏、优秀、成绩佳,温暖、有爱心,干净、卫生好,安静、纪律好;榜样要一身正气、爱国、爱校,乐于助人、关爱他人、勤劳善良、乐观向上,踏实进取、永不放弃,但问付出、莫问结果。

高三(6)班的"微班会"

亲爱的6班的孩子们:

我们将利用早自习的一点儿时间开启高三(6)班的班级文化建设。班级文化是班级建设的灵魂所在,实际上这是一种共同的价值观念和精神追求,需要全体成员共同认同并矢志不渝,乐于为此拼搏努力,是建设一个优秀班级的最重要一环。先给大家一点介绍和参考,比如向日葵班,取积极、乐观之意;蚂蚁班,取团结、乐于牺牲之意;星空班,取各放异彩之意;上届高一(11)班竹文化,取优雅、善群、节节向上之意;高三(13)班是红色文化,包含爱国进步的五四精神、不怕艰险的长征精神、艰苦奋斗的井冈山精神、戒骄戒躁的西柏坡精神。我校国庆活动之前要求上交班级解说词,宣传委员和我写了一段话,但绝不是就此定型了,因为咱们还没有正式集体商量。大家先看一眼我们写的这段:"迎面走来的是高三(6)班——君屹班。博学于文,约之于礼,是为君子;岂曰无衣,与子同袍,是为团结,乾坤未定,修我戈矛,是为奋进! 自强不息、厚德载物、慎思明辨、大济天下,是为信仰。他们秉承着这份信仰,团结、奋进,向着梦想昂首阔步!"

大家的思路千万不要受此限制,因为班级文化影响巨大,我们要团结一心,坦诚商量,各抒己见,民主协商,力避敷衍了事,有头无尾。一定要找到一个全体人都共同认可的班级价值观念。我觉得,班级价值观念说到底一是你想建设什么样的班级(这个我们讨论过,有团结,还有什么? 比如拼搏不怕累,优秀成绩佳,温暖有爱心,干净卫生好,安静纪律好);二是你想最终成为什么样的班级一员(你想成为什么样的青年? 你身边的优秀青年榜样是什么样? 比如一身正气、爱国爱校,乐于助人、关爱他人,勤劳善良、乐观向上、踏实进取、永不放弃,不问结果、但问付出)。这两点明确了,具体叫什么班,咱可以再斟酌。请大家抽几分钟想想这两个问题,热忱期待大家的建议! 请前后四人讨论这两个问题,人人发言,说出自己的想法,说完组内选出一人总结四人意见,列发言提纲,一会儿上台全班交流。

请大家思考:个人与集体是何关系? 怎样才算优秀的男生或女生? 什么样的学生堪称榜样? 如何赢得他人尊重? 男生与女生如何相处? 男女生相处应该亲密有间。正如农民种果树第一年结的果子,摘下来扔掉,第二年第三年还摘,如果不摘,结的果子就是酸涩的。生理上成熟不等于心理上成熟,所以男女生相处应该保持距离,互帮互助,友爱团结,落落大方,互相尊重,有一定的距离和分寸。建议和异性同学等距交往,坦然交往,公开交往。如果女生被递小条,则应该明确表明态度。如果是自己有此想法,则要战胜自己,想想自己的高考目标,作长远打算,也许以后会很快情随事迁。古人就最强调修身,青年更是如此。女同学要做一个美丽的女人——温柔、坚韧、自尊、优雅。男同学做一个堂堂的男子汉——刚强、宽宏、进取、幽默。

咱们班现在是不是一个优秀的班级？前两天大家班会上写的一封信上，有同学提到一些现象：跑操队列无人监管时候乱；课间教室里外有同学追逐打闹；没有真正将心比心换位思考，为他人着想；缺乏卫生和纪律的自觉性等。群众的眼睛是雪亮的，古人说要每日三省吾身。我相信个别同学绝对不是故意的，因为他没有意识到自己是在破坏班级纪律。因为自己的一时忍不住，说两句甚至是学习相关的内容，逐渐造成了另一个人也交流两句。咱们是43个人共处一室，班级学习环境只能靠自律，比如谁迟到了就从后门进出，回班准时；多主动关怀他人，尊重别人。所谓"敬人者，人恒敬之"。对老师说话分场合，有轻重。课上不接下茬，不哗众取宠，不说俏皮话。课上问问题是好事，但需要自己思考之后再提出来。非上课和自习时间找老师最好提前预约，问完一定要道谢。对同学不起外号，不起哄，互相捧场，互相尊重，换位思考。别人在为我做什么？我为别人做了什么？互相挑剔，明争暗斗，耗费精力，毫无意义。昨天班委会上，大家说班长是个伟大的人，谁能再具体说说？杨同学进班语文成绩不是最好的，这次作文进步很大，因为她听话，认真，不打折扣。她的英语笔记也受到老师表扬，这是因为她学习上不怕苦，不怕累。

3.正向强化策略

班级文化确立之后，要不断正向强化。13班"红旗班"红色文化确立之后，为将班级精神强化，教室内放有落地团旗，后黑板上画有殷红国旗，人人胸前佩有红色团徽；召开系列班会"红色精神""走进大学""感恩教师节""注重过程，接纳结果""聪明不重要，勤奋最重要""心有戒尺""感谢相遇""君子慎独""你若努力""艰苦奋斗,抢占制高点",让学生明白"红色精神"是爱国进步的五四精神,是不怕艰险的长征精神,是艰苦奋斗的井冈山精神,是戒骄戒躁的西柏坡精神。

"君屹班"班级文化确立之后,《岁月不长,不要期待来日方长》《目送》这些文章深深触动了学生,系列班会"感恩教师节""君子慎独""心在云上,路在脚下",让学生思考何为君子。

正向强化最需要的是典型,是榜样。我曾给学生讲过一位我校毕业生的故事:

巍巍高原,漫漫黄沙,无比干燥的空气,只有内地百分之六十的含氧量,这是自然环境无比恶劣的西藏。一场场严酷的军队操练正是在这样的环境中展开,这种操练要求士兵负重五十斤,奔跑三十公里!在这艰难的考核中,全团成绩前三的士兵正是我们的第一位主人公,他就是我们班的毕业生苏同学。现在这个英姿飒爽,笑得最灿烂的士兵不仅荣誉颇多,而且在部队中破格考取军校,并即将加入中国共产党。他说:"西藏挺好!我没有觉得太苦,我想锻炼自己,为国家做点贡献!"谁能想象,2016年正上高三的他,成绩堪忧,总是最后几名,难以考上大学。当时我在班里评选学习之星,学习之星不是最优秀的人,而要最努力的人,结果他全票当选。因为他真的特别刻苦,几乎所有课间他都留在座位上,眉头紧锁,自己对着书本冥思苦想。最后他考上了理想大学。可贵的是,上了大学,他并没有就此止步,而是在大二时毅然报名去西藏当兵,这才有了今天的惊人逆袭。如果一个学生一身正气,意志坚强,即使成绩暂时不如意,终会在学习上有所进步,并且能够在未来发展自我!

(二) 高中班级文化建设的步骤

1.研究班级情况和大部分学生的气质类型、心理特点,并据此加以引导

如何打开班级文化建设的局面? 第一步就是扎根学生,研究学生。接班之后为了快速了解学生,我找来全班同学的基本信息表,一一研读;第一次见面时,尽量记住更多同学的名字,在接下来的一周内,做到认准所有学生;在第一次班会课上,让每位同学花几分钟写自我介绍,然后我据此为全体同学一一建立电子信息表,以方便、快速、准确掌握学生情况,为后面组建班委队伍做好铺垫。

此外,我随时进班,跟紧学生。自从几年前学校首次将教师办公室挪到教室中间,我就利用这一优势随时进班,盯紧学生。自习陪伴、课间陪伴、跑操陪伴,距离拉近了,再结合具体事例进行思想教育,激发学生的向善之心和感恩之心,巧妙激励,从学生自己的切身利益出发去谈话,营造班级整体学习氛围。

了解了班内大部分学生的气质类型、心理特点,班主任需要因材施教,因势利导,巧妙渗透班级文化。

2.组建班委队伍,让班委为班级精神代言

班委队伍的核心要素是领导力,要能办事、会办事、办好事。领导组织能力可以后天习得,因而培训是必要的,尤其是对新任班干部,班主任要特别进行具有针对性的辅导,加速其成长,让班委队伍的成长成为学生自我管理的阶梯,最终能够实现班主任不在场时的自治。培养班委的服务意识和沟通合作能力,使他们办事公正,以身作则,团结同学,善于沟通,具有民主和奉献精神。

开学初班委自荐,两次考试后民主选举,每个学期公开选举一次,加强民主监督。高中学业负担重,孩子们的思想也更有自主

性,想法多元。因而最终班委人选和分工一定要结合学生自己的个人意愿,这样选出的班委也更愿意尽其所能。在最终确定人选时,必须坚持选那些作风正气、有奉献精神的学生担任班委,这样才有利于良好班风的形成和后面工作的开展。班委队伍形成之后,可推行班委民主管理制度,干部竞争上岗,学生不记名评议班委工作;班长支书定期在晨会上总结布置班级工作;班委分工设计和主持每周的班会,根据自己的特长分工负责学校大型活动中班级展示。

这里要特别注意,即使是班委,也是成长中的孩子,需要引导和鼓励。对他们既要信任、期待,也要宽容、培养。曾有一位班长性格内敛,对自己的成绩也不够自信,想要放弃优秀学生的竞选。我帮他改稿件,指导演讲技巧,让他珍惜机会,超越自我,全力以赴,最终他当选为市级优秀学生。

3. 建设班级制度

我在第一次家长会时就与家长达成一致:不着急要成绩,不能只看成绩。因为成绩是结果,造成这个结果的是孩子的状态,决定状态的是他人格成长得是否成熟,这才是我们要关注的。这其中首要的就是培养孩子的责任意识。我们班教室后面的玻璃板上醒目地写着:我是(7)班一员,事事与我相关。每个学生早上第一件事是把自己的作业分科目交到讲桌上,交不上的将原因写到记录本上,自己找学委领学习任务当天完成,学生自己座位周围的卫生自己负责,各类自习学生自己学习。学生在老师面前戴着面具,所以有的学生看似努力而成绩不佳,就是因为自己的学习时间不能利用好,班主任要启发学生"慎独",也就是在无人监督的情况下对自己负责。这就需要班主任事先了解学生的家庭情况和成长经历,再讲清班主任的出发点,事情的利害、影响,培养学生的自主管理意识。

高一(11)班的"自主管理制度",目标自定,卫生自查,用表格自查记录日常表现,用手册记录每月考试的目标、结果、反思、改进措施。自主管理的原则是:每个学生都来管理集体,每个学生都会管理集体,每个学生都受集体管理,人人都有担当不同管理角色的机会。

建设班级制度的过程中,不免遇到些许阻力,对于散漫任性类型个别生,让他们明白严管是厚爱。学生下课和学生谈,力求给学生思想把脉。针对学生问题多,个别谈心,针对学生点滴优点大大宣传,树立他们的自爱、自强之心,鼓励他们为自己负责,为班级负责。高三(6)班在"部长制"的领导下建设了"人人履职制",本着"我为人人、人人为我"的原则,实现学生自主管理。首先,我指导班委会公平公正、细致入微地细化分配了各项班级职责,全班民主选举产生了各部部长。然后由全体同学各自充分考虑后,自己"认领"一项职责,人人有岗位,人人要履职。每个同学又分属不同的"部",由部长督促每个同学每日履职,全体同学每周班会课上用一点时间互评,评选"最佳履职之星"。对于履职不力的同学,将失去保留本职责的机会,改为听从分配。这种班级管理模式使得事事有谋划、人人有担当,形成了民主、和谐的管理氛围。

4. 长期管理

从抽象到具体再到抽象,民主决定切合实际的班级文化之后,班级文化建设还要坚持不懈,长期管理。班级文化确定之后,更难的事情是让班级精神"入脑""入心",这就需要长期管理。班级文化的长期管理要注重思想引领,激发热情,不断渗透班级精神。这其中必不可少的媒介和阵地就是班会课。

卷二 探索篇

"重视过程,悦纳结果"班会

一个只顾低头走路、想着目的地的人,永远领略不到沿途的风光。生命不在于结果,而在于历程!相对于结果的辉煌或黯淡,追求的过程更显其意义与价值。

重视过程,每一次的追求尝试都是取得进步的垫脚石,是迈向成功的阶梯,是提升个人的积淀。爱迪生失败了一千多次才发明了电灯,但他真的失败了一千多次吗?没有,我觉得他每一次都是成功的,每一次都成功地证明了某种材料不适合做灯泡。如果他每次失败后,都悲观地看待结果,我不知道他该怎样坚持下去,相反,每一次的实践带给他的,是对下一次尝试的期待,是又一次排除不合适材料的欣喜。他对实验过程的重视,对实验结果的欣然接纳,使得一次又一次烦琐的设想验证都变得意义非凡。

重视过程,奋斗拼搏会使我们获得感知幸福的能力。关于幸福,苏格拉底的一句话对我影响很深:"幸福不是追求的,幸福会在你认真做事时不期而至。"其实,重视过程带给我们的绝不仅仅是获得胜利时的成就感,更重要的是我们能在过程中享受精神的饕餮盛宴。

我们每一个人都在尽力拼搏,每个人在过程中都没有留下遗憾,只是努力的结果有不同,最好的结果是成功,最坏的结果是失败,悦纳结果,坦然接受,如果我们已经把过程做到了最好,就不用为不可控的结果忧心忡忡,或是丧失对尝试的热情。

正如我们经历了月考,有些同学可能因为成绩不理想而垂头丧气。但是这不是高考,没有人能预料最后的赢家是谁,我们要学会悦纳结果,毕竟我们不能单单只为了一个结果而努力,我们一直在经历过程，因此，我们更要把握过程，享受过程，仔细完善过程中的每一个小细节，充实自己，必定会得到自己心仪的结果。

曾经有记者问科比："你为什么能如此成功呢？"科比反问道："你知道洛杉矶凌晨四点钟是什么样子吗？""洛杉矶凌晨四点时满天星星，寥落的灯光，行人很少，而我已经起床行走在黑暗的洛杉矶街道上。一天过去了，两天过去了，十多年过去了，洛杉矶黑暗没有丝毫改变，但我却已变成了肌肉强健，有体能、有力量，有着很高投篮命中率的运动员。"任何一个人坚持做一样事情长达二十年都是非常了不起的，更何况他在这二十年里取得了让世人都瞩目的成绩。像是那绿植，默默努力，慢慢成长。对粉丝来说，科比是世界上最帅、最厉害、有如神祇的 24 号、81 号先生，永远是无数人的梦想，是光芒闪耀的传奇。

班级文化的长期管理中经常遇到的事情就是学生座位的合理安排和科学调换。要让学生找到适合自己的位子快乐成长，这体现班级建设物质文化的技术性。排座位看似小事，其实关系到班级的和谐、学生间团结和教育教学效果。

魏书生就合理地排定座位说过这样一句话："人和人的组合是一门大学问，不要说万物之灵的人，就是简单的物体，再简单一些，构成物体的原子，其组合方式也是一门大学问。"排座位对学生来说是大事，座位是学生与学生乃至班主任和学生亲和力的象征，班级座位要科学，民主，合理。座位若巧妙搭配会产生潜移默化的激励和督促效果，有助于形成团结、和谐的班风；若分配不当，则容易导致拉帮结派、出现生生矛盾甚至师生矛盾。安排座位要注意优生与学困生的合理搭配，男女生的合理搭配，相邻座位同学外向、内向性格的互补搭配。

我在 6 班经过短暂时期的随机排座之后,需要调座位前,提前向同学们说明:"这次排座位是大家比较了解之后做调整,调座位目的是让班级更团结,同学之间相互学习、促进。平等合理、有利学习是我们的追求。调座位的原则是不影响他人,不影响自己,有利于学习,有利于团结。"然后我们民主决策调座位的具体方案:学习小组人员固定,前后左右为学习小组,成绩搭配,男女生比例均衡,四至六人为一组,小组内部座位可以自行调整。每周学习小组人员整体向左前方平移,也就是每周以组为单位变化一次位置,让每个同学都能在每个地方坐一周,如有视力等特殊需要只能照顾一周。

(三)高中班级文化建设的艺术

1. 关怀和引导

班级文化建设中要关怀学生的生命价值,促进学生积极、自主发展。比如通过创设情境,借助多媒体的直观性和活动的启迪性,引导学生认识沉迷手机的危害,体验摆脱手机诱惑之后的轻松,引导学生探究如何帮助自己摆脱手机的诱惑,砥砺学生自强、自律,并用竹笋"争分夺秒、日长一尺、节节向上"启发学生珍惜时间。

班主任要关注学生的成长,促进学生积极、自主发展。刘同学在国航体检之前,来办公室找我说:"老师,我视力检查肯定过不去了。"原来他本来视力极好,可是因为当天下午国航体检,此刻他却紧张到手脚冒汗,竟然看黑板都有些模糊了!安抚他情绪之后,我果断告诉他:"咱下面两节课请假,找个地方专门休息和放松眼睛,眼前最大的事情就是体检能正常发挥。"最终他顺利通过了国航体检。

考试焦虑的英子

英子平时很少和男生讲话，但她有一个特别要好的闺蜜，就是她的同桌晓晴。有一天，晓晴找到我说："老师，我不和坐英子一桌了！"我很吃惊，问她："为什么呀？你们俩不是最要好吗？"晓晴说："老师，您就别问了，我想给她保密。"我对她说："好吧，老师尊重你的选择。但是倒座位势必要征求同桌的意见，我还得和英子聊聊。"

我万万没有想到，英子开诚布公地主动和我说了一切。她说自己极度缺乏安全感，对晓晴过度依赖，让她产生了反感，但是她还想试一试能不能让她改变决定。"我再也不会频繁和她谈心了。"说这话的时候，英子的神情十分痛苦。青春期的孩子，人际关系处理不当，会极大地影响自己的学习和生活。我帮她出主意说："你可以写一封信和她倾诉，万一她还是不能理解，你尽力了，自己也没有遗憾了。"

我心里开始回忆英子平时的表现。她住校，周日下午应该准时返校上周日晚上的自习，但是好几次她都说肠胃不舒服，请假不回校，想要周一一早再来上学，每次家长都在电话里替她说明情况。还有一次高二下学期的考试，她考完英语之后，说什么也不进考场了。我在考场外与她聊了一个多小时，她说自己心里烦闷，妈妈也不理解，她因为心情差才不想与人接触，但妈妈总怀疑她是装病来达到自己周日不返校的目的。她说自己惧怕数学，不想考下一场了。我一面开导她不要把"闺蜜事件"放在心里，建议她可以推心置腹地和妈妈聊聊。一面引导她说："不过，老师想和你交流一下，你看咱们班里学习好的同学，请假多吗？""不多。""她们是没有不舒服过吗?"“不完全是。"我继续说:"对呀,同样的事情,不同意志品质的人反应不一样。妈妈可能主要是觉得你娇气,这样下去会耽误学习。无论什么问题咱都要勇敢面对,考试只不过是帮助我们找一下今后努力的方向,要不咱们还是回去考?"她说:"老师,一想到要考数学,我就头疼,我不进去了。"我说:"你能保证这是最后一次因为情绪问题缺考吗?"她说:"我能!"

时光荏苒,转眼到了高三第一学期期末,经历了高三的洗礼,特别是冬三月的拼搏,孩子们每天背书、学习到很晚,终于到了期末的七校联考,十二年寒窗终于到了第一次大检验的时刻,大家都摩拳擦掌,跃跃欲试。表面看来,英子也一切正常。但联考的第一天早上,监考老师却来到办公室告诉我说:"你们班英子还没进考场。"我立刻打电话询问,电话是英子妈妈接的,她十分急切地说:"老师,这孩子我也是没法儿管了,昨天说得好好的,今天早上说什么也不去考试。"我想和她聊聊,英子妈妈说:"英子根本不接电话,就是躺着,问什么也不说。"我说:"您给她按免提吧。"随后,我对英子说:"英子,咱们复习了那么久,不就是为了这次考试嘛?而且老师们也反映你最近有进步,你还经常问数学题,咱们别错过这次高考前大练兵的机会。"她说:"老师,我第二场再考吧,第一场实在不想去了。"我说:"最好别那样,因为少考一场,算总分的时候,无法衡量出你在年级的位置了。"就在这时,年级主任告诉她,年级不准缺考,如果缺考寒假期间一切辅导不许她参加,没想到她更强硬:"不参加就不参加!"

我决定去家访,了解到她晚上和网友聊天到很晚。家长批评她,她就说:"我就这样,你怎么着吧?谁让你生了我,我就这样!"孩子跟家长不讲理,撒泼耍赖。爸爸是母女之间的调剂,说不能逼孩子太狠。见状,我大致明白了,英子是比较缺乏安全感,急于在身边寻找情感依赖,当她的同桌对这种依赖不堪重负躲开时,引起了她巨大的心理波动,于是引发心情崩溃,无心学习,尤其不敢面对自己惧怕的学科。和网友聊天,是一个失去情感依赖后的"自我救赎"。情感的需求与高考的巨大压力叠加在一起,让她在临考前崩溃了。

了解了症结所在,我与她深谈了一次,尽力解开她的心结。英子度过了那段生命中的瓶颈期和灰暗时期之后,在高考中正常发挥,考进了理想的大学。

2. 信任和理解

胡适把"民主"看作一种个人的生活方式,即认为民主不只是一种形式或外在的东西,而且是一种内在的修养。这种内在的修养体现于日常生活和与人交往的过程中就是相信人的潜能;相信每个人不分种族、肤色、性别、家庭背景、经济水平,其天性中都蕴含着发展的无限可能性。我们班教室后面的玻璃板上,在开学初就温馨地贴上了任课教师的寄语。我在寄语中写道:"积方寸之跬步,酬鲲鹏之宏图。今天的你一定比昨天更好,伴你成长。"班级文化建设中,班主任更要相信学生的潜能,信任学生的向善、向美之心,经常换位思考,设身处地,要理解学生的内心。正如陶行知所说,教育孩子的全部秘密在于相信孩子和理解孩子。

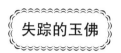

失踪的玉佛

学生是一粒粒种子,他们的健康成长需要悉心培育;学生是一个个孩子,他们的偶然错误需要巧妙包容。班主任要信任孩子,用自己的行动春风化雨般慢慢改变他们;要尊重那些犯了错的孩子,给他们一个重新来过的机会。我校"绿色生命教育"体现在班主任工作上就是"绿色情感德育"。"绿色情感德育"就是在教育过程中以人为本、尊重生命、呵护生命。对学生，偶尔去治愈，常常在帮助，总是在抚慰。

炎炎酷暑之中，高一年级师生在大柳滩基地开始了为期一周的军训。孩子们大多在家养尊处优惯了，一到军训基地就叫苦不迭。本着自己一贯的原则，我打算在学期初要尽快凝心聚力，于是如火如荼地开始了班级初建的一系列工作，寻找时机进行思想教育，又在烈日下全程陪同训练，甚至赶在教官前面指出不足。这些紧张的工作令我喉咙上火，又干又疼；再加上教师宿舍毗邻街道，深夜重型运输车带来的噪音让我失眠了，为了第二天还能精神抖擞地站在学生面前，我不知哪来的勇气，深夜自己到基地简陋的小小医务室，主动请求年迈的医生给我打消炎针。接下来的三天每天一针，可还是恢复得很慢。但可喜的是，学生走起队列整齐多了，我也在暗自庆幸之前工作的立竿见影，完全没料到一场巨大的风波正暗自涌来。

那晚天气异常闷热，我的喉咙疼得厉害，医务室里我吃的药没有了。于是，等学生晚上训练结束之后，我驱车回家拿药，顺便在家休息一晚。到家已经晚上十点多，拖着疲惫的身躯刚刚洗完澡，我就接到了年级组长从基地打来的电话：我们班的小云同学在宿舍里丢失了一条玉佛项链。年级组长提醒我说："要把事情妥善解决，但无论怎样都不能对宿舍同学搜身。"

我的疲惫困意被一扫而光，代之而来的是气愤：这个小云，来基地之前我特意三令五申强调过，不要带贵重物品，她可真不听话！我都病成这样儿了，还得处理这么个棘手的事儿。可是，现在生气着急，岂不是自乱阵脚？我得克制自己，一定要冷静下来，当务之急是先帮她找玉。慢慢地,我的思路清晰了:玉佛有可能被偷拿了,要先稳住小云,详细了解情况,争取迅速想出对策。

我立即给学生宿舍打电话,叫来小云。她正慌乱着,带着哭音说:"我找三遍了都没有!"我赶紧安抚她几句,然后仔细问她是什么时候发现丢的,怎样发现的。她急切地说:"中午我和朋友去卫生间前摘下项链,放在床上了,回来就找不到了!"我赶忙问:"在这期间有没有其他宿舍的同学进来过?"她说:"我不知道。"为了预估事情的严重程度,我问她玉佛大概多少钱,得到了令我惊讶的回答——五千多元!经验告诉我,有时候要解决问题和学生谈比和家长谈更容易。我就对她说:"小云,你看,大家刚刚到新班级来,我们班那么团结,谁也不愿意有这样的事情发生。退一万步说,真的是哪个同学偷了,我们去搜身是违法的,真叫来警察,即使找到了,今后你还怎么和舍友相处?怎么在一个班级里生活?所以我们做最坏的打算,找不回来的话就当买个教训,但是明天一早老师一定再想办法帮你找。"小云同意了,我心里有底了,将所有情况致电家长,家长也表示理解,我总算松了一口气。这时我想到一个细节,又给小云打了个电话,嘱咐她别再跟任何人说玉佛价值五千多元。一夜无法安眠,想好了对策:亡羊补牢吧,也只能一试。

第二天一大早我"飞车"赶回军训基地,没急着进宿舍,而是按照自己的计划,第一个把小云叫出来安慰她,她的眼睛红红的,里面有红血丝,神情很落寞,很沮丧:自己没听话,执意戴项链来,结果真丢了,兴许她懊悔得一夜未眠,但看到我那么早地赶回来,听到我的声音比昨晚更沙哑了,还要为这事儿忙碌,她的声音不如昨晚那么急切了,眼神里也带着不安。我又分别找了两个最可信的小云的舍友出来谈话,反复确定了小云昨天中午去卫生间期间没有其他宿舍的人进来过。

　　我心里有了判断：八成是小云宿舍某个"她"偷拿了。但我相信年轻的心灵都是向善的，她只是一时糊涂，给心灵一个改过的机会，很可能那个"她"也在苦苦等待被救赎。于是我走进宿舍，几个女生对我的清晨到来丝毫不感觉意外。我明显感到屋里的异常：没有了往日的轻松谈笑，大家都坐在自己床上，气氛很尴尬，很微妙。我赶紧若无其事地说："大家早啊！我都习惯早起了，回了次家，也睡不到自然醒。"大家都笑了，我仔细看看，确定了全宿舍的成员都在，于是我坐到小云床头，当着大家的面，对小云说："咱们都是能考到一中的佼佼者，每个人都品学兼优。我相信你的玉佛项链不可能是咱们同学拿的，咱们同学里绝对不会有这样的人！咱们班一开始就这么团结，谁会忍心故意伤害别人？再说了，谁会那么傻，如果拿的是别人的，自己也不敢在班里戴，把它拿给父母更会挨说。如果自己找地方去卖，渠道难找，而且本来才几百元的东西，卖不了多少钱，担惊受怕不值当的。准是你忘哪了，再耐心找找。你看你带的东西那么多，那么多瓶瓶罐罐，那么多大大小小零食袋子，你再耐心找找，也许过两天项链就不知从哪儿出现了。"小云看着我深邃的眼神，若有所思，终于默契地冲我点点头。

　　我因为这一番忙碌，嗓子又严重了，当天在基地又进了医务室，这回必须输液了，打吊瓶时，正好路过的小云隔窗看到我，她很不好意思地快步走了过去。接下来的两天，我每天一早就关切地问小云："找到了吗？妈妈又来过电话吗？和宿舍同学相处得还好吗？"但项链一直没找到，我心里有点沮丧。不过，每次聊天小云最后都会问一句："老师，您嗓子好点儿了吗？"而且，她的眼神里明显充满了真诚和愧疚。

　　军训结束了，学生们都被接回了家。傍晚，我突然意外接到了小云的电话，她的声音很兴奋："我的项链找到了，就在我书包的小兜里。昨天晚上我还找了，没有发现。刚刚一掏书包却发现了，准是在最后一个晚上有人给我放进去的！"

我听完会心一笑："找到就太好了！"挂了电话，我心里暗自高兴：那个"她"也悄悄改变了。教育不能让人性变好，却可以约束人性中的不好。尊重和包容一个即便已经犯错的孩子，就可以让那颗一时被蒙蔽的心灵，产生一种要回归纯净、回归诚信的渴望！想到这儿，我赶忙打电话跟小云商量，此事是不是别再和别人细说了，以后也别再追究了，小云若有所思地沉默了一下，然后说："对，老师，我们就让它过去吧。"我相信，经过这次，小云也学会了友善地对待他人。

此后，班级召开了两次主题班会，"如何看待金钱""学习'竹'的质朴之美"。奇妙的是，此后，班里再也没有发生过失窃案件。我没和小云强调过学校不允许戴饰品，可是，小云脖子上那条项链，从此，真的没再出现过了……

友情与"爱情"

一天，我正在忙碌着，既要整理班主任会的会议要点，还要修改下节课要用的 PPT。这时候女生小静进到办公室，直接找我哭诉，说自己压力太大了，想要退宿。我接手这个文科班三个月了，发现文科班男生少、女生多，女生心思敏感，有很多小的情绪不一定直接说出来。小静应该是压抑久了没能宣泄，突然爆发，才会如此暴风骤雨。

于是，我赶紧递去纸巾，让她坐到对面。我拉近自己的椅子，轻拍她的肩膀，眼睛注视着她说："小静，慢慢说。"她哭诉和自己宿舍的好朋友大吵了一架，自己已经没办法和她相处一室了。小静情绪激动,眼泪成串地掉落,肩膀抖动着,头发都被泪水润湿,有两根紧贴在脸庞上。我告诉她:"老师愿意慢慢听你说,你先冷静一下。"我又把纸巾递过去,两分钟后,擦干泪水的小静心情慢慢平复下来。我替她整理凌乱的发丝。"说吧,老师听着。"虽然我的心里为自己还未处理的工作着急,但面对学生的求助,我深知如果处理不好,会失去她的信任。然而我还是高估了自己解决问题的能力,也低估了女生之间的矛盾。

小静说自己的舍友雯雯同时和两个男生恋爱,一面和理科班一个男生交往,一面和我们班的男生磊举动暧昧,她看不过去,让她不要这样,雯雯答应了但是却不改。小静说她觉得雯雯特别伤害磊,因为磊也是她好朋友,现在他俩都把她当成情绪的"垃圾桶",有什么都和她说。她无法解决他们的矛盾,又左右不了自己的情绪,便不想和雯雯当好朋友了。但她总忍不住去想这些事,总受这些事干扰。我先劝慰了她,告诉她老师会努力帮忙。

我先找雯雯聊天。雯雯善解人意,情商很高,特别会说话,但平时为人处世比较情绪化。她说自己没有和任何人谈恋爱,请老师一定相信她。我和那位外班男生没有接触,而自己班的磊也否认他动了心。"恋爱事件"有待考证,但女生间的矛盾必须解决。于是,我决定"曲线救国"。征得了双方的同意之后,我在教室旁边的小屋子里安排两人见面。雯雯首先打破僵局,她说其实她很珍惜她和小静之间的友情,只是自己太任性了,有一点点的心事都想和好朋友分担,没想到给对方带来了负担。一边说着,雯雯愧疚地哭了起来。最后小静和雯雯四手紧握,相拥而泣。一时间我以为问题已经解决了,直到那一天……

这一天我刚刚听完课,几位老师正准备评课,我们班的学生飞奔来找我:"老师,赶紧回班,出事了!"我二话没说,快步回到班里,见小静正在教室里大声哭喊："我再也不理她了，气死我了！"小静的情绪非常激动，已经全然不顾周围同学的错愕的眼神。课间班里聚集的人越来越多，看到大家都来我班教室看热闹，我一时情急，大喝一声："想静，像什么样子，别喊了！"没想到她的情绪更加不能控制："您不了解情况，不应该批评我！"我一下子意识到可能还是和之前的事有关，作为班主任，此时一定要冷静。正在这时，年级主任也闻声过来，于是我们和小静一起回了办公室。原来，前一天晚上在宿舍里，雯雯又因为自己不高兴和小静大发脾气，今天课间在教室里还对小静爱答不理，扬长而去。小静越想越气，和同学说着原委就哭诉起来。她说雯雯还是一直和外班男生交往，根本没改。小静的情绪渐渐缓和下来。我一边自责自己不该情急之下不调查就干涉，一边柔声安慰她："老师一定妥善帮助你解决。"

于是我再找雯雯聊天，她还是不承认自己在和外班男生交往。于是我再审视这件事，应该是雯雯根本没有意识到自己的行为在其他同学看来就是恋爱。联想到平时雯雯开朗大方，活泼漂亮，和男生女生交往没有远近之分，都比较随性，举止上也没有和男生保持适度距离，难怪别人会误会。于是我心平气和地和雯雯畅谈了一次。我们去教师旁边的空房间，坐下来，我问她："你觉得这俩男生怎么样？"她说："都不怎么样，外班男生根本不学习，磊也只是和小静一样，是自己的好朋友。"我说："那就对了，为什么你自己本来没有其他想法，别人却把你想成了脚踏两只船？是不是自己的一些做法容易让人产生误解，再加上你清纯可爱，保不齐男生心里就会动心，以为你喜欢他呢？"雯雯若有所思……

我还有一个想法，就此展开对孩子们的青春期心理教育，我们在班会上讨论了什么样的男生和女生才是优秀的，男生和女生之间应该如何相处，女生要态度明确、落落大方。同学们懂得了男女生之间要亲密有间,完全可以有纯洁的友谊,互帮互助,但又要保持适度的距离。慢慢地,雯雯有了一些改变,小静也再没有找我哭诉过。

3. 尊重和宽容

民主教育的核心理念就是对学生的"尊重",尊重学生的尊严、情感、个性、思想、差异和创造力,欣赏学生的与众不同,尊重学生学习的主体性与发展的主动性。与此同时,培养学生对他人的尊重。

我们班曾有个特殊男孩小刚,他时常自言自语,情绪激动时大声喊叫,肢体动作失常,影响了别人不自知,还坚持用各种借口为自己辩护,因此时常和同学有矛盾。开学初我了解了他的情况,想帮他走出困境,我先告诉同学们,其实小刚不会与人交流,很孤独,但他非常热爱集体,我们应该包容、关爱他;然后我们召开"友善"班会,让同学们懂得了人要彼此依赖,互助互赢;最后在"家长讲堂"上,我把他父亲请到教室协助教育,这位内敛的父亲站到讲台下,真诚地说:"谢谢同学们,你们对小刚的理解就是对我莫大的支持。"那一瞬间,同学们都理解了这位父亲的无助和不易,更懂得了友善和包容。小刚的同桌成了"小刚妈妈",一遍遍不厌其烦地嘱咐他怎样做会更好。小刚进步了,班级更团结了,因为大家都知道:我们班,一个都不能少。今天的小刚已经成为一位自信满满的大学生了,他对我们曾经的班级心怀感激。

4. 平等和共进

好的师生关系一定是师生平等互助,合作共进。好的同学关系也是如此。

相爱相杀的兄弟

高三刚刚开学一周多。这一天,班长跑来和我说:"老师快去看看,刘峰(化名)和小军俩人在篮球场玩命儿追赶,都不肯罢休,就是不肯回来,我怕他俩受伤。"我急忙往外赶,高三的学生,万一出了安全问题,后患无穷。就在这时,俩人一前一后回班了。我把他们叫到一边,问:"你俩怎么了?"小军抢先说:"没事,我俩闹着玩儿了。"刘峰连说"没事儿"。就在这时,上课铃响起来了,高三学生的时间宝贵,不敢多耽搁,我嘱咐他们一定要注意分寸,不要追逐打闹,就让他们先回班了。

高三学习紧张,紧接着又是学校七十周年大型庆祝活动,我担任学校的主持人兼撰稿人,经常需要排练、赶稿子,一时忽略了对这件事的"追踪",但心里始终不放心。于是这天在百忙之中,我打开教室近一周的监控录像,想看看他俩还闹不闹。不看不知道,一看吓一跳!有个课间,刘峰手里拿着小喷壶追着小军满教室跑,一边又笑又喊,另一个抱头鼠窜,喷壶是班里每周消毒用的消毒液,这俩人用来当玩具了!同学们也都说笑地看着这场"闹剧"。

于是在一次活动课上,我叫他俩出来,他俩想到我要说什么,明显有所防范。我于是和他们随便聊天,聊一聊过去他们的相识,原来高二俩人就熟识,只是不在一个班。他们都喜欢打篮球,经常一起玩儿。我说:"你们大显身手的时候快到了,马上学校的篮球联赛就要开始了。"他俩兴致勃勃,我们还聊起班里哪几个同学可以一起上赛场。我趁机和他们讲了自己提前做的功课——篮球明星科比,告诉他们学习犹如打篮球,依靠的是勤学苦练,球场上的队友更应该是备战高考的战友。慢慢地,他们放松了警戒,刘峰

卷二一 探索篇

说:"老师,我们知道您为什么找我们。"我笑了:"为什么呀?""因为我们闹着玩,追逐打闹。""为什么不能追逐打闹?""影响同学们课间安静学习啊!"我笑意更深了,接着说:"其实你们很懂道理。两个人关系好,不能只是一起玩儿,要是能够一起考上好大学才厉害,成为彼此的益友、诤友,岂不更好?"他们频频点头。

后来,这相爱相杀的兄弟俩一到课间就各忙各的,偶尔在放学队伍里还会说笑几句,但"闹剧"再也没出现过。最让我高兴的是,两个人后来都考进了理想的大学。

5.以法和用情

以法治班,用制度规范人,可以培养学生的良好习惯。但是,单纯依靠冷冰冰的制度去约束,有时难以达到最佳效果,班主任还应该用情去感染学生,善于激发学生真挚的情谊,达到凝聚人心、建设班风的目的。

"青春不散场"主题班会设计

教育目标:

帮助学生总结高一的学习和生活,树立下一阶段的目标。

通过家长和老师的寄语,激励学生高中阶段要奋斗、拼搏。

活动背景:

学生对期中考试之后制定的目标和计划有所遗忘,学习上毅力不足,有所松懈。分班报名之后情绪有波动,有浮躁,需要重新为他们指明方向、树立信心。

活动形式:

背景乐、吉他弹唱、彩纸书写、视频观赏、教师寄语、家长寄语。

活动准备：

班歌、班徽、开学以来的照片、幻灯片、背景音乐、篮球明星的励志视频、家长寄语、教师寄语视频。

活动过程：

播放音乐 1——《雨中漫步》。

A：同学们，当我们踏进一中校园的那一刻，你一定回首过曾经的奋斗与辛苦，展望过未来的希望与征程。

B：当我们第一次与身边的朋友见面时，你一定在不安中怀揣着期待，在期待中满怀着欣喜。

A：不知不觉中，时光飞逝，转眼间，已近一年光景，相伴的日子总有快乐的心情。

B：不经意，夏天已悄然苏醒。时针圈圈旋转不停，有你的日子依旧天晴。

A：高中生活已近三分之一，你是否紧紧抓住了圆梦时机？

B：敬爱的老师们，亲爱的同学们。

A+B（合）：大家下午好！

A：下面我宣布，高一（8）班"青春不散场"主题班会——

A+B（合）：现在开始！

B：曾经听长辈说起，中学时期的友情是最真挚的，褪去了儿时的稚气，也未曾面对人生道路上的坎坷与艰辛，青春之花灿烂绽放的时候，与我们相伴的，总是阳光。

A：没错，八班的同学是时间给予我们彼此最棒的礼物，真挚的情意，沉淀出属于八班的青春年华。

播放音乐 2——《冬日回忆》。

B：时光的脚步声缥缈在耳边，你是否还记得，我们一路走来的模样？（幻灯片放映一系列照片）从相识的最初到如今，什么事情让你最难忘?

A:身为班长,感受大家的心情也是我工作的一部分,我的成长,是你们给予的。让我印象深刻的还有篮球赛,现在,就请一位队友说说他男篮赛后的感受。

播放音乐3——《秋日私语》。

B:今天的你,能否敞开心扉? 把你的开心,或是遗憾;感动,或是伤痛,写给你的同桌,或者写给你的挚友,写给陪伴了你一年的高一(8)班。拿起你手中的笔,伴着秋日私语的美妙旋律,在接下来的两分钟里写下你的心情,然后,我们想请几位同学和大家分享(写两分钟,分享发言五分钟以上,先请两三位同学说,再问谁愿意和大家分享)。

B:一路走来,我们始终相伴、彼此珍惜,但我想大家都很清楚,仅有一年的相处时光已经所剩无几。

A:不久之前,我们刚刚结束了文理分班的报名,就像一个小小的转折点,却让我们在彼此的青春之路上各自转弯,曾生活在八班的你我,就像背井离乡的游子,心未离,却渐行渐远。这一年,将永远成为回忆。在这个时刻,我特别想送给大家一首歌,下面由我和我的搭档,为大家带来吉他弹唱《一生有你》。

B:我们热爱在八班的青春岁月,不免认为,相聚就会无悔,然而,青春的真正定义是什么? 我们怎样做才能拥有一个无悔的青春? 下面,我们一起来看看短片《你究竟有多想成功》。

B:看过短片,你心中的火焰一定还来不及熄灭。现在就请两位喜欢打球的同学来谈谈自己有什么感触。

A:其实,通往梦想的路并不像想象得那么艰辛,但是,路途中不能过度沉迷于美丽的风景,青春的路上需要坚持、奋斗和拼搏。当我们疲惫或沮丧时,父母总能给予我们无穷的力量。母亲节的时候,你是否送上了一支康乃馨,是否说出了那句不好意思说出口的"妈妈,我爱你"? 平日里,你是否分担了父亲的劳累,深情地送上一句"爸,您辛苦了"? 时间告诉我们,成功的速度,一定要超过父母老去的速度。

播放音乐4——《妖尾钢琴主题曲》。

B:前些天的家长会上,家长们也留下了他们的心里话,下面就请几位同学代表来分享他们的亲情邮件。

A:成长的路上,少不了和我们朝夕相处的老师,让我们一起看看她们想对我们说些什么? (播放教师寄语视频)

B:老师的教诲会使我们终身受益,感谢亲爱的老师们!

播放音乐5——《一棵开花的树》。

A:青春如花,美好却短暂,为了不给青春留下遗憾,我们相聚的最后时光,你打算怎样度过? 现在,请同学们在彩纸上写下自己的计划。(写一分钟)

A:谁愿意和我们分享?

A:相信大家的计划已经深深地写在了心里,相信我们都能为无悔青春而奋斗。

B:敌不过时光匆匆,那就珍惜点点滴滴,等不完年华逝去,那就别再让失望继续。

A:梦想,是强者的彼岸。

B:青春,是奋斗的足音。

A:今后的日子,我们陪伴的脚步不能相随左右,但祝福的目光将永远与你同行。请记住,奋斗的青春,永不散场!

B:伴着青春阳光正好,让我们再次唱响属于八班的《倔强》。

播放音乐6——班歌伴奏(伴奏结尾处播放最后一张幻灯片)

班主任发言:

卷二 探索篇

227

《致青春》里有一句经典对白,"青春,就是用来怀念的",这句话有两重意思:一是青春是短暂的,回想这一年,我们第一次打开教室的门,争先恐后做卫生的情境恍如昨日;二是青春是美好的,就像我们之间的美好的相遇、真心的相伴和温暖的回忆,你们就像我的初恋一样,难以忘怀。

想想自己是多么幸运,能和你们一起度过这一年,看着你们变得越来越出色,每一方面都做得那么好。无论何时何地,都不假思索地答应我的各种安排,毫不犹豫地去完成我的各种任务,给了我许许多多的帮助和支持,你们每一个都是我最宝贵的青春礼物。

回想自己的青春年华,高中时每次走教学楼台阶,边下台阶边背英语单词,曾经在老师盯晚自习前把习题中的疑问一一标上序号,然后晚自习时把老师当作自己的点读机,哪里不会问哪里。大学时候曾经为准备计算机二级考试,连续二十天每天十多个小时在机房里练习,创下了二十天考下计算机二级的奇迹。曾经因为每学期期末成绩优异,拿到学院仅有的保送读研的资格。今天,我要送给亲爱的你们一句话:奋斗过,努力过,青春就能不留遗憾!

A+B(合):感谢老师真挚的话语,今天会令我们每个人难以忘怀。我宣布,高一(8)班主题班会,到此结束!

(四)高中班级文化建设的活动

文化是人类积累下来的一切知识和精神,一些狭隘的观点认为,文化只是课程和教材,实际上,真正的文化还要广泛丰富得多,一切活动都是文化,也就是文化建设。

班集体活动的组织开展是班集体建设的主要途径和方法。研究表明,当活动的社会价值意义转变为集体成员实际活动的动机时,活动对集体建设和个性发展的影响就能达到最大。这种活动因为学生参与和实践,具有较强的教育功能,能使学生在活动环境中不知不觉地完成自我认知和自主发展。

班级开展的活动,学生是主体。这些活动可以是主题班会、辩论演讲类活动;可以是文娱、体育、科技竞赛等活动;可以是远足、公益、环保等社会实践活动。这些活动力求内容创新,充满时代气息,形式新颖,手法多样,能给学生留下较深刻的记忆和印象,从而起到感染和教育的作用。

马卡连柯认为,要通过组织适合青年特点的活动,使学生的兴趣和特长得到充分施展,让学生看到自己存在的价值,由此找到自己在集体中的位置从而更愿意贡献力量。在日常德育工作中,培育班级文化,用班级文化培育和熏染学生,把每个学生都变成班级文化的化身,其必要途径就是通过各种活动。

在活动中要注重学生集体意识、集体荣誉感的培养,让学生学会友爱互助。"人无德不立",育人的根本在于立德。我们要在各种活动中真正做到以文化人、以德育人,不断提高学生思想水平、政治觉悟、道德品质、文化素养。教育学生有品德、公德、大德,爱党,爱国 。

参加的集体活动越多,同学们越能相互学习,相互促进。班主任要学会在活动中建设班级文化。日常值日、大扫除、排考场、班级校内校外公益劳动、成人礼、高考百日誓师、运动会班级展示、篮球比赛,都可与班级文化建设结合起来。赛后失利,则是"挫折教育"的契机,因为人生赛场上没有永远的赢家,只要全力以赴,不留遗憾就好;也可将体育精神与班级精神联系,建设"勇于挑战、愈战愈强、永不放弃"的班级精神文化。比如运动会没有获得精神文明班集体,班主任可以引领学生及时反思是什么原因,为什么不允许观众随意走动,为什么不能当"散兵游勇"。借此引导学生明白,细节决定成败,集体意识和纪律严明的团队精神很重要。

组织活动进行班级文化建设时,要注重"仪式感"的神奇妙用。成人礼上学生穿上成人服装,宣读宪法;百日誓师,全体同学一齐竭尽全力地呐喊。这些都在传递着某种班级文化。参观烈士陵园的社会实践活动中,在烈士纪念碑前,老师说几遍也做不好的男生,却在进入西青烈士陵园的那一刻,在烈士纪念碑前,不用人提醒,就做到了双肩打开,抬头挺胸,站姿笔直。这些都是"仪式感"在班级文化建设中的神奇妙用。

1. 在学校活动中建设班级文化

高三的百日誓师大会,我们全班同学提前撰写誓词,小组拿出自己的方案,商定的过程就是统一思想的过程。最终确定如下,领誓:"跨过 12 年荆棘,我用青春写下诗行;走过无数苦乐时光,让梦想张开翅膀。这一刻,一切过往,浓缩成百日时光;决胜百天,我们定将卧薪尝胆! 风雨兼程! 看我文科班。"同学们宣誓:"六十同窗同甘共苦拼搏,此时,十二春秋风雨兼程成败在今年,盛世英才,驰骋杏坛,拼心中抱负,龙阳俊彦,荟萃弘毅,试笔下功夫。海到无边天作岸,山登绝顶我为峰!"

运动会需要排练班级表演,最初因为羞涩,没有同学敢领舞。我鼓励她们:"你来吧,班级需要你,秀出你自己!"我们去综合楼舞蹈教室,对着镜子苦苦排练。谁都难以想象,最终在主席台前自信展现的两个女孩子,之前都非常腼腆,甚至总是喜欢用头发遮住脸庞。我鼓励学生多次主持年级成人礼、高考百日誓师等大型活动,她们在活动中锻炼了能力,获得了成长。此外,还有三位同学通过市级艺术特长生认定。

运动会篮球比赛后的挫折教育至关重要。篮球比赛我班以微小的比分差距不敌对手班级,比赛结束的哨声吹响,我班班长、运动员之一的周小艺飞奔到我面前说:"老师,对不起,我还说要带领咱们班拿男篮第一。"说着,这个高大男孩的眼泪已经汹涌而出,我的眼圈也红了,我轻拍他的肩头,劝慰他说:"快别这么说,这不算什么,你们打得精彩,这是一场壮烈的拼搏,是强者的对决。"回到班级,同学们个个垂头丧气,尤其是几个运动员,似乎觉得辜负了大家的厚望,把头低得很低。怎么办?在这种情绪中,下午的五节课怎么上?我灵机一动,走上讲台,对同学们大声说:"打球潇洒自如的肖同学你们还爱不爱?"孩子们齐刷刷抬起头,先是惊愕,然后异口同声地说:"爱!"我又说:"运球霸气十足、文韬武略的王同学你们还爱不爱?"回答我的是孩子们更大的声音:"爱!"我又问:"耿同学呢?刘同学呢?"孩子们的声音一浪高过一浪:"爱!我们都爱!永远都爱!"几个小运动员感动地、惊喜地抬起了头,目光变得坚毅,在大家的簇拥中他们紧紧相拥在一起。我动情地说:"你们每一个都令我骄傲,人生赛场上没有永远的赢家,只要我们的心连在一起,就没有什么能打败我们!"

是的,教育是爱的共鸣,是心与心的交响。2020 年秋季运动会前后,我校高一的一位班主任写下:"今天运动会是高一(8)班的高光时刻,无数个第一,拿奖拿到手软,好像带了个体育特长班,当我们报以期望、自以为是囊中取物的男子 4×100 米接力时失手,很多孩子伤心地哭,但是我想说的是,其实人生本就充满未知,胜败无常,将相无种。输得起,才能够快速从原地爬起;放得下,才能够腾出双手去赢取更多!后浪们,要学会输得起!"我们可以借运动会进行挫折教育,可以利用体育精神来建设班级精神,比如勇于挑战、愈战愈强、永不放弃的精神。

卷二 探索篇

"继往开来 团结奋进——2019年秋季运动会之后"班会

一、总结表彰

班旗设计制作人员、团体操人员、独唱人员、粘板人员，大家认真训练，及时到位。

运动员们顽强拼搏。

服务人员四人服务周到。

取得成绩：女子4×100米接力第三名，3人获得个人奖项。

请假人员：一人医生建议休息72小时，一人身体不舒服请假半天，一人复查请假一天。

二、畅谈交流

这是最后一次高中运动会，请大家用2分钟简单提炼，写下你的快乐、你的遗憾。写下班级收获或者感动班级人物、班级遗憾。小组畅谈3分钟，各组自愿发言，5组代表发言。引导学生大局意识和团队精神。

班主任：6、7班合演开幕式节目，演出比较成功，共13个班级8个班级获得精神文明班集体，却没有我们班，是什么原因？首先请大家在心里回答：这件事你真的在意吗？恐怕个别同学会犹豫或者答案是无所谓，那么这些同学在行为上是不是会不一样？

三、思考讨论：为什么不允许随意走动？为什么不能当散兵游勇？

大家肯定会觉得，自由价更高。我也这么认为，但得看场合。比如这如果是你和好朋友自己去看足球赛，在开场前买个饮料，四处转转看看关心的人和事，整个"自拍"，随时去卫生间，这都没人管。但咱们这是集体观赛，它就要有一个组织纪律性。很多事情从个人角度看是理由充分、无可厚非的，从整体全局上看就要忍一忍、等一等，尽最大努力不搞特殊化，不离群、不请假，自己离班了回来的脚步就要紧一紧。我最担心的是班级没有组织纪律性。如果一个班各玩儿各的，只关心自己的好朋友，那不是真正的"集体团结一心"。

曾经有一位英国科学家为了检测一下蚂蚁的力量，于是就把一盘点燃的蚊香放进一个蚁巢。开始，巢中的蚂蚁惊恐万状，约20秒钟后，许多蚂蚁见难而上，纷纷向火冲去，并喷射出蚁酸。可一只蚂蚁喷射的蚁酸量毕竟有限。因此，一些"勇士"葬身火海。但它们前仆后继，不到一分钟，终于将火扑灭。存活者立即将"战友"的尸体移送到附近的一块"墓地"，盖上一层薄土，以示安葬。一个月后，这位动物学家又把一支点燃的蜡烛放到原来的那个蚁巢进行观察。尽管这次"火灾"更大，但蚂蚁这次却有了经验，调兵遣将迅速，协同作战有条不紊。不到一分钟，烛火即被扑灭，而蚂蚁无一遇难。科学家认为，蚂蚁创造了灭火的奇迹。

蚂蚁面临灭顶之灾的非凡表现，尤其令人震惊。在野火烧起的时候，为了逃生，众多蚂蚁迅速聚拢，抱成一团，然后像滚雪球一样飞速滚动，逃离火海。那噼里啪啦的烧焦声，是最外层的蚂蚁用自己的躯体开拓求生之路时的呐喊，是奋不顾身、无怨无悔的呐喊。这就是蚂蚁团队的精神。

我们班同学彼此团结一心，不需要真牺牲谁，只需要做事时心里多装着我们的团队，有时可能需要为团队牺牲一点个人的自由。

四、我的大学——说出你的理想

五、我为人人，人人为我——班内职责一览

共同努力，挣回我们6班的荣誉！

团体优秀：所有同学六科总分相加除总人数 。

团体进步：本班均分与年级均分相减的差，与上次相比。

每一个人的自觉努力和奋力拼搏，才能换来我们想要的团结、优秀的班集体！

在杨柳青一中庆祝中华人民共和国成立七十周年大型活动中，高三(6)班以坚定的步伐、整齐的队列诠释东风文化。

在运动会上，我们以新颖的班级表演展现"东风班"的斗志昂扬。

2.在班级活动中建设班级文化

组织一个班级活动可按照活动设计、活动准备、开展活动过程和活动总结的顺序进行。班级活动的内容是多方面的，可分为德育活动、智育活动、体育活动、美育活动和劳动教育活动。班级活动的目标不可能是单一的，活动目标应具有综合性，这样才能有助于学生各方面能力的协调发展。班级活动的形式是多种多样的：讨论式、报告式、竞赛式、表演式、游戏式、参观式和课题式等。活动形式应与活动内容相结合，内容决定形式。

开展班级活动要讲究创造性，班级活动是班级文化建设的载体和必经之路。班级刚刚建成时，团队建设至关重要。高三(6)班的团队建设活动旨在让同学们在尽快相互熟悉，结成友谊，增添集体凝聚力。同学们随机成自愿结组，每组都在规定时间内准备一个节目，最后由全体同学共同投票选出最佳节目，在轻松和愉快的气氛中，很多同学展现了自己的才华。

班会是班级为解决学生思想、生活、学习存在的问题而组织的全体成员会议，通常可分为临时性班会、例行班会和主题班会。临时性班会因临时突发事件召开；例行班会解决班级常规工作中出现的问题；主题班会旨在提高学生的思想认识，老师成了编剧、导演，学生成了演员。其中的关键就是如何触动学生的思想和灵魂，如何引导他们讲真话,动真情。

　　高中班会参考选题有"理想的火炬""我心中的榜样""祖国在我心中""时代的重托",系列主题班会比如"谈美""找美""赞美""求美""美在祖国山河中"。总之,主题班会要成系列,有规划,用班会引导学生逐渐成长。班主任接手一个新班级之后,班会第一阶段的目标应该是增进班级凝聚力,比如在活动中增进了解,在生日会上让学生觉得每个人对班级都很重要。班会第二阶段应该是形成班级信仰的励志班会,主题像"做最好的自己""学习,你说我说""你究竟有多想成功"。第三阶段应该是自主班会,由班主任敲定系列主题,由学生自由报名,让他们获得历练和自信,旨在挖掘每个学生的潜能。相关主题有"班级讲坛""盘点年度热点新闻""文艺汇演""游遍大学"。

　　班级文化建设贯穿于每天教育教学活动的始终,班主任要擅长随时利用零散时间,展开班级文化建设或者将班级精神加以强化和渗透。利用晨会或线上班会也是一法。如果时间紧张,只有十五分钟左右,可以考虑"微班会"这一形式。因为可用时间很有限,就更需要提前充分准备,周密安排。班主任可以提前将准备好的幻灯片、音乐、要说的内容用"EV 录屏软件"录成合适时长的MP4 文件,在合适的时间直接给学生播放。这种形式比主题班会的参与性差一些,但优点在于灵活方便、短小精悍,特别适合节奏紧张的高三年级。

"我和我的祖国"主题班会设计

一、昨日中国

1. 勿忘国耻

几位同学分别介绍 1840 年鸦片战争、1937 年南京大屠杀、1931 至 1945 年十四年抗日战争。

班主任：大家都知道，我们中国人有一段屈辱的历史。今天，我们生活在和平的地方，但我们不能忘记落后就要挨打。古人云"生于忧患，死于安乐"。我们青少年只有将国耻铭记心中，才能担负起建设祖国的重任。

2. 四人诗朗诵《昨日中国》

二、今日中国

1. 播放《当代中国》视频

2. 展现当今世界中的中国

唤起共鸣的图片展——

图片一：电影《战狼》片末："无论我们今后身处何方，遭遇何种危险，都不要放弃，要记住，我们的身后有一个强大的祖国。"

图片二："一带一路"建设图片。

图片三："电子贸易战"相关图片，配以学生演说介绍。

三、我爱祖国

1. 介绍自己身边的当代生活与祖国发展

请学生介绍改革开放四十年以来感受到的最大变化，每人一句，至少十五人发言。

2. 请学生说出祖国的爱（个人征文上台宣讲，每组一位同学，每位同学一分钟）

四、如何爱国

勿忘红色精神，几位同学结合 PPT 宣讲：长征精神、西柏坡精神等。

班主任：作为一个有家国情怀的青年，请大家结合班级文化写下自己的当下计划。

同学们都写在五星形红纸上，最后所有红五星都张贴于教室。

讨论：在一中校园里如何爱国？

唱响团歌，团支书挥舞团旗。

五、挥旗合唱《我和我的祖国》

七位领唱每人独唱两句，然后全体合唱。

此外，我曾利用高三年级启动仪式的年级活动，让学生坚定了"乾坤未定，来年六月，你我皆是黑马"的信念。然后我坚持"以德育促智育"，落实一中"先修身，后治学"的校训，用跑操队列训练活动开启班级文化建设的新局面。我们在极短的时间里实现了高于军训水平、不可能出现的校园队列训练效果。队列不只是跑操，它让学生磨炼意志，让学生心有集体，让学生团队协作。学生对班级的认同感和师生之间超强的凝聚力促成极强的战斗力，我告诉学生，只要拼尽全力，每个人都可以挑战不可能！

3. 在综合性活动中高效进行文化建设

（1）高中劳动教育与班级文化建设

班主任可以借助主题班会、辩论会，来引导大多数同学在观念上达成一致，在高中劳动教育中进行班级文化建设。首先要进行思想引领：作为一个高中生，参加一些必要的劳动，是对班级、对社会应尽的义务，关系到是否成人成才。在班会上我告诉学生："一切坏事都是从不劳动开始。缺乏正确的劳动观念和良好的劳动习

卷二 探索篇

惯,是成人、成才的重大障碍。"没有付出,何来收获? 有了付出的辛苦和汗水,才有收获的甜蜜和喜悦。像值日这类无报酬的劳动,最能展现一个人的道德品质。我让学生明白:人类社会的存在和发展都离不开劳动,劳动创造了一切。我评选"班级劳动之星",用榜样的力量带动全体学生;还用朗诵、小品、讨论、签名等活动树立"劳动一日,可得一夜安眠;勤劳一生,可得幸福人生"的班级信仰。

相比知识的学习,实际生活能力的训练更是教育中不容忽视的根本。劳动教育可以培养学生的集体主义和爱国主义,培养学生勇于战胜困难的意志品质。学生在劳动中提升的解决问题的能力、养成的自律的习惯,以及形成的热爱生活的态度,这些将伴随他们的一生,成为他们获取幸福必备的最重要的品质。

(2)高中德育与班级文化建设

国家政策的大政方针即为"德育为先,育人为本"。育人,育什么? 我的理解是通过班级文化育班级精神,通过班级精神育学生品质。学校教育给予学生的不应该仅仅是知识,也应该帮助学生形成健康、美好的情感和奋发向上的人生态度,教会学生如何生活,如何做人。《普通高中课程方案》明确指出:"普通高中教育是在九年义务教育基础上进一步提高国民素质、面向大众的基础教育。"特别强调使学生"初步形成正确的世界观、人生观、价值观,继承中华民族的优秀传统,遵守国家法律和社会公德,维护社会正义,对自己的行为负责,具有社会责任感"。可见,智育固然重要,道德品质教育也不容忽视。

在培育班级精神时班主任要明确:如果学生一身正气,意志坚强,即使成绩暂时不如意,终会在学习上有所进步,并且能够在未来发展自我! 我校绿色生命教育的核心理念是健康和发展。学生思想健康,品德过硬,未来才能发展自我。所以,立德树人、思想教育才是班级文化建设的关键所在。

要在班会课上进行德育，渗透班级精神，班主任很多时候都需要"现身说法"，这样才容易触动学生，请参考我的新年祝词：

如果青春再来一次，我还会选择拼搏

我上高中时，认为考不上好的大学，以后就走不出来，就没有工作，就不能给父母争气。因此学习动力十足，恨不得一切闲事儿都与我无关。我高中时下楼都在背单词，追着老师问问题，晚自习只要看到老师就想自己还有什么问题可以问，有一丁点儿不明白的都不放过。每天自己复习什么都非常清楚，极少和同学聊天，只觉得耽误时间。同学们也都不用提醒，进班就忙活自己的事。我快速走路的习惯就是从那时形成的。学习成绩给我自信，因为我知道那代表不一样的未来。只有自己真想考好，才能主动去吃苦，主动琢磨透、理解透，然后再加上苦背，对习题刨根究底，才能考高分。

不下苦功夫，不会有进步，什么是苦功夫？比如咱们现在的语文知识清单就要熟练掌握，一篇文言文阅读，不论题做对多少，都要另外找时间认真通读，将每个句子彻底弄明白，对照译文去看哪个文言词翻译成了什么，不会的不厌其烦地去查字典、去问。只有这样认真思考之后，提出疑问，再解决疑问，之后才会有所进步。如果不认真做题，不认真思考，敷衍了事，课上还懒得寻根究底地想，懒得记笔记；文言语段有不理解的地方，根本不在意；课下不复习，老师反复讲过的地方不落实，那么很难得到提升。

十八岁的我，在小小的县城怀着大大的梦想，头悬梁，锥刺股，但一切付出在现在看来都值得！如果青春再来一次，我还会选择拼搏！2018 年,感谢相遇,最幸福的事就是看到同学们爱问问题了,进步了,成长了。

2019 年,最大的愿望,13 班高考成功!

高中班级文化建设是一门潜在的课程,它有着无形的教育力量。很多高中班级文化建设中的重要问题都需要班主任用脑、用心,但只要我们能做个有心人,共同来关注班级文化建设,班级文化一定能在学校教育中有效地发挥它的作用,真正做到"随风潜入夜,润物细无声"。

卷三·行动篇

什么样的班主任就会带出什么样的班级。一个班级能否"活"起来,首先要看班主任是否做好了引领,"活"起来了没有。班主任要塑造新的形象。为人师表为首位,班主任的德才学识、情感人格、言行举止等都会给学生留下深远的影响。

智慧育人

小杜老师带班记

　　　　　　　　天津市西青区实验小学　杜云鹏

培养班级小助手

　　　　　　　　天津市西青区蔡台中心小学　杨莹

"尚美"班级文化建设的思考与实践

　　　　　　　天津市西青区杨柳青第四中学　徐宏伟

杜云鹏,天津市西青区实验小学班主任、语文教师。

　　曾获西青区第六届优秀青年技术骨干,教育系统学科带头人,优秀中队辅导员等荣誉称号。并荣获全国首届"我的文化我的班"班主任演讲比赛特等奖,西青区第四届、第七届班主任论坛一等奖。入选天津市第十五届优秀青年班主任研修班成员,国培计划语文学科(2011)、法制教育(2015)骨干教师培训,2018年入选"西青区班主任培养提升工程"。所带班级曾获得天津市三好班集体、天津市雷锋中队。

带班理念

简简单单做教育,心无旁骛爱学生。

小杜老师带班记

杜云鹏

一、带班理念，简简单单就"挺好"

到 2022 年，我正式工作已经十一年，当了八年班主任。要说班主任和任课教师到底哪里不同，我觉得可能就是和学生相处的时间不同，任课教师除了所任教学科的课堂和辅导答疑之外，和孩子们并没有太多交集。而班主任除了任课教师的角色外，还要对孩子们进行各种教育、心理辅导和各项活动的组织开展。班主任有太多时间和孩子们相处在一起，也正因如此，孩子们和班主任的关系也比任课教师显得更亲近一些。

从当班主任开始，我就不断地思考如何"带好自己的班级"，也曾从古今教育大家的思想中不断学习领悟，也曾想有属于自己的"带班理念""带班原则""带班方法"，也曾幻想过自己能像很多教育大家一样带给孩子们丰富的见识、优秀的学识等，憧憬着把自己的班带得多么与众不同、出彩出色、引人注目……但随着担任班主任年限越来越长，经历的班级越来越多，我慢慢觉得自己的能力配不上这份"野心"，反而因为时间越长，越觉得自己需要努力和提升的地方更多。但"简简单单做教育，心无旁骛爱学生"却深深地扎

根于我的内心,这也是我带班育人最大的经验。

二、发掘优势,小小班主任需"刚力"

在教育教学这个并没有特殊性别要求的职业里,男教师和女教师的数量本应该平分秋色,旗鼓相当。但现实却是男女教师比例严重失衡,在九年义务教育当中,这样的现象尤其严重。据全国不完全统计,中小学男女教师的比例大约在 1∶4 到 1∶5 之间,个别严重地区或学校,男女教师比例甚至达到了 1∶10。在小学校园,男班主任更是凤毛麟角。笔者所在学校,37 个教学班中,男班主任仅有三位。

小学阶段是孩子们性格定型的关键时期,他们的成长需要两性的滋养,教师性别比例的严重失衡将会从多方面影响学生的发展,而班主任作为中小学生日常思想道德教育和学生管理工作的主要实施者、中小学生健康成长的引领者,作为每天陪学生时间最长的人,更是对孩子们的健康成长有着极其重要的影响。

作为一个班级的"领袖",具有丰富的理论底蕴和实践经验,发掘自身优势特点,在带班过程中带出特色、带出水平,是一名班主任必备的能力。作为男班主任,这一小学阶段的"稀有"群体,我们更应该充分认识并发掘自身存在的优势,将自己男教师的那份"刚力"带入自己的班级管理之中。

(一)男班主任有着不一样的人格魅力

人格魅力,主要是指一个人在性格、气质、能力、道德品质等方面具有的吸引人的力量。这样的魅力其实是不分男女性别的,但在小学校园这样一个特定的环境里,由于男班主任的稀缺,所以当孩子们遇到一名男班主任时,会首先感到新鲜,进而会很自然地和女老师或者女班主任做对比。而男班主任所具有的和女老师们不一样的问题处理方式、不一样的师生相处方式和男性身上"不拘小节"等特点,都会给孩子们带来耳目一新之感。男班主任如果能将这样的新鲜感利用好,并且延伸到"亲其师,信其道"的层面,那我们身上的不同于女教师的人格魅力就可以成为我们在小学阶段的独特优势。

(二)男班主任有着不一样的广博胸怀

常言道:一个人的胸怀决定你的世界有多大,也同时决定了你的前景与发展空间。相比女教师,男教师有着豁达、宽宏的胸襟,让他在工作时能更好地与他人沟通和交流,这更有利于学校教师队伍的建设与发展,也有利于学校教育教学质量的提升。当男教师成为班主任之后,这样的胸怀又能潜移默化地影响学生甚至家长。男班主任这份与生俱来的特质,更容易被学生理解和接受,也更容易得到家长的支持与配合,有助于更好地形成教育合力。

(三)男班主任有着不一样的开阔眼界

相比女孩子比较文静的特质,男孩子们大多数在学生时代有些叛逆,除了课本上的知识以外,会更多地接收一些课本外的知识。在学生时代,比成绩,大多数男生都不是女孩子的对手,而要比广博的知识面和开阔的眼界,他们大多数又比女孩子强势。男班主任固有的开阔眼界,势必会影响到班级中的孩子。男班主任一般都能对班级发展有自己长远的规划,面对追求功利性的基础教育,面对完全拿优秀率、升学率来衡量班级好坏的现实,他们都有着女老师较少具备的"无畏"。一个男班主任的开阔眼界,和学生终身成长、多元发展的育人目标更加契合,更容易带出眼界高远、视野宽阔的学生。

(四)男班主任有着不一样的使命担当

随着学校"不忘初心、牢记使命"主题教育的深入开展,男班主任身上体现的使命担当也不同于女老师。一般说来,男教师做事干练,遇事敢担当;讲原则、懂规则、敢说真话,执行力很强。因此,在作为班主任带班的过程中,坚持按原则办事,用这样的初心使命辅之男班主任粗中有细的独特魅力,更容易让班级规则落地、原则生根,对于班级管理以及今后学生的学习和工作都会带来举足轻重的影响。一个男班主任这种为人处世的方式对于学生的影响可能是整个学生时期,甚至一生。

(五)男班主任有着不一样的聪明智慧

作为基础教育中为数不多的男教师,他们有着和女老师们不一样的聪明智慧。虽然他们大多数人做事粗糙、班级管理粗放,为人也比较粗犷,这些一般人认为的弱点其实恰好是许多女老师不具备的"特质"。在"大事讲原则、小事且粗放"的班级管理中,正是这份"粗",让男班主任的管理更有智慧,让学生的胆略、胸襟、视野、做事方略、做人原则等都在这些不一样的"粗"中成长、成熟,最后成就一个自觉、自律、自省、自信的班级群体,真正让学习、生活、成长、成才等达到无为而治的境界。

当然,在实际的班主任工作中,我们往往面临着琐碎而繁杂的众多事务,小学生的天真可爱又往往和男老师给人们的固有印象不相匹配。以至于有的人认为更为细心、更有耐心的女性更加适合当小学班主任,包括很多男性也认为自己不能教小学,不能当班主任,甚至因此而远离了教师队伍。但是,作为男性班主任,如果我们能够虚心向有经验的女同事学习,又能够将男性的个性特点融入日常教育教学当中,也许,我们也能在小学带出不一样的班级,也能在小学闯出属于自己的天地,也能在小学和那些女老师、女班主任们比翼齐飞,和她们一起为我们的基础教育贡献自己的力量。

三、对症下药,望闻问切尽"心力"

望闻问切,对症下药,这明显就是医学语言,为什么被我用在了班主任工作上呢? 我一直认为,医生和教师从本质上来说并没有太大的区别。在我还是学生的时候,我就不是老师们眼中的"好孩子",我对很多事总有自己的看法,总是想批判一番。我这种从小就特立独行、固执己见的性格让老师们就像医生给病人治病那样,没少在我身上费心。不管是谈心还是批评,不管是教育还是命令,我都觉得他们是在针对我的行为给我"开药",他们一点点地影响我、教育我,让我的思想能够不断地成长、改变。

医生和教师具有相似性。患者的病情是一人一样,医生的处方也是一人一方,针对不同的学生,医生处理问题的方式也不一样,毫无方向的"头疼医头、脚痛医脚"无论在医学界还是教育界恐怕都站不住脚。一个方子治愈全体病人和一把钥匙能开所有的锁一样,都是悖论。但不管是医生还是教师,都要用心对待自己的患者或者学生,要耐心专业地解决他们的问题。

八年的班主任经历,让我明确地知道了班级管理的琐碎与繁杂,更明确了作为一名班主任,手里只有一把钥匙是远远不够的,班主任需要的是让自己拥有一把"万能钥匙",它能根据问题的变化进行方式方法的变化,而这把"万能钥匙",就是班主任自己努力下的学识、思想、能力等一切的结合体。

(一)教室太乱,不是事儿

作为一名小学班主任,最常见的就是孩子们的活泼好动、精力旺盛的状态,这对于小学教师而言简直就是家常便饭。以至于在小学待得久了,我们在外很容易被人认出身份。还记得工作几年后的某一天,我去教育局送材料,送完材料在楼道里遇到了一个熟识的朋友,和他简单聊了几句,没几秒,我就感觉我和这里的气氛格格不入,因为我的嗓门儿不自觉就升高了,与这里安静的办公氛围形成了鲜明的反差。正因为我们所处的环境是喧嚣的,我们每天都在和那些调皮的孩子们在一起,所以我们的音量会不自觉升高,我们的声音会不自觉增大,加之我们的一些常见动作,我们小学教师的身份很容易会被人认出。也不知道为什么,我们大部分小学老师总是千方百计地想让孩子们静下来,让孩子们不要再调皮,不要再乱说话,对他们而言,似乎让孩子们静下来是一件很重要的事,甚至于很多班级的班级文化建设中都有那十分熟悉的四个字——"净、静、敬、竞"。对这四个字,"净"和"敬"我觉得尚可,另外两个,尤其是"静",我确实不敢苟同。

当我们要求孩子们"静"下来时,其实就是我们内心的"管理"思维和控制欲在作祟。我们的很多班主任、很多教师都希望自己的学生是乖孩子,能够时刻遵守纪律,时刻努力学习,还要无条件地服从自己的管理,听从自己的教育。似乎只有这样的学生才会被认为是"好学生",哪怕他成绩可能一般,但是只要听话、只要安静,就是给老师省事,就是好学生。而那些有自己思想的充满活力的学生则往往被定性为"调皮捣蛋",即使他们每次成绩都不错,我们也会给他们扣上"问题学生""头疼学生"的标签,我们总认为是他们让自己的班级变得很乱,是他们让班级打上了"乱班""差班"的标签。

而我最想说的是,当我们面对那些所谓的"调皮捣蛋""把班搞乱"的学生时,首先应该转变的是自己的思维。我们应该发自内心地感谢这些有想法、有个性、敢于说话的孩子,因为一个正常的孩子,是需要有自己的思维和话语权的,他是需要有发泄和释放精力的渠道的。对于他们的调皮捣蛋,我们能不能用欣赏的眼光去看,能不能用孩子的眼光去看?毕竟咱们当学生的时候,可能比他们还要"调皮捣蛋",因为那时老师们还没有对学生有那么强的约束和管控。

我当班主任以来,做得最多的事就是和孩子们聊天、谈心,我喜欢他们围坐在我周围,在课间、午休等课余时间和我说话,只要我在班里,我们的课间、午休就是最欢乐的,可能在别人看来,我的班级是最"吵"的。我曾经无数次在班主任会上被隐晦地作为负面典型:"你们看某某班主任的班,人家班的孩子午休的时候,连趴着的脑袋朝向都是一致的,课间去卫生间都是自觉排成一队,根本就没有一个人说话。再反观有的班,班主任在那儿比不在还乱,孩子们说说笑笑、打打闹闹,甚至和班主任聊得不亦乐乎,这样的班级对比一目了然,好坏立现。"听到这些,我往往都是一笑了之,因为我一直觉得,教室的绝对安静,孩子们的整齐划一、沉默不语是扼杀了孩子们固有的天性。

其实,教室并不是不需要安静,而是不需要时时刻刻的安静,更不需要大事小情都是那样的整齐、那样的安静。近年来,在我接班的初期,我都会准备一个"分贝仪",用来监测孩子们课间音量,设定上限 100 分贝,超过这个数值仪器就会报警,发出"滴滴滴"的声音,他们最初总是会被警报声吓退,只要"滴滴"声响,他们马上就不说话了,几个礼拜下来,他们就很自觉地知道控制自己的音量,在不打扰别人的情况下表达想法,分贝仪近乎成了摆设,孩子们已经形成习惯了,觉得根本用不上分贝仪了。孩子们是可以做到的,在某些时候我的情绪上来,分贝仪报警了,他们还会劝我。最好的教育其实就是激发孩子们的自我管理能力。

安静的班级未必是优秀的班级,高压管控的管理方式还真不是什么优秀的管理方式。激发出学生们固有的本性,让他们能够自觉、自愿地思考自己的学习和生活,那样的孩子绝不是什么"乱孩子""差孩子",这样的班级更不是什么"乱班",而是能时刻做到"动静两相宜"的优秀班级。他们知道该活跃的时候活跃,该安静的时候安静,他们理解的了"静若处子、动若脱兔"的含义,他们也会知道无论是动还是静,都是在目标、在动力下的高度自律的奋发行为。

(二)散漫不端,以柔克刚

班级整体的氛围在课下不妨"乱"一点,但是在我们的教育教学中,班级里总会有一些行为散漫,甚至是行为不端的孩子,他们往往对学习提不起兴趣,在班里总是想干什么就干什么,缺乏自律,甚至还会在课堂上吃东西、做小动作、带头捣乱或和老师顶嘴,面对这样的孩子,我们一定不能听之任之,必须要在最短的时间里帮其纠正。

最初,我也会和孩子耐心说教,甚至是大发雷霆,以期通过耐心或镇压把问题解决。但慢慢地我会发现,单纯的说教或严厉的发火都只能起到短期的作用,对孩子长远的影响几乎为零,这些孩子依然会不断重复之前的问题,甚至随着年龄的增大问题越来重,我们的说教和脾气根本起不到什么作用。于是,我不断地思考对这些孩子的解决之道,慢慢地形成了一点自己解决问题的心得。

1.给予信任,树立目标

对于散漫、自律性缺失的孩子,我们首先要静下心来了解他们问题形成的根源,是家庭、学校,还是什么别的原因。而每一个孩子,他们都是愿意老师和家长看到他们好的一面的,如果我们经常批评,向家长告状,家长也和我们一样天天没有好言好语,就会让孩子感觉不到在校、在家的乐趣,他的行为反而会更加严重。孔子说过:"不能正其身,如正人何?"我们总是把问题往外推给家长,自己不去研究,不去寻找解决之道,这样是没办法给孩子树立解决问题的信心和榜样的。

面对这样的孩子,我觉得第一要义就是"信任",要让他们感觉到我们一直在关注他,一直在努力帮助他变好。我们可以告诉他,他的行为的严重性和不良后果,但我们也可以通过信任给孩子机会,让孩子感受到我们对他们的理解和保护,孩子对我们没有反感,我们的话他们才能听进去。

我班曾有一个小男孩,动不动就喜欢抬脚踹人。我接班之前,家长总因为这事被请到学校,但孩子的行为却似乎没什么改变。在他又一次踹人之后,我把他叫到了办公室,他也知道自己这样做不对,但当我问他打算怎么办时,他很平静地对我说:"请家长呗,回去我爸踹我一顿,以前都这么处理,我已经习惯了。"他的那种异常的平静让我吃惊,我问他:"你就那么愿意让你爸踹你吗?你爸踹你很轻吗?"这时他的表情有了变化:"轻?我身上总有伤,这儿青一块那儿紫一块的。谁愿意让他踹啊?""那你怎么还让我请家长呢?"我问他。他抬起头疑惑地看着我:"还有什么别的方法吗?""如果你能保证下次不踢人、踹人,这次我可以给你保密,不请家长。"我微笑着对他说。

他想了一小会儿,摇摇头低声说:"老师,算了吧,没用,您不告诉,我晚上从托管班下课,那些同学也会和我家长说的,结果是一样的。""我要是能让全班同学都不告诉你家长呢?"他瞪大眼睛看着我,问:"老师,你到底想干什么?"我不紧不慢地说:"我只是想让你答应我以后不再踹人了。""老师,这我恐怕做不到,我习惯了,我从小一犯错我爸就踹我,我也从小就踹别人,谁惹我,我就想踹他们,我有时也不想上脚,但是控制不了。"我自信满满地对他说:"我相信你可以改掉,一时半会儿改不掉没关系,慢慢来,老师相信你。以后当别人惹你或者你不高兴想踹人,你就来找我,我帮你分析,咱到底怎么做好,你控制住一次我就给你一张粘贴,凑齐八张,老师就给你买杯奶茶。但你要是骗我说一天控制了十次二十次的,把老师喝穷了,我可就没法帮你了啊。"

通过这次谈心,我给了他信任和鼓励,也针对他的行为提出了目标,尽管之后他又因为没控制住踹了别人几次,但他都能主动到我这承认错误,并且主动提出犯错一次减两个粘贴。孩子自己已经在努力控制自己的不良行为,至于奶茶,他只喝了一杯,因为他不愿意让我为他破费。他真正长大了,懂事了。

2. 找准契机,激发兴趣

不知道大家发现了没有,那些"不听话"的孩子往往具备一些自己的特长,或是其他学优生不具备的优势,我们结合他们的这些特点,找准契机,借此激发他们的兴趣来帮他们改掉缺点,这也是一个很好的方法。

之前我们班里有两个孩子,老师们总反映他们上课不听讲,总在书箱里鼓捣些什么。我通过学生们的反馈和几天的观察,发现他们那几天在用一次性筷子做东西,这些筷子就是他们在中午吃配餐时慢慢攒下的。他们还真鼓捣出了一些东西,什么弹弓啊,秋千啊,做得像模像样的。但做手工也不能在课堂上就不听课,我除了和他们谈心,让周边同学对他们及时提醒监督之外,等待着一个让他们彻底改变的契机。正巧,学校要开展一个班级"废物利用"的小制作比赛,我就决定让他们俩代表班级参赛,但要求就是必须要得第一名,他们俩想都没想就答应了。但同时,我也借机给他们再次明确了课堂学习的重要性,我告诉他们代表班级必须全力以赴,但肯定不能影响自己的学习,如果我再发现他们上课做手工,那就取消他们的参赛资格,派别的同学去了。他们很怕失去这次机会,就没在课堂上再做手工。我也会和其他同学在课下帮助他们出谋划策,并不断暗示他们学习和兴趣两不误。比赛展示结束,他们俩的作品真的获得了一等奖,课堂纪律和听讲效率也提高了不少。

3. 扬长避短,培养成就

面对散漫不端的孩子,我觉得最好的方法就是大家经常使用的"扬长避短,培养成就感"了。孩子们其实都差不多,他们都希望别人看到自己的长处,都希望被别人重视,当某些孩子在我们喜欢的方式上吸引不了我们的注意时,他们往往就会采用一些我们可能不太喜欢的方式来引起我们的注意,我们应放弃对他们的一些偏见,努力发现他们身上的闪光点并加以放大,让他们的长处在良好习惯和良好行为的加持下不断发扬。我们需时刻谨记,每个人都是愿意被鼓励、被赞扬的,没有人愿意活在天天被人数落、被人指责的环境里。

我们要发现孩子们身上的闪光点,结合班级岗位,给孩子一个散发光芒的机会,通过卫生、劳动、宣传、学习等工作,结合升旗手、领奖代表选派等机会,让他们感受到长处被发挥,付出被重视,孩子们在良好的行为和习惯上有了成就感,那些不好的行为自然就慢慢消失了。在班级管理有效性上,有时"柔"一点儿,真的比"刚"起来好用多了。

(三)理想信念,激发情怀

远大的理想,犹如人生路上的一盏明灯;坚定的信念,恰是追寻理想的不竭动力。"人民有信仰,国家有力量,民族有希望。"习近平总书记在全国教育大会上提出,教育必须把培养社会主义建设者和接班人作为根本任务,要做到"六个下功夫",其中第一个就是"在坚定理想信念上下功夫"。

小学阶段是孩子们成长发育、塑造品格的重要阶段,也是德育的启蒙阶段,我们要堂堂正正、光明正大且要创新有效地对学生开展理想信念教育,努力培养出合格的社会主义建设者和接班人。

1. 重视班会、队会、少先队活动课

理想信念教育离不开班队会和少先队活动课这两个平台。作为班主任,班队会是我们的专属课程,把更多的班队会时间留给理想信念渗透和教育我觉得是十分必要的。在班队会课上和孩子们聊聊祖国的历史和中国共产党的发展史,能够让孩子们了解中国的传统优秀文化,让孩子们充分认识到社会主义制度的优越性,进而树立从小学先锋、长大做先锋的意识。

少先队活动课更灵动,孩子们的主动性更强。我曾经设计过一节"魅力中国字,解读价值观"的少先队活动课,从准备到活动效果,孩子们发掘出了我们中国字的魅力,还能够结合自己搜集的资料解读社会主义核心价值观,起到了非常好的效果。这堂课也给我留下了很深的印象。

2. 实践调查,确立正确理想信念

理想信念教育仅仅依靠课堂是远远不够的,课堂上永远是理论大于实践,让理想信念落地生根就必须让孩子们亲自去实践,亲自去调查,这能够让孩子们将课堂上的所学所获和现实生活相结合,进而引导他们多分析思考、多概括总结,从而提高他们思维的深刻性和概括能力,为形成理想信念打下坚实的基础。

由于孩子们比较小,所以我们的实践调查多以学校周边为主,我和孩子们一起调查过杨柳青镇近几十年的发展变化,让他们问过家中长辈过去和现在的区别,还调查过杨柳青传统的年画、酥糖的相关历史,在学校校史馆建成后,也专门探索了学校百年的发展变迁史。我们还走进杨柳青民俗博物馆和"华北第一民宅——石家大院",也和部分同学多次参观天津博物馆、天津自然博物馆,不断跟他们一起亲历家乡的发展变化和人文风情,慢慢促成他们形成自己的理想目标,确立自己正确的理想信念。

3. 生活、学习中传播正确理想信念

随着时代的发展和科学技术的进步,我们现在能很清晰地感觉到学校和社会的差异,学校是一个理想的社会,孩子们在这里接受好的教育,培养好的习惯,但往往社会上的一些不良习气又会在校外对孩子们进行影响,尤其是网络时代,大家在网络上畅所欲言,却有一小部分人靠哗众取宠、搞怪卖惨等吸引流量,这些都会对青少年的理想信念产生不良的影响。

作为班主任教师,我们有责任和义务让孩子们能够把在学校接受的理想信念教育带出校园,去影响更多的人。学校积极倡导学生在校园、家庭、社会三种环境中都能做到传递正能量,通过开展多种形式的活动,让孩子们的理想信念落地开花。比如通过"学雷锋"活动,让孩子们感受到讲奉献、助他人的喜悦;通过"母亲节"

活动,让孩子们感受到尊敬长辈、关心老人的美好品德;通过军训活动让孩子磨炼意志,形成战胜困难的力量和勇气……并且能够将自己在学校的所得带回家庭,能够自觉主动地指出家人的一些不文明行为,主动做理想信念小卫士。

另外,由于孩子还小,我并不主张他们在很小的时候就指出社会上的一些不文明风气,我们可以不参与,不推荐,也可以默默地去做一些力所能及的正能量事情。我和我带的好几个班都讲过我自己的亲身经历。我还在上大学的时候,北京奥运会圣火传递经过南昌,我也非常兴奋地去看,但是之前我在新闻中看到了某些城市在圣火传递之后地面一片狼藉,也看到了有的群众自发捡拾被人们扔掉的"小国旗",我那时就告诉自己,如果我看到有国旗在地上,我一定会第一时间捡起来,绝对不让国旗被人们踩在脚下。在圣火传递过程中,我也确实是这么做的,我没有必要让所有扔掉或不小心挤掉国旗的人把国旗捡起来,但我能帮他们捡起来,让国旗不被人踩来踩去。我讲给孩子们听,给他们看这样的画面,孩子们听着这样的事情,内心也都会有自己的评判,做出自己正确的选择。其实,理想信念教育,就是从这些生活的小事做起,一点一滴慢慢帮孩子们建立的。这正是——理想信念要真正发挥作用,需要融入真实的生活;理想信念要达到坚如磐石,需要不断对日常生活和实践进行有价值的提升和有意义的淬炼,从而将其转化为精神陶冶的积极力量。

附:"魅力中国字,解读价值观"少先队活动课实录

活动主题	魅力中国字,解读价值观		
授课教师	杜云鹏	授课中队	五(1)中队
活动目标	1. 了解汉字的起源、特点、演变等汉字基本知识 2. 养成队员们对汉字的热爱和自觉书写规范字的意识 3. 激发队员们对祖国传统文化和社会主义核心价值观的认知		
教学重点	1. 了解汉字基本知识,从汉字的遣词造句中解读社会主义核心价值观 2. 激发队员对祖国汉字文化的探索兴趣		
教学难点	1. 活动中如何恰当、合理地分工协作 2. 前期资料搜集工作是否到位,准备是否充分		
活动形式	集体活动		
课前准备	1. 辅导员、队员搜集有关汉字知识的材料 2. 明确各队员任务,布置中队长任务		

(一)交流发言,牢记使命

中队长:同学们,每周一次的少先队活动课让我们受益匪浅,(口号对接)少先队——活力四射,活动课——创意飞扬。

中队长:队员们,你们准备好了吗? 辅导员老师,我们这节活动课可以开始了吗? 实验小学五年一班魅力雅韵中队活动课"魅力中国字,解读价值观"现在开始。

中队长:队员们,课前我们布置了搜集汉字资料的任务,你们完成了吗? 谁来和大家分享一下你的资料呢?

队员 A:汉字,亦称中文字、中国字、国字,是中国、日本、朝鲜半岛、东亚及东南亚部分地区广泛或曾使用的一种文字,属于表意文字的词素音节文字,是由汉族人所发明并改进的。

队员 B:我以为汉字只是我们中国的官方用字,但是在搜集资料时,我发现汉字居然还是新加坡的官方文字。

队员C:汉字的影响力非常巨大,对日本、朝鲜和越南的文字有很大的影响。

队员D:汉字其实也是经过了漫长演变的,经历了甲骨文、金文、小篆、隶书、楷书五个阶段。

队员E:我搜集到了几组数字。首先,汉字至今至少有7000多年的历史,是世界上唯一连续使用至今的文字。其次,汉字目前是全世界使用人数最多的文字,据统计,使用汉字和汉语的人数达到16亿以上。

队员F:汉字有很多优点,比如读法最动听、写法最优美、观看易辨认、意思很好懂且形象直观。

中队长:作为少先队员,我们要时刻提醒自己,做事认真、仔细,对待任务要努力完成。我能看出,队员们在搜集资料这个任务上是下了很大功夫的。因此,我决定,每组获得"搜集达人"奖章一枚。

(二)说文解字价值观

中队长:在活动前,辅导员老师给我出了一个主意,让我考考大家是不是能准确说出我们的社会主义核心价值观,谁来?

(随机叫起一名队员来完整背诵社会主义核心价值观。)

中队长:说得不错。我们这节活动课是关于汉字的,你们有人能从汉字的角度来解读一下我们的社会主义核心价值观吗?

队员A:这可难不倒我们,在社会主义核心价值观刚公布时,我就听说了对"和谐"的解释,"和"字由"禾"和"口"组成,"谐"是一个言字旁加一个皆,组合起来就是人人有饭吃、人人都能说话。这样的社会不就是和谐社会吗?

队员B:我也知道一些,我知道"爱"字的繁体字怎么写,爱字的繁体字中间还有一个心,杜老师以前告诉过我们,爱国就要用心去爱。

　　一名队员脱口而出：我不会写繁体的"爱"字，你能在黑板上给我们示范一下吗？

　　中队长：是啊，你可以来给大家写写吗？

　　队员B：你们别以为我不会写，我就让你们看看新世纪少先队员的汉字书写风采。（边说边在黑板上写下繁体的"爱"字，台下掌声雷动。）

　　队员C：我来说说"友善"吧。在这学期"遨游汉字王国"的学习中，我对古文产生了兴趣，正巧那天看到了"善"字。在古代，羊是很重要的动物，羊肉可吃、羊奶可喝、羊毛可穿，更重要的是羊羔在吃奶时是跪着的，讲究孝道。羊字下面还有言，说的意思，就是告诉我们对待他人言语要和善。

　　队员D：听了刚才同学的介绍，我突然对"富强"有了一点想法。你看"富"字，上面一个宝盖，下面是一口田，这不就是说，如果每个人有了一点够自己吃饱的田地就可以无忧，有田、能吃饱、能干大事，这不就自然富裕了？民富则国强。

　　队员E：杜老师和你沟通时恰巧被我听到了，我们小队今天给大家准备了一个核心价值观的快板表演，大家想欣赏一下吗？

　　甲：打竹板，站台前，我们几个走上台。

　　乙：打竹板，乐开怀，各位同学听我言。

　　丙：我是祖国新一代，胸怀理想意志坚。

　　丁：谈理想，说人生，人生需要航标灯。

　　甲：社会主义价值观，勾画未来美图景。

　　乙：二十四字要记牢，中国梦想刻于心。

　　丙：富强就是富又强，民主就是民做主。

　　丁：文明花开遍城乡，和谐社会幸福路。

261

甲：社会自由久奋争，人民权利谋平等。

乙：公正无私心比心，依法治国是精神。

丙：人人爱国我当先，爱岗敬业做贡献。

丁：诚信正派人格强，友善有爱平凡愿。

齐：社会是个大家庭，相亲相爱一家亲。

中队长：既然你们带来了快板表演，那我们也不能示弱，魅力四人组要高歌一曲，掌声欢迎我的三位搭档，我们为大家带来一首《中国字》。

辅导员：你们唱得不错，但是我更欣赏你们这首歌的歌词。我是第一次听到这首歌曲，但里面的"一笔写好字，一生做好人"给我很深的触动。我觉得，你们作为少先队员，一定要有这种朴素的思想，严格要求自己，哪怕是一笔一画。我们一定要做一名优秀的少先队员，做一个一生的好人。

中队长：辅导员的发言和大家的掌声也让我觉得选择这首歌曲选对了，可以看出来我们大家作为少先队员对自己的要求还是非常严格的，对于我们的国家也是有着深刻的感情的。下面我们一起来做一个游戏吧，这个游戏就叫作——汉字接龙价值观。

（三）汉字接龙价值观。

中队长：队员们，刚刚我们一起再次熟悉了社会主义核心价值观，这个游戏就和价值观有关。看大屏幕上的价值观，这12个词由24个字组成，我们的游戏就从这24个字出发，要求每名队员说一个具有积极意义的成语，里边要用上这其中的一个字。大家准备好了吗？

中队长运行大屏幕白板软件中的"随机抽取"功能，出现照片的同学要迅速说出成语，三秒内不能说出，要背诵核心价值观。

经过紧张的随机抽取，队员们说出了许多成语：富丽堂皇、富可敌国、学富五车、富国强兵、繁荣富强、国富民强、自强不息、发奋图强、博闻强识、坚强不屈、国计民生、为民除害、爱民如子、当家作主、先入为主、文质彬彬、温文尔雅、自知之明、正大光明、和气生财、和蔼可亲、和颜悦色、自由自在、毛遂自荐、由来已久、一马平川、天下太平、太平盛世、平心静气、愚公移山、奉公守法、大公无私、想方设法、励精图治、爱不释手、爱国如家、精忠报国、毕恭毕敬、肃然起敬、安居乐业、兢兢业业、诚心诚意、诚心实意、取信于民、信手拈来、岁寒三友、多多益善、尽善尽美、乐善好施……

中队长：队员们真是太出色了，居然说出了那么多有意义的、积极向上的词语。相信这个活动也让我们更深入地了解了社会主义核心价值观，同时也对我们的祖国更加充满信心，下面有请辅导员做本节课的小结。

(四)辅导员小结

辅导员：队员们，这节活动课我们从汉字的角度解读了社会主义核心价值观，选择了"一笔写好字，一生做好人"的歌曲《中国字》，从活动中，我们体会到了汉字独特的魅力，从汉字独特的魅力中也加深了对社会主义核心价值观的理解。

大家课前搜集了很丰富的资料，我们从这些资料中了解了祖国汉字悠久的历史，通过遣词造句让我看到了我们少先队员深厚的词语积累和对祖国美好的祝福。相信大家通过本次活动课对我们每天都接触的汉字有了更广泛的了解，对社会主义核心价值观有了更深入的认识。

(四)教育惩戒，随心所欲

提到"惩罚"，我想大多数老师们都是谈"罚"色变。2021年3月1日，《中小学教育惩戒规则(试行)》施行。其中对中小学教师在教育教学和管理过程中对学生的何种行为能实行怎样的教育惩戒方式有了明确的要求和指导,对我们合法有效地开展教育惩戒提供了保障。但是在实际的教育教学中,我们尽管手握了可以针对学生进行教育惩戒的"尚方宝剑",但我们的目的永远是让学生改掉错误、成长成才,永远不是为了学生犯错而进行惩戒,一个有温情的教师是不会为了惩戒而惩戒的,这就需要我们对惩戒的方式有合理化、温情化的变通。

青年教师往往都有自己的教育理想,在教育教学上也敢于创新,在很多事情上很可能想不到那么周全,往往出现一些意外情况。但是有的时候,"随心所欲"会带来让会带来让人意外的结果。

在教育部"惩戒规则"还没有出来前,我一直在不断地思考:如何能够通过一定的"惩戒方法"让孩子们能够认识并逐步改正自己的问题?最常用的方法是谈心、和家长沟通,甚至请教育处、德育处领导协助管理,我还曾经连着熬了三个晚上,弄出了我们班的"惩戒条例",把我能想到的孩子们错误的行为都列举在里面,并配之相应的惩戒措施。但实践中我发现,这些方法孩子们可以听进去,也会按照要求的惩戒措施去做,但是这并不能打动他们内心,也不能促使他们改掉自己的问题。

有一件小事,让我觉得"未知的惩戒"可能更能起到教育作用。一天,两个孩子在课间打逗,按照班里平时的惩戒方法,他们应该写"检查",把过程、认识和今后的保证都写进去,但那天我和他们沟通时,说了一句:"你们把'检查'拿给班级督查委员会先看看吧,问问他们如果是老师,会如何处理这件事。"我只是随口说了一句,但他们俩放学迟迟不离开教室,我问他们怎么了,他们俩小声地说:"老师,我们知道自己错了,我们再也不瞎打逗了,'检查'就别给督查们看了吧?"我这才想起我上午和他们说的这句话,但我很不理解,我说:"你们请家长都不怕,拿给同学看看害怕什么? 我也是想听听同学们的意见。"一个孩子说:"老师,我们真知道自己错了,别让他们看了,行吗?"到这时,我才知道,别看是小学生,别看是平时打打闹闹的所谓的皮小子,他们的形象,他们自己是很看重的。就这样,一件对于老师很平常的一件事,我却想了很多,我觉得无休止的谈心和冰冷的惩戒条例并不能真正打动孩子,一些未知的处罚方式或许能让孩子们时刻规范自己的言行,时刻维持自己的形象。

于是,我和孩子们把"惩戒条例"废止了,我会和孩子们一起对班里出现错误的孩子进行"惩戒",什么"唱一首歌""跳一段舞""设计班级展牌""为家人做顿饭并发朋友圈"等,这些都是我们班的惩戒方式,惩戒不对应行为,就是我和孩子们针对他们的问题随机想出的惩戒方式,就比如有的孩子对别人不尊重,那他必须回家给家人做点什么,可以是做饭洗衣,甚至是给家人端盆洗脚水。通过这样的方式让他们既认识到自己的错误,也进行了其他相应的教育,不仅让教育惩戒更有温度,还使得班级成员更加和谐。

(五)心理脆弱,反其道之

近年来,孩子们的心理问题越来越受到重视,学校开展的大大小小的心理讲座、心理专题班会数不胜数。确实,我们无论是从身边发生的事来看,还是从网上报道的新闻来看,现在有的学生心理问题是比较严重的。

我曾教过的一个小男孩,喜欢和别的孩子动手,他的爷爷因此不止一次来到学校,这个孩子每次都和爷爷保证下次不再打人,但每次都收效甚微。其中有一次,他居然在一位老师的课上打人,老师把他的爷爷叫来,想沟通一下,孩子爷爷来到学校后就要动手打孩子,我听闻此事,赶紧跑到教务处,耐心安抚孩子爷爷情绪。通过和孩子爷爷聊天才知道,之所以动手打孩子并不只是因为孩子屡教不改,而是孩子说了"再打人我就跳楼去死"这类话。

从这里可以看出,不管孩子这样的言论出于何种目的,至少可以证明孩子们的心理承受能力实在是太过脆弱,他们经不起一些挫折和问题。当有问题发生时,他们第一个想到的不是解决,而是逃避。也许孩子只是随口这样说说,但一直有这样的思维存在,老师和家长能视而不见吗?

那天,我和那位孩子的爷爷对孩子说了很多,我们没有刻意淡化生与死的概念,也让他感受到了成长的不易,甚至幻想了如果他真死了,他的家人会怎样,最后落脚到遇到点困难就想着跳楼,就想着死亡,这是多么不负责任的逃避思维,这可不是一个有责任、有担当的人应有的想法。这样的直面问题倒是比遮遮掩掩起到了更好的效果,孩子明白了生命的重要意义,更知道了不能拿生命开玩笑,拿生死吓唬人,也懂得了越是危险、越是艰难,就越应该迎难而上,越应该勇于面对。

生命的话题太大,在班里通常还有一些能够反映心理脆弱的小问题。还记得有一次,我把听写的小纸条发下去让孩子们改错,一个男孩子却在拿到听写纸条后突然哭了起来,因为我接班不久,很是莫名其妙,问他怎么了,他却还是在哭,对我的关心没有任何回应,只是手里拿着听写纸条。我又问:"是因为错得太多吗?"他点点头,我伸手推开了他拿着纸条的小手,看到上面我圈画的错字,微笑着对他说:"错了五个,没关系,再接再厉,老师相信你下次一定可以全对。"没想到我这句话刺激了他,他哭得更厉害了。

这时,同学们开始劝我,说他之前也这样,有点小事就哭。课下我找他聊天,问他为什么因为听写就哭起来没完。他回答我说:

"我觉得自己干什么都不行,错那么多,自己太没用了。"说着,眼泪又在眼眶里打转。他的话让我很触动,我也看了孩子之前的成绩,其实他在班里成绩还是不错的,这次出错的生字个数在全班同学中还真不算多,但他小小年纪会因为听写几个词语就觉得自己没用,这让我感觉到这个孩子的心思很重,可我越劝他,他哭得越厉害。我转变了思路,对他说:"其实你在咱班还是不错的啊,你怎么总觉得自己没用呢?既然这样,咱俩打个赌吧,明天的听写咱班里所有同学都会错十个以上,而且我默写的内容肯定都是课本里的,绝不超纲,咱看看他们是不是也像你一样认为自己没用。"他瞪着眼睛看着我,眼里满是怀疑,说:"不可能,咱班有的人还是很强的,教材里的内容他们不可能错那么多。"我说:"好,那我在班里今天就布置下这份复习作业,明天我默写第一单元词语,所有人公平竞争,看谁分高。"而且我还告诉大家,他们明天一定会错至少十个字。我和孩子们说完,他们全都不相信,认为那点词语都学烂了,怎么可能错十个以上?到了第二天,我开始默写,孩子们发现许多的词都拿不准或不会写。大家都说我默的不是书里的,不是第一单元的。收上纸条,我把我默写的词语一一在书上给他们找出来,其实这是我的"小心机",这次默写,我有意避开了生字表、词语表,不仅默了课文里的难写易错词,还默了很多"资料袋"和课后题中的词语,孩子们看得少、练得少,这一次突然袭击,自然就超出了他们的能力范畴。而昨天那个大哭的孩子,错误最少。我和同学们都祝贺他,这么难的一次听写他居然错得最少,但他似乎也没有太开心,毕竟他一直认为自己不行,哪怕得了第一,他仍然会关注自己错了那么多字,始终只盯着自己那点缺点和错误。之后,我和他约定每天互考五个词,什么词都可以,看看谁更强。他在前一两周每次都输给我,而我每次都说:"你看看,年龄优势还是有用的吧?

我都不用准备什么,就可以轻松赢你。"但他这次好像被我激发了动力,接连几天,给我默写的词语都相当难,我也会偶尔输给他,直到有一天,他找来了过年贴的吊钱里结合在一起的"招财进宝",而这个字,他能笔画无误地写出来,完胜我,我也在这几周逐渐看到了他的笑容。通过这几周的反向刺激,他整个人变得自信多了。

其实,孩子的成长过程本就不应该一帆风顺,太过顺利反而会让孩子不知道什么是困难、什么是挫折,一旦"暴风雨"来临,这颗温室里的"玻璃心"就会碎一地。父母和老师们竭尽全力想要铺好孩子成长的道路,这份心可以理解,只是当孩子习惯了衣来伸手、饭来张口的日子,面对复杂的社会和未知的学校生活时就会不堪一击,即使看上去是平坦的康庄大道,走起来都像荆棘密布的丛林。在面对心理脆弱的孩子时,我们不应再遮遮掩掩,不应再回避畏惧,而应直面问题的存在,让他们切实感受到生活的不易、学习的辛苦和生命的可贵,反其道而行之,也未尝不是一种方法。

(六)男女交往,当个问题

在小学阶段,女孩子的心智发育普遍比男孩子早,班级里无论是学习成绩还是管理能力,或者是行为习惯,往往呈现出"女强男弱"的局面。作为一名男班主任,我可能比女教师更宠女孩子,也正是因为这些因素,我班的班干部大部分都是女孩子,而女孩子们仗着有老师"撑腰",在平时一般都显得比较"凶悍",不仅将男生指挥得"团团转",而且有时因为男生调皮,还会向他们"花拳绣腿"几下,有些男生认为"好男不跟女斗",也不跟女孩计较,嘻嘻哈哈不当回事;有些则是敢怒不敢言,默默忍受。而到了高年级,随着孩子们懵懂的感情出现,男女生之间就开始有了明显的分别,而他们普遍呈现出了身体比心理成熟的情况。女孩子一如既往地听话,而男孩子开始有点所谓的"社会化",当女孩子已经略懂人事,男生还懵懂无知,但他们心里又隐隐地想接近女生,于是,他们之间就会有各种吸引对方注意的"小花招",比如传纸条、送零食,甚至是男生成心气女生,通过气得女生发怒来引起注意。而在中高年级的男女生交往中,我们老师绝不能听之任之或者假装不见,而是应该确确实实把这个当作问题,让孩子们能够在正确的引导下度过这样的阶段。

1. 摆上台面,拒认"早恋"

到了小学五六年级,当我听到孩子们之间流传"谁喜欢谁"之类的话题时,我都会把这些问题摆上班级的台面,会通过班会等形式和孩子们探讨这些问题,但只谈问题不谈人。这样的问题我觉得没有必要回避,毕竟孩子们接触的信息可能比我们还多,一味地藏着掖着不是处理问题之道。在我的意识里,我从来不认为小学五六年级的孩子会"早恋",我也会把我的观点在班会中和孩子们分享,明确地给孩子们的这种感觉定义为"好感",毕竟"爱美之心人皆有之",美包含的东西太多了,任何一个打动你内心的"美"都可能是好感的源头,如果你对任何人、事都无感,那可能才是大问题。拿上台面说,才能让孩子们私下的传播之风渐失,也保护了那些发育较早的孩子们的自尊心,也方便他们正常看待自己的身体和心理变化。

2. 分别突破,制定原则

不藏着掖着是班级对待男女交往的第一个原则,我分别召开男女生的座谈会,和他们一起找到属于自己性别的特点,让男女生结合自己的特点找到自己的位置,男生不能因为自己的性别优势就欺负女生,女生不能因为自己的成绩优势就贬低男生。同样的,大家也不能有什么过于亲密的接触,要在正常的接触中共同为班

卷三　行动篇

级出力。我们还共同制定了班级的交往原则：不搞小团体、异性不独行、行为要礼貌、交往要得体。这其实就是我给他们异性交往所提出的三个方面的要求。第一，男女生的交往对象一定要是多元的，不能只跟固定的几个人，我在座位安排上也是如此，男女生都是混坐的，女生前后左右一般都是男生，男生前后左右一般都是女生，任何人都不能搞小团体，大家在一起就要互帮互助，全班团结。第二，就是男女生在交往地点上要公开，不能私密，也不能仅仅二人同行，这既是对双方的保护，也是对他们的约束，更是让他们通过广泛地交往避免产生一些闭塞的交往问题。第三，交往的语言和动作要礼貌得体，男女生之间都不能有什么轻佻的言行，要时刻符合交往的正常尺度，不宜有超越同学之间的亲密言行。

拒绝早恋意识，明确交往原则，这对于中高年级的男女生交往非常必要，能让孩子们安全、健康、愉快地度过这一时期。

（七）偶像崇拜，谈天说地

近几年，在我带班的过程中，男女生之间的矛盾日益多元，其中，有一些矛盾居然是因为"追星"而引起的。通过观察和了解，我发现班级里"追星族"不少，且有这样几个特点：

第一，追星一族绝大部分都是女孩子。第二，追星的对象绝大部分都是流量明星。第三，孩子们对网络上的一些追星行为了解颇多。

女孩的生理特点决定了要比男孩子早熟一些，这一现象在小学高段尤其明显，而且现在对于明星的包装手段多样，孩子们在上网过程中或多或少会受其影响。只是我没想到的是，这居然会对孩子们影响那么大，什么"打榜""应援"，他们说起来头头是道。

作为班主任，理应对孩子们进行切实的引导和教育。但对于这种与课堂教学和学校教育距离有点远的偶像崇拜,我们在选择教育方法时一定要慎重。我觉得在面对偶像崇拜这类问题时,从尊重孩子的角度出发,进行无痕的引导要比正式的说教有用得多。我们一定要放弃班级大事小情都要开班会的思维,有些事情孩子们可能真的不愿意上纲上线、上会讨论,尊重他们,在毫无压力的聊天中把问题解决,不失为一种良策。对于偶像崇拜引发的问题,我的方式就是——聊天,大家一起利用课余时间"谈天说地聊偶像"。

1. 旁敲侧击,零敲碎打

既然是聊天,那就是一个长期的工程,要是一个课间、一个场景就能结束,那就和班会没什么分别了。这种孩子们不太愿意摆上台面的事情,最适合旁敲侧击、零敲碎打了。这时,我崇拜的偶像就要上场了,毕竟找到一个共同的话题才能更好地进行深入交流。我一般都会借听歌放松的时间放几首歌曲,然后和他们聊聊我自己喜欢的歌和歌手的理由,顺带也会问问他们喜欢的明星。在这些没有顾忌的聊天中,我会触及很多问题,针对发现的问题我再适时适当引导,实现沟通教育。

2. 树立榜样,良性引导

班主任在班级管理中认真倾听孩子们的想法,对我们解决问题很重要。

通过一些渠道,我了解到一名班干部一直喜欢一名男歌手,便找了个机会和她聊起了这个话题。我前期也做了功课,了解了网络上对这名歌手的不同评价。我问她:"网上很多人说这位歌手不太好,有这样那样的一些负面评价,你怎么还那么喜欢他呢?"她的回答让我惊讶,她对我说:"他的那些负面消息也不知道真假,我也不去关注,我可不是那些'饭圈女孩',我喜欢他,是因为他能做到他的每首歌都不收钱,可以免费下载,就冲这一点,我觉得这个歌手就值得我崇拜。"她的话也触动了我,我一直认为孩子们追星很浅显,但他们能从中关注到明星正能量的一面,这样的偶像崇拜又有什么错呢? 后来,我还特意让她和我在同学们面前把这段私下的谈话变成了全班同学在场的一个问答,她这种不参与负面新闻的争辩和关注明星正能量的思想和行为,对孩子们追星会有很好的正面效应。

3. 放低身段,引发思考

许多班主任很难在学生面前承认自己不如学生。科技的飞速发展,让老师和学生之间的代沟越来越大,老师稍一落后,可能就要和时代脱轨,这也要求我们在某些事上真得向孩子们请教。

在处理追星的事情上,我事先做了大量的工作,弥补了我在这方面的知识欠缺,但我依然会装作知之甚少的样子来请教孩子们,什么是"铁粉"、什么是"应援"、什么是"热搜"等我都会请教他们,他们也很乐意为我这个"什么都不懂"的班主任普及知识。而在他们帮我普及这些知识的时候,我就会提出我的一些看法,我不会直接否定他们的思想,而是会提出一些思考,比如"我们应该追什么样的明星啊?""追星的圈子中,你觉得某些行为妥当吗?"通过这些小问题引起孩子们的思考。当然这需要我们一直保持耐心,不要急于将问题瞬时解决,孩子们的理解需要时间,给他们充分自我调节的过程,他们一定能找到正确的追星方式。

人生需要偶像,孩子更需要偶像,偶像使人的生活变得充实、丰富,生活的目的更加明确! 慎重选择值得追的星,以他为榜样和偶像,在给大家的生活增添色彩的同时,"超过他,也成为明星"的念头会激发出孩子们更多的潜能!

我们通过聊天这一方式,无痕地让孩子们正确认识追星现象,正确引导他们的追星,让我们的孩子都能在偶像的光环下努力奋进,积极进取,争取未来都能成为建设国家的栋梁之材和耀眼之星。

(八)电子产品,参与其中

时代的发展造就了科技的进步,手机、平板电脑在少年儿童中已经非常普及,甚至一块电话手表都具有聊天、拍照、收付款的功能,这些电子产品对孩子们的吸引力非同一般。由于常年在小学中高段教学,我知道孩子们的电子产品使用率、占有率更是逐年升高。但家长们又怕孩子用不好它,担心孩子用手机聊天或者约同学打游戏。中国社会科学院大学青少年工作系的一项调查研究发现,我国有 18% 的青少年每天玩电子网络游戏 4~5 小时,42% 的青少年有上网的强烈想法和冲动,41% 的青少年尽管知道上网有害也难以停止使用电脑或手机,43% 的青少年因上网放弃过兴趣、娱乐或者社会活动,41% 的青少年为了掩盖上网的程度而向家人和朋友说过谎,43% 的青少年由于上网和父母或者老师发生过冲突。

针对这些问题,我和大多数老师的观点是一致的,电子产品已经深入社会的各个领域,电子产品或者是网络游戏并不是"魔鬼",把它们"妖魔化"的背后是我们家长和老师对这些领域的偏见,使得我们对孩子的这些心理需求视而不见。一味地指责和禁止,造成了很多家长和孩子以及师生之间的关系紧张。如何利用好电子产品带来的便利,解决好它对孩子们的负面影响?我觉得我们还是应该参与其中,有效引导。

1.设身处地了解孩子依赖电子产品的原因

除了孩子们正常的需求之外,孩子们过于依赖电子产品的原因大概有以下几个方面:

（1）好奇心驱使。小学中高学段孩子的年龄阶段决定了他们对任何事物都有强烈的好奇心，一旦他们发现某种新事物，他们的第一想法就是要亲自动手去试一试，加之某些同学的推荐或介绍，他们很容易被带入进去，网络游戏也是如此。

（2）生活中有不如意或自身学习成绩不好，在家庭或班级中找不到成就感，也没有太多的同学、家人可以倾诉，于是转移注意力，在网络世界中找到所谓的"自我"，以此去寻找成就感。这就是心理学角度上的"补偿机制"，孩子们的心理需求在现实中没有得到满足，可以在网络上得到较好的满足以补偿现实的缺失。心理需求现实缺失越多，则网络满足优势越大，从而导致青少年网络成瘾日趋严重。

（3）网络空间自身的优势。孩子们在网上聊天时，可以畅所欲言，没有家长和老师的"监督"，他们可以很轻松愉悦地聊着自己喜欢的话题。另外，现在的网络游戏取材广泛，题材新颖，画面唯美、逼真，能够给孩子们带来前所未有的视觉、听觉等震撼效果。

2. 放下身段参与其中做出示范引导

在小学阶段，由于家长的参与度和老师们的约束较大，孩子们真正沉迷网络的还不多，我们除了对个别严重沉迷网络的孩子需要重点关注之外，对于大多数孩子，我们要做的就是规范、指导他们的上网行为。

在我的班级中，到了五六年级，我首先就会整合他们的那些"微信群"，我会和孩子们沟通之后确立一个班级群，我也会和他们一起制定"群规"，约定他们的上网时长。很多时候我也会和他们在网上聊天，在群里或私下充当他们的倾诉者和引路人。关于一些网络游戏，我还是更多地给孩子们以指导，通过老师、家长和同学三方的协作，通过班会和开展"网络游戏利与弊"的辩论让某些孩子明白虚幻世界的升级打怪只是偶尔放松的方式之一,成绩的提升、眼界的开阔就像打怪升级一样,甚至比打怪升级更有成就感,把打怪升级的时间放到学习上,也可以取得更满意的成绩。

3.家校联手,让孩子的课余生活丰富多彩

其实,我们抱怨孩子们天天抱着平板电脑、手机玩来玩去,却很少反思,如果孩子们有别的事情做,他们也不愿意成天对着屏幕。

在电子产品这一问题上,我们必须要联合家长,多和家长沟通,让家长在家中以身作则,多给孩子创造一些活动的机会。家长必须明白,要想让孩子远离电子产品,你就必须要先跟孩子玩起来。

此外,我们也要在布置任务时,尽量少留需要电子产品辅助才能完成的作业,可以在课余时间布置师生同读一本书,共同调查研究某个课题,甚至可以一起锻炼身体,使用多种途径打造多样活动,让孩子们能够静下心来多读书,迈开步伐走出去。

(九)扬长避短,人尽皆优

一转眼,我在小学的教育教学已经十一年了,从最开始的郁闷,到现在每天享受着和孩子们在一起的时光,正是因为这十一年置身其中,我越来越发现,教小学生并不是没有成就感,并不会因为知识的简单,工作就会了然无趣,你永远不会知道这些调皮幼稚又可爱单纯的小朋友会给你制造怎样的"惊喜"。而我们,在他们的眼里,就像是"神"一样的存在,他们觉得我们似乎无所不能,对我们的话也大多是全盘接受,这是在中学、大学很难出现的情况。也正因为我们在他们心中有如此重要的地位,在平时的教育教学之中,我们更应该做到公正平等地对待每一个孩子,不能只用学习

卷二 行动篇

成绩好坏或者是否调皮捣蛋这样的尺子去衡量学生。我们要坚信,每个孩子的未来都有很多种可能性。我们现在需要做的,就是发现他们每个人身上的长处,并给予最大可能的施展平台,对孩子身上的薄弱点尽可能及时和正确弥补。在班级中,我通过"展优"和"轮换"两个做法帮助孩子们成长。

1. 发现特长,创造条件

作为教师,我们往往被教学任务和教育习惯束缚着,很难发现每个孩子所蕴含的独特的能力、潜在的力量和才干,而恰恰这些东西才是孩子们未来能够取得成就的重要前提条件,是他们能够创造性地进行劳动的基础。我们要在和孩子们的相处中,发现他们每个人身上最独特的魅力,让他们得到最充分、最理想的施展。

还记得学校最开始开展班级文化建设时,在每个教室的外墙弄了一块板子,上面主要有班级简介、文明之星、作品展示等板块,其中"文明之星"板块是要每月评选并粘贴孩子照片的地方,因为板块较小,间距也不大,孩子们的照片必须经过裁剪才能贴上,别的班级都是把孩子们交上来的照片剪成圆形、星形、心形之类的,我觉得孩子们的照片也都是他们宝贵的回忆,把照片剪掉似乎不太好,就想着让班级爱好绘画的同学把全班同学的头像手绘出来。我知道班里有个小女孩画画非常好,于是叫起来那个小女孩说:"小叶子,你画的漫画老师看过,水平很高,给同学们画个小画像应该不成问题吧?"小叶子站起来看着我,没有说话,只是摇了摇头。我又说:"怎么?咱们的漫画大师这点自信都没有啊?"她这时开口了:"杜老师,我其实挺想给同学们画头像的,但是我怕画不好给班级丢人,也怕把同学们画丑了他们会不高兴。"我借此把问题抛给同学们:"你们会觉得叶子画得不好吗?你们会认为叶子会让咱班丢人吗?"他们异口同声地回答:"不会。"我接着对叶子说:"没事,我们都相信你,你也不用压力太大,只要咱的手绘画像贴出去,咱就是全校最靓丽的班级展牌,一个五年级的小朋友,画成什么样子我们都开心。"

同学们都很支持,还有两三个同学说会辅助叶子。一周后,叶子把她作品拿到我面前,我惊呆了。五颜六色的纸张上,不只每个孩子的特点很明确,每个孩子的画像旁边还有姓名。叶子说:"同学们的名字是骄阳班长和牛牛、畅畅帮着写的,我的字不好,怕给班级丢人。有两张名字写得不好,我们拿修正带修改了一下,发现更难看了。如果杜老师觉得不好,我可以重画。"听着她的话,我很感动,没想到孩子会那么看重这件事,我只问了叶子一个问题,"咱班有哪位同学觉得你把他画得不好吗?"叶子告诉我:"没有,同学们都很喜欢。"当这些画像贴在展板上后,不仅是我们班,别的班的孩子路过都会驻足,他们也会找找这是他们认识的谁,真的成了班级展牌里亮丽的风景线。通过这事,内向的叶子比以前开朗了很多,课上走神画画的情况越来越少,成绩也进步了。

其实,每个孩子都有自己的特长,我们只需要发现孩子们这些隐藏的"技能",赋予他们展示的平台和施展的空间,他们一定会让我们惊艳。

2. 轮换机制,全面发展

根据每个孩子的特长和优势给予相应的施展平台和机会,让孩子们感觉到自己在班级中的存在感,让他们对自己感到自豪,同时,我们也要重视每个孩子其他能力的培养。

很多班主任都认可并实践班级事务"人人有事做,事事有人做",并且能够做到岗位到人,班里的大事小情都有人做、有人管,还有的老师给这些岗位取了很好听的名字,赋予了很多的象征意义。我也这样做,设置了"黑板美容师""绿植护理员"等。每个学生在班级中都有一个岗位,在这些岗位的锻炼下,学生不仅提高了能力,而且在为班级、同学服务的过程中,深刻地感受到自己在班级中的存在价值,班级也能够在孩子们的全员参与中始终保持良性的运转。

在我的班级中,班干部是要轮换的,除了主抓全面工作的班长和班主任助理外,其余班干部都要定期竞选和改换,连任班干部均不得连续竞选同一岗位,其他同学的班级志愿服务岗无须竞选,但要周期轮换,一般为十周轮换一次。通过轮换制度,孩子们能够体验不同岗位,既认识到了每一个岗位需要承担的不同责任,也锻炼了他们的各项能力,还学会了体谅别人。除此之外,我们还会从服务质量、服务态度、服务效率等多方面进行岗位评价,一学期从事相同岗位的同学还会互相交流,并对下次即将担任这一岗位的同学提出自己的建议。这样的轮换和相互促进,孩子们在互相理解中获得了各项能力的提高。

(十)学长学姐,最佳资源

无论我们多么年轻,无论我们想以什么样的角色和孩子们相处,不可否认的是,我们永远和这些小学生有一定的年龄差距,完全靠我们自己的言行示范是可以起到一定的效果,但由于代沟,我总是觉得在某些方面差点火候,在某一天,我新接班的两个孩子和我分享的事情让我找到了这把欠缺的"火"究竟是什么。

有一天,小怡很高兴地找我聊天,说她在 QQ 上加了我的一个学生,这个孩子称呼我为"乾爸",我一下子就知道她说的这个孩子是我的"助理",名叫畅畅,因为这个称呼是她最后一次来学校取录取通知书时叫出来的,我永远都不会忘的。小怡问我:"你知道那个姐姐是谁吗?"我说:"这还用说,我的助理啊。"她很高兴地看着我:"姐姐也是这样和我说的,说您肯定这样说。"我惊诧得不行,原来相处了三年的孩子已经对我如此了解。小怡接着问:"那她为什么叫您'乾爸'啊?"我告诉她:"我和每个班的孩子关系都很好啊,她说我这三年就像爸爸一样关心他们、照顾他们,就当我是他上辈子的爸爸吧,上辈子就是以前,那就叫'前爸'吧,我告诉她以前的'前'不太好,咱换成'乾坤'的'乾'吧。就这样,她就叫我'乾爸'了。"小怡看我说得美滋滋的,应该也感受到了我的自豪。晚上,她发给了我两张截图,是她和畅畅的一些聊天记录,其中有对小怡的激励,还有两句是关于我的,一句是"班里的事尽量不要让乾爸操心",另一句是"乾爸脾气直,对就是对,错就是错,这样又有何不好呢? 这几年来,乾爸一直对学生就像对自己的孩子一样,对我更是偏爱有加"。说实话,当我看着这两张聊天截图里边的话语时,我的眼泪流了下来,他们毕业前抱着我哭的时候我都控制着没有流下眼泪,而这两句话让我感觉到了身为教师的幸福。正因为这件事,班里的孩子形成了一股加学长学姐 QQ 的热潮,想方设法地和我之前班的孩子成为好友,我现在班的班长加到了我上一个班的班长 QQ,也给我发了截图,我的上一任班长对他们说:"杜舅舅(因为有同事的孩子叫我杜舅舅,班里的孩子有的也会私下这么叫我)天天也很累的,他嗓子不好,别总让他喊,有时候可以在他桌上放一盒金嗓子,让他心暖暖,别辜负杜舅舅,多为他着想,我不在他身边,没法提醒他了。"尤其是那句"我不在他身边,没法提醒我了",我真的是太感动了。看着孩子们说的感人肺腑的话,我真的感到自己多累多辛苦都值得。

通过这件事,我也感受到,孩子们之间的交流有时比老师说多少都有效、都直接、都更容易接受。

四、课外延伸，寓教于乐展"活力"

八年多的班主任工作，我自知自己没有形成什么高深的"带班理念"或"带班方法"，甚至连一些绝招、秘诀都没有，这些年的班主任经历，我只是做了比较多的"活动设计"，我把这些独属于班主任的时间用在了各种活动的开展上，而这些活动的开展，孩子们能从中感受到乐趣、感受到情感、感受到希冀，感受到集体的温暖，我觉得这就是我所陪伴他们这几年的意义。

（一）小小惊喜，威力不凡

身为班主任，不能每时每刻都是一副居高临下的发号施令的样子，我们要时刻想学生之所想，解学生之所需。和孩子们之间时不时地制造一些小浪漫、小惊喜，有时能取得事半功倍的效果。

1. 开学"见面礼"

从我当班主任的第一天起，我就会给这些即将见面的新班级的孩子们准备见面礼，迄今为止的四个班级都是如此。当孩子们结束暑假，兴高采烈地返回校园，坐在久违的教室中，发现书箱里有小礼物的时候，诧异和惊喜会同时而至。在前几年当班主任的时候，那时还不流行所谓的"家长群"，孩子们在返校前并不知道更换了班主任，在他们返回校园后，看到一个陌生的身影出现在眼前，肯定会有一丝不安甚至失落，毕竟在小学阶段，男班主任太少了，对于小学生来说，我们可能在他们的潜意识里还是有些"可怕"的，通过这样的小礼物，他们的不安会消散许多，紧张的心理也会有所缓和，也就会更容易接纳我这个还算年轻的男班主任。随着"家长群"的逐渐兴起，在学校人事安排之后，我一般就会被之前的班主任拉进群,被介绍给家长,家长们心里已经知晓并可能已经告诉了孩子们。那这时,孩子们怀着期待也好,不舍也好,或者是惧怕、紧张也好,他们带着各种不同的情绪走进班级,看到这样的小礼物也会使我们的初见面少一些尴尬,多一些惊喜。

而这份见面礼,几个班级都是一样的配置,一本书和一个本子。书籍一般是《小学生必背古诗词》或者是年级语文学科的推荐课外读物,本子就是一个 B5 大小的日记本(作文本),这也是我们语文学科中"读"和"写"的代表,每次新接班的第一番话都由这份"小礼物"切入主题,孩子们很开心并乐于接受我对他们提出的新要求和新目标。

2. 随时"小惊喜"

对于班主任来讲,任何时候都不能缺少对孩子们的"爱",尽管这个字经常出现在班主任的讲稿中,但我觉得这就是班主任词典中最重要的字,什么时候都不过时。我们在平时的教育教学中,要随时掌握班级成员的思想动向,及时通过一些"小惊喜"给予他们鼓励或者是提醒,这样的间接引导有时比我们直言不讳、单刀直入可能更有效。

我是一个愿意让孩子们动起来的"班主任",当他们表现优异获得班级荣誉时,我都会提前和学校打好招呼,允许孩子们在某一时段去操场上活动一下,一起踢踢球、跑跑步、做做游戏。冬天出现雪天时,我也经常会在学校允许的情况下带孩子们观察雪,甚至打雪仗,这些随时的小惊喜,会提升孩子们的乐趣感,对于课堂教学很有帮助。

另外,在带"魅力"班时,我在孩子们的生日时,往往会亲笔写下一张卡片,对孩子奉上班主任的祝福,通过这样的小惊喜拉近了师生的距离。后来考虑到有的孩子生日在假期,我便定好生日蛋糕,举办"班级生日会",大家一起为这些孩子庆祝生日。看着孩子们自己分蛋糕,快乐地吃蛋糕,真的是开心。

最后,我也会在一些中国传统节日中给孩子们准备一些小礼品,可能是相关节日的书签,也可能是一支笔、一本书、一个本子。我也会在孩子们累了、热了时给他们准备一点儿水果、一份冰激凌……总之,惊喜时刻都在。

3. 偶尔"满足欲"

"亲其师,信其道"是我一直铭记于心的教育名言,作为班主任,我就是孩子们最亲近的人,是他们可以依靠的人,更是他们的倾诉者和支持者。孩子们虽小,但也有思想,也有选择和表达的权利,我们也应该给孩子们一些表达和提要求的机会,尽可能地满足他们的这份欲望或者说愿望,也是我们教育教学中很重要的一环。

记得在很多次的培训中,我总能听到班主任对孩子们的一些奖励方式是"和老师拍照""和老师共进午餐"等,这些所谓的"拍照"和"用餐"很明显把师生置于不平等的地位,对这样的"奖励"我是不认可的。我手机里大部分照片都是我和学生们的照片,这是我们的一项课间活动,谁都可以和老师合照,我还会把照片发给家长。

满足孩子们的要求,我们肯定要有点激励成提出一些目标,但我们不能把所有事都变成这样,我们有责任让孩子们稍微轻松一点,不用事事都靠努力换取,有时不用换取,也许孩子们的努力回报更大,因为我坚信,情感的认可远远大于命令的约束。

我给孩子们制造惊喜,孩子们也不断给我惊喜,他们的小零食都愿意和我分享,我的桌上也经常有他们写给我的温馨话语,孩子们之间也会互相准备一些小礼物、小惊喜。"惊喜"体现着"用心",这种"用心"形成的师生间的良性互动,会让班级更温馨、更融洽。

(二)短暂课间,也是生活

课间是指两节课之间的间隔时间,是学校为学生安排的休息时间,是供学生休闲、娱乐的时间。但现在的大课间是全校同学一起做广播操,小课间只有休息一会儿的时间。在调查中,关于学校课间纪律的规定中,最常见的三个是不准在室内大声说话或谈笑、不准出教学楼、不准在室外高声说话和嬉戏打闹。我们都知道,现在社会的大环境确实对学生安全提出了很高的要求,毕竟那么多孩子课间活动,确实会存在很多意想不到的情况或者是隐患的发生。大环境的问题,还需要社会、学校、家长共同解决,面对这样的情况,我觉得作为班主任,要利用好短暂的十分钟或十五分钟小课间,让孩子们能够真正地放松、休息,以更为饱满的热情和充足的精力迎接下面的课程。

由于"安静的课间十分钟"愈演愈烈,现在很多孩子课间也不喜欢动了,在老师不占用、不拖堂的情况下,很多孩子喜欢坐在位置上看看书,写写作业,除了必要的去厕所、打水之外,几乎很少离开座位。我的班级中,我会要求孩子们做到劳逸结合,鼓励孩子们课间放下书本,离开座位,让紧张了一节课的神经放松一下,让束缚了一节课的四肢舒展一下,让劳累了一节课的双眼休息一下。在这一原则下,我班的小课间有以下四种主要形式——动、唱、对、接。

1. 舒筋活血,"动"出健康身体

现在的孩子们运动少,这是我们大家的共识,因此,在课间里,我第一个思考的就是怎么让孩子们动起来。我从一些公众号、宣传新闻中看到了好多优秀教师们在课间里和孩子们一起做"座位操""手指操""室内操"等的视频,我没有这样的创作天赋,但能从

卷三 行动篇

各位名师大家或年轻教师中借鉴好的经验,让孩子们自己挑选喜爱的"室内操"样式,少数服从多数,大家在下午的小课间中可以跟着视频一起学、一起做,我也会和他们一起动起来,通过"室内操"让疲惫了一上午的孩子们放松下来。

另外,也可以利用班里同学的特长,比如,我的班里曾经有个孩子学过武术,有个孩子和爸爸在家经常做"八段锦",我就会让他们在课间里教班里的学生做一些动作,大家在学习和运动中,让班级小课间真正"动"起来,"热"起来。

2. 愉悦身心,"唱"出班级风采

音乐是人情感的表现,与音乐相伴的人生会更加精彩,开心快乐时有音乐助兴,心情低落时有琴声治愈,课间休息时也可以有音乐相伴。不论小课间是 10 分钟还是 15 分钟,我们可以利用教室里的多媒体设备,给孩子们播放一两首歌曲,孩子们跟着音乐一起唱歌。再借助"班集合唱""文艺展演"等活动的推动,孩子们会乐意展示自己,通过课间的零散"唱"、分散"唱"来助推各种形式的表演"唱",这对展现班级风采有很大的帮助。

形式上肯定要首选班歌,多选励志的、红色经典等歌曲。但我经常也让孩子们自己点歌,给他们选择做主的机会。借由歌曲对孩子们所喜欢的事物有所了解,可以弥补我们之间的代沟,遇到一些我不太认可的歌曲,我也会和他们进行沟通,有时甚至也会开展一些辩论,我们各自发表各自的理解和认识,这也是通过歌曲开拓的另一种教学相长的形式。

3. 棋类游戏,"对"出一片天地

小学生总有用不完的劲,好像永远都不会累一样,一成不变的形式也会让他们厌烦,让他们三三两两地聚在一起玩玩棋也是很不错的选择。在这些棋类对弈中,他们既释放了天性,又切磋了技艺,还获得了休息,这种既有趣又益智的棋类游戏,也是特别适合在教室里开展的,能够避免很多潜在的安全风险。

我在班级书架中特意留出一块地方,放置孩子们自己带来的棋和我给孩子们购置的棋,有中国象棋、五子棋、跳棋、飞行棋等。现在孩子们会得很多,也曾有孩子带国际象棋的。课间孩子们对桌而坐,周边往往还会围着几个同学,选手谁输了谁就要自动下去换别人上场。通过棋类对弈,加深了孩子们之间的了解,不管输赢,大家都是开心的。有时我也会参与其中,和他们对弈几盘,只要开心快乐,谁会管输赢呢。

棋类游戏看似是让孩子们坐在了椅子上,但此时他们的头脑是运转的,心情是愉快的,大脑得到了运动,身体也得到了放松,下节课的精神一定是饱满的。

4.学业兼顾,"接"出美好未来

当然,我们的课间也不能完全放弃学习,毕竟孩子们在学校还是要学习和巩固知识的,把课间完全和知识相分隔,也是说不过去的。因为我是语文老师,很喜欢利用课间的时间和孩子们玩"接龙"。

接龙的形式可不仅仅局限于"成语接龙",我会和孩子们根据年级和知识掌握的不同,开展"词语接龙""成语接龙""古诗词接龙"等多种形式的接龙游戏,还有"接龙故事",也就是前面一位同学说几个字或几个词语,后面的同学要用自己的能力把这些字或词串成一个小故事。别小看孩子们的能力,我们班的很多孩子现在看见某课生字词都能把它们串起来形成一个小故事,尽管可能并不是那么恰当,但他们串词成故事的能力还是很值得赞赏的。

（三）走出教室，玩到一块

作为班主任，随着带的班级越来越多，我常常思考一个问题：孩子们究竟喜欢怎样的班主任呢？就我的理解，我觉得孩子们喜欢既有知识又有趣味的老师。

我和孩子们平时的聊天谈话次数很多，说教的意味着实也不少，但我还是可以很自信地说孩子们喜欢听我聊天，喜欢听我说教，甚至是喜欢听我的唠叨。这其中最大的原因可能就是我会把说教也变成一件幽默的事儿，我会把这些所谓的大道理转变成孩子们乐于接受且喜欢听的语言方式，我的班级也因此总是充满欢声笑语，这是全校人尽皆知的事情："小杜老师的班级每天都乐乐呵呵的，好像杜老师每天都有讲不完的笑话一样。"我自己闺女上小学后，放学回家经常和我的爱人说："爸爸班里的孩子天天都特高兴，我也想去爸爸班里上课。"我们学校德育主任的孩子曾经对他说，以后就想成为像杜老师一样的人。主任和我说的时候，我感觉挺惭愧，其实也没做什么，但受到孩子们如此的推崇和喜爱确实让我受宠若惊，这也再次说明了我们老师对孩子们的影响力不可估量。

孩子们的成长需要我们老师和家长的陪伴，有时候我们能拿出时间陪他们一起玩，他们就会很开心，而孩子们也真的很容易满足，就是简单的陪伴和游戏，他们就会把你捧得很高。作为老师，能和他们玩到一起，我觉得是一件特别庆幸的事情，因为想让这些孩子接纳一个成年人，还真的不是那么容易的，真能和他们玩到一起，就要先把自己变成一个孩子。这种"玩"，应该是纯粹的玩，不带任何外显教育目的的玩。我们老师就是有时总喜欢把什么都和育人联系起来，非得让孩子们写点什么、得到点什么才算得上教育。其实有时没有这样明确任务的纯玩,孩子们能收获到的也许会更多。

2019年6月,我校组织学生去了天津泰达航母主题乐园。一个多小时的车程,我们在路途中唱歌、讲故事、分享一些新鲜事,时间似乎很快就过去了。在参观游玩的自由活动中,我就像孩子们中的一员一样,和他们一起逛逛购物店,一起买根烤肠"干个杯",和那里扮演木偶的外国演员们一起做游戏、合影,我还邀请我们全班同学一起坐了马车,一起感受在不一样的环境中的特殊趣味,没有压力的纯玩并不代表没有教育意义,教育并不是一定要停留在让孩子们写出来,潜移默化、润物无声可能比"处处留痕"更有实效。

孩子们在班级良好氛围的带动下,他们自己也会组织一些活动,我最遗憾的一件事情就是没有参加"魅力"一班骄阳班长组织的毕业前的纪念活动,通过朋友圈的照片,我看到他们一起写了"友谊长存"的书法作品,还一起在公园开展了很多活动,没能亲身经历,真是一件憾事。孩子们愿意和老师玩,真的需要老师暂时忘掉教师的身份,就像孩子一样开开心心玩耍,这种对孩子身心健康的良性影响,也是我们的教育之一。

(四)学科拓展,表演秀场

不管是哪个学科的教师从事班主任工作,他都应该能够通过自己的任教学科,给孩子们带来一些学科拓展的渠道。随着教育的多元化,现在所有学科的教师都可以成为班主任,像有些体育、音乐、美术等学科教师成为班主任后工作也做得有声有色,也能取得学生的喜爱和家长的认可。而像我这种传统的语文学科班主任更应该发挥自己的学科优势,从学科教学的角度为孩子们拓宽知

卷三 行动篇

识面和见识面,在自己的班级管理中发挥学科的独特特点。

在我的班级中,我一直有编排课本剧的习惯。将孩子们喜爱的课文或者是适合排演的课文改编成"课本剧",孩子们通过我帮他们改编的课本,通过自己的排练和表演,不断地加深对课文的理解,也在不断地排演中加深感情。

记得和孩子们排演的第一部课本剧就是我刚上班那年教过的三年级,这也是我迄今教过的唯一一个三年级。那时学了一篇课文,叫《给予树》,孩子们很喜欢主人公"金吉娅",于是我就突发奇想,把这篇文章改写成了剧本,第二天拿给班里的孩子们,孩子们看到剧本一开始还是迷茫的,他们根本没想到一篇课文还能变成剧本,也不知道应该怎么演戏剧,我鼓励他们勇敢地演出来,每一个人都可以尝试。慢慢地,一些孩子真的演得挺好的,而我也尽可能多地给孩子们提供一些课本剧剧本。学校也知道我们班的课本剧效果不错,正巧区教育局有文艺汇演的戏剧专场,我们首次参赛就获得了一等奖。

自此之后,在学校的大力支持和鼓励下,我在班级课本剧排演的基础上,成立了校园"绮梦剧社",首批社员就是我们班的学生。我也在班级社团活动时开设了"戏剧表演",和孩子们一起观看一些优秀的课本剧、表演剧等,并一起研究一些表演的技巧、方法等。2021年新上线的一档戏剧真人秀《戏剧新生活》,成了我们中午休息时经常观看的节目,尤其是戏剧人们的创作排练过程和台上的精彩表演,都让孩子们的戏剧欣赏能力和创作能力有了很大的提升。

(五)家国情怀,凝练信仰

我们在平时的教育教学中,更多地关注知识层面,对孩子们家国情怀的培养有一定的欠缺。所以我们要在孩子们的心里光明正大地打下"家国情怀"的地基,让孩子们从小就拥有爱祖国、爱家乡、爱人民的优秀品德,所有的言行举止都要在自己是"中国人"、自己是为"中国好"的立场之上。而我们在班级管理上,对孩子们的"家国情怀"培养可以在思政课和学校活动的基础上,潜移默化地进行耳濡目染,我的做法主要有以下几点:

1. 认真对待每一次的升旗仪式

每周一次的升旗仪式是大多数学校的惯例。当国旗冉冉升起时,有孩子在东张西望;当国歌奏响时,有孩子心不在焉,每每看到这样的场景,我就不断地思考孩子们为什么会这样。让孩子们严肃、郑重地对待每一次升旗仪式是我们班主任义不容辞的责任。

我会利用我的学科优势,经常给孩子们普及一些关于国歌、国旗、国徽的知识,也会给他们看一些相关的视频,培养他们的荣誉感和自豪感。我们班每次的升旗手、护旗手和国旗下讲话的主持人也都会在班中竞选产生,只有近一阶段的"道德模范小标兵"才有资格竞选,这能不断让孩子们感受到升旗仪式的神圣和庄重。

2. 讲述历史故事,萌发爱国情怀

根据年龄特点,小学生们还是很乐意听故事的,而我个人也经常给孩子们推荐一些历史故事,林汉达先生的《中国历史故事集》是推荐读物,我会给他们购买几套放在班级的书架上,供孩子们课下阅读。

具有时代特色的红色故事,也是我们对孩子们进行家国情怀熏陶的重要资源,通过我们讲述或者孩子自己读后讲给大家,通过这一个个的经典故事,相信他们一定能在幼小的心灵中种下爱国的种子,并随着年龄的增长,萌发出浓烈的爱国情怀。

3. 利用影视作品,激昂爱国情怀

由于班主任的优势,我和孩子们在一起的时间非常多。我每学期会拿出一两节班会课专门作为电影欣赏课,几年来,和孩子们看过《厉害了,我的国》《我和我的祖国》《我和我的家乡》《我不是药神》《烈火英雄》《会痛的十七岁》《闪光少女》《老师好》《地道战》等电影,由于电影的时长往往需要两节课或者是更多的时间才能播放完,尽管一次看不完,分开观看也是丝毫不影响孩子们的兴趣和喜爱程度。看完后,我也会和孩子们一起聊聊观影的感受,哪些情节令人印象最深刻,通过这种孩子喜欢的方式让孩子能够带入情节,从而更深地理解"家国情怀"的意义所在。

4. 发挥校园资源,延展爱国情怀

孩子们的大部分时间都在学校,出于安全等因素考虑,孩子们集体外出的时间少之又少,充分发挥校园中的独特资源对孩子们进行引导和教育就显得尤为重要。

我校在 2019 年建成了"实验小学校史馆",作为主要的参与者和筹备者之一,在校史馆建成后,我也承担起了校史馆的宣讲任务,开发出了我校的"校史课程"。以"校史沿革"看"城市发展",由"城市发展"看"祖国变化"。

从校史馆开放以来,很多班主任真正进去感受之后,就总想和孩子们一起再去看看,孩子们参观前后的变化确实是老师们没有预料到的。这些文字、实物乃至照片的直接教育,展现的是孩子们身边真切存在过的事情,他们很乐意听,也很乐意做。之后,很多班主任都和我主动预约自己班级孩子们的参观时间,想和班级的孩子们一起了解自己学校的百年发展变化,孩子们的每次参观,班主任和孩子一起,都是接受了一次心灵的洗涤,都是受到了一次别样的心理震撼。

利用学校独特的校园资源,让孩子们能够在校园内真切地感受到祖国的发展变化和日新月异,这也是我们班主任在教育教学中和学生实现家国情怀共鸣的好途径、好办法。

(六)仪式感觉,不可或缺

仪式感,就是将日常行为仪式化并赋予其意义。近些年来,从"户外野餐"到"冬日滑雪",从"秋天的第一杯奶茶"到"初雪的第一顿火锅"……随着社交网络文化的兴起,"仪式感"从未像今天这样如此频繁地出现在我们的日常生活中,我们也慢慢认可并发展了这种生活中的仪式感,因为这种感觉总是让我们平淡的生活变得温暖,变得有趣。都说生活需要仪式感,那我们的班级生活何尝不是如此呢?

我自认为是一个会创造些"仪式感"的班主任,无论是班级文化的构建,还是课堂课下的教学互动,我总会给孩子们带来一些"仪式感"。

1. 班级特色制品

对于小学阶段的孩子们来说,他们的记忆似乎存在不了太长的时间,而且随着时间的推移,记忆也会慢慢淡忘。这样的成长规律我想是没有人可以打破的,但我们可以让孩子们始终怀有对小学生活美好的回忆和眷恋,而在多年以后还能够留在现实生活中的,通过实物能让学生想到曾经的小学时光的,班级特色制品应该是首当其冲的。

从我担任班主任以来,我的每个班级都有属于自己的特色制品,八年下来,这些特色制品都能够反映时代的一些变化了。"魅力"一班有用班级成员照片制作的磁力扣和鼠标垫。"活力"六班有他们专属的班帽,运动会时、放学时,这整齐的"小黑帽"也是一道亮丽的风景线。"神力"二班的班级布置里有班级口号的字画,传统中国风的教室布置,让孩子们学习的仪式感瞬间拉满。这些整体的班级设计,都让全班孩子感受到了班级与众不同的仪式感。

在小的方面,我也会不定期地把孩子们的照片冲洗出来发给孩子,我的班级最不缺的就是照片,后来我还自己买了个小型的照片打印机,随时随地打印孩子们在班级的精彩瞬间。孩子们每天看着属于自己班级的特色制品,时不时地收到自己和同学的照片,荣誉感和自豪感会油然而生。而且这些摆放在班级的特色制品在他们毕业的时候我都会分给班里的成员,让他们作为永久的纪念。

另外,我的每个班级,还会在毕业前为他们定制班服,孩子们穿上定制款的班服开心得不得了。而家长和孩子们在这样氛围的影响下,也会给班级创造这样的仪式感,过节时给同学们的书箱放支笔,毕业前给同学们定制个写有名字的徽章、钢笔等。其中"神力"班的孩子们毕业前不仅有班服、班帽,甚至还有班鞋。班帽和班服都是我给孩子们定制的,从我第一天上班起,我就和家长及孩子们说过,我给孩子们花的每一分钱都是心甘情愿的,这都是我和孩子们之间师生情、朋友情的象征,家长们大可不必往心里去。但"神力"班的孩子和家长们觉得我给孩子们花的钱确实太多了,他们私下把班服的钱凑齐了,让孩子转交给我,并给我写了一封感谢信,我再三推辞都没推辞掉。在和孩子们、家委会商量后,我决定用家长的这些钱给孩子们一人买一双鞋,而孩子们通过家长和老师的言行,也都变得乐于帮助别人,从不斤斤计较,班级风气非常好,我想这也和班级制品下流露出的"无私奉献"和"相互理解"的仪式感有一定的关系吧。

2. 文字下的仪式感

师生之间的仪式感,还存在于我们的文字之中。作为班主任,我会在春节、中秋节等中国传统节日时给他们发送祝福信息，也会时不时和他们中的某些人进行书信交流，通过文字建立一定的感情。另外，我还会用作文的方式告诉他们我心目中班级的样子，曾经的一篇《我心中的"神力"》让孩子们很是感动。最后，我们和孩子们必须要用文字交流的就是每学期操行评定里的评语了。我经常会用孩子们姓名的藏头诗给孩子们写评语，其中一个孩子毕业一年多以后来学校看我，说："杜老师，我那天才发现您在给我写的评语里居然包含了我的名字。"我想孩子们看到这样的评语，以至于有的孩子一两年后才发现这个玄机时的兴奋与自豪之情，应该会伴随他们很久，而且，他们给我的反馈也会温暖我很久。

3. 称呼中的仪式感

我也和许多老师一样，不太喜欢在班级中直接称呼孩子们的姓名，总觉得那样显得很生疏，我喜欢给我的学生们起一个"爱称"，其实这样的称呼也不会很特殊，往往在他们的名字里加个"大""小"，或者是用叠词称呼他们，这和他们在家中，父母长辈称呼他们的方式几乎一样。但在班级中，这样的称呼就可以拉近师生之间的距离，让师生之间那种天然存在的隔膜变得微乎其微。而孩子们也会慢慢地对我有不一样的称呼，他们私下里对我的称呼有很多，什么"大老杜""哥哥""杜舅舅""老哥"，甚至还有近两年出现的"杜爸"，从称呼中也能看出我年龄的增长。这些称呼让我们之间变得很亲近，还是那句话，"亲其师，信其道"。

4. 毕业前的仪式感

没有什么比毕业对于孩子们更重要的事了，即将离开熟悉的校园，即将离开自己生活、学习了六年的地方，毕业前的仪式感是我们每一个班主任都要给孩子们设计好的。

"魅力"班毕业前，结合我们的课本剧编排经验，我创作了一出

卷二 行动篇

全体同学参与的毕业情景剧,在毕业典礼上压轴演出。在毕业前复习的紧张日子里,我们仅仅排练了两次,就在演出中获得了台下家长、老师和毕业班同学们的好评。而剧本的内容,就是带他们回忆了自己从刚入学到即将毕业的每一年的代表性事件,他们演的就是自己,就是自己亲身经历的事情,有的孩子在台上都流出了泪水,我的助理畅畅在嗓子沙哑的情况下在台下说着旁白,我都能感觉到她在苦苦地支撑,而她由于是旁白,仅仅在最后谢幕的时候才站上舞台,但她依然没有一句抱怨。

我给"活力"班准备的毕业惊喜是为他们定制了一个特殊的"毕业蛋糕",上边是一个奖状的形状。我把蛋糕摆在阶梯教室中间,用给他们买好的牛奶摆出了"活力"二字。中午吃过午餐,我把他们带到阶梯教室,因为之前我已经把窗帘全部拉上,且没有打开灯。他们走进去的时候,什么都看不见,并不知道我要让他们来这里干什么,我只是招呼他们找到就近的座位坐下,注意脚下安全。当他们全部坐定的时候,我打开舞台上的射灯,在灯光的照耀下,"活力"二字和印有"活力六班""完美毕业"字样的"毕业蛋糕"出现在他们的眼前,他们的欢呼随之而出,但后面的话却是:"杜老师,这都是您自己一个人做的吗?太辛苦了,告诉我们几个班干部咱们一起啊。""杜老师,您又给我们花钱,这双层的蛋糕得好几百元吧?"本来是我想给他们准备惊喜,但他们这些话语却让我的眼泪在眼眶里打转。

仪式感也是相互的,这么多年,家长和孩子们送我的贺卡、信件我全都收藏着,其中的三面锦旗对于我更是有着很重的分量,里边的每个字都将是我努力的方向。

其实,仪式感未必是一些具体的、物质层面的行为,也未必是某个特定的日子或时刻,它更多的是一种对生活的态度。每天认真工作、学习或者健身,都是一种让自己和自己的生活变得更好、变得与众不同的途径。而我们在班级管理和班级生活当中,在追求仪式感时,也不要拘泥于某一种方式,也不用拘泥于某一天或者某一时刻,更重要的是通过追求仪式感,让自己和我们的孩子们变得更好、更温暖。

卷三　行动篇

付出一份爱心，

收到十分欢乐。

杨莹,天津市西青区蔡台中心小学班主任,语文、数学教师。

　　撰写的论文、执教的课例多次获得国家、市级、区级奖项。在 2017 年被评为区级名班主任,荣获西青区第六届班主任论坛一等奖、第九届班主任论坛二等奖。教育故事《孩子,你很棒》收录在《班主任的教育故事》。2015 年、2019 年被评为区级优秀中队辅导员,带领的小队被授予市级、区级优秀小队荣誉称号。2018 年入选"西青区班主任培养提升工程"。

带班理念

走进学生、鼓励学生,发现每个孩子的闪光点。

关注学生的发展,发挥学生的长处,

展现自己的风采。

培养班级小助手

杨　莹

一、培养班级小助手的必要性

班级小助手是带领班级建设和发展的核心力量,要使班级各项工作顺利开展,形成良好的班级风貌,提高教育和班级管理成效,班主任必须重视培养小助手。

(一)班级小助手的界定

班级小助手是协助班主任开展班级工作的得力助手,在学生中起到带头模范和管理的作用。

班级小助手需具有服务意识和奉献精神,具备高度的工作责任感,能够平衡学习与工作的关系,在工作中不断学习、总结,注意工作方式方法,提高工作能力,最重要的能够严于律己,在同学中起到示范和榜样的作用。

(二)培养班级小助手的缘由

在初接手班主任工作时,为了做好每一件事,我可谓事必躬亲,大包大揽,小助手们每次开会只是负责传达信息,帮助传送材料。我自己觉得学生工作能快速了解,教学工作也可以件件完成。

但一年后发生了变化,我一人承担四年级语文和数学两科教学任务,问题逐渐显露出来。一方面,四年级语文的难度加大,数学新换了教材,其中好多知识点有了调整,需要补充一些学生之前了解不透的内容。同时,四年级学生参加区里统一考核,任务重。另一方面,学校活动突然增多。此时的我感觉有点力不从心,每天都很累,工作效率事倍功半。于是,我开始对自己的工作方法进行反思。

1. 反思问题

我对一个月的工作进行了梳理,完成了哪些工作,完成的效果怎样,哪些没有完成。在此基础上,我进一步对工作进行详细分类,哪些事情是我必须立即做的,哪些可以让学生尝试做。在分类的过程中,我发现有一部分工作不需要我亲自做,既然这样,何不让学生尝试做一做呢?于是,我就开始有意识放权,放手让学生去完成一些事情。

2. 讨论决定

首先我召开班级小助手会议,把我的初步想法与小助手交流,刚开始他们还挺开心,觉得自己有事可以做了,能够实现自己的价值了。但当了解到我所安排的工作时,有的小助手就开始打退堂鼓了,总认为自己做不好,或者直接表示自己没做过,无法胜任。在我明确保证我可以教他们的时候,小助手们才减少了一丝担忧。转天,我又召开了班委会,梳理了每位小助手的职责。

3. 尝试实施

在我正式放权时,虽然小助手们当时表示很困惑,但工作起来却很认真。

每天早上的晨读,由学习委员带领同学们一起诵读。但他觉得自己带领诵读,老师负责拍照记录的过程中,难免有个别同学不认真,就建议再选派一名同学和他一起管理。这样,领读员的岗位就应运而生了。以后,学习委员和领读员共同督促同学们诵读,一个领读,一个检查,配合十分默契。

每天的班级卫生工作,卫生委员很上心,提前一天提醒要值日的同学。以往大扫除的时候,从分配人员到监督,需要我带领同学们一起完成。而现在大扫除的时候,我就直接告诉卫生委员,让他协调值日的同学,并安排好每位同学的职责。

老师要放手让小助手做事,要相信自己的学生,他们有能力把交给他们的任务做得很好。不能一切都包揽包办,不放手孩子就长不大。

(三)培养班级小助手的意义

一个优秀的班集体少不了优秀的小助手,因为班主任不可能每时每刻陪伴在学生身边,不可能及时了解每位学生的情况,而小学生由于心智发展不成熟,往往自控能力比较薄弱,会做出一些影响学习的事情。班级小助手由于生活在班集体中,彼此之间最了解,便于发现同学们以及个别同学日常行为中的不足,可以为班主任提供建议,更好地为同学和班级服务。

班主任工作很多、很忙,这时就需要班级小助手来帮助班主任协调处理班级事务,督促同学们学习,形成正确的班级舆论和良好的班级导向。同时,班级小助手也是同学关系的协调者和维系者,所以让小助手在班级里充分发挥作用,可以促进班集体发展。优秀的小助手还可以起到榜样作用,带动其他同学学习。

学生是学习活动的主体,在学习活动中,班主任适当放权可以增强学生的主体性。陶行知先生说过"教是为了不教",魏书生老师也认为"管是为了不管"。从根本上说,就是要充分发挥学生的主体作用。所以培养班级小助手具有现实的意义。

1.培养学生责任意识

我们教育的目的是培养全面发展的学生,使其成为社会主义事业的合格建设者和可靠接班人,这关键在于培养学生的责任意识。

(1)培养学生的主体意识

我们要重视培养学生尊重他人、理解他人、帮助他人,乐于为集体、同学服务的思想,逐步树立"心中有他人、心中有集体、心中有人民、心中有祖国"的集体主义观念。设置班级小助手,就是为了让小助手为同学们服务,激发他们的主人翁责任感。

当学生为班级出谋划策的时候,他们会感到这项工作与自己密切相关,能够更好地为班级服务,进而投入满腔的热情,增强了主体意识。

有一次课间,我发现下课了没有同学擦黑板。于是,我找到卫生委员,询问情况。卫生委员停止做练习题,看了看值日表告诉我是谁值日,接着去提醒那位也在做练习题的值日生。

当时我很生气,等他们擦完黑板后,我询问没有擦黑板的原因。两位同学理直气壮地告诉我,他们在认真完成练习题,没有注意到黑板没有擦。我问他们擦黑板用了多长时间,他们俩不好意思地告诉我很快。我接着询问:"如果不擦黑板,下节课老师怎么写板书?"这时,他们才意识到不及时擦黑板,会影响到下节课全班同学的学习。

当我看到他们意识到自己的问题后,及时告诉他们,你们是班级的一分子,要具有服务意识,共同为班级服务。从那以后,这种情况再也没有发生过。

通过这个小小的案例可以看到,培养班级小助手可以培养他们的主体意识、责任意识,能够更好地为班级服务。

（2）培养学生的民主意识

小助手需要发现班级的问题,会思考如何解决这种问题,并在会议上商讨,从而制订相对应的管理或应对办法。这个管理或应对办法需要班委会的初步通过,还需要全班同学的通过才可以实施。所以就需要小助手自己向同学们解释这样设定的管理或应对办法的思路,同学们大致了解内容后,再提出自己的建议,从而形成完整的管理办法。在试运行的过程中,小助手还要留心观察,发现问题,再次修改并通过,最终形成管理办法的最终版本,更好地为班级服务。

通过小助手带领全班同学共同研究、商讨、处理班级中各种问题,充分发挥全班同学的积极性和创造性,把全班同学的宝贵智慧资源开发出来。在思考的过程中,大家提出自己的意见,不断完善应对办法,在这个过程中就培养了学生的民主意识和责任意识。

2. 增强学生集体认同

（1）增强集体归属感

班级活动的开展需要让更多的同学参与,但仅仅靠班委会的几位同学策划,往往思路有限。所以就需要同学们共同开展头脑风暴,出谋划策,激发每个人的想象力和创造力,从而使学生产生集体归属感,感觉自己是班级的小主人。

三年级后,学校统一把图书从图书馆借阅后放在班级的书架上,便于同学们借阅。有的书名相同,为了书架上的图书整理得美观,就需要按照图书的"高矮"排序,但每次都重新排列,图书管理员也不能把这些书的顺序都记清楚,而且也不能及时知道哪位同学没有还书,只能挨个询问借阅同一本图书的同学。

怎么解决?我把这个问题抛给同学们,让他们一起思考。他们提到要把书的位置固定好,这样借阅不同位置的同一本图书,就可以确定是谁借的了。借助学过的数学知识,我们用便利贴写好序号,贴在图书的左上角,便于管理员整理。第一次贴序号时,两位图书管理员还没有头绪,在我讲解帮助后很快上手。等第二次整理图书时,他们直接拿走便利贴去整理,弄得非常好。

班级的问题大家共同思考,能迸发出更好的想法,激发学生的积极性,增强学生的集体归属感。

(2)盘活集体凝聚力

班级小助手是班级中的核心力量,对班级具有强大的号召力和凝聚力。他们是班级中的骨干力量,可以用自己的榜样行为去影响、团结和带领班集体的其他成员,让大家团结一致、齐心协力,去实现班级的共同目标,从而盘活班集体的凝聚力。

当班级遇到问题时,同学们的提议可以互相取长补短、互相影响促进,一个人可能没有完美的解决思路,而众人的智慧可能就有意想不到的方案,每个人都可以从某个提议中迸发出新的灵感和智慧的火花,从而凝聚成更好的想法思路。

大家都处于一个集体中,犹如学习生活在一个大家庭,如果哪位同学需要帮助时,其他同学都会给予热情而充分的帮助,从而培养学生集体荣誉感,盘活班级凝聚力,增强学生集体认同感。

拔河比赛最考验班集体的凝聚力。我班相对强壮一点的学生较多,是年级中拔河比赛夺冠的热门班级。但是第一场比赛,我们就输了,学生们互相埋怨,互相指责。这个时候我很生气,失败了却在找借口,互相埋怨,我们只要尽力了,失败并不可怕。

下课后,班长找到我说:"杨老师,您不要再生气了,同学们也很失望,只是不愿意相信这个结果罢了,同学们很伤心,失去了信心,可是后面还有比赛呀,我们不能一直低落下去。"于是我们共同商量对策,体育委员表示体育课会寻求体育老师的帮助,抓紧时间练习,班长表示会督促同学训练,也希望老师继续相信他们。

看到小助手们这么重视拔河比赛,我也要给学生加油,在周一的早上,我们一起观看李玉平老师的微课"球场上的哭声",这恰好和我们发生的事情类似。我告诉同学们,大家都很努力,手指勒红了,也没有怨言,我们应该调整心态,认真练习。同学们听后若有所思,但是体育课下课后一个个高兴地告诉我:"老师,毕老师又给我们调整了位置,我们练了好久,姿势规范多了,我们有信心啦。"还有的同学说:"老师,我暂时不上场,是替补队员。我没有力气,班长安排我当啦啦队队长,组织同学们加油助威。""我是负责拍照的,记录咱班拔河比赛的精彩瞬间。"看到小助手们安排得井井有条,用自己的力量去影响全班同学,我很欣慰。在第二次比赛中,同学们都按照自己的职责去认真履行,果不其然,我们士气大涨,顺利完成比赛。看到他们开心的笑脸,我感受到班集体的凝聚力。

一场拔河比赛,培养了学生们集体荣誉感,提升了小助手的能力,增强了班集体的凝聚力。

(3)强化集体责任心

在班级事务和集体活动中,班主任应该适当放权,给小助手留有发挥的空间、展示的平台,这样集体的事就是同学们共同的事情,也是每个人自己的事情,遇到问题大家会主动承担,主动解决,提高自己为集体服务、奉献的积极性和责任心。

有时中午吃完饭后,我看到语文组长会督促他们组的组员继续改默写,原来他们组还有同学没有改完默写。刚开始组员不配合,想玩,但小组长苦口婆心地告诉他:"别的组已经有人完成了,你还没有完成,相信你能及时完成。"组员这时不情愿地拿出默写纸改正,小组长先跟他一起复习巩固默写的内容,然后不厌其烦地帮他默写,提醒他需要注意的地方。

有时爱拖延的组员主动告诉我,他自己及时完成了练习,让我赶快消除名字,我问他:"怎么今天这么快就完成了呢?"他告诉我是为了他们组的荣誉。我有时也会问小组长,小组长告诉我,一方面为了小组的荣誉,最主要的这是他的责任,他应该帮助同学学习,互相进步。

我看到了小组长的责任心,他能够主动承担,与同学共同进步。

3. 展示服务集体能力

(1)发挥学生特长

学生在服务集体工作中能得到锻炼和发展。每位同学的成长背景、知识基础、能力发展不同,个性特长也不同,让大家都参与到班级管理中,这样就可以在活动中充分发挥每个人的特长,人尽其才,各展其能,同时也能够互相取长补短,出色地完成各项活动。

班级的板报工作一直是由宣传委员负责,通过美术课、书法课的了解,他们选取了几位同学共同完成。为了节约时间,提高完成的效率,宣传委员安排好每个同学的工作。有书法特长的同学负责板书,有绘画特长的同学负责画画,还有的同学负责搜集资料,美化花边。在工作中发现学生的特长,大家互相配合,有条不紊,默契合作。

(2)激发学生潜能

有的时候,学生与学生之间的发展差异和能力差异,并不是实质的差异,而是他们对个人潜能开发挖掘程度和力度的差异。每位学生的潜能都是无限的,但是不挖掘是永远展现不出来的,只有在活动和工作中锻炼,才能发现学生潜在的能力,从而起到激发学生潜能的效果。

班里有个同学比较调皮,最大的特点就是爱吃,能够和同学分享美食,与同学关系很好。有一次他找到我,让我也给他安排个好的职位,他也想为同学们服务。我满心欢喜,他终于愿意主动承担班级的事务了,之前为他设置的岗位,他都以各种理由推辞掉了。我们就一起观察,突然我发现他的好人缘,他说什么同学们都愿意听他的。于是我就安排他暂时担任餐盒整理员的工作,并告诉他一定要坚持一周,有问题我们再协调。

刚开始我告诉他怎么做,吃完饭他就把饭箱里没有摆放整齐的餐盒整理好。可是天天这么整理太麻烦了,于是他就快点吃饭,然后看着同学们摆放,谁没摆好就提醒同学摆正,有的同学提醒多次还是不听,他就让这位同学和他一起整理,让同学也感受到乱摆放的行为会给整理的同学带来多大的麻烦。每次看到所有同学都摆放整齐后,他就给同学们唱歌、讲个他身边的有趣事情作为激励,同学们听得津津有味。于是我又发现他的特点——可以讲故事,于是我就培养他,他又兼任了领读员。

(3)积累成长财富

每个学生在班级中为同学们服务,体现了自己的主体意识、发挥了个人的能力、展示了自己的特长、激发了自己的集体责任感,这是在逐渐积累个人成长的财富。同样,想尽办法解决工作中遇到问题和挫折,又能体验到成功的喜悦,这也是在逐渐积累个人成长的财富。

我曾经所接班的学习委员,六年级毕业考试后,回到老家上初中。当老师问谁担任过学习委员时,她很自豪地举起手,并在开学初担任临时小助手。由于在小学的历练,学习委员的工作她能完美地胜任,这成为她成长中的宝贵财富。

培养班级小助手的重要性很大,不仅能够培养学生的责任意识,激发学生的潜能,盘活班级凝聚力,还能使班主任的工作事半功倍。

二、因情制宜,选择适合的选拔方式

每个班主任背后,都拥有一支优秀的小助手队伍。作为班主任,管理班级的直接执行者和组织者,他们的能力决定着班级的班风。同样,班级小助手的选拔方式也影响着班级管理和发展。所以,选拔小助手是件很谨慎的事情,要结合班级的实际情况,采取公平、公正、客观、合理、有效、恰当的方式进行选拔。下面与大家分享一下我所带班级的小助手选拔方式。

(一)中途接班

我所带的 2011 级 4 班是我从三年级接手的,刚开始接手,还很不熟悉,所以我先是沿用原有的班级小助手体系。

1. 初期了解——委派

通过一段时间的观察,我发现原来的班长做事总是懈怠,不能完整转达学校布置的工作,我有意想调换,但一时找不出合适人选,于是我找其他同学协助他,和他一起开会,通过两人的互相补充,能够完整表述学校安排的各项事宜。虽然情况有所好转,但还不是理想状态。接着我找到一直教他们的英语老师,把我心目中的班长人选与英语老师交换意见。听从了英语老师的建议后,我就有意无意地培养小垚同学。不久我就宣布新任班长暂时由小垚同学担任,原来的班长担任副班长,共同管理班级。课下我也与原来的班长沟通,他也能够理解我的用意。

2. 中期熟悉——选举

经过一段时间的运行,我也在小助手的帮助下,了解班级情况。那么就开始正式换届选举啦,此次选举暂不包括班长。我采用的是民主选举方式,我先跟同学们公布岗位设置,同时明确了每个岗位职责,这样就不会出现盲目选举的现象。然后我们严格按照选举流程,进行公正、公开的方式选举,因为同学们相处两年多,自然彼此互相了解,这种选拔方式更好一些。

随着彼此的熟悉,我们互相了解后,结合班级的实际设立了一些辅助岗位和特色岗位。刚开始有的岗位是我专门为某些同学量身定做的,逐渐会出现一些同学毛遂自荐。这样岗位日益壮大,各个岗位明确职责。于是有的岗位是核心小助手帮助推荐的,我观察后任命的。

3. 后期熟知——竞选

再后来,孩子们都长大了,能力提升得很快,于是我们改为自主竞选的选拔方式,鼓励那些有能力的同学大胆展示自己。还有的同学暂时落选,于是我们又定期轮换,让其他同学也有机会上岗体验,那么原来的小助手会交接完善,做好过渡的指导工作,帮助新的小助手顺利体验工作岗位,同时原小助手也去体验其他新的岗位,在工作中提升自己的能力,体现自己的自主意识。

对于中途接班来说,由于我暂时不了解情况,我会寻求原来老师的帮助,通过自己的观察,先临时任命比较重要的岗位。随着我们彼此熟悉后,明确岗位设置和职责要求,进行民主选举,培养学生的民主意识。刚开始设置的辅助岗位和特色岗位初期就是因人设岗,所以更多的是班主任任命指定,后期是结合班级需要,就可以自主竞争。为了让同学们体验不同的岗位,我们就定期进行轮换,发掘学生潜力,更好地为班级服务。

（二）新组建的班级

2017级2班是一年级，对我而言是全新的面孔。由于我上次所带的2011级4班学生能够实现自我管理，我体会到班级小助手自我管理的甜头，意识到小助手的重要性。所以，对于新组建的班级，我也是迫切地培养小助手。

1. 初步尝试

一年级的学生对于小助手的岗位职责很陌生，但又满怀期待，他们拥有热情，想去做好每一件事，愿意为班级服务。所以我就选取几位同学作为示范，亲自告诉他们怎样去做。在我的指点下，他们初步了解了岗位职责要求以及要去做哪些事情。

在第一次与他们见面的时候，讲完开学事项后，我告诉同学们会安排他们做一些事，让他们毛遂自荐。这时，小雅举起手来，我很高兴，总算有同学捧场。于是，我让小雅负责整队。刚开始她什么都不会，我一点点教她，她没有怯场，反而很乐于去学。后期，我安排每组一位同学负责检查小组卫生、摆放桌椅等，就能听到小雅督促同学完成。上课时，小雅也很积极，大胆展示自己。通过与其他任课教师沟通后，我临时委派小雅同学暂时担任班长工作，同时明确小雅同学只是暂时的，需要同学们的督促，如果小雅干得不好，还是可以罢免的。

就这样，新班的班长有了。好多工作我教小雅去完成，她再教其他同学。在我们共同的努力下，小雅的工作能力逐渐显现。在同学们的认可下，正式的班长便诞生了。

与此同时，我还特意为某些同学设立一些特色岗位，让这些同学为大家做榜样。后期的其他特色岗位，我们定期轮换，让所有的同学都有事可做，更好地为班级服务。

2. 尝试摸索

有了一年级的尝试,到二年级时,我适当放手,让班长带动其他小助手进行工作。他们之间互相交流,互相帮助,每个小助手迅速进入了角色。

同时,我们在小助手轮换时,核心小助手——班长和副班长职务暂时不变,让学生选举其他岗位的小助手。此时,我们采用的是民主选举方式。我先向同学们介绍岗位设置,职责要求以及人数需求,接着讲解如何民主选举,让同学们了解选举的过程,更好地参与班级选举,体验到民主选举的方式。

3. 大胆体验

等到三年级的时候,同学们已经对自己的工作岗位十分熟悉,他们之间也互相了解。于是,我采用班级小助手轮换制度,让每个同学都有机会走上各个岗位。同时我充分尊重学生的意见,采用民主选拔方式,让同学们选拔出符合自己标准的小助手。

四年级的时候,小助手们的工作能力显著提升,所以我让小助手们大胆体验,结合班级需要,设置适合的特色辅助岗位,更好地为班级服务。同时开展一些活动,充分尊重同学们的建议,让他们进行设计布置。

由于新组建的班级彼此不熟悉,但又需要快速组建班委会,所以临时任命是相对简单、便利的方式。而后随着孩子年龄的增长,可以让学生接触民主选举的方式,让学生尝试选举出自己心目中的小助手,为班级服务。而一些特色岗位可以采用任命指定,为同学们做榜样示范,而后再轮换,交接完善,体验不同的岗位,发掘同学们潜在的工作能力。

三、设置岗位,请适合的学生上岗

由于每个学生的特点不同,所以我们通过设置不同的岗位,让适合的同学走上小助手岗位,发挥自己的特长,展现自己的工作能力,更好地为班级做贡献。

(一)明确班委会的体系结构

班主任在接班之初,往往会很迷茫,面对几十个性格不同、兴趣爱好各异的可爱的学生,常常会无从下手。如果班主任全部亲力亲为,往往会殚精竭虑却不见成效。所以,班级管理必须借助学生的力量,妥善运用小助手。在此之前,首要任务是建立健全班委会的体系结构。

1. 建立健全体系

每个班的学情不同,特点不同,为了更好地引导每个学生投入到班级的自我管理中,除了设置一些常规岗位外,还需要为学生寻找新颖的、有特色的岗位,让他们时刻充满新鲜感,这样对个性十足的学生更具有吸引力。

下面与大家分享我的班委会体系,其主要分为常规岗位,辅助岗位和特色岗位。

(1)常规岗位,班级班委会的核心成员

常规岗位即班长、副班长、学习委员、宣传委员、文艺委员、体育委员、卫生委员和生活委员等。班长兼任中队长一职,其余委员兼任中队委,我们班通常设置五六个小队,每个小队设置一名小队长。

（2）常规岗位的辅助岗位

在明确班委会核心成员外,还需要其他同学辅助。一项工作可以由多人合作完成,大家都得到了锻炼,同时结合自己的分工快速完成,这样也给其他同学增加锻炼的机会。

比如辅助学习委员的工作,可以设置课代表、小组长等。如果每个学科检查任务都由学习委员负责,那么学习委员往往会无法分身,压力过大,完成的效果也不是很好。我们可以通过辅助岗位的小助手配合,这样学习委员只需把工作安排好,分配给每个小组检查的同学即可,他只需要宏观调控,确认完成情况就可以了,这样能够高效完成工作。辅助体育委员的工作,可以设置体育队长。辅助卫生委员工作,可以设置卫生组长、护花小使者等岗位。这样互相帮助、辅助,能够形成良好的工作管理模式。

（3）班级特色岗位

这些岗位属于班主任和学生共同的发现,为了完善班级管理,同时也为了学生自我管理而设置的。班级特色岗位为班级中富有个性,但不够稳定、能力还未完全展现出来的同学提供锻炼的机会。这些岗位最能体现班主任的班级管理智慧,是展现班级管理艺术的舞台。譬如魏书生老师在班级中就设立了"鱼长""花长""炉长"等符合班级需要的特色岗位,让学生发现自己感兴趣并且愿意去做的事情,这样既锻炼了学生的工作能力,也让其在工作中获取乐趣。

比如,我们班设有卫生间路队小队长,之前我校的卫生间在教学楼外侧的操场上,低年级的学生特别爱跑着去卫生间,为了安全出行,也使得学生们形成秩序意识,我就安排卫生间路队小队长组织同学们去卫生间,文明有序出行。这样既能让学生们安全出行,也形成了安全意识。

我们还有打水管理员,组织同学们排队,有序打水。礼仪小使者提醒同学们在校园内使用文明用语,见到老师、客人主动问好,做一名有礼貌的小学生。

所以,班主任在接班之初,一定要酝酿出相对完善、健全的班委会体系,并在实践中不断完善和改进,成为班级特色的名牌。

2. 发挥实效作用

班委会体系是一个共性与个性相统一的管理体系,既要符合一般班级所设立的职位,又要体现自己班级的独特魅力,所以班委会体系要发挥实效。

(1)科学分工

科学分工就意味着小助手要合作,在班主任的带领下,以点带线,带动核心小助手,再由核心小助手以线带面,带动其他同学,发挥自己的能力。

(2)岗位内容不必过于复杂

岗位设置的初衷在于班里的每位学生都有自己的事情去做。由于小学生年龄还小,能力展现有限,所以要避免把岗位的内容设置得过于复杂,这样也就避免学生产生"畏难"情绪。只要把一件事做好,学生就能得到能力的提升,收获成功的喜悦,从而增强学生的自尊心。能管理好别人的学生,自然而然地可以管理好自己。

(3)班主任要放权

班主任不要把班级的任何事情都亲力亲为,要学会放权,这样能让小助手体验到责任感,因为班主任的信任,小助手会把责任化为动力,认为这是一种至高无上的荣誉感。同时,班主任也要做好小助手犯错的准备,帮助他们不断改正错误,及时完善解决处理问题,改进工作方法。也要随时听取小助手在工作中发现的问题,提供的建议,反馈他们实践中的困惑,更加完善小助手管理体系。

上述几个方面关乎班委会体系能否有效发挥管理实效，是否能够保持学生们持久的工作热情与动力。

（二）结合班级实际，灵活调整班委会体系

当班主任接手新班级时，必定会对班委会体系有着自己独特的见解，但是在实际工作中，往往会出现这样的现象：有的学生因为深受前任班主任的喜爱，对于新任班主任的到来，没有期待，反而更加怀念之前的班主任。

当班主任遇到这种情况下，往往感到很棘手。之前的班主任能得到学生的喜爱，必然有前任班主任管理的特色，并且这种良好的体系已经在班级顺利运行、实施。而新任班主任在班级管理中，必然会受到学生的比较，从而对新任班主任形成不准确的判断，可能会出现误解和抵触，不利于班主任开展班级工作。

针对这个中途接班的班主任都会遇到的问题，我谈谈自己的见解。

1. 了解原有体系

在接班前，最好向前任班主任虚心请教，了解班级已有的班委会体系，提前分析，可以和自己设想的班委会体系对比，在实际工作中重点关注不同，从而在实践验证中完善。还要和前任班主任了解学生的大致情况，重点了解表现突出的学生和需要重点关注的学生，做到知己知彼。

理论准备已经完成，最重要的就是在实践中检验真知。和学生第一次见面时，除了进行自我介绍，把自己的初步设想告诉他们外，我还会询问班级小助手的组成情况。只有了解清楚人员安排，在日后的相处中才能更加有的放矢。在这里，我特别要强调，避免出现刚上任就立马换掉之前小助手的现象，尽量不要否认已经成

卷三　行动篇

型的班委会体系，马上尝试新的管理体系。

2.灵活调整结构

中途接班的班主任不要轻易调整班委会体系，也不要全盘复刻，我们应该结合班级实际情况，灵活调整班委会体系。下面是我自己刚接班的做法，与大家分享一下。

刚上班的时候，我担任三年级的班主任。开学第一天，我便与班长沟通，了解班级情况，得知之前班里并没有明确的规章制度，班长只是负责开会，传达信息。所以我并没有告诉班长我所设想的体系，而是先安排他负责让每位学生填写座位表，方便我及时快速地熟悉学生。原本很简单的一件事，班长却一直拖沓，一问原因，班长却责怪同学不支持。我也没有多说什么，只是提醒他快点完成。

有了座次表就好办了，通过平时的观察，我发现班里有几位同学能力不错。课下与这些同学沟通了解，为我的班委会体系实施又跨进了一大步。而在一周的时间里，班长开会总是不能完整转达学校布置的工作，每次我都要询问其他教师进行确认。于是我有意找个学生协助他，让班长和另一位同学一起开会，两人互相补充，终于能完整地把会议内容叙述清楚。通过平时的工作，我发现班长只是不细心，工作能力还是不错的。于是，我有意更换个新班长来协助他，并在班里宣布由小垚暂时担任班长，如果大家不满意，随时可以换掉，原有的班长担任副班长，共同协作。

在这时，我们就开始讨论班委会的体系了，初步得到了原班委会成员的同意。随后，我和同学们商讨开始换届选举小助手，都有哪些岗位，有什么职责要求，让同学们思考。正式选举的那天，在明确每一项职责后，同学们基本上选出了比较符合岗位要求的学生。新任的班委会出炉，我立刻召开班委会，让小助手们了解自己具体的工作职责,可以请教原来工作的同学,寻求他们的帮助与支持。

就这样,我们班的核心班委会已经确认好了,后面陆陆续续选举小助手的辅助岗位,班委会体系越来越完善。

从我分享的经历可以看出,我接手的班级是已经退休的老教师的班级,对于小助手的管理相对松懈一些,没有形成系统的体系。但刚开学之初,我先是沿用,发现问题,及时调整,最终形成自己班级的小助手管理体系。

(三)明确小助手的分工

小助手的分工要有明确的规定,这样便于小助手在工作中明确自己的权利与责任,高效完成自己的工作。下面是我自己所带的班级设置小助手岗位的职责,与大家分享交流。

1. 常规岗位职责

(1)班长:班集体的核心人物

班长是班级的一班之长,是班集体的核心成员,在班级起到带头引领作用,是班主任的得力小助手,对班上学习、体育、纪律、卫生等全方面负责。我的班级设立正副班长,两位班长互相协调合作,共同完成班长的工作:

1)对班级工作全面负责,同时指导各班委会成员开展工作

2)主持处理班级日常工作,及时传达学校、班主任布置的各项任务,并组织同学落实完成

3)负责主持召开班会、班委会等,讨论班内的各项工作和问题,认真听取同学们的建议,及时改进,及时与班主任沟通,提高效率

4)及时处理班级出现的突发事件,控制场面,缓解同学之间的

矛盾冲突

5)班主任不在校时,安排好班级学习

(2)学习委员:学生学习的指明灯

学习委员,不仅自己学习成绩优秀,其学习习惯及学习态度对其他同学具有引领、学习委员示范作用。学习委员要积极调动全班的学习热情,营造良好的学习氛围。

1)负责班级学习方面的管理工作,指导好班级同学的学习

2)协调并监督各科课代表的工作,定期召开课代表大会

3)注意班级同学学习存在的问题及建议,及时向任课教师反映。同时,及时传达任课教师对同学的要求,切实起到教师与同学之间的桥梁作用

4)帮助学习成绩退步及学习有困难的同学

5)组织好各项活动,定期组织同学交流学习经验,介绍学习方法,在班级形成良好的学习氛围

(3)宣传委员:班级宣传的代言人

宣传委员是班级文化建设、展示的代言人。宣传委员需要具有一定的文字、绘画技能,还要有一些设计能力,能够组织制作有创意的宣传板报。

1)负责班内板报的更新,设计班级的文化建设布局

2)在校园艺术节、校运动会等活动中,负责宣传报道工作

3)做好班级好人好事记录工作,并宣传好人好事

4)组织学生制作手抄报、儿童画等宣传作品

5)负责记录、整理班级活动情况,记载班级活动内容

(4)文艺委员:多才多艺的小明星

文艺委员是班级组织活动的小明星,一般性格开朗,能歌善舞,多才多艺,具有突出的文艺特长。

1)负责班级的文娱活动,定期向班委会汇报工作,提出开展文娱活动的建议

2)负责班级各项文娱活动的策划、组织、协调等工作

3)组织学生积极参加学校、班级开展的各项文娱活动

4)发现班级内的文艺骨干,调动学生参加文娱活动的积极性

5)配合宣传委员做好班级宣传工作

(5)体育委员:班级队列的指挥官

体育委员是班级队列、体育活动的指挥官,需要行动果断、组织有力。

1)负责路队、课间操及体育课等活动的整队和纪律

2)负责开展本班的各项体育活动,督促学生认真参加课间操、跑操

3)协助体育老师做好体育课的器械收发管理及测试工作

4)组织学生参加运动会、体育活动

5)收集整理体育卫生知识,向同学们普及宣传

(6)卫生委员:班级的美化师

卫生委员是班级的美化师,负责班级的美化工作,营造和保持班级内整洁的卫生环境。

1)负责班级的卫生情况

2)组织好班级卫生大扫除工作,安排督促每天的值日生做好每日的清扫工作

3)制订班级卫生值日表,细化每位同学的劳动任务

4)承担学校分配的劳动任务

5)负责领取并管理班级卫生工具,对不能再使用的卫生工具及时更换

(7)生活委员:班级的大管家

生活委员负责班内一切活动开展所需的后勤工作,需要服务精细,是班级的大管家。

1)关心同学在学校内的生活状况,发现问题及时与同学沟通,及时与班主任汇报

2)建立班级生活角,放置卫生纸、洗手液、抹布等物品,为同学提供便利服务

3)负责组织提醒每日开窗通风

4)负责开展卫生健康知识的普及宣传工作

5)管理好班级物品,发现门窗、桌椅、日光灯等物品有损坏时,及时报告班主任,及时修理

以上这些是班级的核心小助手,除了这些外,我们还有辅助小助手,共同协助完成工作,锻炼学生的能力。

2.辅助岗位职责

(1)学习

小组长负责自己小组的一切活动,并收发作业。

课代表负责在黑板上标注提醒老师当天布置的作业;督促组长收作业,并把作业交给任课老师,及时发放作业,了解班级完成作业情况,及时向任课老师汇报;协助老师搬送教具;及时向任课老师反馈学习问题。

(2)宣传

板报组成员负责板报内容的收集、设计、出版。

(3)体育

路队队长负责每天放学、课间、室外课的路队整队。

(4)卫生

卫生组长负责提醒本组值日生值日,安排好分工,整理卫生

工具。

护花小使者负责为班级绿色植物浇水并整理黄叶,擦拭托盘。

3. 特色岗位职责

这些岗位是我和同学们共同发现、设置的,是属于我们班级自己所需的岗位。

语文组长、数学组长负责本组语文、数学学习工作,比如语文默写、改错;数学书笔记整理、改错等监督工作。

领读专员定期带领学生读课文,背诵社会主义核心价值观和小学生守则。

图书管理员负责图书的整理,提醒学生定时阅读、爱护图书、填写借阅记录,发现图书破损,及时联系老师修补。组织学生开展图书交流活动,分享好书。

安全小卫士负责管理学生课间活动,提醒楼道大声喧哗、奔跑的同学;管理好午餐取餐、打汤的秩序。

小小百灵鸟负责班级歌唱比赛,与音乐老师协调曲目、伴奏、指挥等,在教室组织学生练习。

小运动健将负责班级体育活动,比如组织学生大课间跳绳、跑步等,协助体育委员和体育老师开展体育活动。

小小领操员负责课间眼操带操工作,及时纠正学生不规范的眼操动作,课间操的示范榜样,纠正做操动作。

节能小卫士负责室外课、课间活动班级日光灯的关闭,提醒老师不使用投影仪时及时关闭。

桌椅整理员负责班级桌椅摆放,提醒同学们摆齐桌椅,发现桌椅有问题,及时联系老师上报修理。

……

以上只是我班级岗位的一些简单介绍,还有一些有趣的特色岗位需要在生活中随时发现并设立。小助手的工作对于每个学生来说,不仅仅是荣誉,更多的还是责任与班主任的信任,也是对个人能力的培养、锻炼与提升。

四、日常工作能力的培养

班级制度在班主任确定初步的框架方向后,班级小助手们结合自己的岗位职责以及一些工作经验,初步讨论完善班级制度,再由全班同学共同讨论,完善并确定班级制度。在此基础上,我们通过试运行一个月来发现班级制度中仍需要修改完善的部分,并最终形成我们的班级制度。所以在小助手日常工作中,更应该注重培养小助手的工作能力。

(一)培养小助手的自我管理能力

制定班级制度的目的最重要的就是规范学生的言行,最终实现学生的自我管理。而班级小助手们在日常工作的实施中,除了自我能力的提升外,最基本的还是要以身作则,成为同学们的榜样,从而实现榜样示范,榜样引领。这就需要小助手自己要做到自我管理,得到全班同学的认可与支持,这是做好班级日常工作的基础。

培养班级小助手的自我管理能力,不仅仅是减轻班主任的工作量,更重要的是要实现学生的自我管理,使其成为所有学生自我教育的有效方式。所以,我培养小助手的自我管理能力,不是安排在几次活动或者几次重要的班委会会议中,而是在日常的工作中,让小助手在日常工作中发现自己的能力,展示自己,张扬个性,在展示自我的同时能够严于律己,严格要求自己,实现自我管理,并在班级中起到榜样示范作用,带动其他同学实现自我管理。

1. 明确职责,严格要求自己

对于低年级的小助手来说,他们可能是第一次承担如此重要的责任,可能在日常工作中使用了不恰当的方法,没有实现预定的目标。这些都是现实中存在的,所以班主任这时不应该一味地批评,更重要的是帮助小助手分析问题,一起解决问题,从而实现其自我管理能力。

在我所带的 2017 级 2 班,作为班长的小雅同学性格外向,敢于表达自己的见解,能够完成老师交代的各种事情。同学们对于推选小雅很支持,可是没过多久,同学们反对的声音此起彼伏,不时传出。通过了解,原来同学说话或者犯了小错误,小雅有时会采用比较不可取的方法制止。还有小雅有时自己也没有做到,竟然管理同学,有同学认为班长没有做到的,不能要求其他同学做到。

了解到这些情况后,我找到小雅,与她坐下来聊天,先肯定了小雅每天的默默付出,帮助同学。但在处理问题时,我劝她多思考,不能采用"动手"这种粗暴且不恰当的方式解决问题。小雅很快意识到自己的问题,表示愿意去改正。

2. 自我提升,计划目标

找到问题后最重要的就是彻底解决问题,但对于小雅来说,第一次担任班长,除了有决心要管理好班级外,更多的是一种荣誉感和使命感,但在实施的过程中,如何巧妙恰当地解决问题还是不能做到。所以我先让小雅自己说说可能还存在哪些问题,我们一起商量想办法解决,既能提醒扰乱秩序的同学,还能让同学理解并及时改正。

于是,我俩就一点一点分析,先从自身找原因。首先应该自律,自己有意识做到。在每一次要开小差、扰乱秩序时都要想想自己的职责,暗示自己不应该做的事情不要做。我让小雅把"严格要求自己"这几个字写在纸上,放在铅笔盒里或者夹在书本等比较明显的位置自我提醒。如果小雅自己做不到,我还可以让其他同学提醒。

其次,小雅拍同学的这个举动非常不好,如果这次不制止改掉,以后可能会发生更加不好的事情。于是我告诉小雅:"想提醒同学是正确的,可以按照我们制订的班级制度那样提醒,如果对方还是扰乱秩序,你就可以在班里大声提醒他或者课下告诉老师帮助一起处理,而不是很粗鲁地提示,并且用书拍同学。"小雅点点头,并表示愿意尝试。

3. 榜样示范作用

只有严格要求自己,自己做到了,实现自我管理,起到榜样示范作用,其他同学才会向你学习,班级才会发展得越来越好。

我想对于第一次担任小助手的学生们来说,光荣与责任并重,除了有一颗为同学们服务的心外,还要用智慧思考,选用最合适的方法解决问题。我愿意陪伴小助手们成长,遇到问题不怕,思考原因,找出问题所在,共同解决。同时也要和其他同学沟通,肯定正确的做法,指出不足的方面,共同商讨解决。沟通只针对行为,保护每一位同学的自尊心,鼓励他们成长,更好地适应小助手的角色。家校合作也很重要,共同沟通交流,这样会使小助手们成长得更加迅速。老师们多一点耐心,多一些沟通,帮助我们的小助手进入状态,促进其成长,才会收到意想不到的惊喜。

(二)提升小助手的语言表达技巧

魏书生老师曾经说过:"教师不替学生说学生自己能说的话,不替学生做自己能做的事,学生能讲明白的知识尽可能让学生讲。"小助手并不是天生就能完美胜任小助手的工作,而是在班主任的指导下,在班级管理的实践中得到磨炼与成长。

中国的语言文字博大精深,往往因为一句话,说者无心,听者有意,就造成了不必要的误会。所以,提升小助手的语言表达技巧,可以有效与同学们进行沟通,得到同学们的支持,顺利地完成各项任务,构建良好的班集体。

1. 大声表达,展示自我

有的小助手个人素质与工作能力都很优秀,但在给同学们传达信息或者交流工作时,总是缺少一份威严,不敢在同学面前大声表达,说话声音很小,这样就会有一些调皮的同学趁机钻空子,不能积极配合完成任务。所以,让他们在同学们面前大声表达,勇于展示自己是非常重要的,这样有利于树立小助手的威信,从而促使班级活动迅速、有效地开展。

分析他们不敢在同学们面前大声表达的原因,有的小助手是性格问题,他们属于比较内向的性格,这种偏内向性格的学生改变起来就相对不太容易,但如果把握好契机,不断鼓励他们还是能够有所改变的。还有的小助手是缺乏自信心,自己的工作能力很强,但是一旦在同学面前开口讲话、布置任务,就变得犹犹豫豫、吞吞吐吐,什么想法都无法表达出来了。这类小助手相对比较容易转变,在他们布置活动、开口讲话前,就为他们鼓足勇气,鼓励他们,肯定他们的每一次表现。

我想与其改变小助手的性格,不如结合小助手自己的性格特点,采用更加恰当的方式处理更加简单。借助一个小小的机会,把握恰当的契机,处理一些问题采用的语言技巧比较明确、简洁、恰当,同时鼓励小助手大胆表达,这样以此为突破点,小助手可以触类旁通,自然而然地可以很轻松地掌握处理其他问题的语言技巧。

卷三　行动篇

325

我们需要一个时机,给予小助手成长的时间。

2.布置活动,获取支持

小助手的工作组织能力和语言表达技巧不可能是通过一次练习就能提升的,而是需要一段时间潜移默化地培养才能提高。因此,我们可以充分借助各项活动,比如陈述工作计划、总结班级情况、汇报班级工作、进行经验交流等,让小助手们得到锻炼的机会,从而获得大家的支持。

在《节约粮食》的主题班会中,同学们讨论粮食的来之不易、我们应该如何珍惜时,有一位同学剑走偏锋,认为我们少吃一点,既能减肥,又能节约粮食,此时引起同学们哄堂大笑。显然这位同学另辟蹊径,选取独特的角度发表自己的见解,但显然是不太合适的,同学们还处于长身体的阶段,只需适当控制饮食即可,不需要减肥。

虽然副班长小伟脸色突然变红了,但我们接下来就听到他掷地有声、有气魄的衔接:"这位同学的想法很独特,知道每次要适量,吃多少取多少,而不是铺张浪费,一次性取用很多,我们可以分批次取食。同时他还告知我们一个健康的饮食方式,每餐不要吃太饱,这样不利于我们的身体健康,我们每餐可以食用七八分饱即可。这样不浪费粮食就是珍惜粮食的表现,同时他还很幽默地以'减肥'来形容我们这种健康的饮食方式,多么风趣呀。那其他同学对于珍惜粮食有什么小妙招或者好的建议吗?"

同学们听完小伟这样的解读,纷纷赞同,尴尬的小插曲就这样被大家忽略了,纷纷投入到新的思考与讨论中去。班会结束后,同学们纷纷赞赏小伟的机智与语言的巧妙,没有给那位同学继续扰乱班会的机会,特别佩服小伟。

小助手除了在班级活动中拥有大胆表达的勇气和灵活应变的

技巧外,还要在自己表达观点时,仔细倾听其他同学的建议,聆听不同的声音,同时结合同学们的建议,经过思考,结合实际,灵活选用,采纳接受。

其实,除了班级这个集体外,小助手们更应该走出去,在学校的集体活动中,大胆展示自己,代表班级竞选发言,展示自己的个人风采。

所以,班主任能做的就是提供每一个可以展示学生风采的平台,让学生大胆表达。作为班主任除了提供展示的平台外,还要进行心理疏导,引导学生正确对待每一次活动,成绩不是最主要的,享受活动的过程才是重要的,互相学习,不断积累经验。

3. 学习榜样,共同提升

班级中的每个学生都有自己的责任,都是班级的小助手。而语言表达技巧的提升对于每个学生都能使其终身受益,能用最恰当、简洁的语言表达自己的观点,同时也能关注倾听者的情绪,彼此接受,这样的方式对于解决问题很便捷。所以,我在处理问题时,小助手遇到的问题不仅仅是他们几个人的问题,而是全班同学遇到类似的问题应该怎样巧妙恰当地解决。因此,我们把语言表达比较恰当的小助手当作我们学习的榜样,以榜样的力量互相影响,互相学习,从而实现大家都能恰当表达自己的想法。

身边的榜样有很多,在某一方面,我们可以选择一位同学作为榜样,学习他如何大胆、准确地表达,怎样与老师及时地沟通,这样我们就能互相了解,对于班主任处理班级事务很方便。

对于做得好的案例,我都会在班里分享,分析其中语言的奥妙,大家一起学习交流,分享沟通。有的小助手处理问题的能力比较突出,掌握的语言技巧比较优秀,那么他就是我们身边学习的榜样,以榜样的力量互相促进,共同成长,这样班主任就会轻松很多。

卷三 行动篇

（三）培养小助手担当意识

小助手承担班级工作时,除了要拥有正确、恰当的语言表达能力,能够把工作布置给同学,也能明确工作内容,让同学一起完成之外,我觉得更重要的一点是要具备担当意识。在工作中必然会遇到困阻,如果每次都退缩,那么问题依旧存在,工作也没有完成,不利于小助手工作能力的提升,也不利于小助手的成长。

1.明确责任,负责到底

每个小助手都有自己的职责所在,有的是负责班级整体事务,有的是负责班级学习工作,有的是负责班级文体活动,有的是负责班级卫生工作,还有的是负责班级宣传工作,这还只是大方向的分工,每个常规岗位下还有不少辅助岗位和特色岗位,大家虽然分工不同,但是目标明确,都是为班级服务,为班级奉献。

但在班级中还是存在这样的现象,比如同学们遇到问题,首先想到寻求班主任帮助,如果是小事情,尤其是内向的孩子,他不好意思与班主任交流沟通,那可能大家最先想到的就是班级中的小助手,可是有的小助手就不是很热心,告诉同学:"这件事不归我负责,你找别的小助手吧。"这么简简单单的一句话就使同学们很伤心,会使同学们产生误解,容易出现不团结的现象,也会降低小助手在同学们心中的威信,反而会不支持小助手的工作。

这种现象往往会出现在中高年级中,低年级的学生特别看重为同学们服务,往往特别热心,并且会跟着一起解决,不怕麻烦,直至事情解决完成。而对于中高年级的学生来说,一方面课业加重,课间时间他们更愿意完成作业或者休息一下,与自己无关的事情不愿意插手负责。另一方面可能之前所谓的"多管闲事"给自己造成了不好的影响,所以就觉得不属于自己负责的事情,就不帮忙参与。

在我刚接班时,班里就发生了这样的事情。某一天,我外出培训,就让同学们写几道数学脱式计算题,由于这些题我们之前都做过,学生们手里都有正确答案,于是我就吩咐小组长写完就给同学们检查一下,没有问题的就在左上角画"√"标注下,然后整组检查完就一起给我,小组长的由数学课代表检查,课代表和学习委员互相检查,我觉得我安排得挺明确,告诉同学们下午我回来检查,练习题收好放在小桌子上就行。

于是我就放心地去培训,等我回来后,发现少了一组,这是怎么回事呀?不可能就几道数学题到现在还没完成呀。于是我就询问数学课代表这是怎么回事。课代表特别委屈地告诉我:"是第三组没完成,原来是第三组的组长临时被安排任务,课间需要去完成其他事情,就不能负责检查了,于是就把检查这件事口头交给他们组的体育委员负责,体育委员不知道怎么回事,自己的检查完之后,就是不肯帮助检查其他同学的,组员一问就说:'你们放在组长桌子上吧,等他忙完再检查,不着急的,老师下午才培训完回来,这件事不归我负责,我可没有答应组长的请求。'"组员们一看临时组长不负责,就先不交了,等老师回来再处理,所以就差他们组没完成。

就是这么小小的一件事,三年级的学生竟然不能完成,互相推诿,没有承担起相应的责任,我当时真的很意外。

通过了解,原来体育委员之前就是因为过分热情,热心帮助同学而受到了其他小助手的误解,所以这次说什么也不肯热心帮忙了。

班主任对于小助手出现的这种退缩行为,应该正面引导,消除其思想的误区。小助手就是要为班级同学服务的,需要具有奉献精神,担当意识。也许遇到一些事情,自己热心帮助同学们,换回来的可能是同学们的不理解,甚至是风言风语,但这些都是极少数同学的不恰当行为。所以不要过分在意那些极少数说闲话的同学的言语,大家都希望班级更加有序,如果承担了责任,并且顺利出色地完成,同学们自然而然地相信你的工作能力,用实际行动去破除那些对你的误解,这样更能凸显小助手的担当意识与能力。如果一味地退缩、躲避,反而会让同学们误解小助手不敢承担,不乐意为班级服务,这样就会适得其反。

小助手可能觉得做好自己的本职工作就是最好的了,但这却是小助手最基本的职责,而小助手的初衷就是为班级服务,拥有奉献精神。虽然只是一句简单的"不是自己的工作"就拒绝了同学们,但会失去同学们的信任。我们面对问题应该具有担当意识,敢于承担、负责,以实际行动为同学排忧解难,给同学留下负责任、值得信赖的印象。

2. 妥善布置,避免推卸

在学校布置的活动中,往往分配工作时,一般班主任会先分分工,看看这些工作哪些是小助手完成的,哪些是布置给同学完成的。明确责任后就由小助手将工作分配给同学,同学们再认真完成。但当小助手布置工作时,有时没有考虑到同学的实际情况,强加给同学,如果同学不同意或者不能及时完成时,就会以一句"这是老师的意思"回复,暗示同学自己决定是否要完成,不能完成就是不完成班主任布置的活动。这样就会给同学一种强硬的感觉,可能同学会碍于老师的威严不得不完成,但也会对小助手的工作能力产生怀疑,感觉小助手布置活动是以班主任的名义故意压制同学,从而使小助手的威信下降,严重的会不支持小助手的工作。

有一次,学校临时布置了手抄报任务,是副班长小伟开会收到的。由于时间比较紧急，我就没有让宣传委员负责，直接交给小伟负责了，让他布置给画画比较好、完成效率高的同学完成。小伟把两张手抄报的专用纸发给平时画画比较好的同学，告诉他们明天早上就交，让他们今天晚上好好画。其中一位同学小天晚上临时有事，回家会比较晚，于是就告诉小伟今天有事不能完成，让其他同学完成。也不知道怎么回事，那天小伟就很生气，认为小天就是不支持他的工作，故意和他唱反调，越是紧急的任务布置给同学，就是相信同学，小天反而不支持，于是小伟当时语气很生硬地回绝："这是老师布置的，是老师的意思，我也不太会画画，就不能帮助你了，你要是有难处，就自己和老师说吧，这事我就不管了。"说完后就气急败坏地回到座位上，只留下小天一脸茫然。

案例中小伟说的这些话没有考虑到同学们的实际情况，便强加给同学，忽略了同学的感受，而且利用班主任的威严去布置活动，会让同学们误以为小伟缺乏工作能力，只是充当班主任的"传声筒"而已，也会让同学们产生反感，不认可小助手的工作能力，更有甚者，会不支持小助手的工作。仅仅因为不恰当的言语就失去同学们的信任，这样会得不偿失。所以我们应该注意语言表达的技巧，巧妙和同学沟通，不推卸责任，凸显担当意识。

这件事虽然发生在小助手之间，只是小助手的一句"这是老师的意思"，就以班主任的名义压制同学，逃脱了自己的担当意识，但这句话如果不及时制止，可能还会在班级中蔓延下去，于是我们在班会课上严肃地探讨了这个问题，大家都认真对待这个问题，正视这个问题。同学们都表示，在自己无能为力时，又想快速解决的时候，这句话很容易脱口而出，没有考虑到同学的想法。我们也换位思考，探讨这句话的影响，大家都认为这样说就有点不择手段，没有设身处地为同学着想，没有考虑是真的不能完成，还是敷衍不能完成。这句话会严重地伤害同学们,可能也会使同学之间的友谊破裂,总之如果不妥善处理,后果就将不堪设想。看来同学们都知道不能口不择言,要讲究说话的技巧,不推卸自己的责任,不能为了快速布置活动而强压制同学,迫使同学完成,要妥善安排活动,具有担当意识,不推卸自己的责任。

小助手的工作能力可以培养,但小助手如果因为缺乏担当意识,语言表达不完善,一句"这件事不是我负责""这是老师的意思",很可能会拉开自己和同学的距离,这样小助手就把自己的责任转移到同学身上,不具备担当意识,同时同学们也会对小助手的工作能力产生怀疑,认为小助手不值得信任,可能就是因为这样的一句话,同学们会感到很寒心,便不再继续支持小助手的工作,这样小助手就会得不偿失。

所以具备担当意识是非常重要的,小助手的初心就是为同学们服务,为班级服务,为班级的发展做贡献,最重要的就是不推卸自己的责任,遇到问题不退缩,迎难而上,尽自己的全力帮助同学们,不用在意少数同学的风言风语,以实际行动证明自己,破除同学对自己的误解。

其实,具备担当意识对小助手来说是重要的,对于每一位同学都是重要的,每一位同学都是班级中的一分子,是班级的主人,都有责任和义务为班级服务。如果班级哪项工作没有做好,我们每一位同学都有责任,有义务为同学提供帮助。所以每位同学都应具有担当意识,遇到事情不退缩,尽自己的能力去帮助同学。也许有的事情自己不能解决,这是很正常的,我们不可能处理得面面俱到,但我们可以帮助同学去找到可以解决这件事情的同学或者是负责这些事情的同学,只要勇于承担责任,面对同学们的请求,不推脱,不推卸责任就可以。

班级的日常工作有很多,只要具有担当意识,妥善布置活动,这样就能更好地为班级服务,为班级的良好发展贡献力量。

五、班级活动

班级的各项活动是对学生进行思想教育,展示学生个人风采的舞台,同时组织活动的过程也是班级小助手展现才能的大好时机,也是培养小助手能力的绝佳机会。小助手们除了出色地完成班级的各项日常工作外,还要互相合作,集思广益,组织开展班级的各项活动。

(一)主题班会,集思广益

班会活动是对学生进行思想教育的重要方式,每周一次班会的组织,也是体现班级小助手能力的机会,小助手们可以通过集思广益讨论班会主题、布置班会活动等。通过班会活动,不仅能加强小助手和同学们之间的协作关系,也能体现小助手们之间的合作精神。所以,班主任应该重视班会,指导小助手们组织好班会活动。

1. 召开班委会,确定班会主题

班会最主要的作用之一就是对学生进行思想教育,让学生通过班会得到思想的提升,组织好班会的首要任务就是确定班会的主题。

(1)学期班会主题确定的时间

确定班会主题这项任务一般都是在班委会上讨论的。大约在开学初期的班委会上,小助手们结合本学期的重点节日以及学校的一些初步活动安排,确定本学期的班会主题,如果没有其他变动,我们就可以根据这些大的主题去细化,明确每周班会的确切主题。除了固定节日的主题外,小助手们还可以结合班级或者学校近期发生的事件选取比较有价值的内容确定话题。大家集思广益,畅所欲言,从小助手们提出的多个主题方案中,在班委会中进行讨论,从而确定下具体的班会主题。

(2)认真筛选提炼主题

在这里要重点提醒下班主任们,班会最主要的目的是与学生进行思想交流,可能有的话题比较枯燥,并不被所有同学喜欢,如果同学们不认真参与班会活动,那么此次班会活动的组织就毫无作用,失去了组织班会的意义。因此,我们在指导小助手们确定主题时一定要提醒小助手们用心筛选主题,选择适合同学们的话题,这样同学们的参与度高,积极性强,在后期布置活动时同学们才更会全身心投入,这样的班会开展起来才会更有效果。

我们班的班委会一般是由两位班长轮流主持,班主任定期参加班委会会议,但刚开始的班会选题会议,我每次都参加,一方面是指导小助手们选题,另一方面是提高会议效率,避免讨论无关的内容。但刚开始的选题活动,小助手们都会比较谨慎,不知道应该怎样去讨论,这是很正常的事情,这时就要靠班主任进行多方面的启发,因为班委会时间有限,为了避免过多地浪费时间,我们可以提前几周就进行讨论,拓展思路,即使没有讨论出结果,也会确定主题范围,小助手再进行详细的准备,以便后面几周能够进行详尽的讨论。

在班委会讨论议题的时候,要鼓励每位小助手积极发言,把自己的观点表达出来,除了提供自己选择的主题外,还要把自己的想法阐述清楚,也就是有理有据,表达清楚,这些针对班级问题进行的班会显得尤为重要,每周一次的正式班会我们要重点阐述哪些内容,让同学们产生共鸣,进行思考,得到心灵的洗礼,其他的相对弱化的内容我们可以选择早读、午休和课间的零碎时间进行讨论交流。

刚开始讨论时,小助手们容易扩展出很多内容,但有的内容是与选题无关的,所以班主任或者班长(后期小助手们独立选题)应该及时引导,巧妙地引到选题的话题中。这一点请各位班主任们一定尤为注意,不要一味地鼓励小助手们集思广益,发散思维,畅所欲言,这些都是在不偏离主题的基础上进行的。

在小助手们各抒己见的过程中,难免会出现不同的意见,也许每个小助手都有自己的想法,也都能阐述合理的理由,这时我们就应该以大局为重,由班主任或者班长进行协调,选择的主题应该更贴近同学们。同时也要记录其他小助手们的建议,如果有需要,可以选择其他时间进行组织。

最后,通过班委会讨论确定班会主题后,班主任和班长都要进行总结和评价,同时副班长要对本次班委会的会议内容进行记录总结。

虽然说选择班会主题看似很简单,但对于小助手们来说,刚开始确定主题还是很困难的,但只要把握上述几个原则,随着小助手能力的提升,这些都会变得越来越顺利。

2. 班会的组织实施

小助手们在班委会中通过讨论后明确了班会的主题,这已经拥有良好的开端,剩下的就是进行班会准备了。

(1)实施的准备

根据我们确定的主题进行分类,具体分工负责进行班会准备。比如学习类的由学习委员统筹负责,思想教育类由班长和宣传委员共同负责,文艺类则由文艺委员安排,活动类由体育委员统筹,这只是大的分类。分类后,这些小助手负责把班会需要用到的物品准备好,需要设计的活动提前准备好,再由总负责的小助手细化下去,分配给其他小助手,这样安排明确后,大家再进行文字准备、情景剧的排练、歌曲的练习等各个环节的细化。

在小助手们明确的分工下,每个需要准备的内容全都细化下去,这样大家只需负责一小部分即可,专人专项负责,和同学们沟通准备文字材料、绘画作品,查阅资料,收集音频、视频等,这样每个环节都细化分布下去,大家都有事情做,都在为班会进行准备,在参与的过程已经能感受到主题班会潜移默化的影响,大家积极配合共同做好召开主题班会的前期准备。

由于小助手们都已有明确的分工,目标明确,这样大家执行起来就很顺畅。主题班会已经是同学们参与策划、设计的了,那么班会的主持也应该由同学们主持,班主任则是在旁边参与,进行班会总结。刚开始几次独立的班会是由班长和文艺委员共同主持,但是小助手们工作已经很繁重了,一方面为了减轻小助手们的压力,另一方面也是给有主持特长的同学提供一个展示的舞台,因此,我们商量一下,选取几个有特长,愿意主持班会的同学,给他们分好序列,大家轮流主持,给大家提供展示与成长的机会。

(2)实施的过程

为了让同学们充分投入到班会活动中去,小助手们应该以身作则,以积极、阳光的心态调动大家参与。班会刚开始,同学们还未进入状态,但班会课的时间有限,为了提高班会课的质量,这就需要小助手们先行示范,带领同学们快速进入状态,创设一个良好的班会氛围。

1)发挥主持人作用

在班会的主持时,小主持人表达时要注意语气,提问要明确,表达要准确,情绪要充沛,要具有感染性,能够用自己的语言带领同学们进入情境。同时在发言的过程中,允许同学们集思广益,畅所欲言,发表自己的见解,鼓励同学们积极发言,多一些具有创造性、建设性的观点。可能同学们的发言具有局限性,这个是正常现象,那么小主持人在肯定同学们的发言时还要注意引导,启发同学们发现不一样的内容,拓展思路进行发言。我们要尊重每一位同学的意见,虚心听取大家的观点,也要善于发现沉默的同学,鼓励大家积极参与,投入到班会中。

在这里要提醒大家,如果有的同学发言有偏差,观点比较极端或者不太正确,就需要主持人及时制止,巧妙地化解尴尬,把同学们的观点转到正确的方向来,不用过多解释,只需要不动声色地转移就可以了,同时要让同学们认可我们正确价值取向的观点,虚心接受正确的观点。

2)调动大家的参与热情

如果同学们发言比较少,小助手们可以尝试引导同学们发言,如果发言不顺利,那就先继续下一个环节,不要无谓地等待,也许后面的环节就能启发同学们发表见解。在这里也要提醒小助手们在设计班会流程时,在发表观点这一环节,一定要让同学们有话说,只要提供表达的环境,就会产生思维火花的碰撞。

3)班主任适度点拨

如果遇到讨论话题偏离主题的情况,主持人经验不足,或者没有意识到应该如何转变时,这时就需要班主任出面,正确引导同学们思考,化解这个局面。班主任在班会中不只是总结发言的,还有个重要的角色是把控全局,作为辅助,哪里有需要帮助就在恰当的时刻出现,使得班会顺利进行。

3. 班会延伸, 教育传承

班会可能进行得很顺利, 同学们在班会上也都有所收获, 又或者班会进行得一般, 教育意义不明显, 教育效果不太显著, 这些都是有可能的。但不要停止继续的脚步, 班会结束并不意味着教育的结束, 而班会只是我们进行教育的一个开端, 有形或者无形的教育还依旧存在, 这就需要我们进行班会的延伸。

其实, 班会的延伸形式有许许多多, 只要小助手们能够想到, 有能力做到, 班主任都应该支持, 因为班会开展的最主要目的就是对学生进行思想教育, 以行动践行思想, 短短的 40 分钟只能做到思想的启迪, 最终我们还是要落实到实际行动中去。活动延伸的意义非常大, 我们可以从很小的事情做起, 通过我们年龄的增长, 阅历的增加, 能力的提升, 我们的延伸活动办得还会更加有声有色。以班会为起点, 以延伸来检验我们的班会效果, 传承班会的思想, 这样更拥有教育意义, 辐射到全班同学, 全员参与。

(二) 主题队会, 注重仪式

在我们学校, 班主任还承担少先队中队辅导员的角色, 所以我们不仅要组织小助手们开展主题班会, 还要组织小助手们开展主题队会。在这里, 我先要明确少先队的组成, 在我所带领的中队中, 我是中队辅导员, 下设队长 1 人, 副队长 1 人, 小队长 5~6 人, 也就是每个中队下设 5~6 个小队, 小队数量没有固定的要求, 可以结合自己班级的人数进行划分。

组织每一次的少先队队会, 最重要的就是要让队员了解少先队队会的仪式: 全体立正, 报告人数; 出旗 (鼓号队奏出旗曲, 队员敬队礼); 唱队歌; 队长讲话, 宣布活动内容; 进行队活动; 辅导员讲话 (活动结束进行简单总结); 呼号 (少先队员右手握拳在头部右侧);退旗(鼓号队奏退旗曲,队员敬队礼)。

其实主题队会和主题班会的流程基本一致,小助手们已经具有开展主题班会的经验,那主题队会对他们来说准备起来也不是很难,只不过需要注意队会的仪式和语言,队会面向的是少先队员。每次队会都由中队长负责组织召开,中队委和小队长们参会准备,我们还是提前讨论确定队会的主题,除了参考学校发布的队会主题,选择中队中出现的问题进行探讨外,我们还要自己发掘少先队活动课的主题。

在这里我要提醒辅导员们,一定要提醒小助手们选择主题不要过大,刚开始大家还把控不好,我们先从小处准备,从小的主题引发大的教育意义,鼓励小助手们做生活的有心人,善于发现身边的点点滴滴,捕捉有意义的话题,分析总结,及时开展少先队活动课进行针对性的教育。

无论是班会课还是少先队活动课,其主要的目的都是以育人为前提的,对学生、少先队员进行思想教育,让他们收获良好的教育,懂得一定的道理,获取知识。

六、小助手评价

现在,我的班级小助手都是同学们自己进行自荐竞选,同学们选举推选出来的,都是符合同学们心中标准的小助手。但是为了更好地督促小助手为班级服务,提升他们的工作能力,我会在一学期或者一学年进行量化评价,这样能够及时发现小助手工作上的不足,及时进行调整,消除误解,帮助小助手今后更好的发展。

（一）量化标准

我进行量化评价并不是随意评价，随意评价对小助手工作不尊重，也不能对小助手的工作提供合理、完善的改进建议，因此，我结合我们的班级制度、学校和班级的活动进行量化评价。

1. 量化比例

由于我班的小助手分为三类，常规岗位、辅助岗位和特色岗位，所以我就先对所有的小助手进行总体量化评价，然后再细化，结合他们自己的岗位特色进行评价，辅助岗位和特色岗位就可以和类属的常规岗位一起评价。

我们经过讨论决定，全班同学对所有小助手进行评价，班主任和任课教师也要对小助手进行评价，学生与教师的比例为 6∶4，因为小助手是为班级服务的，所以学生评价比例略高一些，教师也要具有一定的话语权，进行整体决策，把控方向。全班同学先对所有小助手进行全面评价，接着同学们再对常规岗位的小助手进行分岗位职责评价。而常规岗位附属的辅助岗位和特色岗位，除了同学进行全面评价外，常规岗位的小助手会对附属的辅助岗位和特色岗位进行细化的岗位职责评价，全面评价与岗位职责评价比例为 6∶4，只要小助手总体发展方向是对的，工作能力是可以培养的，最终的评价比例为学生全面评价、岗位职责细化评价、教师（班主任和任课教师）评价为 3.6∶2.4∶4，学生评价总体占比 60%。

2. 量化内容

全面评价即个人总体评价主要分为以下内容：对待工作有责任心，热心帮助同学；严于律己，遵守学校规定和班级制度，在班级起到榜样示范作用；小助手之间合作管理；开展班级活动，记录学生问题并及时反馈；学习态度端正，积极进取。我们大致分为这 5

大类,结合这几方面进行评价,如果哪里做得不好,也可以结合这几类进行阐述,给小助手提出合理化的建议。

下面我再列举一些细化的岗位职责评价,比如班长——做好班级管理,能够统领班级事务,学习认真,成绩优秀。副班长——积极配合班长开展活动,组织好班委会会议。学习委员——积极促使班级形成浓厚的学习氛围,及时与任课教师沟通。文艺委员——积极组织开展文艺活动,组织同学们参加文艺活动。体育委员——组织开展体育活动,组织同学们积极参与体育活动。宣传委员——充分宣传班级的各项活动,组织好班级板报策划出版工作。卫生委员——保持班级卫生整洁,督促学生值日。

以上只是我们每个岗位的主要责任,其余的细化内容,我们可以随着班级学生年龄和知识的增长进行不断完善。其实,在量化评价的过程中也是发现问题的绝佳时机,我们可以随时进行讨论修改。这样的评价就是我们每年进行学校评选优秀学生的评价方式,这也是同学们自己商讨的,这样选取的优秀学生,同学们都是有目共睹的,都是符合班级要求的。

通过评价,我们可以让小助手明确哪些工作得到了同学的认可,哪些方面还存在问题,需要改善。但这个评价并不是要罢免小助手,而是要让小助手发现问题,改善自己,从而提高自己,这样才能更好地为班级服务。

小垚是在三年级上学期临时任命,通过试用期正式转正的班长。她在下学期我们进行的小助手竞选中获得同学们的支持,继续担任班长职务,同学们在这一学期对她的表现进行了量化评价,最后我收到的结果是班长的学生评价非常高。我私下和几位同学沟通,了解学生的真实想法,同学们都告诉我,小垚虽然是第一次担任班长,但是依旧很认真去做好每一件事。还有的同学告诉我,小垚学习成绩好,上课认真听讲,积极回答问题,并且字写得特别规范,值得我们学习。而且她遵守纪律,不随意说话,还总是提醒大家遵守课堂纪律。

看来小垚这一年的努力得到了同学们的认可,我又询问小助手们对于班长这一年的工作评价。大家依旧是很认可,都从自己的岗位中举例说明。小垚的工作得到肯定,她自己知道后明确表示会继续努力为同学们服务,虽然有时处理问题方法可能不太恰当,让有的同学不太满意,但她自己表示会改变,往后采用一种更加合理的方式进行管理,让大家都满意。

我们班级的节能小卫士小元工作能力特别强,每天到校要是看到班级电灯没有开,如果屋里光线较暗,他就会主动开灯。虽然工作能力特别强,但是同学们对他的评价并不是特别高,属于中等评价。我了解后发现,同学们都认可他的工作能力,但问题出现在他就是管不住自己,爱说话,不能严格要求自己,有时还带动周围的同学说话,扰乱课堂秩序。此外,小元还不积极主动完成各项任务,不是不会,就是拖延,需要小组长单独提醒督促才可以。

我把同学们的反馈意见告诉了小元,小元听到同学们对他的认可很开心,还告诉我他的工作小技巧,平时都不用管,只需要检查一下就行。但听到同学们提出的问题,他低下头,不好意思地笑了笑,这些问题确实存在。我明确告诉他,班级的同学都在进步,如果你再不改正这些小问题,成为同学们的榜样,以后就没有同学支持你了。小元听后连连点头,表示一定及时改正。

虽然小元存在的问题需要一段时间改正,但他拥有改正的动力,小助手的责任感和使命感督促他改正、前进。可见,进行量化评价还是非常有必要的。

(二)定期总结表彰

小助手的评价标准我们已经制定完善,那么小助手在评价前还要进行自我总结,自我完善,只有通过自己的总结反思,才能了解自己在工作中的表现,以及工作中还需努力的方向。我们的总结不仅仅是为了同学们的评价,更多的还是要提升小助手的工作能力。所以,我们一般会结合班级具体的情况,在学期中旬,学期末或者一学年进行总结,在这里分为小助手的个人总结和班主任总结。

1. 个人总结

个人总结是小助手对自己的工作情况进行汇报,是工作能力和工作成绩的展示。通过一段时间的工作,为了更好地了解自己工作的情况,同学对自己工作的认可及评价,小助手在固定时间要进行自我总结与反思,为自己今后的工作提供前进的方向。

在我刚接班的时候,小助手的工作能力我了解不全面,或者是新接班的一年级学生,他们才刚刚组建班委会,工作能力还没有充分培养,我一般会选在学期中旬进行总结,了解他们自己真实的想法。

刚开始,小助手们遇到最多的问题就是无话可说,这也没关系的,我们就让小助手说一说自己做了哪些工作,肯定下自己做得好的方面,哪里还存在问题就可以了。

小助手可以先从自己的岗位职责进行总结,自己在工作中是否胜任工作职责要求,哪些职责能够完全做到,哪些职责还欠缺,分析下原因,是设置问题还是个人仍需努力;工作的成果如何,自己为此做了哪些具体的工作,同学们怎样配合完成的;在工作中总结出自己做得好的经验,进行分享交流,哪些还存在问题,怎样努

卷三　行动篇

力改进,需要班主任或同学提供哪些具体的帮助;自己在未来的工作中有哪些畅想,制订了哪些初步方案。

以自己的实际工作作为总结依据,小助手还可以根据自己这段时间的工作进行纵向分析比较,肯定自己的成果,完善自己的不足。还可以和之前此岗位的小助手进行横向比较,对比分析,找到工作优秀的闪光点,继续加强不足之处。通过每次的总结分析,肯定自己的成长,找出问题,不断提升自己的工作能力,更好地为同学服务,为班级做贡献。

所以,小助手在总结反思中就会不断完善自己,提升自己。我们要利用好每一次小助手总结的机会,不用长篇大论,只要是自己的肺腑之言即可,明确自己完成的工作,让同学们都了解小助手们的默默付出。

2. 班主任总结

小助手自己总结外,班主任的总结还起到画龙点睛的作用。我们一般在全班进行总结前先在班委会进行自我总结,小助手之间先自我评价,总结经验,我再进行总结,之后小助手们才会在班级同学那里进行二次总结。最后,班主任结合小助手的工作进行肯定与鼓励。

班主任的总结不仅是对小助手工作的肯定,能够增加他们的自信心,更好地为班级服务,而且要重点肯定小助手工作中的一些亮点,尤其是值得在班级中推广实施的,也让他们彼此之间互相取长补短,互相学习。同时,班主任在总结的过程中还要重点指出小助手们在工作中存在的问题,提出如何帮助他们解决,这才是最重要的。是能力的培养,还是给予他们更大的权利进行自由发挥,这些都是班主任对小助手总结中要考虑、涉及的。

同时明确在实际工作中,小助手在合理范围内具有自己定夺的权利,要勇于大胆承担,不要缩手缩脚。班主任还要提醒每位小助手,要在工作中多听取同学们有效的建议。听到我的总结,小助手们仿佛吃了一颗定心丸,工作起来更加得心应手。

3. 表彰鼓励

小助手们的成长大家有目共睹,除了肯定小助手们的工作能力,还要提高他们的积极性以及工作的热情,让他们的付出有收获,所以我们要定期进行表彰,进行鼓励。一般我都是以一学期为标准进行表彰,但对于我刚接触到的班级小助手,由于我们还处于磨合期,所以我选择每学期中旬进行表彰。

刚开始,我也只是用一些小文具作为奖励,刚开始小助手还很高兴,时间一长,就变得习以为常了,所以我就花费心思,进行创新。每年的联欢会正好在年末的时间举办,同学们都辛苦一年了,借此契机,我们除了对本学期有进步的同学进行奖励外,还对表现出色的小助手们进行奖励,感谢他们一学期的付出。有一年我是利用电子白板让小助手们进行抽奖,其实他们不在乎奖励是什么,更在意的是老师和同学们的认可。所以他们在全班同学注视下抽奖时,下面的同学更加激动,谁也不知道指针会在哪里停止,停到哪里就是什么奖励。大家都觉得很新鲜,喜欢这种奖励形式,为了能够上来抽奖,感受幸运,于是都更加努力工作。在这里说明的是,所有岗位的小助手只要工作出色,我是都奖励的。

看到大家的积极性,为了增加神秘感,我就告诉他们:"你们还要好好工作,这次和上次的奖励方法不一样,如果想体验的话,可以试一试。"这种神秘感无形会给他们带来更多的激励,督促他们认真工作。

后面,我继续创新奖励形式和内容,比如我把奖励都写好,装在奖励气球里,有的奖励气球在前面的游戏环节已经用掉了,剩下

卷二 行动篇

的里面是什么就不知道了。这样受到表扬的小助手可以在同学面前任意选择一个气球,看看里面的奖励是什么。有的拆开后是文具,有的是请同学唱一首歌曲进行精神鼓励,还有的是请组员说一些感谢的话,总之创意无限。

我还提前找到几位同学,请他们帮忙写一写这些小助手的特点,让大家猜一猜。令我没有想到的是,同学们都很认真对待,没有敷衍,不是简单的几个特点,而是把他们心中的形象都写出来了,小助手平时工作的一言一行同学们都记在心中,让我感到更多的是感动,有的同学写的真的就像是颁奖词,我觉得这就是感动班级的颁奖词,给大家分享其中的两个令我感动的话语:

你是我们的数学组长,每次老师安排任务时,你看到后总是第一时间提醒我们完成。有时我们中午吃饭的时间找到你,你也没有拒绝,虽然总是嘴上说:"把练习放在这,我等会儿吃完饭就检查,你先等一等吧。"但是我们看到的是你放下筷子,拿起我们的练习进行检查,并把有问题的地方圈画标注出来,然后立马找到我们,如果我们在吃饭就告诉我们吃完饭再找你。如果我们吃完饭,你就继续给我们讲解,督促我们修改,等我们都弄完了,你才回到座位上打开饭盒盖继续吃饭。所以,为了不影响你吃饭,我们都是在你吃饭后才找你。还有刚开始,我们配合不默契,有的同学不及时改错,你真的是满世界找他们,站在旁边督促提醒他们改错,后来大家慢慢习惯了,就及时主动改错。每次我们小组都是第一个完成任务的,得到老师的表扬。感谢你——数学组长,正是你的认真负责,才让我们提高了学习数学的兴趣和积极性,未来我们一起努力。

每次杨老师外出培训学习时,你总是提醒我们要好好表现,不要给老师惹麻烦。提醒组长们及时收作业并放在老师的办公桌上,不耽误老师给我们判作业。在杨老师批评咱们体育课回来后班里乱糟糟时,你默默记在心里,并在之后的每一次体育课回班的时候提醒我们不要大声喧哗,让我们自己休息或者写作业,让杨老师安心。体育课上,我们一场比赛失利,后面你就和体育委员一起组织我们在体育课上练习拔河,争取后面的比赛取得胜利。每次的班级活动,都能看到你和其他小助手一起商讨准备。你总是说你是班长,应该多做一些,有问题找班长就能先解决。老师指出的班级问题,你总在第一时间提醒同学们改正,咱们班级的班风越来越好,别的老师都夸奖咱们班,你总是开玩笑说:"那是,也不看看咱班的班长是谁。"感谢你——班长,正是在你的带领下,咱班的班级活动越来越精彩,班级面貌越来越精神。

听到同学们的感言,小助手们都能猜出是谁,原来自己所做的一切都被同学们记住,这种无形的感动会继续激励他们做好班级工作。

如果多方面表现确实优秀,那么在每学年的优秀学生评选中就可以倾向于这些班级小助手,在同学们的认可下,我们有成熟的评价标准,这样对于小助手的激励就更加具有促进作用。

所以班主任应该让小助手在总结中成长,同时我们也在进行反思、改变,肯定小助手的表现,适当进行表彰奖励,激发小助手们的工作积极性,促进他们在工作中成长,更好地为班级发展做出自己的贡献。

七、我的感悟与思考

通过培养小助手,这不仅对学生的成长起到至关重要的作用,其实对班级的管理也达到事半功倍的作用。小助手是班主任的左膀右臂,是班主任进行班级管理的协助者,是老师和学生之间联系沟通的纽带。

(一)减轻班主任负担

班主任不仅要履行班主任职责,还有教学任务,同时兼任中队辅导员,多重身份、多维职责往往让班主任应接不暇、手忙脚乱。现在各项活动众多,如果全部靠班主任亲力亲为,实在忙不过来。班主任应该重新定位自己,可以把一部分学生能做的工作交给小助手去做,这样既锻炼了学生的能力,又能够减轻个人的工作负担。

比如我所带的 2017 级 2 班,刚上一年级的时候,学校就布置了手抄报的活动。刚开始是我布置,几位同学轮流画。后来我们终于选举出宣传委员了,手抄报的工作就安排给她负责。班长拿到手抄报的要求后,就会及时转交给宣传委员,由她去负责布置,同时告诉他们什么时候交。为了让大家机会均等,每次手抄报的任务都轮流布置给同学们。

另外,刚开始,同学们的手抄报是交给我,我拍照记录后,再给宣传委员,由她上交。再到后来,就直接由她负责收齐,先交给我拍照留下记录,然后她再上交。有时我想问问,班长和宣传委员就说:"杨老师,您不用管了,我们俩都安排好了,您就放心吧。"看到她们默契的配合,我很庆幸有这么好的小助手,减轻了我的工作量,这件事就不需要我去过问了。

通过培养小助手加强班级管理,减轻了我的负担,虽然前期需要我的观察、指导,甚至手把手引领,但后期他们就可以独当一面,自己独立完成相关工作,这大大减轻了我的工作量。

(二)促进班级管理

培养好小助手不仅可以减轻班主任的工作负担,还能协助班主任共同做好班级管理。尤其在班主任不在班的时候,更能充分证明这一点。

我所带的 2011 级 4 班的每个小助手都很"给力",能力突出。比如,我有时会有其他低年级班级的副科课,而我们班却是体育课,有时体育课需要早回来,这时只有学生在班里,没有老师,有时孩子们就会管不住自己,大声喧哗,由于还未下课,就会影响其他班级上课。在我发现这个问题后,及时在班级里讨论这个现象,需要每位同学的自觉遵守,也需要班长负责提醒监督。

我原本以为所说的没有什么效果,但当我上完课及时回班的时候,我惊呆了,我们班却是静悄悄的,学生们自己做着自己的事情。我就告诉同学们下课了可以休息,但他们却告诉我:"不行,老师没来。"通过了解知道,班长和其他小助手各司其职,各自负责一个区域,刚开始有同学管不住自己,小助手就互相提醒,有同学想打水,只需和班长说一声便可以打水,然后回来继续做自己的事情。班长只需要在乱的时候提醒下还未下课就行,大家都做自己的事情。每当其他老师从我班路过后,总是向我表扬我班的学生,我听了后心里美滋滋的。

有时我需要外出学习,一走就是一整天,我就在临走前交代班长一些事情,总害怕同学们会调皮,班长一副信誓旦旦的样子告诉我:"杨老师,您放心去学习,班里有我们呢。"每次学习后转天我都要早早地进班看看,当我看到整洁的地面,整齐的桌椅时,我百感交集。

还有一天我进班看见班长带着几位同学做卫生,我很诧异。这时班长告诉我:"昨天天气不好,您没有留同学值日,但我感觉还有点脏,就私下通知了做卫生的同学今天早点到校,我们在同学们来之前赶快清扫,为同学们创设一个干净的学习环境。"

大一点的学生做得这么棒,我们小一点的学生也不甘示弱,做得也不错。

有一次我外出培训,中午急匆匆地赶回班级,班长看见我后很高兴,直呼:"杨老师,您可回来了。这些需要同学们完成,我已经初步选好同学,您再确认下,我就布置下去。今天同学们表现都不错,卫生委员已经督促值日生完成值日啦。体育委员已经和体育老师确认好参赛的选手,也督促同学们在体育课上练习啦。手抄报已经交给宣传委员,她也安排布置好了。"最后,班长打趣地说:"杨老师,您这外出半天学习,发生了这么多的事,但是您都不需要管,我们几个人都安排好了。"然后很自豪地朝我笑笑,我也回以满意的笑容。

(三)成为同伴榜样

面对复杂的教育生活,有时班主任的说教很无力,而同龄人的榜样影响却很有效。

有的同学做事情很拖沓,总是不及时改错,小高就是这样,其实他都会改,可是他下课宁可去玩也不会坐下来先改错。有一次我提醒他及时改错,他还是不着急改,坐在那玩。我就没有再"碎碎念",而是表扬了他们组的另一位同学小哲。他一听立马过来询问我,知道表扬小哲的原因后,立即回到座位改错。其实这两个孩子都在竞争数学组长的职务,互相激励,互相帮助,互相成为对方的榜样。

通过上述的几个案例可以看出,虽然我开始都不放心,但小助手们表现都很棒,把一切都安排得妥妥当当,班主任在或不在都一样,最后只需向我汇报一下即可。无论学生们的年龄大小,小助手们都在尽力履行自己的职责,我们共同关心、规划、管理班级,班级会越来越好。同时榜样的力量真的很大,可以督促学生互帮互助,互相激励。

由此可见,培养小助手真的很有必要,有利于集体的建设和发展,对于学生自己也收获满满,影响很大。同样,对班主任自己也很有益,可以减轻班主任的工作量。重要的是,如果有的学生出现不良行为,都不需要班主任大费口舌,最有效的方法就是帮他找到学习榜样,他们能够互相激励、互相促进,手拉手并肩前行。

捧着一颗心来，
不带半根草去。

徐宏伟,天津市
西青区杨柳青第
四中学班主任、
语文教师。

西青区 265 骨干教师、学科带头人、名班主任、杰出班主任,天津市千名计划骨干教师、德育优秀教师,先后被评为"265 农村骨干教师培养工程"优秀学员、"国培计划"优秀学员、千名计划优秀学员,2018 年入选"西青区班主任培养提升工程"。在多次活动中荣获优秀指导奖,撰写的德育、心理论文,2 篇获全国奖,1 篇获市级奖,1 节班会课获区级奖,1 节心理课获区级奖,1 篇个案获区级奖,《带刺的玫瑰》刊登在西青区班级文化建设探究《班主任的教育故事》上,《携手共甘苦 永葆先进性》被选入西青区"模范党员"事迹。

带班理念

用心去爱,用情去润。

"尚美"班级文化建设的思考与实践

徐宏伟

一、"尚美"班级文化建设的思考

班级如何管理？班级文化如何建设？如何使每一个学生都能成为德智体美劳全面发展的好学生？如何使所带班级成为优秀班级？如何做一名杰出的班主任？这一直是我思考的问题。

班级文化是有灵魂的，班级管理要用文化去引领，以价值观支配行为取向，班级文化是一种隐性的教育力量，表现为一个班级独特的精神风貌，它是班级的灵魂所在，具有凝聚、约束、鼓舞、同化的作用，为班级管理和建设提供了不可替代的力量。一个优秀的班集体就应该有一种独特的精神风貌，一个真正有文化的班级，自然会有一种具有班级特色的品格和气质，我们的班级文化建设就是要培育这种独特的精神风貌。作为一名班主任，我们要用自己的教育情怀、教育智慧，带着孩子们去挖掘、开发和积淀这种独特的精神风貌。在教育实践中，我尝试以"尚美"作为班级管理的切入点，从环境文化、制度文化、精神文化、活动文化四个方面进行班级文化建设，边思考、边实践、边反思、边总结，再思考、再实践、再反思、再总结……

（一）"尚美"班级文化建设的背景

1. 培养全面发展人才的需要

教育的核心是要"解决好培养什么人、怎样培养人的重大问题"，其重点是要"面向全体学生、促进学生全面发展"。培养德智体美劳全面发展的学生一直是我们的教育目标。

爱美之心，人皆有之。人类自古以来就一直追求着"真、善、美"。人的美不仅表现在美的形体上，还表现在美的性格、美的行为、美的语言等方面。教育伴随人的成长，人的成长里也离不开美丽。这些都充分说明了"尚美"的重要性。

在班级文化建设中，我要积极以"尚美"班集体建设作为出发点和归结点，创建"尚美"班级，力争把每一个学生都培养成德智体美劳全面发展的人才。

2. 班集体建设的需要

班集体是学生学习生活的基本单位，它对学生的影响是多方面而且是极为深刻的。

组织和建设良好的班集体，是班主任教师的主要职责。因为一个良好的班集体，是完成教育教学任务的重要保证，是促进学生健康成长的摇篮，是学生进行自我教育、自我反思、自我总结、自我提高的重要场所。

尚美是我校德育工作的核心理念，也是校园文化建设的价值追求。每一个班集体建设是校园文化的基点，是提高我校德育工作品质的生长点，它以体现先进文化理念和价值取向的人文精神作为依托，注重文化氛围对学生的熏陶，实现学生主体性发展。

在班级文化建设中，我要积极以"尚美"班集体建设为平台，充分挖掘、整合、利用校本尚美资源，构建以班级为中心的尚美体系，以增强学生自我调节、自我约束、自我发展的能力,培养学生的尚美行为、尚美习惯、尚美人格和尚美人生。

3. 学生健全人格发展的需要

《国家中长期教育改革和发展规划纲要》指出,要"加强公民意识教育""培养社会主义合格公民"。方向既定,目标清晰。我们将送给社会什么样的公民? 这是每个教育工作者都有责任回应的课题。基础教育阶段"加强公民意识教育"重在人格培养,促使其健康成长为"社会主义合格公民"。所谓人格,就是人的性格、气质、能力等特征的总和,它对人的事业成败、人际关系的和谐发展和创新能力的形成具有重要作用,因此培养每一个学生健康的心理、健全的人格势在必行。

新课标指出:"应重视提高学生的品德修养和审美情趣,使他们逐步形成良好的个性和健全的人格,促进德智体美和谐发展。"每个人都有爱美之心,初中生朝气蓬勃,求知欲旺盛,渴望美、崇尚美、追求美的愿望更盛。古人云:"见贤思齐,见智思学,见美思从。"由此可见,"尚美"不仅是人的天性,更是一种高尚的人生境界,是每一个学生健全人格发展的需要。

在班级文化建设中,我注重对学生健全人格的培养,营造尚美的班级氛围,开展尚美的班级活动,努力为国家培养社会主义合格公民。

4. 地域文化资源的有效利用

我的家乡杨柳青是一座自然资源优美、文化资源丰厚的魅力名镇。已先后荣膺"中国特色景观旅游名镇""中国魅力文化传承名镇""中国历史文化名镇"等荣誉称号,而且,国家 5A 级旅游景区的创建工作也已经正式启动。

杨柳青素以展现古朴民风的杨柳青木版年画闻名于世。此外,杨柳青的剪纸、风筝、砖雕、石刻、花会等民间艺术形式也具有极高的审美价值和文化品位。

在班级文化建设中,我要有效利用家乡的特色资源,引领学生感受家乡美,欣赏年画美,品味人物美,浸润文化美……

5.学校特色文化建设的需要

我校充分利用地缘优势,深入挖掘杨柳青历史名镇的文化底蕴,坚持文化立校、特色强校,在保持专业教育特色的同时,利用、开发校内外各种资源,最大限度地满足全体学生的兴趣和需求,促进学生和谐个性和艺术素质的全面发展,将"尚美"作为学校特色文化建设。

学校还努力将"尚美育人,为学生美好人生奠基"的办学理念和校园的人文景观、自然环境有机地融合在一起,将校园文化的观赏性、功能性和教育性有机地融合为一体,使整个校园充满诗情画意、生机盎然,让广大师生在比较狭小的空间里体验到小中有内涵,小中有创意,小中有美感,小中有品位的特色校园文化,充分体现出学校领导和教师高度的事业心和责任感。

在学校"尚美文化建设"的引领下,我将"尚美"作为班级文化建设的核心理念,培养最美学生,创建最美班级。

(二)"尚美"班级文化建设的内涵

在《现代汉语词典》中,"尚"有"尊崇、注重"的意思,"美"有"美丽、好看,令人满意的、美好的事物"等意思。"尚美"是一种文化追求,即对心灵、语言、行为、环境等之美的崇尚与追求。尚美班级文化则是指学生在班主任的指导下,在朝着班级目标迈进的过程中所创造的所有物质财富和精神财富的总和。它是一种潜移默化的教育力量,蕴藏着巨大的教育契机,它不仅能为学生的素质发展创建良好氛围,还能为形成一个勤奋向上、充满活力的班集体起到桥梁纽带作用。

我认为,每一个学生从知识技能的储备、情感性格的塑造、良好行为习惯的养成等方面,都可以在原有的基础上得到再发展、再提升,我也承认学生之间存在个体差异。因此,我要深入研究,积极实践,及时反思,总结提升,探索出一条伴随学生终身发展的富有特色的"尚美"之路,力求使"美"成为所有学生的精神支柱和生活方式,形成班级与众不同的特色。

在教育教学中,我要以"尚美"教育活动为载体,引导学生们科学认识美的内涵和价值,培养他们的审美意识和鉴赏能力,陶冶审美情操,把"尚美"文化建设内容渗透到班级制度、班风建设、班级环境、班级活动等各个方面,确立班级的发展目标:让班级环境美,体现环境育人功能;让教育者美,发挥教书育人功能;让课程美,呈现文化教育功能;让受教育者美,实现班级教育目标。总之,将美体现并融入一切教育教学活动之中,达到为学生的发展打下坚实基础的目标。

(三)"尚美"班级文化建设的意义

1. 对班级建设的意义

班级是四五十个孩子学习、生活的场所,是孩子们在学校的家。"尚美"班级文化建设,可以对班级群体意识、舆论风气、价值取向、审美观念起到潜移默化的引领作用,能在孩子们的心理上产生巨大的内在的激励因素,增强班集体的向心力和归宿,使孩子们在班集体中德智体美劳得到全面发展,不断进步,快乐成长。

2. 对学生发展的意义

"尚美"是让学生崇尚美德,追求美好,培养正确的审美观念,

卷三 行动篇

确定崇尚美、追求美、构建和谐的价值取向。将尚美文化作为班级文化建设可以培养学生发现美的意识，培育符合时代主流的审美素质。

人的审美观念往往与人的道德观念、道德习惯相结合，形成一定的道德情操，从而转化为行为。我国近代教育家蔡元培认为："所以尚美者，与智育相辅相成，以图德育之完成也。"合理、适时地实施"尚美"教育，可以培养学生高尚的道德情操，进而让学生树立高尚的审美理想，为学生欣赏美、追求美、创造美的后继学习、生活，做好先驱奠基。

3. 对班主任成长的意义

"身教重于言教"，有什么样的班主任就有什么样的学生，班主任要通过自己的言行举止给学生做表率，表率的作用才是最好的教材。班级"尚美"文化的建设对于班主任的形象和言行与观念都将起到一定的规范和指导的作用，并对于班主任自身的道德素养、政治素养、理论素养、知识素养、能力素养、心理素养也将产生一定的提升作用。

二、"尚美"班级文化建设的实践

我尝试从班级文化中的四类文化入手，即环境文化的构建、制度文化的落实、精神文化的熏陶、活动文化的开展，一个一个思考和研讨，一个一个落实和实践。

（一）班级文化的外衣——"尚美"环境文化建设

苏霍姆林斯基曾经说过，要使教室的每一面墙壁都具有教育的作用。可见，有效的运用教育资源，创设具有教育性、开放性、生动性且安全性的教室环境文化,对于陶冶学生的情操、激活学生的思维、融合师生的情感有着巨大的教育作用。在班级建设中,我和孩子们用美丽的鲜花点缀教室,用绿色的植物彰显活力,创设优美的班级环境,师生共建学习园地,张贴孩子们的优秀作业、书法、绘画作品、活动照片、奖状等,激励孩子们学习、进步,让孩子们在温馨、积极的教室文化中成长、提升。

1. 内涵

环境对人的影响是巨大的,它有潜移默化的育人功能。孟母择邻的故事就很好地证实了环境对人成长的重要性。孟母即孟子(孟轲)之母,据说孟子小时候居住的地方临近墓地,常和小朋友们在坟地里玩耍。孟母见后说:"我儿不适宜在此居住。"而后,她们迁居到邻近集市的地方居住,但孟子天天玩耍于商人之间。孟母又说:"这地方也不适合我的孩子居住。"于是,她又将家搬到邻近学馆的地方。到了新住处,孟子天天跟着其他孩子学习祭司的知识和规范礼仪的行为。此时,孟母才说:"这才是适合我儿居住的地方啊!"后来,孟子长大成人,精通六艺,成为当时最有学问的人。可见,环境对孩子的成长有着关键的作用。教室是孩子们在学校的家,作为班主任,要重视教室环境的美化,充分发挥教室的教育作用,让学生在整洁、优美、温馨、高雅的环境中健康、快乐、幸福地成长。

教室环境的美化主要包括教室墙壁布置、黑板报设计、班级文明公约以及班训的张贴、桌椅的摆放、座位的安排、环境卫生的打扫与保持等。

2. 意义

教室是学生学习、生活、交流的主要场所,是老师传道授业解惑的主阵地,是师生情感交流的地方。优美的教室环境能给学生增添生活与学习的愉悦感。更重要的是,它有助于培养学生正确的审美观,陶冶学生的情操,激发学生热爱班级、热爱学校的情感,促进学生奋发向上,同时还可以增强班级的向心力、凝聚力。

3. 原则

(1)教室的净化

教室卫生是班级的窗口,是文明的标志。要保持干净的教室环境,需要培养学生良好的卫生习惯,制订严格的卫生制度,人人参与,做到教室的每个角落都有专人负责,并加强检查和监督,保持教室的清洁和美观,确保孩子们健康、快乐地成长。

(2)教室的绿化

绿植象征青春和活力,代表着希望。我和孩子们在教室的前面和窗台上摆放一些绿色的植物,如绿萝、芦荟等,既让教室充满青春的气息,又净化了空气。

(3)教室的美化

我引领孩子们精心设计,巧妙布置,力求教室和谐、高雅。教室布置包括:班级发展目标(可贴于教室显眼的地方,比如黑板右上方);班级文化宣传内容(板报、班训、名人名言、学习园地等,可分别布置于教室的不同的地方),力争让每一面墙壁都发挥最大的教育功能。

4. 内容

一个班级是否具有教育气息,是衡量这个班级优劣的重要标准。在一个窗明几净,富有极厚文化氛围的"尚美"班级中,全体学生会自发地形成一股浓郁的学习风气;学习和掌握丰富的现代科学文化知识;勇于探索,勇于创新;热爱劳动,热爱科学;学会发现美,欣赏美,创造美;真诚地与同学和老师相处,友好地进行合作,促进并加快学生的社会化。同时,学生的道德情操也得到了陶冶。

我主要从以下几个方面进行环境文化建设,无论是种植花草树木,还是悬挂图片标语,或是利用墙报,我都注重从审美的高度深入规划,以便挖掘其潜移默化的育人功能,并最终让教室的每一面墙壁"说话"。

(1) 布置墙饰

教室内的墙壁是教室布置的重要内容,每到一个新教室,我都会和孩子们一起布置:邀请书法水平高的学校老师、学生或家长书写"书山有路勤为径,学海无涯苦作舟""宝剑锋从磨砺出,梅花香自苦寒来"等名言条幅悬挂在教室左面墙壁的空白处,从而营造学习的氛围,以此来激励同学们不断拼搏、进取。在教室后面墙壁的空白处悬挂中国地图和世界地图,让学生了解最基本的地理知识,进而了解中国,了解世界。教室右面的墙壁上则是奖状区和学习园地区,我们把经过大家共同努力获得的集体奖状,如:歌咏比赛一等奖、精神文明班集体奖、卫生流动红旗、最佳方队奖等都整齐地贴到墙上,让孩子们在一张张奖状的激励下增进集体荣誉感,激发热爱班级的情感,从而增强集体的凝聚力和向心力。在教室的前面布置"心语心愿",让孩子们把自己近期的目标书写在便利贴上并粘贴在墙上,在班长的提议下,我班的"心语心愿"便利贴粘贴成"家"字,象征着我们全班学生是相亲相爱的一家人,我们都要努力学习,完成自己的目标。

这样布置的教室,文化气息浓厚,教育功能得以最大化。

(2) 办好板报

黑板报、手抄报是学生施展才华,倾诉心声,摄取知识,培养书写、绘画、排版等多方面能力的宝库。除了学校规定的内容之外,我还带领学生绘画、硬笔软笔书写一些接近孩子们生活的图案和文字,使德育效益最大化。在班级建设中我以两位宣传委员为主

卷三　行动篇

抓,以五个小组长为抓手,以小组为单位,每周轮换一次,从内容、书写、绘画、布局、效果等方面进行评比打分,每学期评出板报、手抄报优秀小组和优秀个人,颁发奖状和奖品,并把照片及时发到家长群,让家长们分享孩子们的成长和快乐。板报、手抄报评比促使每一个学生都积极参与,书写、绘画等能力得到了锻炼和提升,促进了小组的团结与合作,组员之间、小组之间合作默契度越来越高,宣传委员、组长的组织能力、协调能力等得到了加强和提高,有很多孩子的书法、绘画、手抄报等作品在学校、区、市获奖,班级的板报也多次在学校评比中获奖。

(3)设立图书角

书是知识的源泉,是开发学生智力的钥匙,是学生进步的阶梯。在班级中我和孩子们积极建立图书角,引导孩子们爱读书、会读书、读好书,充分发挥班级图书角的作用,努力使孩子们在知识的海洋中徜徉,到达希望的彼岸。孩子们都特别喜欢科幻故事,我就结合我的语文课让孩子们对《海底两万里》等科幻小说进行轮流阅读、摘抄、鉴赏,并交流读书感受,孩子的阅读兴趣提高了很多。我也经常在课间走进教室和孩子们一起阅读、交流,利用语文课、班会课经常开展丰富多彩的读书沙龙、百科知识竞赛等活动,扩大孩子们的读书领域,进一步提高孩子们的阅读兴趣。在我的引领下,课间读书的孩子越来越多,闲逛的越来越少,孩子们交流的内容也由游戏、明星转到了名著、英雄人物,一时间,读书成了班里一道亮丽的风景线,人手一本书,课间如上课,引得其他班的孩子都到教室来看。

(4)建立植物角

在教室里设立植物角,不仅能美化教室,让学生在课间观赏这些植物,丰富他们的课余生活,还能净化空气,更能使学生掌握一些有关植物的课外知识,陶冶情操。同时,为了培养学生的责任意识,我要求孩子们按照小组对植物进行包干负责,按时浇水、剪枝等。在孩子们的精心照顾下,我班教室的植物角时时刻刻生机盎然。

(5)注重教室卫生

教室的卫生是班级文化环境的基础,保持教室卫生洁净是保证教育教学正常开展的前提,任何一个班主任都要注重教室卫生的管理。

我注重从三个方面加强对教室卫生的管理:

第一,各司其职,层层负责。由卫生委员主抓,全班学生分成五个小组,选举小组长,小组长按照值日内容进行分工列表,卫生委员汇总后打印粘贴在班务栏。这样,每个学生都有事做,教室的各个角落都有学生打扫。

第二,检查监督,层层管理。由班长牵头,成立卫生检查小组,组员由班长、卫生委员、小组长组成,每天不定时对教室卫生进行抽查、打分、公示,一周一总结,奖优补差,第一名的小组每个组员加 5 分,组长加 10 分,最后一名的小组补做一天值日。在好胜心的驱使下,孩子们争先恐后、不甘落后,教室卫生越来越干净。

第三,以身作则,人人为家。干净的教室不是打扫出来的,而是保持出来的。在平时的教育教学工作中,我以身作则,要求学生做到的,自己首先做到,看到地上有纸屑就主动弯腰捡起来,看到课桌椅摆放不整齐就主动调好,看到黑板没擦就主动擦干净……在我的带领下,孩子们也都加入主动打扫的队伍中来,接着我又利用班会"教室是我家",力争让每个孩子都感受到主人翁的责任感——"教室就是我的家",我要爱我家,我要为家服务。

（6）合理安排学生座位

排座位看似小事，其实关系到班级的和谐、学生间的团结和教育教学效果。让每一个学生都能找到适宜自己的座位快乐成长，这能体现班级环境文化建设的技术性。

魏书生就合理的安排座位说过："人和人的组合是一门大学问，不要说万物之灵的人，就是简单的物体，再简单一些，构成物体的原子，其组合方式也是一门大学问。"

根据多年的教育教学实践，我深知排座位是一项技术性非常强的工作，班主任在排座时要综合考虑多个因素，如学生的个头高矮、视力好坏、自律能力强弱、互助能力高低等。因为排座位的过程也是教育学生的过程，必须让全班学生都参与制定排座的规则，而且要使每一个学生都认同排座位的规则。

学生对编排座位都很敏感，合理的排座能有效地调动学生学习的积极性，有利于学生身心的健康发展，所以班主任在编排座位时应遵循以下三个原则：

首先，平等的原则。班主任在编排座位时一定要平等，同时接受全体学生的监督，让每一个学生都觉得班主任不徇私情，恭敬可亲，要借此树立良好的班主任形象，营造和谐平等的民主气氛。这里所说的平等即不以学生的家庭背景以及学习成绩的情况等排座，要把安排座位的依据，如按照个子高矮、照顾近视者等情况跟学生讲清楚，并接受全体学生的监督。

其次，民主的原则。班主任要把选择座位的主动权交给学生，进行民主排座，即让学生自己找同桌，自己约束自己。这样不仅是对学生上进心的信任，能对"座位"这一教育的资源实行合理安排，而且使学生的自主性也得到了充分的发挥，自律意识也得到了增强。当然，民主排座不能"放羊"，班主任要调控好。每个座位都要学生自愿申请,相邻同学共同评议,班主任视其理由充分与否加以定夺。上进心较强的学生在一起能做到相互监督、共同进步,自律性不强的学生不要凑在一起,这样班级的学习氛围也不会因此受到不良的影响。这样的民主排座,大部分学生都能找到最佳搭配,达到扬长抑短或相扶相长的学习效果。

最后,轮换的原则。座位安排好最好每周轮换一次,让每一个学生能够变换看黑板的方向,以保障每个学生的视力,同时让每个学生都能有机会和班里其他学生坐在一起,对学生间扩大交往提供更大的空间,更加促进班级的团结。

(二)班级文化的保障——"尚美"制度文化建设

俗话说,没有规矩,不成方圆。每个学校都要有校规,每个班级都要有班规。

我和全班学生集体讨论、制定出班级的一日常规,认真组织实施,坚持"依法治班",给制度以灵魂,最大限度地发挥规章制度的约束作用和激励作用,使班级形成"事事有人做,人人有事做,时时有事做,事事有时做"的良好局面。并以小组为单位,每周进行分数统计,低于85分以下的加强教育管理,每月一评比,进行个人和小组的奖励。每周一早自习作为总结会,及时发现问题并制定解决方案。

1. 内涵

在班级建设中,我们把那些以班级公约、纪律等为内容的、班级全体学生共同认可并自觉遵守的行为准则称为班级制度文化。

2. 意义

实践证明,制定班规对班集体的建设具有极为重要的作用,班级制度为班集体创立了明确的目标,为学生的品德行为确立了标准,为学生的个性发展创造了空间。

班级制度文化的建设,不仅为学生提供了一个制度化的法治环境,还为学生提供了评定品格和行为的尺度,从而使每一个学生时时都在一定的准则规范下自觉地约束自己的言行,使之朝着符合教育培养目标的方向发展。

3. 原则

(1)以生为本

我在班级制度文化建设中,始终如一地体现"以生为本"的育人观。实践证明:"以生为本"能使每一个学生都进入管理和被管理者的双重角色,人人都参与管理,让每一个学生都成为班集体的主人,极大地激发了学生的进取精神和学习热情,增强了学生的责任感和集体观念,从而在自我管理和自我教育中向前发展。

(2)依法治班

在班级管理中,我时刻引导学生根据班级的实际情况制定班级公约,在经过全体学生集体表决的基础上,认真组织实施,坚持"依法治班",使班级形成"人人遵守,人人执行"的良好局面。

(3)师生共商

在班级制度文化建设中,我从来不独断专行,总是"蹲下来"和学生共同商量,共同制定。这种师生共商法有四个作用:其一,可以集思广益,使制度的制定更加符合班级和学生的实际需要,确保可行性;其二,可以满足学生的情感需要,进一步增强激励性;其三,可以使每一个学生都能和班主任进行情感沟通,增强师生之间的合作,形成强大的凝聚力;其四,共同商量的过程就是学生自我教育的过程,从中可以培养学生自我管理、自我教育的能力。

4. 内容

班级制度文化建设,主要以中学生日常行为规范、中学生守则和学校的一日常规为依据,同时根据班级学生的实际情况,体现出班级特色。

在班级管理中,我具体从以下几个方面进行班级制度文化建设:

(1)建立一个好的班规

我让学生自己参照《中学生守则》《中学生日常行为规范》以及学校的一日常规等规章制度,并根据我班的实际情况,经过大家讨论之后,制定和实施了进校、升旗、课堂、请假、课间、两操两课、卫生、仪表、交往、参会、爱护公物、安全方面的标准,最后制定了《班级公约》,把学生日常行为规范评价规范化、具体化和制度化。

《班级公约》为:

第一,进校制度。严格遵守学校的作息时间,按时到校,骑自行车的同学一律在学校门外上下车,进出校门及在学校必须推行,应自觉将自行车摆放到班级指定地方并摆放整齐。进入学校时,应主动向值勤老师问好,严禁将手机等带进学校,如有特殊需求需要带手机的到校后要主动交给班主任,由班主任负责存放,放学后归还。

第二,升旗制度。每周一的升旗仪式,要求做到快、静、齐。升国旗、奏国歌时要求肃立,行注目礼,认真聆听。

第三,课堂制度。2分钟铃响后,要迅速回到教室并准备好上课用品,静候老师上课。上课要求坐姿端正,专心听讲,积极思考、回答问题,并认真做好勾画圈点和笔记。

第四,请假制度。因事假、病假不能到校,要事先由家长打电话或到校与班主任请假。

第五,课间制度。教学楼内、教室要轻声慢步,不得大声喧哗,追跑打逗。楼道内一律靠右行走,注意礼让,不得拥挤,不在教室门口站立,不窜楼层,不窜班。

第六,两操制度。眼睛保健操要求做到穴位准确,力度适中。广播体操、校操做到集合快、静、齐,做操要求动作准确整齐,横平竖直。

第七,卫生制度。值日生要按时做好教室卫生,要求教室每一个角落都干干净净。养成良好的卫生习惯,不乱扔垃圾,保持教室的洁净。

第八,仪表要求。自尊自爱,注重仪表,要求发型和鞋子要都符合中学生的要求。在校必须穿校服,不许穿短裤、拖鞋。

第九,交往要求。同学之间要团结互助,互相尊重,正常交往,使用礼貌用语。同学之间发生矛盾,各自多做自我批评,不说脏话、粗话,禁止打架。

第十,参会制度。班校会时要按时进班,不做作业,不做其他与班校会无关的事情,认真听讲。参会时做到安静听讲,认真做好记录。

第十一,爱护公物制度。爱护学校的一切公物,凡损坏公物者,要主动报告、赔偿。不准在课桌上及墙壁上涂写、刻画,不准用脚踢门,开关门窗时动作要轻。节约用水,节约用电,放学时关好灯和门窗。

第十二,安全制度。上学放学时要遵守交通规则,不骑快车,不骑车带人,不闯红灯,骑车不打逗,不与多人并行。

这样产生的班级公约,由于符合孩子们自己的心理需求,条文不多,内容简明具体,具有可操作性,所以学生也乐于执行和遵守,有了制度保障,班级的各方面工作都有了很大的进步。

(2)大胆实行新的班级管理体制,充分发挥学生的主体意识

在班级管理中,我发现个别学生的自我管理能力较差,个别班

干部缺乏主动为同学服务的意识,有一种"不在其位,不谋其职"的错误观念,我便及时制定了"值日班长责任制度",即每天由一名学生担当值日班长,具体负责当天的行为规范等常规事务。为使班级工作良性运转,我推行了"班委轮换制",即班干部、小组长、科代表每学期调整一次,采用民主选举或毛遂自荐的办法,并建立相关的负责制度,班委各司其职,分工明确,使班级管理真正落实到每个学生,每周进行班级个人行为规范量化评比,对学生的学习工作做定期的考核,并实行严格的管理。

班级公约制定后的工作就是公约的宣传和落实。在执行班级公约的过程中,我带领全班学生认真做到:第一,抓好起始年级。俗话说"好的开始等于成功的一半",初一新生刚进到学校,班主任一定要做好宣传教育,认真解读,反复学习,力争让每一个学生都充分了解校纪校规,重视行为规范的落实,同时和全班学生一起制定好班级公约。第二,师生合作。班级的主体是学生,班主任要鼓励学生参与班级公约的宣传执行和检查,以确保班级公约的生命力和实效性。第三,坚持执行。班级公约的执行一定要长期坚持,班主任不能朝令夕改,要注重落实到位,才能培养学生良好的学习、生活习惯。第四,公平公正,班级公约是针对全班所有学生的,班主任不能因为某些同学的成绩好而有所偏爱,就对他们的问题进行回避,又或是私下低调处理,一定要保证班级公约的公平公正,但是公平不是僵化,公约的执行总是与个别化紧密联系的,任何一个行为的发生都有其内在的原因,因此班主任不能仅凭行为的结果去处理问题,这样会失去公约的教育意义,对学生的心理会造成伤害,因此在执行过程中,必须因人因事制宜,体现真正的公平与公正。

卷三 行动篇

(三)班级文化的核心——"尚美"精神文化建设

班级是我和孩子们的家。"做学生的良师、益友、妈妈"是我作为班主任的角色定位,"互亲互爱、互帮互助、互促互进"是我一贯的治班方略。在新班级成立伊始,我都会和孩子们共同商量、设计班徽,搜集、整理个人最美的照片,组建温馨大家庭,构建"尚美"精神文化建设,倡导"乐学、自信、团结、朝气"的班风,营造"静心多思、勤学善问"的学风,让孩子们在美丽温馨、充满爱心、团结一心的班级之家中满怀信心地快乐学习、成长、提升。

1. 内涵

班级精神文化是班级文化建设的核心,是班级的灵魂所在,是班级全体学生共同的理想信念,价值观念和行为准则。精神文化是对班级学生最深层的一种影响,看不见,摸不着,流动在教室的课桌椅之外,它影响着班级孩子们的行与思。

2. 意义

搞好班级精神文化建设,既有利于巩固环境文化、制度文化和活动文化的建设成果,又对促进学生健康成长、个性发展起着重要的激励和感染作用。

精神文化是班级学生在班主任的引领下,在长期的生活、学习过程中共同形成的人生观、价值观取向的灵魂所在,是体现一个班级集体性、和谐性和团结性的精神图腾,是班级和谐共生的命运共同体。

3. 原则

在构建"尚美"精神文化建设中,我始终遵循三个原则:

(1)师生共同打造

孩子们是班级的主人,有关班级的大事小情,我都要"蹲下身"

来和孩子们共同商量定夺。对于班级精神文化的建设,我也是和孩子们共同打造,由我引领,全班四十余个孩子共同参与。我认为只有每一个学生都能真正认识到班级是自己的家,才会去爱它,才会努力使自己越来越进步,越来越优秀,最终使班级之家越变越好。

（2）坚持榜样引领

我坚信榜样的力量是无穷的。在"尚美"精神文化建设中,我始终坚持"尚美榜样"的引领,树立孩子们身边的"尚美榜样",寻找孩子们生活中的"尚美榜样",让"尚美榜样"引领他们成长、进步。

（3）坚守影响力量

作为一名班主任,我深知教育影响的力量巨大。"尚美"精神文化建设就是在"美"的坚守中让教育发生,影响产生,最终形成"看得见美"的班级精神文化,在班级的风貌中看见美,在孩子的言行中看见美……

4.内容

在校园文化建设的基础上,结合本班特色,特制定本班的"尚美"精神文化建设:

（1）集思广益,全员参与

班级需要建设,班级文化需要建设,作为班级文化核心的精神文化更需要建设,而且是要下大功夫建设。我和孩子们共同制定出符合本班的班级班徽、口号、班歌、班训。

第一,班徽。班徽是一个班级形象的符号,是一个班集体的象征,一个好的班徽能够让别人很快记住这个班,有强大的宣传作用。班徽作为班级特色的标志有助于学生对自己的班级产生认同感和自豪感。更为重要的是,通过孩子们共同设计班徽有助于挖掘他们的创造力、合作力,加强班级的凝聚力,增进同学间的团结。

图 3-3-1　最初设计的八个班徽图案

在设计班徽时,全班 8 个小组经过组员之间思想的碰撞,各自展示了设计的班徽图案,由组长展示说明,让全班学生选票,最后由班长唱票,选出了班级最终的班徽。

图 3-3-2　最终确定的班徽

班徽整个图案色彩斑斓,拥有赤橙黄绿青蓝紫七种颜色,清新艳丽,给人一种愉悦感、美感;整个画面清晰有立体感,流畅简洁,似一朵美丽娇艳的花朵在尽情开放,象征着全体学生如兄弟姐妹般紧密团结在一起,在班级这片沃土中尽情发展、百花齐放,又似一个风火轮,炫动着美丽的光芒,带领着全班学生运转起来向着更美进军,让每一个学生都能成为最美学生,让我们的班级成为最美班级,充分体现着"尚美"的班级特色。

第二,口号。班级口号作为班级文化建设的一个重要组成部分,是用简洁鲜明的词句表述全班共同遵守的训导性规范。创建班级口号的目的是激发全班同学学习、生活、活动的热情,最大限度地发挥他们的自觉性和主体性,明确自己的理想和责任。

如何创建最适宜的班级口号一直是我新带初一的头等大事。作为班主任,我知道班级口号的重要性,明白班级口号是班级文化、班级精神的体现,是建设班级文化、开展班级工作的先决条件,创建它可是马虎不得。我发动全班学生、任课教师和家长一起来完成。首先,我把创建班级口号的原则告知学生、教师和家长,口号不但要简短有气势,还要有针对性,既不能频繁更换,也不能一劳永逸;然后,通过电话、微信、面谈、书信的形式进行征集、研讨和交流,最终确立了我班的班级口号为:做最美学生,创最美班级。

为了让班级口号深入人心,我认真完成以下步骤:第一步,我让班里的小书法家刘隽溪把班级口号用红色美术字写在纸上;第二步,我叫班里最调皮的两个男生把班级口号贴在黑板正上方,这样既美化了教室,又方便学生们观看,起到时时刻刻提醒的作用。这两步都由学生自己完成,通过认真仔细地书写和粘贴,增加了口号的神圣性;第三步,把口号深入到每一个学生心中,这是班级口号运用中最重要,也是最难的一步。我的做法就是每天早自习全班起立诵读班级口号3遍,力争让班级口号在每一个学生心中生根发芽;第四步,把口号渗进每一位科任老师心中。首先班主任和科任老师沟通,询问本班的口号效果如何,并把治班思想与他们交流。其次,通过学生们的精神面貌感染科任老师。这样,学生学习目标、老师教学目标相统一,课堂也自然和谐,实现了乐教乐学,学习效果就更好。

实践证明,班级口号的创建会让班级形成自己的文化特色。在班级口号的感召下,学生学习目标明确,充满斗志,充满激情,各科任老师也会更喜欢学生,更加努力地教书育人。在教育实践中,关于班级口号的运用要时时观察,时时反思。例如,班级口号变换频率的问题,班内需要及时对症下药解决的一些问题,还有常讲班级口号也会给部分学生带来过大压力的问题,这就需要班主任要时刻注意学生的心理变化,注意教育力度的把握。

第三,班歌。班歌在很多人看来可有可无,但事实上并非如此。作为一个班级,班歌是必须有的,它的作用也是无穷的。一首好的班歌,歌词隽永深刻,音乐沁人心脾,每天同学们合唱一遍,在班级管理中一定会起到不可估量的作用。

著名教育家魏书生对班歌在班级管理中的作用有很好的描述,他说:"唱歌既能使学生们的大脑得到短时间的休息,又使他们陶醉在美好的歌词中和悠扬的旋律里,使孩子们的身轻松、心愉悦,会让他们更热爱生活,更热爱学习,也使他们的大脑两半球更容易沟通。"班歌的力量是无形的,好的班歌更是一种享受。在班级管理中,借助班歌的力量,可以对学生多角度、多方面进行潜移默化的感化,进而达到和风细雨、润物无声。

我和孩子们共同选定班歌、共同学唱班歌、共同参加班集合唱比赛,我深深地感受到班歌的力量。《团结就是力量》《天天向上》《相亲相爱一家人》《感恩的心》等都曾被我每届的孩子们选为班歌。孩子们在舒缓低沉的曲调中渐渐成熟;在清晰明快的曲调中懂得了进取;在热烈奔放的曲调中充满激情;在那些励志优美歌词的演唱中增添战胜困难的勇气。

学校每学期都要进行"班集合唱比赛"。由于我和孩子们每天都有演唱班歌的好习惯,我班总能在比赛中获奖。

第四,班训。班训是班级整体精神、学习目标的体现,主要是对学生的要求和告诫。初一接班开学半个月之后,我让全班学生共同开动脑筋,针对班级目标和自身目标每人写出一两句言简意赅的班训,然后经过班委精心选择之后,最终选择了"求真、务善、创美"这一条,并把它写成深红色隶书字贴在教室后方黑板报上方,这几个字时刻提示孩子们为人要真诚、善良、美好,每个孩子都应该在班集体中积极发扬优点,不断挖掘自身潜力,不断努力并争做最美学生。在班训的警示下,全班学生在不知不觉中接受班级的奋斗目标和价值导向,结成一个集合体,形成一种理想人格,从而达到"润物细无声"的境地。

(2)共同努力,营造班风

我和孩子们共同努力,一起营造良好的班风。教育教学实践证明,学生一旦置身于班集体的文化氛围中,他们的思想观念一定会受到潜移默化的影响,日积月累就会形成一种与班级文化相融合的价值观,即班风。良好的班风是一道无声的命令,是一条不成规章的准则,它能使全班学生自觉地约束自己的思想言行,抵制和排除不符合班级的各种行为。

建设优良的班风,能在班级学生的心理上产生巨大的、内在的激励因素,增强班集体的向心力和归属感。

对班风的建设,我注重从以下两个方面着手:

①自我方面

我们知道,要形成一种积极健康的优良"班风",仅靠几个人的力量是不行的,它需要多种力量、多种因素,其中班主任就是一个关键因素。班主任对班级的管理方式与班风有着密切的关系。一种好的班级管理方式,对于学生的身心发展会起到极大的鼓励作用。

我积极采用一种民主型的管理方式，或是一种参与式的管理方式。

A. 我积极参与到班集体中，与全班学生一起，共同商量、制定班级的制度、计划、活动等，或是对班里的事情进行裁决

每接手一个新班，我要做的第一项工作就是营造"家"的氛围，创设"班级之家"，力争让每一个学生都能感受到"班级之家"的温馨和幸福。

B. 我积极创建良好的师生关系，对学生投入最亲切的感情，时刻关心爱护每一个学生，想学生之所想，急学生之所急，热心给予每个学生帮助或指导，同时，接受他们的监督

这种师生关系的突出特征是：人格尊重。在一定意义上，受到人格尊重是人的最基本的需求。学生只有感受到充分的尊重，才会建立起充分的自尊。因为别人的尊重是对学生稚嫩心灵的一种保护，而学生的自尊又是他们走向进步的一股动力。教育教学实践中，我不放过任何一个细微之处，把自尊给予孩子们。每有插班的学生进班，我都要向全班同学介绍他的优点，让同学们为他鼓掌；每遇到"问题"学生，我都会追根寻源、精心调理，挖掘闪光点，找出进步点，并要全班学生为他的点滴进步点赞鼓劲。

热爱学生是教师的天职。师者，传道授业解惑者也。教师从事的事业是用语言播种希望，用笔墨耕耘未来，用汗水浇灌文明，用心血滋润心灵的伟大事业。教师只有从内心里爱学生，学生才会听从你。

我班的学生刘杰，由于父母离异，从穿衣戴帽到对人对事的看法常常处于一种与成人相抵触的情绪状态之中，干什么都我行我素，甚至不喜欢和家人、同学在一起，躲避集体活动，喜欢一个人独处。从新生入学时召开的"自我介绍"的班会中，我了解到她喜欢

跳街舞,我便选择了以了解特长为第一次谈话的突破口。刚刚开始时她显得格外紧张,但一听说要谈街舞,立刻放松了一些,而且谈话积极主动,我便建议她参加学校舞蹈兴趣小组,她欣然答应,这是我成功向她迈出的第一步。接下来的一次次谈心、沟通中,我们就像朋友似的促膝谈心,谈她的苦恼、兴趣、爱好和对某些问题的看法,并适时地加以正确引导。当我到她家进行家访时,她表现得非常紧张,有些局促不安,生怕我告她状,但当听到我把她在校的优点汇报给她父母的时候,她有些不好意思地低下了头,这正说明在她的内心深处需要他人的肯定。就这样,我与她建立了良好的师生关系,她紧闭的心扉渐渐地向我敞开。在心与心愉悦和谐的感应中,她醒悟了;在心与心碰撞中,她的思想升华了,灵魂净化了。通过这件事,我深深地感到:教师不仅要做孩子成长道路上的保健者,还要做孩子求知路上的引导者。

C. 对于任何班级活动,我都给予最大的支持,并尽可能地参与其中

世间最美丽的情感就是师生情。班级活动时,我都克服一切困难积极参加,培养师生情感。我把自己作为班级之家的一员,和孩子们一起学习、做操、跑操、唱国歌班歌、参加比赛⋯⋯

我在教室最前面放了一套桌椅,跟孩子们说:"这是我的桌椅,我要和你们一起上课、学习。"说到做到,早自习我和孩子们一起诵读古诗词、朗读英语单词、做数学题;班会课我和孩子们一起观看视频;阅读课我和孩子们一起读名著;练字课我和孩子们一起写字;课间我和孩子们一起讨论交流;放学我和孩子们一起做值日。

每天第二节下课铃一响,我立马进班,站在前面和孩子们一起做眼保健操,一边做操,一边指导姿势不正确的学生。带班十多年以来,这种习惯一直坚持。

每天课间操，我都和学生一起，从出教室、进操场、做广播体操和跑操，让每一个学生都能感受到"我是班级的一员"。

每周一的升国旗，我都和孩子们一起认真按照升旗的要求去做，肃立、面向国旗、唱国歌，给孩子们做出榜样。

每次的班集合唱，我都和孩子们一起选歌、学歌、演唱、参赛。在我的引领下，孩子们认真练习演唱。上学期在学校班集合唱比赛中，我们班获得一等奖。

每周的阳光体育活动，我都和孩子们一起跳绳、踢毽子、玩沙包，融入班集体中，享受孩子们的快乐成长。

……

我和孩子们同学习、共成长，不但获得了孩子们的喜爱和信任，而且在教学相长中不断提升教育教学能力。

D. 对学生的表现，我都给予客观公正的表扬和批评，时刻注意方式方法和分寸，绝不挫伤任何一个学生的积极性

多年的教育教学让我不断反思，不断成长。我深知对学生进行表扬是一门艺术，必须要讲究方式方法。在日常工作中，我实事、适时、适度对学生进行表扬，取得了良好的教育效果。

首先，实事求是表扬学生。班主任要深入调查了解具体情况，当学生确实表现好时，必须给予恰如其分的表扬，不要盲目表扬。如在大课间跑操时，由于队伍整齐、口号响亮受到学校大喇叭点名表扬时，我都会在点评时对全班学生提出表扬并给予加分奖励。

其次，适时表扬学生。班主任要选择适当的时机进行表扬。在学生表现出良好行为、取得一定进步时，应马上给予表扬，及时强化。这样，既能坚定学生做出正确行为的信念，增强学生的积极性，又能教育其他学生，促进他们产生积极向上的心理倾向。如我班一个学习成绩极差的男生，一个偶然的机会，我看到这个孩子在

楼道看到老师,退到旁边,深深地鞠了一躬,说:"老师好。"看到这一幕,我感慨地跟其他老师交流:"现在以鞠躬这种方式向老师问好的学生已然不多了。"随即我又发现,当这个孩子进出办公室时,只要遇到老师一起出进时,他总是退到一边,给老师打开门,恭敬地让老师先行。看到这些,我感悟到一定要在全班同学面前表扬他,引领其他学生向他学习。于是,我利用周一的主题班会,大力表扬了这个男生,告诉孩子们要把对老师的尊重细化在日常行动中。在我的引导下,我班的孩子们纷纷效仿这个男生的做法,一时间,尊师之风风靡校园,师生关系达到了空前和谐。

再次,适度表扬学生。班主任要掌握好表扬的度,讲究表扬的分寸。在多年与学生的接触中,我发现:通常腼腆、内向的一类学生,对老师表扬的反应要比自信、外向的一类学生的反应来得更积极一些。因此,在日常的工作中,表扬学生时我力争做到因材施教,适度表扬。如,同样是表扬做一件好事的孩子们,对一贯表现优秀和外向型的孩子,只要向他们点头、微笑,表扬几句即可,但对一贯表现较差和内向型的孩子,则应当众称赞。

表扬学生是一门艺术,批评学生更是一门技术,我最欣赏魏书生老师的无痕批评。一次,魏老师做公开课讲授《扁鹊见蔡桓公》,一位学生将蔡桓公念成了蔡恒公,引起了全班学生的哄堂大笑。面对这种情况,魏老师马上睿智地说:"我发现这名同学有进步了,他能够独立思考问题了。'桓'和'恒'是形近字,都是左右结构,右边都是'亘'字,只是左边偏旁不同,一个是'木'字旁,一个是'忄'旁。上课时,这个同学没认真听课,这是他的错,但他能根据'桓'字的字形,想到'恒'字的读音,这说明他进行了一番独立的思考,而不是遇到不认识的字就不读。以后如果他经常这样思考问题,一定会有大的进步。"魏书生老师对这个学生的批评,在平静舒缓

卷三 行动篇

中显示出了他的强大威力。苏联教育家苏霍姆林斯基说:"造成教育青少年困难的最重要的原因,在于教育实践在他们面前以赤裸裸的形式进行,而处于这个年龄段的孩子,就其本性来说是不愿意感到有人在教育他们的。"魏书生老师这种"无痕的批评"恰恰体现了这一教育思想。这种无痕的批评,让学生理解了什么是尊重,什么是理解和平等;体味到了独立人格的重要和老师的拳拳之心。

在教育教学中,我始终秉承"批评无痕"教育,用一个个善意的微笑,用一束束关注的目光,用一句句鼓励的话语引导、激励孩子们,并时时处处反思自己批评学生的力度、方法等,不断总结方法,提升教育能力。

E. 共建生日制度

老辈教育家夏丏尊先生说过:"没有情感,没有爱,也就没有教育。"所以平时我注意与学生交朋友、谈心,在学习上给予关心与爱护,在精神上给予鼓励与支持,使学生感到老师的温暖,从而"亲其师,信其道"。与此同时,我还注意培养孩子们之间的友爱之情,营造融洽和谐的人际关系,使同学们之间亲如手足。为了使班级建设具有温度、充满温暖,我在班级尝试着各式各样的活动。细细想来,最难忘的也是最有意义的,要数我班的"生日寄语"活动了。

这个活动灵感来自我班的一个家长。有一天上午,怡静的妈妈打来电话,说今天是孩子的生日,孩子最喜欢徐老师,邀请我为孩子书写生日寄语。我愉快地答应了,精心设计了一张生日卡片,并在上面写上了温馨的祝福,也邀请了几个孩子,分别用小卡片为怡静同学送上了生日的祝福,在放学时一并送给了怡静。怡静激动地接过卡片,喜悦之情溢于言表,我发现她的眼里闪烁着泪花。当天晚上,我收到了怡静妈妈发来的几张图片,图片上写满了家长、老师和同学们对孩子的生日寄语,并说了很多感谢的话。怡静妈妈连说孩子特别高兴,称这是她度过的最幸福的生日。一个小小的举动,竟收到了这么好的效果,借此契机,我在群里分享了怡静妈妈发给我的生日寄语图片,原本只是想号召其他家长们学习,没想到,家长们强烈建议要在班级开展此活动。

在众多热心家长的协助下,"生日寄语"活动正式拉开了序幕。首先,解峻妈妈主动担起孩子们生日的统计工作,用 Excle 表格清楚地标注了每个孩子的生日,并贴心地将其按照月份进行了归类,一目了然、清清楚楚;其次,梦炜妈妈按照班级人数,提前购买了一些用于书写生日寄语的小卡片;再次,我将生日统计表打印贴在办公室的墙上,在孩子生日的前一周就着手书写生日寄语,不仅我自己会写,我也召集了其他科任老师一起写;最后,在孩子生日的那天用一种贴心的方式送上祝福:先由过生日的学生发表生日感言;再由我宣读书写的生日贺卡上的赠言;然后全班同学一起唱生日歌,送上温馨的祝福。这种班级生日制度产生的效应空前,过生日的学生激动万分,心存感激,孩子们越来越亲近,大家都说生活在这样的班级太幸福了。这样我不仅会为孩子送上写满生日寄语的卡片,也会将寄语内容分享在家长群里,让其他家长共同为小寿星送去祝福。

生日寄语,让孩子们对自己的生日多了一份期待;生日寄语,让家校之间多了一份信任;生日寄语,让师生之间多了温馨的互动;生日寄语,多了温馨,多了感动。

②学生方面

学生是班级的主人,是班级文化建设的主体,在班级文化建设中,学生与学生之间的相互影响,对于班级风气的形成,有着巨大的推动作用。

A. 最美同桌

同桌是学生和学生之间距离最近，关系最密切的，同桌的好坏将直接影响学生的课堂纪律、学习成绩乃至班级风貌。经常有因为同桌要求换座的学生找我，第一个我想都没想就给调换了，没想到后面找我换座的学生越来越多，第二个，第三个……没完没了，而且他们要求换座的理由都是同桌这儿也不好，那儿也不好，说的都是同桌的缺点。甚至经常有一些家长打电话或来到学校也提出要给孩子调换同桌。

不管是学生，还是家长，他们要求调换同桌主要有以下三种情况：一是成绩比较好的学生及父母不希望同桌是学习成绩差的学生，害怕学习成绩差的孩子会影响自己孩子的学习；二是成绩不太好的学生及父母，很希望与好学生做同桌，他们认为好学生可以帮助自己的孩子，促进他们的进步；三是学习中等的学生及家长更是认为比较差的孩子会影响自己孩子的进步。也就是说，孩子们及家长们选择的同桌指向性非常明确，要成绩优秀的、性格和善的、愿意帮助人的。我觉得这是一个问题，看似小事，实则大事，处理不好势必影响班级团结。

综合班级先后发生的座位调换事件，结合自己平时的观察，我认真分析了导致问题出现的原因主要有两个：一是有些孩子自身性格存在缺陷，还没有消掉身上容易"刺人"的棱棱角角，引起周边同学以及家长的不满；二是大多数孩子看人待物往往是"一叶障目""不见泰山"，不善于发现和欣赏他人的优点与长处，紧抓和放大别人的缺陷与不足。而此类问题的产生的最根本的原因是人际关系处理不当。我静下心来，思考解决方案，我原本打算按照惯用的"苦口婆心"式的说服来教育他们，可转念一想，孩子们肯定"不买账"，最后只会落得"吃力不讨好"的结局。到底该怎么办呢？我苦苦思索良策妙计,越思索越发现解决这个问题的紧迫性和必要性,因为我发现正确的人际交往会对整个班级文明、和谐产生极大的影响,正确的、良好的人与人之间关系既会内化班集体的内在美,即集体的思想道德面貌和心理品质,也能美化班集体的外在美,即集体的言论、活动和班级的形象。因此正确处理好这个问题,不但可以让孩子们学会正确看待一个人,学会怎样与人交往和合作,而且对班集体的建设也有很大的益处。

当我走进教室,猛然看到黑板上粘贴的班级目标,灵机一动,我何不从"美"入手,让孩子们挖掘同桌的美,拉近他们之间的距离,促进他们的团结。我深知教育还需要家长的配合,要取得家校一致的教育效果,应该让班级中的家长也来感受主题班会的效果。于是我盛情邀请了几位要求给孩子换座的家长来参加周一的主题班会。

周一的主题班会,我走进教室亲切地对同学们说:"我经常听到老师们表扬咱班的学生,说宇轩优秀,鑫淼有礼貌,浩萌有规矩等,可见我班学生的优点颇多。同桌是距离我们最近的,接触最多的,交往最频繁的。法国作家罗曼·罗兰说过:'世界上不是缺少美,而是缺少发现美的眼睛。'其实美就在你身边,你有没有发现身边的美呢?今天就让我们擦亮眼睛,仔细寻找,去挖掘我们同桌身上的美。"

在孩子们和家长们的热烈掌声中,"夸夸同桌"主题班会拉开了序幕。整节主题班会共安排七个环节:

第一步,寻找美,让每一个孩子都懂得美就在我们的身边,每一个人都有美的地方,不能把学习成绩好坏作为衡量同学的唯一标准,这就解决了学生心目中好学生与差学生的模糊认识。

第二步,发现美,让学生发现美有不同的形态,懂得一个人的

卷三 行动篇

美是有很多种的,不但学习成绩好是美的,乐意助人也是美的,动作规范也是美的,热爱劳动也是美的,讲文明懂礼貌也是美的,不怕脏不怕累也是美的等。在我的引领下,孩子们畅所欲言,表扬之声不绝于耳,美的语言在班级流动,每个孩子都自信满满,目光坚定,内心的喜悦溢于言表,每个家长都深有感触,不停地点头、微笑,整个教室洋溢着愉悦的氛围。

第三步,学习美,让学生发现美是可以通过努力形成的,同桌之间互相学习,共同进步,用同桌的优点来促进自己的进步,用自己的优点来促进同桌的进步。即使现在没进步,将来肯定会进步,引导学生从原先静止地看待问题到学会发展地看待问题。

第四步,评选美,我积极组织学生开展"评选好同桌"活动,促使孩子们在评选过程中,扬长补短,相互促进,共同进步,使自己更美,使同桌更美,使整个班集体更美。

第五步,辩论美,在孩子们寻找美、发现美、学习美的过程中,发现了这样一个问题,那就是孩子们在夸赞同桌的过程中,既发现了同桌的美,同时也发现了同桌的不美之处,那如何帮助同桌改善不美之处呢? 于是我引导孩子们通过辩论的方式,学会如何与同桌正确地相处,懂得在与同桌交往时要相互谦让,互相帮助,相互学习,互相提高,此环节促进了学生的自我教育和自我提高。

此次主题班会,我结合初一学生的心理特点,运用多种方式,引导学生自我认知,自我领悟,找到问题的核心,直指矛盾,让学生自己感悟其中道理,这样比生硬的道理更直接、更形象,这样的方式能让学生接受,并愿意思考,有效地解决了同学之间的矛盾。"夸夸同桌"主题班会不仅增进了孩子们之间的感情,增进了他们之间的了解,还增强了每个同学的自信心,同时也让孩子们发现了别人的优点,寻找到了自己的不足,从而取长补短,促进自己和同学的成长和发展。

B. 选拔最美干部

每接手一个新班,首要的任务是选拔最美学生建立一支高素质的班干部队伍。班干部队伍中共设有班长、学习委员、纪律委员、生活委员、体育委员、宣传委员六个岗位,为了公平公正,每个岗位男女各一人。班干部采取自我推荐与民主选举相结合的方法竞选上岗。经过我和全班孩子们的共同商议,我们把选举班干部的标准定为:学习成绩优秀,责任心强;在同学之间具有较高威信;严格自律,热心主动帮助同学;虚心听取同学的意见;积极热情为班集体服务,协助班主任开展班级活动,做好班主任的小助手;分工合作,各司其职,随时接受同学们的监督。

作为班主任的我,时时处处加强班干部的指导,发现问题及时指出,不时给予方法的传授,不断提高每一位班干部的自身素养和工作能力。每周一班会定期由全班同学对班干部工作进行点评,指出优点,点出不足,使每一位班干部都能清楚地认识自己,力争在以后的工作中扬长补短,不断进步。这样,在我和孩子们的努力下,班干部越来越美,越来越优秀,在班干部们的引领下,同学们也越来越美,越来越优秀。一个最美、最优秀的班集体正在形成中。

C. 培养最美组长

火车跑得快,全靠车头带。要想让学生自主学习,每个学生都有收获,必须要有一个优秀的组织者、领导者和协调者。因此,我对组长们进行精心培养,明确他们的职责,并教给他们如何进行日常的小组管理:

保证组员们的听课效率和交流讨论、回答问题的积极性。作为一组之长既要严格要求自己,做好模范带头作用,又要时刻关注每个组员,特别是表现较差的学生,提醒他们听课时认真听讲,思考时投入思索,交流时积极发言,回答问题时踊跃参与。

管理本小组的课堂纪律,保证每一个组员不乱讲话,不乱走动,按照讲课老师的要求认真学习。如果哪个组员出了问题,就下课及时和他谈心,指出他的错误之处,并帮助他改正。

督促小组成员完成作业,组员在做作业如有困难,积极提供帮助,绝不让本组成员抄袭作业,一经发现责令改正,并引导组长在督促组员学习时要讲究方法,讲求策略,不能谩骂、侮辱组员,要有耐心、爱心、细心和责任心。

明确帮扶对象,带头帮助学习较差的同学,主动与他们结对子,一帮一,一对红,在组内形成互帮互助的学习氛围。

每天根据本小组组员的表现做好记录统计,每周汇总后交给班长。

协助班主任、任课教师做好其他教育教学工作,如督促组员预习,检查组员作业,分发试卷等。

及时与其他组长、任课教师交流并互相借鉴、不断提升。小组长是同学和老师之间的桥梁、联络员。虽然是组长,可能会有很多问题解决不了,这就需要小组长们经常交流,互相借鉴。此外,还要多和任课教师交流,去汇报小组的情况,去请老师们帮助解决一些疑难问题。

(3)民主讨论,确定目标

在每学期的开始,我都会和孩子们一起进行讨论,确定每学期的班级目标:每月行为规范班级、每学期优秀班集体。

为达到班级目标,我和孩子们共同努力。我把小小的形象卡用于班级管理之中,努力让它发挥最大的魅力,借助形象卡培养学生强烈的规范意识、责任意识、感恩意识和具备明确的奋斗目标以及为实现目标所应有的信心与行动,进而使他们都能成为一名守规范、重责任、知感恩的好学生。

第一,形象卡的级别。形象卡分为四个级别,依次为绿卡、蓝卡、红卡和金卡,学生在获取一定数量的"形象卡"后,可通过晋级的办法换取更高级别的"形象卡",即集齐 8 张绿卡可换取 1 张蓝卡,集齐 4 张蓝卡可换取 1 张红卡,集齐 3 张红卡可换取 1 张金卡。

第二,形象卡的管理。形象卡的发放层层管理,绿卡一般由任课教师、教职员工、保洁员等发放,蓝卡由年级主管负责换卡,红卡由德育主任负责换卡,金卡获得者由学校在学期末表彰会上予以表彰,颁发奖杯。

第三,形象卡的发放。作为班主任,我负责发放绿卡。为了使小小的绿卡发挥更大的育人功能,我采用师生共商法,和孩子们商议绿卡发放的制度和原则。经过我和孩子们商议,我班主要从德、智、体、美、劳五个方面发放绿卡:

德育方面有以下表现的学生奖励绿卡一张:积极参加升旗活动,大声唱国歌,站姿规范者;加强文明修养,无一次不文明行为者;按时高质量独立完成作业,不缺交一次作业者;积极参加体育锻炼,没缺操一次者,没有因做操质量不高而被扣分者;乐于为班集体、为他人做好事者;担任班干部、团干部、学生会干部、课代表、小组长、工作负责者;被评为优秀干部、优秀学生、优秀团员及在各种活动竞赛取得名次者。

智育方面有以下表现的学生或小组成员奖励绿卡一张:依据评价标准,通过自评、互评、组评、师评方式进行,每周对小组和小组成员的自主、合作、探究情况进行评定,评出最美学生和最美学习小组;小组内"兵教兵"结对子明确,成员间互相帮助,主动为学习有困难的组员解答疑难,达到共同进步的小组;积极找任课教师默写并完成规定任务的学生;在各级各类考试中成绩优秀的学生、进步的学生;学习态度端正,课间主动找任课教师问问题的学生;上课主动思考,积极配合老师举手回答问题表现突出的学生或小组;作业工整美观,正确率高的学生;有钻研精神,善于发现问题、提出问题、自主地解决问题的学生;担任各科课代表工作,积极配合老师完成各项任务,认真负责的学生等。

体育方面有以下表现的学生奖励绿卡一张:在市、区、校组织的各项体育活动中取得优异成绩的学生;在学校组织的班级体育比赛中付出努力的学生,如班级拔河比赛、合唱比赛、会操比赛等;积极参加阳光体育活动,带动大家活动或游戏的组织者;代表学校参加区级、市级比赛的学生;担任体委工作,在班级体育活动中发挥骨干作用的学生等。

美育方面有以下表现的学生奖励绿卡一张:积极参加学校举办的校园艺术节活动且获奖的学生;在校园艺术节活动中积极上交绘画、工艺品、手抄报、书法等作品的学生;符合中学生仪表规范,衣着得体,干净卫生的学生;阳光健康,能以积极的态度面对困难,积极调动各种因素,创造条件克服困难的学生;担任班级宣传委员工作,在文艺及宣传工作中发挥骨干作用的学生等。

劳动方面有以下表现的学生或小组成员奖励绿卡一张:卫生检查一周获得第一的小组;在卫生大扫除中主动承担脏活、累活的学生;看到楼道里、校园中有垃圾,主动捡起来扔到垃圾桶的学生;主动参加学雷锋志愿者活动,积极帮助其他小组做卫生的学生;在各级各类成人考试中主动留下来布置考场的学生等。

第四,形象卡的原则。在绿卡发放制度的基础上,我根据班级的实际情况提出了形象卡的发放原则:

一是奖励制度要尽量简单。如果过于复杂,实施起来难度比较大,且费时间。

二是给学生的奖励要对他们有意义。给予他们选择的机会是特别有效的一种奖励。

三是用奖励促使学生养成一个个好习惯。

四是循序渐进，一次只聚焦一个行为，让学生们一起来选择。

五是特别奖励那些表现出责任感的学生，把课堂管理的任务逐渐从教师转移到学生身上，实现自我教育。

六是一开始可以奖励得比较勤一些，然后逐渐减少，不断对学生提出更高的要求。

七是对学习成绩进步、优秀的学生要一直奖励。

八是随着学生的进步，逐渐提高奖励的标准。

九是奖励要及时，迟到的奖励不会起作用。

十是对于那些有严重行为问题的学生，可有针对性地对制度进行调整，经常性地对他们进行小奖励，这样效果会更好。

第五，形象卡的作用。事实证明，形象卡激励机制在教育学生的过程中确实起到了非常积极的作用。形象卡的发放就是为了鼓励学生养成良好行为习惯，成为德智体美劳全面发展的中学生。初一下学期末，我班的宇轩同学经过努力获得了一张金卡，在学校总结大会上不仅本人获得了表彰，而且其家长作为优秀学生家长也被邀请到校参加表彰并发言。我也借此机会，在全班树立优秀学生典型，号召同学们向他学习，并在家长会上让宇轩妈妈介绍培育孩子的经验，给全班的家长树立优秀家长的榜样。一瞬间，全班形成了一股向宇轩学习的浪潮，班级各方面都有了很大的进步，每一个学生都以获得更多的形象卡为荣。小小形象卡，发挥着强大的育人力量，引领孩子们向着更好进军。

形象卡的发放为班主任老师提供了有力的抓手，加强了学生的自律意识，使其时刻以最好的状态表现自己，学校从领导到老师从德、智、体、美、劳等方面对学生进行精细化管理,让学生在学校的任何一个地方都能严格要求自己,形成了学生自我管理,全员育人的模式。

小小形象卡,激励着每一个学生,尤其对于后进生,更是起到了非常好的促进作用。我班的小萌同学由于父母离异,脾气暴躁,稍遇"不顺心"的小事便大打出手,经常和同学打架。对于这样的学生,我冷静、理智地分析她所做的一切,有的放矢地采取有效措施。每当她因一些小事冲动时,我都设身处地地为她分析事情发生的原因,耐心劝导她,帮助她认识到自己的不足,同时对她提出新的要求和目标,对她的进步和提高及时颁发形象卡,给予表扬和激励。之后,我时刻关注她,处处关心她,只要看到她进步,我都及时给她颁发绿卡,并对她提出更高的要求。在以后的时间里,李小萌转变了,说话越来越文明,与同学越来越友好,与家长越来越亲近,学习成绩越来越优秀……她手里的形象卡越来越多,不仅有绿卡,还有蓝卡、红卡。当我看到她能融入集体,与同学们有说有笑、和睦相处的时候;当我看到不是我请家长,而是家长带着微笑主动来学校讲述孩子在家变化的时候;当我看到她手里各种颜色的形象卡的时候;当我看到她的学习成绩稳步提高的时候,我从内心为她感到高兴,这使我进一步领略到形象卡的颁发对学生全面发展的重要性,使我再一次认识到班主任工作的伟大和重要,使我再一次领悟到爱的分量和价值。

(4)彰显个性,分散发展

根据班内学生的特长、兴趣、爱好等,让学生积极参与学校、班级各级各类比赛等,让每个人都能得到锻炼,都有出彩的机会。

每届新初一入学,我总要开展"自我介绍"这一常规活动,目的有三个:其一,增进师生之间、生生之间的相互了解;其二,锻炼学生,使其敢于在全体学生和老师面前说话;其三,提高学生的语言表达能力。我首先让学生到前面介绍自己,从姓名、年龄、毕业学校、家庭、特长、兴趣、爱好等谈起;然后让学生根据自己的介绍,完成一篇《这就是我》的作文;其次在小组内展读,挑选优秀,在全班展读;最后让优秀者把自己的作文打印出来,粘贴在班级展示牌展览。

"自我介绍"这一活动,让我充分了解了每一个学生的特长、兴趣和爱好,我鼓励孩子们积极参加学校的社团活动,管弦乐、剪纸、绘画、书法、舞蹈等,力争让每一个学生都能人人发展,个个成才。

(5)集体活动,团结和谐

开展和谐团结的班集体活动,使班集体更加具有凝聚力,更加具有团结力,更加具有向心力。

集体活动是最能展现班级整体风貌,加强班级凝聚力和向心力的平台,它也是培养团队精神、奉献精神和集体荣誉感的舞台。

第一,最美体委。开学至今,学校已组织开展了多项丰富多彩的集体活动,令我印象最深刻的一项便是会操比赛。在表演前,孩子们都在做着准备工作,我提醒孩子们将自己的鞋带系紧,以免因在跑操中跌倒而影响班集体的整齐。在系鞋带的那一分钟,我们班的体委佳琪竟主动蹲下来教旁边的同学如何系鞋带才能使鞋带不容易散开,她嘴里一步一步讲解着,手里一点一点帮旁边的同学系着鞋带,那么仔细,那么耐心,我禁不住拿出手机把那感人的一幕拍了下来。每每看到那张照片,我只想说,那动作,真美;那心灵,真暖!在会操完成回班后,我将这张照片投影到教室的大屏幕上,大家看到后,不约而同地将赞赏的目光投向佳琪,我点了几位学生谈一谈自己看了这张照片的感受,几个孩子都纷纷表示:体委的举动温馨暖人,为体委点赞,并要向她学习。由于佳琪表现出色,她还被学校评为最佳发令员,颁发了奖状,我还为她单独设置了一个道德风尚奖,并为她颁发了绿卡。这次颁奖起到了很好的示范效果,无论是在跑操检查鞋带的环节,还是在有同学需要帮助的时候,都会有学生主动提醒同学鞋带散了,抑或有学生默默地为同学提供帮助。会操比赛不仅为学生搭建了风采展示的舞台,也为师生搭建了沟通的平台;不仅为孩子们提供了团结合作奉献精神的培育场,也为班级精神的进一步沉淀提供了契机。

第二,最亲同学。除会操比赛外,最令人印象深刻的便是体能测试。在最后一项男子1000米长跑中,当大家都铆足劲儿向前冲刺时,意外情况发生了——我班的大力士震宇在冲向终点时由于用力过猛摔倒在地上。此时,杨毅同学挺身而出,跑过去将震宇同学搀扶到学校医务室,并一直陪在他的身边。体测结束后,我召开了一次题为"团结互助,你我同行"的主题班会。班会课上,我以杨毅同学帮助震宇的事情为例,引导孩子们讨论该如何帮助身边同学的讨论,努力在孩子们稚嫩的心田撒下互助的种子,并细心浇灌,让它慢慢发芽结果。班会课后,杨毅同学迅速成为班上的焦点,他成了助人为乐的榜样,同学们纷纷向他学习,班里好人好事不断涌现,充满关怀与友爱的班风渐渐形成。

通过这两件事,我感悟到:班级精神文化的建设不是一蹴而就的,作为班主任要善于从小事中发掘出教育价值来,并将其放大、再放大,通过表彰会、班会等形式,让美的行为、好的品格慢慢浸润孩子们的心田,让孩子们学起来、动起来,用言行彰显精神文化,用精神文化指导学生言行!

第三,最真目标。每次考试之前,我都让学生制定自己的目标。我每人发一张彩色便利贴,让每个学生制定自己的竞争对手,并告知学生如果赢了,就颁发绿卡和奖状。便利贴一发下去,孩子们就开始认真思考到底选谁作为自己的竞争对手。待孩子们写完收齐后，班长很认真地把它们贴在了班级的心愿心语展板上。一到下课，便有学生凑到跟前看同学究竟写了谁。

制定了竞争目标，就要付诸行动。班会课上，我要求每位同学写一句超越对手的口号，要求口号既友好又不失霸气。我和孩子们又一起制定了班级目标，写在黑板上，全班学生大声朗诵，力争让班级目标进入每个孩子的心里。个人目标、班级目标的制定，既激发了学生之间你追我赶的热情，又让全班学生团结在一起为一个共同的目标而奋斗。

目标是值得期待的。在一次期中考试中，我班获得了年级第二的好成绩，大部分孩子都实现了目标，他们都很振奋，一个个开心极了，我也特别高兴。张博激动地说："徐老师，我远远超越了自己，年级名次进步了 105 名，我太高兴了，我还要努力，下次考试我要考进前十名。"没实现目标的学生，也不气馁，发誓下次考试一定要实现超越。课下，怡诺同学主动跟我说："我没有考过涵诺同学，我说过要请全班女生吃糖，今天我把糖带过来了。我下次一定可以超越她。"我被孩子们感染着："孩子们，我相信，你们一定会成功的。"

第四，最美情感。妈妈是世上最美的名字，是最动听的呼唤，是最慈祥的面容。在母亲节之际，我上了一节以母亲为主题的班会，让学生负重绕教学楼、操场一圈，一开始学生没感觉什么，觉得就是走圈而已，可时间一长，有的学生就气喘吁吁了，甚至停了下来，走不动了。负重走圈活动结束后，我让学生谈切身感受，孩子们纷纷表示已深刻体会到妈妈怀孕的不容易，以后一定要多孝敬妈妈，为妈妈多做一些事。趁热打铁，之后我安排学生回家后给妈妈送上节日的祝福，并为妈妈做一件事，最后拍张照片上传到班级

卷三　行动篇

群,让全班的孩子们、家长们分享最美的情感。当天晚上,一个个妈妈打来的感谢电话持续不断,一张张照片上绽放的笑脸美丽无比,我为孩子们的行为所感动,为最美的情感所震撼。

之后每当母亲节、父亲节、教师节等特殊的节日,我都会在学生心灵播撒一些感恩的种子,并让这些感恩的种子生根发芽。在节日的前一天,我都会提醒与要求孩子们以买一枝花、做一件事、给一个拥抱等方式送上节日的祝福,表达对父母的关爱和对老师的感谢,进而引导学生这种关爱不光要表现在节日,在日常生活中就要学会关爱,如在天气寒冷时提醒父母、老师和同学们要多穿衣服,天气不好时要带好雨伞,天热多喝水,少喝冰冷饮料等。

班级精神文化是在一次次的活动中,一次次的言谈中,一个个的举动中潜移默化产生的。我将和孩子们一起满怀希望,逐梦向前;同心协力,全力以赴;充满自信,齐头并进。

(四)班级文化的活力———"尚美"活动文化建设

1. 内涵

让孩子们在学校生活中获得幸福,全面发展其才能的最佳途径是班级活动。每一个学生的成长,每一个班集体的组织与建设都不是在静止的状态中进行和完成的,而是在活动的状态下进行和完成的。

2. 意义

开展有意义的班级活动,是教育的艺术,更是艺术的教育。有意义的班级活动会给孩子们带来无限的乐趣,影响着班内每个孩子的成长,使他们的理想、情操、品德在潜移默化中不断升华,知识不断丰富,智慧不断提高,才干不断增强。

(1)开展班级活动能丰富学生的课余生活,促进学生良好品德

的形成与发展

学校生活不能只停留在课堂学习与课后作业中,班主任要根据学生的心理特点,经常开展丰富多样的班级活动。在活动中,学生自由选择自己喜欢的活动,使自身的特长和能力能够得到充分的发挥,并在活动中促使良好品德的形成和发展。

(2)开展班级活动能挖掘学生潜能,帮助学生树立自信心

每个班级都有一些因学习和自律而表现得没有自信、比较自卑的学生。但是班主任在组织班级活动时会发现,个别自律较差的学生很可能有主持的天赋,个别成绩不好的学生可能具有音乐、美术、体育等方面的才能。这样,班主任通过丰富多样的班级活动,能及时发现个别学生的闪光点,并借此机会对这些孩子多鼓励、多表扬,帮助他们树立自信心,维护他们的自尊心,激发他们努力的决心。

(3)开展班级活动能弥补我们课堂教学的空白,扩大学生的知识面

作为班主任,我们要适时、适宜地开展班级活动,这样不仅能丰富学生的知识,开阔学生的眼界,还能提升学生演讲、音乐、美术、体育等各方面的综合能力。

(4)开展班级活动有利于良好班风的形成

在班级建设中,班主任可以通过开展活动逐渐规范学生的不良行为。比如,开展"今天你吃早点了吗"活动,督促学生按时吃早点,摒弃不吃早点的不良习惯,进而养成良好的生活习惯;再如,开展"脚下垃圾我来捡"活动,既提高了班级卫生水平,又让学生养成随手捡垃圾的好习惯。凡是要求学生做到的,我必首先做到,要求学生吃早点,我每天早早来到学校吃完早点后再到教室,并和学生分享今天吃的什么,吃了多少等;要求学生捡垃圾,我先做到,无论

看到哪有垃圾,我都会捡起来放到垃圾桶里。作为一名班主任,就是要在班级管理中时时处处起到模范带头作用,并认真观察,随时发现问题,进而采用相应的策略,开展丰富多样的活动引导、规范学生的言行,逐渐形成正确的集体舆论和良好的班风。

(5)开展班级活动能增强班级的凝聚力

丰富多样的班级活动不仅是优秀班集体形成和发展的必要条件,也是增强班级凝聚力的基础。我们都希望自己班的孩子们能热爱集体、关心他人、努力学习等,而班级活动恰恰是这些良好品质形成的催化剂。在丰富多样的活动中,学生一定会你追我赶、你好我优,相互促进,共同努力。

总之,好的班级活动有利于培养学生的创造力,增强学生的实践力,提高学生的社会力。优秀班主任魏书生老师曾说过,班级就是一个小社会,社会上有什么,一个班级便可能有什么,学生走出家庭,来到班级这个小社会实习,才会具有一定的适应大社会的能力,这为学生以后走入真正的社会打下真实的基础。

3. 原则

(1)目的性原则

班主任组织学生开展的班级活动一定是有助于学生健康成长的。活动主题的确定、内容的选择、过程的排编等都要考虑到该活动的教育性,并做到和学校、班级的发展计划一致。而且,每次活动都要有具体的教育目标,也就是为什么开展这次活动,活动要达到什么效果,这样才能保证活动有的放矢,而不是流于形式。如开展"走进霍元甲文武学校"活动的目标可以是:引导学生了解天津深厚的历史文化,弘扬"精武精神",培养学生的爱国情感和热爱家乡的情感。

（2）自主性原则

班主任在设计班级活动时,要始终牢记学生是活动的主体,每次活动从开始到结束,我们都要敢于放手,善于引导和鼓励,让孩子们自主设计、主持撰稿、编排活动等,尽可能让每一个学生都参与进来,充分发挥他们的积极性和主动性,为他们提供一个锻炼自我和展示自我的舞台。如在诵读古诗词的基础上,我针对学生好竞争、表现欲强的特点,组织诗词鉴赏闯关活动,力图最大限度发挥学生的主体作用,让学生动起来、学起来,让学生自己动口、动脑、动手、动眼,去思想、去设计、去分析、去活动,努力做到学生为主体,教师为主导,使学生成为学习的主人,使课堂成为学生的天地,使他们品尝到学习的乐趣。

（3）趣味性原则

中学生天真活泼、好奇爱动,这就要求班主任要在活动的"趣"上多做文章。我们在设计活动前,要尊重孩子们的现实需要和兴趣爱好,力争让活动的内容与形式适合学生的年龄需要、心理特点,抓住学生的动情点,使他们自然而然地投入活动中。作为班主任,我们要学会用学生的大脑去思考问题,用学生的兴趣填补自身兴趣的空白,用学生的情感体验情感,把学生的困难当成自己的困难,把自己的需要转化成学生的需要,最大限度地做到急学生之所急,想学生之所想。如我根据初一学生表现欲强、好胜的特点,设计了有关动物成语的游戏——快乐猜猜猜。活动中孩子们出色的表演、敏捷的反应、滑稽的动作、专注的神态,使课堂充满了欢声笑语和灵动智慧,一阵阵笑声不绝于耳,一阵阵掌声络绎不绝。

（4）创新性原则

班主任每次在进行班级活动策划时要做到思维要活、内容要活、形式更要活。即在引导学生开展活动时要积极思考,敢于创新,思路要"活",要"敢想",更要"敢做"。如母亲节到来之际,我安排了一个活动:我发给每个孩子一张精美的卡片,让孩子给自己的妈妈写一段话,并用彩笔画画,来表达对妈妈的祝福和感谢,孩子们认真地书写,精心地描画,仿佛要把世间最美丽的词语,最绚丽的图画都献给自己的妈妈。活动结束后,我留了一项作业:让孩子们到家后先给妈妈来个最深情的拥抱,诚恳地祝妈妈节日快乐,并把自己亲手绘制的祝福卡片送给妈妈。孩子们带着满满的祝福回家了。就在我刚刚回到家,还没有放下包,就接二连三地收到许多学生妈妈的电话和微信,"感谢徐老师把我们孩子教育得那么好,我们太感动了"之声不绝于耳,看到我的引导有了效果,我欣慰地笑了。意外的是,我这个班主任妈妈转天也收到了很多孩子的卡片祝福和深情拥抱,那一刻,幸福感油然而生,我更加坚定了要做一名优秀班主任的信念。

(5)实效性原则

良好的教育效果,不是为了应付学校或者年级组的检查而随便组织一个活动。在每一个活动组织开展之前,一定要做针对班级的实际情况,做好充分调查研究,有针对性地组织开展,确保活动效果明显,教育性强。如:针对班级很多孩子带手机到校的情况,我及时开展了"做手机的主人,不做手机的奴隶"主题班会活动,让学生充分认识到如何正确使用手机,并建议学生能不带手机的就不带,如必须带,由家长提出申请,班主任审批,但要求带到学校后要交给班主任统一管理,班主任每天把孩子们带手机的情况统计及时和家长核实,放学后归还。

4.内容

班主任在开展班级活动时一定要做到循序渐进。

第一,紧抓契机,确定主题。班主任老师要根据班级的实际情况,抓住相应的教育契机,引导孩子们确定适宜的活动目的和指导思想,确保活动的开展切实促进学生进步,推动班级发展。

第二,集思广益,设计流程。主题确定后,通过民主讨论、问卷调研、全班商议,确定活动的开展形式以及活动的内容和流程,并引导督促学生反复修改完善,确保形式新颖,流程流畅,充分调动广大学生参与活动的积极性。此外,在准备过程中,班主任老师一定要引导学生厘清注意事项以及各种可能出现的突发情况,并安排专人负责,确保整场活动的安全有序。

第三,合理分工,全员参与。确定好活动流程后,班主任应合理分工,确定好主持人、记分员、记者、摄影师等,并分别进行培训提升,确保在活动中,人人有角色,人人都参与,从而实现所期望的教育目标。

第四,及时总结,教育延伸。班主任在活动结束后一定要做好总结归纳以及延伸教育的工作,并做好材料的归档和自我的反思,确保之后活动的质量和教育意义得到更好的提升。

在教育教学中,我注重从以下几方面来进行班级活动文化建设:

(1)系列性主题班会

主题班会是班级活动的常见形式,而"系列性主题班会"又是班会的常见形式。由于班会时间的限制,仅有一节课 45 分钟,有很多主题内容无法在 45 分钟内充分完成,所以我们可以根据学生的认知规律和心理特点将主题内容进行具有层次性、伸展性的安排,最终使教育的主题深入学生内心,促进学生良好品格的形成和发展。比如,开展"感恩系列"主题班会,可以先后从感恩父母、感恩老师、感恩同学朋友、感恩国家等几方面,从多角度、多种形式开展活动,最终让感恩之心深入每个学生心中,使得他们都能实现用感恩践行责任,用梦想驱动成长。

①感激父母养育之恩

班主任通过开展感恩父母活动,鼓励和动员学生:为父母多做事;跟父母多交流;父母生日送贺卡、礼物;母亲节、父亲节之际献上一束鲜花、一份小礼物等。让孩子在为母亲揉肩、捶背、洗脚、做饭、洗衣等过程中,懂得父母的艰辛和不易,培养学生感谢父母的养育之恩,让母(父)子(女)之情得到深化。

②感激老师教诲之恩

班主任通过开展感恩老师活动,组织学生向老师表达感激教诲之恩。每年的教师节,我都会组织学生开展"向老师献真情"活动,让每一个学生都能通过写一封信、谈一次心、做一张贺卡、献一束花,送一个拥抱等真挚朴实的方式,来表达对老师的感激之情,让师生之情得到升华。

③感激同学帮助之恩

班主任通过开展感恩同学活动,组织孩子们给身边同学做一件有益的事,如教会一道题、学会一句翻译、帮忙做一次值日等;给班级做一件有益的事,如主动领书发书、主动开窗通风等,这不仅培养了同学之间互帮、互助、互学、互进的良好习惯,也增进了同学之间的友谊,增强了班级的团结。

④感激社会关爱之恩

班主任通过开展感恩社会活动,带领学生参加服务社区、做"志愿者"、慰问军烈属、参观档案馆、观看爱国影片等活动,培养孩子们爱祖国、爱人民、爱劳动、爱科学、爱环境、爱社会主义的情感,使他们体会到党领导全国人民坚持改革开放以来取得的辉煌成就和巨大变化;体会到党和国家、社会对他们健康成长的无限关爱,引导他们感受今天的幸福生活来之不易,进而树立正确的人生观、价值观和世界观,激发和增强"感恩社会、报效国家"的深厚情感。

"感恩系列"主题班会,坚持以"培育和践行社会主义核心价值观"重要思想为指导,以弘扬和培养中华民族传统文化为宗旨,以孝敬父母、尊敬师长、关爱他人,学会感恩、学会报效为主要内容,全面提高了学生的道德素质,使学生继承和发扬了中华民族传统美德,时刻怀有感恩之心,时刻做到"心中有祖国、心中有集体、心中有他人"。

（2）活动性班级活动

玩是孩子的天性。活动性班级活动多以"玩"的形式出现,一般都在室外进行,以玩为主,寓教于乐。班主任在组织这样的活动之前,一定要先告诉孩子们活动的主题,启发他们在活动中去探求真、善、美。此外,在活动中,要不断给学生强调"玩"的意义,教学生怎么玩,引领他们在玩中不断增强对美好生活的热爱与追求。如"拔河比赛""跳绳比赛""趣味运动会"等就属于这类活动。

为丰富学生的课余生活,放松心情,缓解学习压力,增进同学之间的团结,培养学生的集体主义意识,也为迎战体育中考,学校特意组织了趣味运动会。

趣味运动会后,很多孩子还意犹未尽,一直问我"什么时候还举办"。诚然,趣味运动会既锻炼了孩子们的身体,又提升了孩子们的智育;既提高了孩子们的运动技能,又增强了班级的凝聚力;既加强了运动的趣味性,又增进了班级的团结,真可谓一箭三雕,这样的活动今后要多开展些。

（3）知识性班级活动

知识性班级活动是学生能力提升的良好园地。知识性班级活动能有效弥补课堂教学的空白,扩大学生的知识面,使学生通过活动能更多地了解科学、文学、艺术、体育等方面的知识,能刺激他们的求知欲望,促使他们去探索更多的知识奥秘。寓教育于知识的学习中,不拘任何形式,有利于学生的能力提升。如,为增强学生的古诗词储备,可模仿央视频道开展班级的"古诗词大赛",以此来激发学生对古诗词的喜爱,帮助他们积累古诗词,提高他们对古诗词的鉴赏水平。再如,为提高学生的科技实践能力,结合物理学科开展科技小实验、变废为宝等活动,用彩色珠子做成栩栩如生的小动物模型,用细铁丝做成自行车模型等,以此启迪学生的思维,发展他们的动手操作能力,使他们乐于学习、学会学习。

(4)节日性班级活动

我们一年有好多节日,比如春节、清明节、端午节、中秋节、教师节、五一劳动节、国庆节、母亲节、父亲节……作为班主任一定要巧抓教育契机,利用这些节日开展相关的主题教育活动,使孩子们同时接受学校、家庭、社会的三结合教育,促进孩子们道德品质、知、情、意、行等全面发展。

每年的节日是重复出现的,但是我们的活动形式是不断创新的,力争在给学生一种新鲜感的同时达到我们的教育目的。如,每年春节过后,我都会组织孩子们开展写春联活动,让孩子们根据自己的特长和才艺,以多种方式:硬笔、软笔、楷书、行书、隶书、打印、绘画、歌唱、抄写、自创等,把我国的传统文化之一的春联写出来、画出来、唱出来等。此活动既让孩子们对春联增进了了解,又提高了创造性思维能力;既发挥了孩子们的特长,又锻炼了孩子们的多种能力,孩子们乐在其中。

(5)教育性班级活动

为了解决班里出现的一些实际问题,班主任要针对所出现的问题组织开展一些具有教育性、针对性的班级活动。如,大课间请假问题、迟到问题、抽烟问题、早恋问题、带手机不交问题、抄作业问题等。班主任要及时捕捉到班上的思想动态,结合班级的实际情况,再跟班干部以及部分学生进行交流沟通,进行充分调研准备,确保活动开展的实效性。

如去年初二下学期开学,我发现了这样一个问题:由于新年有长辈给孩子压岁钱的习俗,班里许多孩子都拿到了不同数额的压岁钱,少则几百元,多则几千元,甚至上万元。过多的压岁钱,使孩子们购买欲膨胀,各种各样高档运动服、运动鞋、零食、文具等出现在孩子们的身上、脚上、书包里,甚至有的孩子之间进行攀比,比谁的价格更贵、款式更好看;个别孩子出现了自私的行为,自己的零食不与同学分享,只想吃独食,自己的文具,同学借用时不愿借,说是怕同学弄坏了;嘲笑之声偶尔出现在某些孩子嘴里,鄙夷之色偶尔出现在某些孩子脸上,看到别的同学吃的、穿的、用的不如自己,百般嘲讽;甚至有的孩子逃避值日,问其原因,竟然是嫌脏,怕把衣服弄脏了……看到这些现象,我着急,我思索。一想到正值三月,我刚好可以用雷锋的故事引导孩子们。

我积极开展"学雷锋,树美德,以实际行动践行雷锋精神"的活动,努力把学雷锋活动落到实处。

指导思想是要把雷锋精神深入学生内心,宣传乐于助人的思想,引领学生从身边的小事做起,从身边的人帮起,在班内创设互帮互助的良好氛围,为班级的稳定和长远发展打下坚实的基础,并为学生的可持续发展和终身发展埋下一粒希望的种子。

活动内容为:

召开主题班会,掀起学雷锋活动的热潮。通过和孩子们交谈,我了解到许多同学认为学雷锋只是偶尔做做好事而已。于是我积极召开主题班会,把雷锋的每一个故事都讲给学生,把雷锋的每一个举动都展示给学生,让学生真正认识到雷锋精神不仅仅是做做好事这么简单,而是包括雷锋叔叔在学习上的钉子精神、在批评和自我批评方面敢于直言的精神、在是与非的选择上立场坚定的精神、在对待同志上高度热情的精神、在对待工作上高度负责的精神等方方面面,对此我们都应该认真学习,并引导孩子们深刻认识到雷锋精神的实质——热情、无私。孩子们在雷锋精神的鼓舞下,情感被充分调动起来,纷纷表示要以实际行动践行雷锋精神,教育效果便达到了。

把远、大、空的典型转化为近、小、实的榜样,真正使学雷锋活动收到实效。在雷锋精神深入学生内心之后,我趁热打铁,号召孩子们要把学雷锋落实到从小处学习、从身边的榜样学习。这样,不仅调动了孩子们学习雷锋精神的积极性,而且还让孩子们正确、深刻地认识到雷锋精神的实质,从而体会到雷锋精神就在身边,我们每个人经过努力都能做得到。

教室内设置学习园地和宣传栏,对班里的好人好事进行宣传与表扬。

积极组织学生进行义务劳动,进一步使学雷锋活动落到实处。如清理教室和校园的卫生死角,使我们的教室和校园更加整洁美观。

组织学生开展"为老师献一丝温暖"活动,引领孩子们为老师拿教具、倒热水、做办公室卫生等,懂得感恩教师、回报教师,进一步促进师生的和谐。

孩子们在学雷锋活动中,积极参加,热情参与,深刻体会到"学雷锋"的目的不是为了得到别人的赞赏与表扬,学习雷锋精神要从自己做起,从身边的小事做起。

孩子们积极践行雷锋精神,涌现出来的好人好事数不胜数,据统计,全班拾金不昧者 28 人,乐于助人者 38 人,尊老爱幼者 40 余人,参加义务劳动者 42 人等。

通过活动,学生中助人为乐的事情多了,"事不关己,高高挂起"的人少了;相互关怀的人多了,同学间的隔阂少了,孩子们的精神面貌发生着变化,文明、礼貌、助人、友爱之花尽情绽放。

(6)及时性班级活动

及时性班级活动是指活动计划没有安排,但是又偏偏遇上了好的教育机会时开展的活动。这就要求班主任在班级事务管理中要善于观察,勤于思考,抓住临时出现的教育契机,趁热打铁,充分发挥教育机智,及时开展相关的教育活动,有效推进班级建设的高效发展。

2021 年 9 月,我所带班级的孩子们升入了初三年级,我发现孩子们在做广播体操时,既没有了初一年级时的认真劲儿,也没有了初二年级时的荣誉感,有的只是懒散、不到位,胳膊、腿"横不平竖不直",甚至有的孩子一丝不动,整场操就站在那儿。这时正好学校要组织广播操比赛,要求各班抓紧时间练习,争取取得好成绩。我一看时机来了,立即召集班干部商议,决定借此机会调动学生做操的积极性,增强他们为班级争光的意识,培养他们团结协作的精神。为备战广播操比赛,提高广播操质量,力争在评比中获奖,我找来体育老师策划参赛事宜和提高方法。

为了在这次比赛中能够获得好成绩,我与体育老师密切配合,根据比赛要求和内容,利用体育课和课余时间刻苦练习,一个一个地纠正动作,一组一组地训练,一排一排地过,一对一地教,确保不让一个学生影响全班。只要孩子们练操,我都到场,和他们共同做操,并以自己的规范动作引领他们,以温柔的话语激励他们,以慈爱的目光注视他们,以耐心的教导帮助他们。在我的带领下,孩子们全力以赴,一丝不苟,认真做好每一个动作,尽自己最大的努力备战比赛。辛勤的付出带来好的收获,比赛过程中,我班列队入场、做广播操时都能做到步伐整齐、口号洪亮、动作有力、精神抖擞,高标准地完成了广播操,获得了一等奖的好成绩。

广播操比赛向全校师生展示了我班全体学生奋发向上的精神风貌,不仅锻炼了孩子们的体能,还增进了班级的团结;不仅提高了孩子们做广播操的质量,还提高了孩子们的身体素质;不仅丰富了孩子们的课余生活,还增强了班级的凝聚力;不仅加强了集体主义教育,还促进了良好的班风建设。

三、"尚美"班级文化建设的感悟

实践证明,"尚美"班级文化就像是一面隐形的绚丽旗帜,引领着整个班级的发展方向。生动、活泼、富有人文气息的"尚美"班级文化氛围使全班师生心情愉悦、健康成长、奋发向上、砥砺前行、教学相长、进步提升。

"尚美"班级文化建设博大精深,我只是进行了粗浅的探索和尝试,取得了一点成绩,总结了一些经验。

从孩子们的语言中,我听到了"美的回响",他们说:"课堂上,老师们引导我们发现美、寻找美;课堂外,老师们带领我们去体验美、创造美。军训生活让我们知道强健的体魄是健康美,文明礼仪主题演讲、文明用语征集活动告诉我们文明的语言是行为美,节水节电、禁毒小分队的宣传让我们时刻牢记勤俭节约、自律自爱是品德美,交通安全征文、消防演习、防火防溺水专家讲座让我们了解到安全防范是意识美。"

从孩子们的行动中,我看到了"美的魅力"。美需要发现,美需要创造,美更需要传播。带着对美的理解,我和孩子们来到教室为患病的同学捐款捐物,奉献爱心;来到操场捡拾垃圾,为树苗浇水;

来到社区参加义务劳动,做好"创文创卫"宣传;来到敬老院帮助老人做一些力所能及的事情,播撒爱心。从教室到学校,从校内到校外,美在开花,美在结果,我班的孩子们多次被评为拾金不昧的好学生、尊老敬老的好少年等。

从孩子们的活动中,我感受到了"美的力量"。拔河比赛让我感受到了孩子们的团结美,运动会方队展演让我感受到了孩子们的韵律美,广播操比赛让我感受到了力量美,春联活动让我感受到了文化美,班集合唱比赛让我感受到了艺术美等。

孩子们身上呈现出的美越来越多,这都是"尚美"班级文化建设结出的累累硕果。学生美了,班级也就美了。在我和孩子们的努力经营下,我班在学校的教室卫生、班级文化布置、消防演练、合唱比赛、会操比赛、日常行为规范等评比活动中均获得好评,在每年的秋季运动会中均获得精神文明班集体和最佳方队奖,在社会实践中均被评为优秀班集体,此外还多次被评为三好班集体、优秀班集体。我也多次被评为校名教师、名班主任,区 265 骨干教师,265 优秀学员,区学科带头人,区名班主任,区班主任提升工程成员,区杰出班主任,天津市千名计划优秀学员,天津市德育优秀教师等,并在市、区、校组织的活动中多次荣获优秀指导奖。我撰写的德育、心理论文,2 篇获全国奖,1 篇获市级奖,1 节班会课获区级奖,1 节心理课获区级奖,1 篇个案获区级奖。

十几年来,我与孩子们共同成长、共同进步,抚今追昔,笑过哭过,痴心不改;奋斗进取,我心依旧。

每一个孩子都是一粒独特的种子,需要我们不断用心去浇灌,用爱去呵护;每一个孩子都是一位美丽的天使,需要我们用匠心去关爱,用情去润化。我坚信,只要我们努力经营,班级会越来越美,学生会越来越美。

卷三 行动篇

关爱学生，
让学生快乐成长。

卷四·研究篇

班主任要有研究精神，要抽出时间对方方面面的工作进行冷静而理性的思考和研究，尽力摆脱被动局面，成为"主动出击，谋求发展"的教育者。这样才能结合实际，设计出行之有效的对策，以保证学生全面健康发展。

智慧育人

乐乐班成长记——班级精神文化的创建探究

　　　　天津市西青区张家窝镇田丽小学　陆希倩

高中生亲师合育行动研究

　　　　天津市西青区杨柳青第一中学　肖程

陆希倩,天津市
西青区张家窝镇
田丽小学班主任、
语文教师。

　　天津市学科骨干教师,西青区名班主任,西青区杰出教师,西青区教育系统学科带头人。荣获全国第三届"我的文化我的班"班主任演讲比赛特等奖,西青区第六届班主任论坛一等奖。所带班级曾获天津市三好班集体、天津市优秀班集体等荣誉称号。2018年入选"西青区班主任培养提升工程"。2021年成立"天津市中小学陆希倩名班主任工作室"。

带班理念

遵循学生成长规律,尊重学生个体差异,
用心浇灌,静待花开。

乐乐班成长记

——班级精神文化的创建探究

陆希倩

一、乐乐班

伴随学生年龄不断增长而日趋发展变化的心理特点,以及班内学生的个性化特点,乐乐班开展具有针对性的精神文化建设,力求将班级建设成为一个拥有良好行为习惯,爱学习、求上进、会合作、能自主、有担当的集体,使乐乐班中的每一个成员都受到这份班级精神文化的熏染。

(一)乐乐班的由来

《孟子·梁惠王下》中有云:"独乐乐不如众乐乐。"据载,齐宣王曾大言不惭地说自己是个好乐、好勇、爱享受一切君王之乐的人。面对这样的齐宣王,孟子没有滔滔不绝地教训他,而是劝说他把这些嗜好与百姓联系起来,以己之心度百姓之心,把快乐和百姓共享。充分彰显了孟子"君王应与民同乐、与民同忧,乐民之乐、忧民之忧"的政治主张。

其中,"独乐乐不如众乐乐"成为千古流传的佳句,意为"一个

卷四 研究篇

人单独欣赏音乐不如跟别人一起欣赏音乐快乐",引申为"自己高兴不如大家一起高兴"。我们班级取名"乐乐",旨在让班内的学生能够与人同"乐",重在体现一个集体的概念。希望班级里的孩子们能够心中有他人,有集体,知感恩,懂合作,能够着眼整体,拥有大格局。

(二)乐乐班建立的理论依据

乐乐班的建立遵循耶鲁大学40年研究成果"全球阶梯教养圣经"中对不同年龄段孩子身心发展特点的阐述与论证,依据孩子们的身心发展特点,针对性地在小学不同年级开展不同主题内容的班级精神文化建设,从而涵养学生的人格,助力学生的成长。

乐乐班尊重班级内的每一名学生,维护他们的尊严,激励他们的成长,滋养他们的自信心。当然,在班级内我们也需要有班级的规则,即班级公约。但这些规则并不是越多越好,关键在于我们如何去执行和落实。因为我们需要的是影响学生的言行,而不是处处设限,捆绑住他们的手脚,限制他们。在帮助他们的过程中,我们给予的具体方法永远多于直接下达的命令。

(三)乐乐在学生成长中发挥的作用

《礼记·乐记》中说:"乐者,天地之和也。"乐,原本是一种辅助性的原始宗教仪式。周初,经过周公等人的改造,乐成了人们在宗庙中、在族长乡里之间、在父子长幼闺门之内等社交场合沟通情感的基本方式,其目的就在于通过唤起血缘亲情,增进社会成员之间的亲近感。乐是天地间的美妙声音,是道德的彰显。"礼乐文化"是中国古代文明的重要组成部分,使人修身养性,体悟天道,谦和有礼,威仪有序。

乐乐传承了中华民族优秀传统文化,发扬了中华民族重礼节、尚美善的优良传统,涵养学生的人格,助力学生的成长。

二、乐乐班的精神文化建设

(一)一年级乐乐班的精神文化建设

一张张稚嫩的笑脸,一双双充满好奇的眼睛,一个个跳跃着的小豆丁,就这样背着书包走进了校园,走进了教室。他们对这里充满了新奇感,充满了期待,也充满了对未知空间的无措。他们会带着一份"我是一名小学生了""我长大了"的自豪感走进这里,也会带着周围人各种令他们似懂非懂的说辞走进这里。也许这份说辞会让他激动不已,充满期待;也许这份说辞会让他茫然无措,不知所以。但不管怎样,他们都走进了一个全新的空间——小学校园,拥有了一个全新的身份——小学生。

1. 好习惯——一年级乐乐班精神文化建设的主题内容

对于一年级的小学生而言,校园是新的,班级是新的,所有的环境都是新的;老师是新的,同学是新的,身边的所有人也都是新的。他们对这里充满了好奇,但也同样对这里的"规则"一无所知。他们如同一张张白纸,天真可爱,但也即将迎来他们社会化进程的第一步,融入班级生活,融入校园生活。

班级是一个集体,在这里有几十个小朋友一起生活,不再像家中那样,每个孩子都是家庭的中心,所有大人围着孩子转;也不像在幼儿园那样,几个小朋友围坐一桌,三位老师照料小朋友们的生活;学校的生活也不像幼儿园那样,玩玩具、讲故事、吃水果、做游戏……而是开启了全新的模式:40 分钟一节课,课间休息 15 分钟,每节课会有一位不同的老师带他们学习不同的知识,当然上午和下午都会有一次大课间活动,但大都以集体活动的形式进行。这对刚刚进入一年级的小朋友而言,既充满了强烈的新鲜感,也充满了很大的挑战。尤其是对于年龄相对偏小的同学更是如此。他们在自理能力、身体协调性、理解力、思维逻辑能力、专注力、记忆力和语言表达等多个维度的差距,在小学一年级表现得非常明显。

那么,面对一群这样的孩子,我们要如何帮助他们尽快地融入小学生活、适应小学生这个身份呢?这就要促使他们养成好习惯。

"播种一种思想,收获一种行为;播种一种行为,收获一种习惯;播种一种习惯,收获一种性格;播种一种性格,收获一种命运。"习惯甚至可以影响人一生的命运,而这种习惯是由一个又一个的行为长时间反复叠加而成的。那么,什么可以影响人的行为呢? ——为其播种一种思想。

基于此,在一年级的乐乐班,我开启了以"好习惯"为主题内容的班级精神文化建设。

2. 一年级乐乐班精神文化建设的主要内容

一年级的乐乐班针对班内学生的年龄特点和刚刚步入小学的实际需求,将行为好习惯、卫生好习惯、学习好习惯、运动好习惯、劳动好习惯和时间管理好习惯作为我们班班级精神文化建设的主要内容。

(1)行为好习惯

习惯是一种自动化的行为方式。行为好习惯能够直接有效地帮助一年级学生做符合小学生身份的事情,从而以更好的表现和状态,尽快地适应小学的校园生活和学习,也为孩子们的一生奠定良好的行为习惯基础。行为好习惯主要包含"讲文明懂礼貌"和"遵规守纪"两个方面的内容。

①讲文明懂礼貌

A. 见到老师问声好

B. 上课发言要举手,不随意打断别人的话

C. 进入老师办公室、上课铃响后进入教室,要敲门喊"报告"

D. 会使用"请""谢谢""不客气""对不起""没关系"等文明用语

E. 主动帮助有需要的同学

F. 诚实守信,不撒谎,不乱动别人的东西

②遵规守纪

A. 课间休息不大声喧哗

B. 楼道内行走和上下楼梯都要靠右行走,不追逐、不拥挤、不打闹

C. 不在楼道内、楼梯上做游戏、开展体育活动

D. 不攀爬桌椅,不在墙壁、桌椅上乱写乱画

E. 不摸电器开关,发现电器、开关等有损坏及时报告老师

F. 不在厕所内追逐打闹、做游戏,不拥挤,慢慢走,防滑倒

（2）卫生好习惯

良好的卫生习惯和卫生意识反映着一个国家和民族的文化素质和精神文明水平,是高尚道德品质的体现,同时也直接关系着每个人的身体健康。形成良好的卫生习惯能够减少细菌和病毒的侵入,有效地预防疾病的传播。卫生好习惯主要包含"爱护环境卫生"和"做好个人卫生"两个方面。

①爱护环境卫生

A. 不随手乱扔纸屑,不把橡皮屑吹得到处都是

B. 看到纸屑主动捡起来扔到垃圾桶内

C. 学会用扫帚扫地

D. 能用抹布清洁自己的桌椅

②做好个人卫生

A. 勤洗澡、勤理发、勤换衣、勤剪指甲

B. 早晚刷牙、洗脸,使用自己的小牙刷、小毛巾

C. 饭前便后要洗手

D. 注意用眼卫生:不用脏手揉眼睛,不在强光下和昏暗的环境下看书,不在行驶的车上看书,不躺着看书

(3)学习好习惯

学习习惯不仅直接影响着孩子们的学习成绩,还影响着他们的生活、人际关系乃至性格。从某种程度上来说,学习习惯是一个人修养和人格的重要体现,影响着人的一生。学习好习惯主要包括"端正的学习态度"和"正确的读写姿势"两个方面的内容。

①端正的学习态度

A. 课前准备好学习用品

B. 上课认真听讲,不玩铅笔、橡皮、尺子等

C. 积极思考问题,回答问题声音洪亮

D. 独立地、有条理地整理书包

②正确的读写姿势

A. 读书时,双手端立书本,胸离桌一拳,眼离书一尺,肩平、背直、脚放平

B. 写字时,书本放平,胸离桌一拳,眼离书一尺,头正、身直、臂开、足安

(4)运动好习惯

运动能够促进身体健康,调节情绪,缓解压力,陶冶情操,使人保持积极阳光的健康心态。其中,集体项目还能培养人团结协作的集体主义精神。运动好习惯主要包括"运动行为好习惯"和"运

动品质好习惯"两个方面的内容。

①运动行为好习惯

A. 认真上好体育课,认真做好大课间两操

B. 积极参与运动类活动,如运动会、冬季长跑、各类竞赛等

C. 有自己的运动类兴趣爱好

②运动品质好习惯

A. 喜欢体育运动,有增强自身体质的愿望

B. 有序活动,自觉遵守各类运动项目的规则

C. 坚持每天运动一小时

（5）劳动好习惯

苏霍姆林斯基曾说过:"儿童高尚的心灵是在劳动中逐渐培养起来的,关键是要使儿童从小就参加劳动,使劳动成为人的天性和习惯。"劳动不但可以锻炼孩子们的生活自理能力,还可以培养孩子们坚毅的品质。劳动好习惯主要包含"劳动行为好习惯"和"劳动品质好习惯"两个方面的内容。

①劳动行为好习惯

A. 自己的事情自己做,如自己刷牙洗脸,能一个人睡觉,能整理自己的书包、房间等

B. 做力所能及的家务活,如扫地、擦桌子、洗小件衣物、洗碗等

C. 能做好值日生,打扫教室卫生,如擦黑板、扫地、摆桌椅、倒垃圾等

②劳动品质好习惯

A. 爱劳动,能够从劳动中获得满足感、成就感

B. 珍惜他人劳动成果

C. 保护公共环境卫生

（6）时间管理好习惯

小学低年级正是学生初步树立时间观念的关键时期,此时培养他们有效利用和科学分配时间的能力,不仅有助于他们养成高效的学习和生活习惯,而且有助于培养他们统筹推理的心智,有助于建立积极的自我效能感,开启他们积极自信的自我管理之路。时间管理好习惯主要包含"制订计划好习惯"和"珍惜时间好习惯"两个方面的内容。

①制订计划好习惯

A. 能够制订日常生活的作息时间计划

B. 能够制订学习计划

C. 能根据实际情况制订计划,将重要、紧急的事先完成,并懂得与家人沟通

②珍惜时间好习惯

A. 知道时间的宝贵,不浪费时间

B. 能够珍惜时间,合理安排时间

3. 一年级乐乐班精神文化建设的策略与评价

好习惯受益终生。对于一年级学生而言,培养其良好的习惯是十分重要且必要的,这是帮助他们融入校园生活、班级生活的有效途径,是帮助他们迈出社会化进程第一步的有效路径。但对于六岁的孩子来说,从身心发展特点上来看,他们仍然认为自己是整个世界的中心。这一矛盾成为一年级班级管理中的难点,但同时也是突破点。

（1）一年级乐乐班精神文化建设的策略

①要求具象,富有童趣

对于一年级的孩子而言,所有概念化的规章制度都是朦胧的,无论是《小学生守则》还是学校的校规校纪,在他们眼中都只是一

张贴在墙上的纸板和一行行有的认识、有的不认识的字。班主任则承担着将这些抽象的条条框框具象化的责任和使命,将这些没有温度的文字转化成一年级学生可以理解、便于操作的具象化"行动口令"。如果这些"行动口令"能充满童真童趣,便于学生理解、接受、记忆、行动,那就更妙了。

②交流缘由,激活内驱力

具体的要求和及时有效的督促能够促成学生的习惯,但这种习惯只是一种机械地完成,为了完成老师设定的目标而机械地重复着,是缺乏内动力的。那么,我们要如何激活学生的内驱力,让他们自觉自发地、有意识地养成这些好习惯呢?

知其然,更要知其所以然。换言之,我们不但要让学生知道如何做,还要让他们知道为什么要这样做。例如,我们在和学生交流"在楼道内、上下楼梯时要靠右行走,不追逐、不拥挤、不打闹"的时候,可以借助图示和孩子们讨论一下这样做的好处。

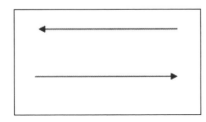 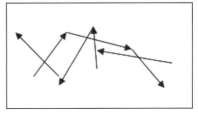

图1　　　　　　　　　　图2

图中的箭头表示学生的行动轨迹,让学生对比观察两幅图,思考:你发现这两幅图有什么不同之处了吗? 两幅图中的同学在楼道走动会怎么样? 如果他们相互追逐、拥挤、打闹,又会怎么样? 引导学生观察不难发现,图1中的同学都做到了靠右行走,图2中的同学则是杂乱无章、肆意地运动着,他们很可能会相撞,如果他们再追逐、拥挤、打闹,相撞的可能性就会更大,而且撞击的严重程度也会增加,轻则撞倒,重则撞伤或摔伤。

如此一来,学生便知道了,靠右行走,不追逐、不拥挤、不打闹,不但是一种文明的行为,更是为了保护自己和他人在公共环境下的安全。这大大激活了学生落实这项好习惯的内驱动力。

③鼓励及时,滋养信心

人类行为学家约翰·杜威曾说过:"人类本质里最深远的驱策力就是希望具有重要性,希望被赞美。"每个人都希望被赞美,在心理学意义上源自个体渴望被尊重、被认可的精神需求。一旦这种精神需求被满足,人就会充满自信和动力。对于一个六岁的儿童而言更是如此,一个肯定的眼神,一个欣赏的微笑,一句赞扬的话语,都会成就他被认可的喜悦,更会成为他朝着这个方向进一步努力的动力。

你想让他成为怎样的人,就请每天拿着一柄放大镜去寻找他身上的那些闪闪发光的点,并在第一时间夸奖他,赞赏他。鼓励的及时性能将这份肯定最大化地延展,悄然间滋养其自信心,激活其源动力。

(2)一年级乐乐班精神文化建设的评价

①及时的口头表扬

口头表扬具有及时性、操作便捷的特点,它不受时间、地点的限制,我们可以在任何时刻、任何环境下表扬任何一个孩子,能让一年级的孩子在第一时间得到老师的肯定与赞扬。及时的口头表扬是促成学生好习惯养成的短期推动力。

当我发现小黑今天的桌面比昨天整洁时,我会毫不吝啬地夸奖他一番:"小黑的桌面真干净、真整齐,我们小黑长大了,学会整理自己的物品了。"我还默默为他竖起了大拇指。当小锦的字写得比之前端正了,我会一边在她的生字本上写上一个大大"优"字,一边大声地夸赞她的字越来越端正、越来越整洁了。

一双善于发现孩子们闪光点的眼睛，一句句及时夸赞、肯定的话语，给予孩子们点滴进步以充分的肯定，也为"听"的同学树立正确的行为准则导向。口头表扬成为促进孩子们进一步成长的短期推动力。

②定期的总结表彰会

定期举行总结表彰会，表扬既定时间段内班级里学生方方面面的优秀表现与进步。定期，让学生充满了期待，期待自己能榜上有名，而这份期待恰巧成为促进学生好习惯养成的中期推动力。

每周评选行为好习惯之星、卫生好习惯之星、学习好习惯之星、运动好习惯之星、劳动好习惯之星和时间管理好习惯之星。由于一年级学生年龄较小，期待值转化为行动力的持久力不会保持特别长的时间，因此我将评选周期设定为每周一评，让孩子们保持期待，化期待为达成好习惯目标的行动力。

一份期待的落地，一份荣誉感的赋予，成为孩子们好习惯养成过程中的加油站，为他们朝着更好的目标前进提供了源动力，也为身边同学树立了正面导向的好榜样。总结表彰会成为促进学生养成好习惯目标达成的中期推动力。

③乐乐班的"荣誉墙"

在我们乐乐班有一面特殊的墙，叫"荣誉墙"，它以小组为单位，组内成员的照片构成了他们"小组树"。粗壮的树干，枝繁叶茂的树冠上有叶无果，而这"果"便是组内成员所养成的好习惯，是中期推动力——总结表彰会上孩子们获得的"果子"。看得见的果实装载着孩子们满满的欣喜与满满的收获，他们在果实中感受自己的价值，期待更多的"果子"推动着他们好习惯的进一步养成，如此构成了学生好习惯养成的长期推动力。

"荣誉墙"具有固定性和常见性,它就像一面旗帜号召班里的每一个孩子:"你也来这里添上一枚属于你的'果子'吧!"最关键的是:我们要让每个孩子都有得到"果子"的机会。上学总是迟到的航航,连续一周没有迟到,"荣誉墙"上便可以挂上一颗属于他的"果子"。傲傲的物品总是乱得一塌糊涂,渐渐地,他的"领地"干净了,"荣誉墙"上就可以挂上一颗属于他的"果子"。

一份悬挂在学生面前的最直观的感召力,一份呼唤内心荣誉感的助推力,为学生形成良好行为习惯提供源源不断的源动力,成为学生形成良好行为习惯的长效推动力。

4. 一年级乐乐班精神文化建设常见问题的解决

面对一个活泼可爱的孩子,我们总是不免会夸赞一番孩子的可爱,甚至会逗弄一下。但面对一群活泼且沉浸在自己世界里的孩子,有些时候情况可能就不那么美妙了。

(1)正常看待孩子们大小便失禁的情况

对于六岁多的孩子而言,不论是在白天还是夜晚,他们已经很少出现尿裤子的情况了。但是,面对小学校园这一陌生环境,有些孩子难免会产生紧张的情绪,而这会直接造成他们小便失禁的情况。

作为班主任和教师,我们要正常看待孩子们大小便失禁的情况,不要让自己惊慌、诧异的情绪,伤害到孩子们幼小的心灵,使他们认为自己做了错事或很丢脸的事。因为那些来自师者的负面"评判"会给孩子们带来非常严重的精神负担。而那一切并不是他们的错,他们只是需要一点长大的时间,毕竟每朵花的花期都是不同的。

我"洒水"了

　　轩轩是我们班文文静静的小男生,他坐在班级的第一排,整日一副文弱小书生的模样。

　　一天下午,我刚走进教室,就见小雅指着轩轩的座位下面,对我说:"陆老师,你看,轩轩座位下面都是水,他好像尿湿裤子了!"顿时,周围的同学炸了锅一般,都在做着传声筒的工作,"轩轩尿湿裤子了""轩轩尿湿裤子了"……

　　我转头朝轩轩看去,的确地上已经湿了一摊。轩轩坐在那儿一动不动,只用眼睛向上挑着偷偷地看着我。"我……我没尿湿裤子……我就是……就是洒水了……"他的声音很低很低,眼神躲闪,偶尔抬眼看着我的时候又那么"镇定"且"坚定"。我弯下腰蹲到他跟前,说道:"哦,你洒水了呀,老师知道了。"边说边用手轻轻摸了一下他的裤子。他警惕地连忙告诉我:"我把裤子也洒湿了。"我拍拍他的头说:"那我们给妈妈打电话,让妈妈送一条裤子过来好不好?你得换一条干的才行。"然后,我站起来大声地对大家说道:"别闹了,轩轩洒水了。准备一下你们下节课要用的书本和文具,马上要上课了。"我能明显地感觉到,在我向大家说出"洒水"那两个字时,他浑身僵硬的肌肉明显放松了下来。

　　不久,轩轩的妈妈到了,我早在电话中言明了一切,于是我四目相对,心照不宣。"来吧,轩轩,老师带你去门卫室找妈妈换一下裤子。"一路上,轩轩默然。我牵着他的小手,一步一步向门卫室走去。

　　换好裤子的轩轩和我重复着同样的动作,手牵手,一步一步返回教室。但这次我不想放过和轩轩独处的机会。"轩轩,你知道吗？老师上一年级的时候,也有一次裤子湿了,那时还是冬天呢,我感觉我的裤子都要结冰了!"他抬起头看了看我,好像在说:"老师也有这种经历?"我趁热打铁,"你知道我是怎么弄的吗?"轩轩望着我,摇了摇头。我停下来故作神秘地说:"这是我的秘密,只悄悄告诉你。"他眼神顿时亮了,坚定地点了点头,仿佛要接受什么神圣的使命一般。我趴在他耳畔轻轻地说:"我尿湿裤子了!"然后轻轻地笑了起来。轩轩很奇怪地看了看我,我俩继续牵手往前走,但这次我明显感觉到身边的这位小朋友此时有点心不在焉,连步子都变慢了。忽然,就在离教室还有十几米远的地方,他停了下来:"陆老师,我也告诉你一个秘密,但你不能告诉别人。"我连忙使劲地点起了头。他朝我招招小手,示意我蹲下来,他也学着我刚才的样子,趴在我的耳边说:"我今天其实也是尿湿了裤子。"然后我朝他笑了笑,他也朝我笑了笑,我小声道:"没事儿,其实很多小朋友都会干尿湿裤子的事儿。"我伸出右手小指,示意他也伸出来:"拉钩,一百年不许变。"就这样,我们拥有了一份彼此间的秘密。

我用一个善意的谎言维护了一个小朋友的自尊心,用自己小时候也尿湿过裤子的事与轩轩共情,让他明白,一年级的小学生尿湿裤子没什么大不了。同时,在课间休息的时候我也会给轩轩一些提示,这是我们休息、去厕所的时间,从而帮助轩轩养成良好的大小便习惯。

(2)坏脾气宣泄的高潮

六岁是一个孩子内在冲突非常强烈的阶段,一方面他们开始对自己有一些要求,一方面又无法正视自己无法达成这些"小目标"的现实,于是一种紧张的情绪令他们焦躁、不安。各种拧巴的行为便成了他们宣泄的途径,比如,扭动身子、使劲挠身体、紧锁眉头等。尚且不懂得如何控制自己情绪的孩子们，来到了他们坏情绪宣泄的高潮时期。

被坏脾气飞出去的"凶器"

哲哲，一个活泼可爱的男儿，课上总能看到他高高举起的小手，课下总能看到他灿烂的笑脸。但也是这样一个男孩儿，有一股自己控制不住的坏脾气。

一天课间休息，同学们有的在看书，有的在画画，有的在下棋……哲哲在做数学题，他一会儿眉头紧皱，一会儿用手不停地抓头，坏脾气终于爆发了。他胡乱地推搡着他的书桌，桌上的文具都变得乱糟糟的，甚至有的还掉落在了地上。这下子惊扰了前面的同学："你干什么呀?"哲哲的情绪之火仿佛被浇了汽油一般，燃得更旺了。他一边大声叫喊着："我没干什么!"一边抓起桌上的东西胡乱地扔。

正巧，一支铅笔被哲哲扔了出去，扎到了东东的手背上，留下了一个深深的"洞"，且被着了色。看到同学受伤，哲哲的情绪渐渐平复，自己竟先哭了起来。

我首先带东东到医务室清洗了伤口，好在伤口不大。此时的哲哲主动走过来向东东道歉："对不起!"然后又开始眉头紧锁，一副很是责怪自己的痛苦模样。

我轻轻拍着哲哲的后背，轻声说："没事了，没事了……"大概持续了两三分钟，哲哲的情绪才渐渐地再次平复。我轻轻地问道："你也不想伤害东东对不对?"闻言，哲哲的眼泪瞬间淌了下来，他用力地点着头。我继续轻轻拍着他的肩膀："老师知道你不是故意的，只是情绪不好的时候乱扔东西总是不好的。"哲哲一边抽泣着，一边连连点头。我继续说道:"那我们以后不这样了,好不好?"他再次用力地点点头,还用袖子使劲地擦干了自己的眼泪。"现在你情绪平复了吗? 如果你好了,就重新给东东道个歉吧!"

孩子总是宽容的,总是愿意原谅的。这件事并没有影响东东和哲哲的友谊。只是哲哲真的没有再用扔东西的方式发泄自己的坏脾气。

在学生身心发展的过程中,六岁多的年龄正是他们坏脾气宣泄的高潮期。我们要做的,不是指责孩子,而是帮助他,帮助他平复自己的坏情绪,帮助他认识自己的坏脾气,帮助他控制、消灭他的坏脾气,从而帮助孩子养成与身边人友好相处的好习惯。

(3)想要,便拿了

六岁多的孩子在幼儿园的生活中以及家长的影响下,大多已经对物品的归属有了一定的概念。但有些孩子在物品归属问题上是模糊不清的,他们看到自己喜欢的东西便拿了,这和"偷窃"毫无关系。

漂亮的长颈鹿橡皮

一天,上课铃响起,我和往常一样准备讲课。这时,浩浩气鼓鼓地举起小手:"老师,我的橡皮不见了! 是诗诗偷的!"他边说边站起来,用小手指向身后的诗诗。我心里一惊,"偷"这个字重重地打在了我的心上。只见诗诗正气凛然地站了起来,大声道:"我没有拿!"望着眼前的两个孩子,我相信诗诗没有拿,也相信浩浩确实丢了橡皮,但小男生难免粗心,可能是橡皮掉到哪里去了吧。于是,我准备化干戈为玉帛。

我走上前去，拍拍浩浩的小脑袋，对他说："浩浩，橡皮丢了，老师帮你找。但是，你亲眼看到诗诗拿了吗？如果没有证据，我们可不能随便使用'偷'这个字来冤枉同学呀！"而浩浩并不为我的话所动，继续道："大家都看到了！我的橡皮是长颈鹿形状的，是姐姐送给我成为小学生的礼物！现在就在她的铅笔盒里！"为了让浩浩死心，我只好走到诗诗身边，对她说："诗诗，我们打开铅笔盒，让浩浩看看，证明我们没有拿他的橡皮。"诗诗眨着大眼睛看看我，爽快地点点头，打开铅笔盒，道："你看！没有吧！"真的没有。"浩浩，你看，这里没有，以后没有证据不能随便冤枉同学，你的橡皮老师帮你找一找吧！"

　　话音刚落，旁边的同学嚷嚷起来："老师，她把橡皮藏到书包里了！"我心想：这群孩子，真爱起哄！这次一定要有铁的证据，让他们知道不能这样冤枉同学，尤其是冠以"偷"的名义！

　　"好吧，诗诗，我们再把书包打开让大家看看，证明我们的清白。"诗诗慢慢地拉开了书包的一条又一条拉链，大包小包全部打开。仍然没有。浩浩和周围的同学都像泄了气的皮球，低下了头。正当我窃喜一切都在掌握之中，认为现在可以好好教育一下这些孩子的时候，一个小东西从诗诗的手中滑落到地面，不知是因为东西有弹性还是怎的，它还弹跳了几下。我定睛一看，正是一块长颈鹿形状的橡皮。我的头"嗡"的一下，心似乎也随着那块橡皮一起下沉。诗诗竟然真的……

　　我该怎么办？

　　"我想一定是有一个淘气的小精灵拿走了你的长颈鹿橡皮！因为小精灵很喜欢你的橡皮，它就想着拿走看一看，看得时间可能有点久了，但它应该不会想据为己有的。"同学们都瞪大了眼睛望着我，似乎是在问："老师，小精灵在哪儿呢？真的有小精灵吗？"

当所有人都在关注小精灵的动态，而我也一副故弄玄虚的样子时，只有一个人默默地低下了头。

"老师，是我拿了浩浩的长颈鹿橡皮……"

大家齐刷刷地将目光锁定在了诗诗的身上。

"我就是觉得它很漂亮……我……"

我弯下腰捡起了躺在地上的长颈鹿橡皮，它真的很漂亮。

"老师很佩服你的勇气，敢在全班同学面前承认自己就是那个小精灵。老师也相信，今后你知道该怎样做了。"

浩浩走到诗诗身边，看看我，看看诗诗，说："诗诗，你喜欢的话就送给你好了，姐姐买的时候是一套长颈鹿橡皮，我还有很多别的形态的，反正我们本来就是好朋友嘛！"

"谢谢你，浩浩！但是我不能要。以后，我不会再偷偷拿别人东西了。对不起！"

"没关系的，诗诗。"

浩浩笑了，诗诗也笑了。

人之初，性本善。孩子对新奇的事物充满了好奇，任何的标签对于他们而言都太过严重了。这一棵棵成长中的小树需要作为园丁的我们帮助他们修剪枝杈、规范行为，而在修剪的过程中倘若硬生生地折去难免会伤着树干，不如细致、耐心、小心翼翼地去轻叩他们的心灵，让他们自己停止给那些枝杈提供养分。正如苏霍姆林斯基说过的："教育，首先是关怀备至地，深思熟虑地，小心翼翼地触击年轻的心灵，在这里谁有细致和耐心，谁就能获得成功。"学生良好习惯的养成，正是一个不断修正、不断引导的过程积累而成的。

（4）时间长短概念的建立

六岁多的孩子对时间观念的理解比过去要更加深入和透彻，但更多的也只是建立在先后顺序上，对时间的长短仍然没有概念。

"迟到"的他有点萌

航航是一个大眼睛的可爱男孩儿，瞅着你眨巴眨巴眼，总能瞬间萌化你的心。但就是这样一个可爱的男孩儿，每天早晨却总是迟到。而且不但他迟到，连累着他上六年级的哥哥每天也迟到，为此航航妈妈也感到很无奈。

在与航航妈妈沟通的过程中，我发现，航航妈妈每天早晨都会催促航航："快点起床！快点起床！要不一会儿又迟到了！""快点吃饭！快点吃饭！要不一会儿又迟到了！"然而这一切对于航航而言，似乎已经成为一种"正常"的声音，令他熟视无睹。

对于六岁多的孩子而言，快点是多快？10分钟大约是多长时间？他们是没有什么感觉的。作为老师和家长，我们与其不停地催促，或者说"再有多少分钟就迟到了"，不如给孩子一个提醒，比如，可以给他设置一个小闹钟，提示起床的时间、出门的时间等，或者给他一个时间沙漏，让他渐渐感知10分钟自己可以做多少事，再或者让他看挂钟上长长的指针已经指到了某个地方，帮助孩子建立时间长短的概念。

在给航航妈妈支着儿后，航航迟到的次数越来越少，加之每天进入教室后老师的夸赞，让他喜滋滋地尝到了"不迟到"的新滋味，更促进了航航按时起床、按时吃饭、按时出门的好习惯。

(二)二年级乐乐班的精神文化建设

经过一年的时间,孩子们渐渐融入小学生活,他们的自控力和独立性明显增强。他们对于校园环境更为熟悉,对于每天的学习生活更为熟悉,对于身边的老师、同学更为熟悉。此时的他们表现欲旺盛,渴望得到关注,渴望得到肯定与表扬。而这一切,让二年级的他们看上去像极了"好学生"。

1. 爱学习——二年级乐乐班精神文化建设的主题内容

对于二年级的小学生而言,他们已经熟悉了校园环境,熟悉了班级生活,知晓了学校和班级里的"规则",适应了每周流程化的学习生活。他们自理能力明显增强,开始喜欢有自己的独立空间,成长的独立感明显增强,且从心理上有追求完美的倾向。但是,当无法达成自己的预期时,渴望得到老师、同学和身边人认可的他们,又会变得敏感、低落、多愁善感。

那么,我们要如何帮助他们成为自己所希望的那样呢?我们可以从学习兴趣、学习习惯、学习方法等方面,激活二年级学生爱学习的潜能,帮助他们更好地达成自己的预期,实现自己的目标,培养学生良好的学习习惯,增强他们的自信心。

兴趣是最好的老师,是可以推动人们求知的一种内在力量。学生对某一学科有兴趣,就会持续、专心致志地钻研它,从而提高学习效果。

良好的学习习惯有助于学生形成学习策略,提高学习效率,提升学生学习的积极性和主动性,有利于学生学习能力的形成和发展。

"工欲善其事,必先利其器。"学习方法是学习路上的一柄利器。学习分为三个境界:苦学、好学、会学。所谓苦学便是"头悬梁,锥刺股",靠刻苦取胜,但这种学习方法会对学生产生一种压迫感。良好的学习方法能提高学习效率。所谓"知之者不如好之者",求知若渴的好学者,他们的学习不需要别人的逼迫,自觉的态度常使他们能取得好成绩,而好的成绩又使他们对学习产生更浓的兴趣,形成学习中的良性循环。而学习的最高境界是会学,遵循科学的学习规律,按照一定的方法学习,学习也会变得轻松且灵活,从而成为学习的主人。由此可见,能够拥有良好的学习方法,成为一个会学习的人是多么的重要。基于此,在二年级的乐乐班,我开启了以"爱学习"为主题内容的班级精神文化建设。

2. 二年级乐乐班精神文化建设的主要内容

二年级的乐乐班针对班内学生的年龄特点和心理特点,抓住孩子们追求完美主义的倾向和渴望被身边人认可的关键期,将培养学生的学习兴趣、学习习惯、学习方法作为班级精神文化建设的主要内容。

(1)学习兴趣

学习兴趣是一个人对学习的一种积极的认识和情感态度。一般而言,学习兴趣有一个发生、发展的过程,它是从"有趣"开始,产生"兴趣"后,再向"志趣"发展的。因此,学习兴趣主要包含以下内容:

①发现学习中"有趣"的点

人具有一定的"探究"精神。从很小的时候开始,孩子便开始对身边的一切通过触碰的方式展开了探索,一个球、一块积木、一只爬行的蚂蚁,都吸引着孩子们。从孩子的视角看世界,万物都是新鲜有趣,值得观察和研究的。同理,在学习过程中,发现学习中有趣的点既是促进学生产生良好结果的动力,也是学生被学习这件事吸引而产生的结果。

②产生对学习的"兴趣"

据有关研究显示,那些学生想要知道而又不知道的事物更能激发他们的学习兴趣。想要对未知领域一探究竟的神奇魔力,会转化成一股强大的行动力。随着探究的深入,一层一层揭开事物的神秘面纱,兴趣愈发浓厚,学生们巨大的学习动力被唤醒。

③将学习兴趣与理想、目标相结合,形成"志趣"

志趣,即志向与情趣。将一个人的志向、理想、人生目标与兴趣相融合,这样的兴趣归宿是幸福的、幸运的。引导学生树立自己的人生目标和理想,从而能够激发学生更高水平的求知欲。

（2）学习习惯

学习习惯是学生在学习的实践活动过程中,逐渐形成的一种学习行为方式。良好的学习习惯,有助于学生激发学习的积极性;有助于学生形成自己的学习方法;有助于提高学习效率;有助于学生自主学习能力的形成。总而言之,良好的学习习惯能够令人终身受益。对于二年级学生要养成的学习习惯主要包含"学习行为好习惯"和"学习思维好习惯"两个方面。

①学习行为好习惯

A.喜欢读书

B.预习复习

C.按时独立完成作业

②学习思维好习惯

A.认真听讲

B.好问探究

C.善于观察,善于思考,善于动手

（3）学习方法

学习方法是人们在学习的实践过程中总结出来的掌握知识与

技能的方法。学习方法是可以复制的,学习成功的人总结的经验,并结合自身特点进行融合,就如同站在了巨人的肩膀上。那么,对于二年级的学生而言,我们可以传递给他们哪些好的学习方法呢?我主要选取了以下四种学习方法:

①合理规划时间

②学会预习

③高效的课堂学习

④平和的学习心态

3. 二年级乐乐班精神文化建设的策略与评价

有人说,人生就是一个永远学习的过程。一个会学习的人是幸运的,一个爱学习的人幸福的。对于二年级的学生而言,我们要抓住这个关键期,激发他们的学习兴趣,培养他们良好的学习习惯,给予他们一定的学习方法,帮助他们更加高效地学习,获得优异的学习成果,建立他们的自信心,进而形成良性的学习循环。

(1)二年级乐乐班精神文化建设的策略

①在保护兴趣的基础上谈激发兴趣

学习兴趣大体上可以分为直接学习兴趣与间接学习兴趣两种。直接学习兴趣一般是由所学内容或学习活动、学习过程本身直接引起的。间接学习兴趣则大多是由学习活动的结果引起的。对未知事物的探索意识是人类的一种本能,我们要善于在学习内容、学习活动和学习结果中引导学生发现他们的"兴趣点",保护并激发学生的学习兴趣。

每学期发新书时,孩子们都会迫不及待地翻开来看一看、瞧一瞧,一边看一边就书里的内容和身边的同学交流一番。这便是学生对学习内容的一种直接的"好奇心",而我们要善于捕捉这份好奇心。例如,在孩子们翻到《小蝌蚪找妈妈》一课时,学生最先被课文的题目和漂亮的插图吸引,然后边看边和身边的同学窃窃私语。我们是选择让孩子们坐端正、把书本整理好?是给他们这个秘密交流的空间?还是趁机抓住孩子们对这一学习内容的"兴趣点",激发孩子们更大的学习欲望呢?显然,这三种做法体现了我们对学生学习兴趣的破坏、保护和激发三个层次的管理策略。

诚然,每个孩子携带着与生俱来的探索意识,但倘若我们使用了不恰当的教育方式,就会扼杀孩子们的好奇心和探索意识。反观我们的教育活动,尤其是在学习过程中和学习结果上,面对孩子们各种各样的问题,我们给予怎样的态度呢?学习过程中,面对表达欲望强烈的学生,我们有没有给孩子们足够的表达空间?有没有引导他们在倾听他人观点的基础上,有序表达?还是单纯地为了维持课堂秩序而简单粗暴地说"坐好,听我说"?在学习结果上,我们有没有客观地帮助孩子分析问题、找到原因、修正自身?还是简单直接地批评,甚至是指责?人是感情动物,每个人都会有情绪,但为师者却不可以把学生当作我们情绪的宣泄口。我们有权批评,却无权批判。

对于七岁多的孩子而言,师生关系直接影响到孩子们对学习的兴趣。因此,我们是孩子们学习兴趣的守护者,也是缔造者。

②监督机制与群体感染力并行下的作用力

自一年级起,乐乐班就开始培养学生良好的行为习惯,二年级以爱学习为主题的班级精神文化建设中学习习惯这一内容,是结合二年级学生心理年龄特点,对一年级学习好习惯的进一步延展。

学习习惯监督机制是对学生养成良好学习习惯的一种跟进式监督,在孩子年龄较小的情况下,通过监督方式促进学生学习习惯的养成。例如,乐乐班的每周故事会,我们会利用课余时间让孩子们登上讲台,讲讲自己最近读的书。孩子们提前一周申报,一周后上台讲故事,可以把自己读的书中内容转述给大家,也可以把自己喜欢的故事或片段读给大家听,考虑到每个孩子的个体差异,形式不拘,但一定要每个孩子都有站在讲台上讲故事的机会,调动孩子们喜欢读书的积极性,培养他们喜欢读书的好习惯。同样,我们会对学生的预习复习情况和完成作业情况进行监督,依据每天检查的结果,给予学生口头表扬和奖励,帮助孩子们形成学习行为好习惯。

相较学习行为好习惯,学习思维好习惯需要我们更多的耐心、细心和用心,耐心等待,细心关注,用心引导。思维的生长如水滴石穿般,需要我们有足够的耐心等待这个过程的发生;需要我们有足够的细心挖掘孩子们每一个思维闪光点,助其生长;需要我们巧设问题,有意识地引导其思维的生长。

如此,在班级内形成一种群体氛围,进而以充满积极正能量的群体氛围感染、影响班内的每个人。在监督机制与群体感染力并行作用下,帮助学生建立良好的学习习惯。

③学习方法的"教+用"

习得前人的经验,无异于站在巨人的肩膀上。习得的过程包含学习与得到两个环节,作为教师我们可以将有效的学习方式通过示范的方式教给学生,让学生在运用中学会。

时间是宝贵的,合理安排时间既能让我做事井然有序,又能提升做事的效率。那么我们如何教孩子们规划自己的时间呢?表格法。在乐乐班,我通过"讨论+示范"的方式,教孩子们制作时间计划表。首先讨论我们一周要做的事情有哪些,通过条目列举出来,然后依据"重要、紧急的事先做"和"每周必须安排学习时间、运动时间和家人时间"两大原则进行表格设计。在孩子们设计前,我会先给出我设计的自己的"周一至周五计划表"和"周末计划表"抛砖引玉,给孩子们一个明确的范例。

表 4-1-1　小石同学的周一至周五时间计划表

周一至周五时间计划表	
6：30-7：30	起床洗漱、整理房间、吃早饭
7：30	出门前往学校,开始一天的学习
17：00	放学回家
17：30-18：00	晚饭时间和家人聊聊在学校里发生的事
18：00-19：00	复习所学知识,完成预习
19：00-20：30	读课外书,和爸爸妈妈玩一会儿
20：30-21：00	洗澡,睡觉

表 4-1-2　思懿同学的周末时间计划表

周末时间计划表	
周六上午	去舞蹈班跳舞
周六下午	户外运动
周六晚上	去爷爷奶奶家看望他们
周日上午	去画画班学画画
周日下午	和爸爸妈妈去动物园
周日晚上	读书

学会预习与高效的课堂学习是相辅相成、相互促进的,预习能让学生对课堂学习做到心中有数、带着问题听课、和老师进行有效的互动,从而实现高效的课堂学习,而高效的课堂学习带来学习结果上的成就感和自信心的逐步形成,进一步推动学生坚持预习。

预习的时间需要在完成当天的学习任务之后,不可每天学习任务还未完成就忙着预习,打乱了正常的学习秩序。让孩子们准备一个预习本,进行预习记录。预习时主要分为读、思、问、记四个步骤进行,孩子们读一读学习内容,思考学习内容,试着对学习内容提出问题,并将这些问题记录下来,带着问题走进明天的课堂。

保持平和的学习心态,才能以集中的注意力、高效的学习,不因老师的夸赞或取得好的成绩而沾沾自喜,也不因老师的批评或成绩的不理想而妄自菲薄。然而平和的心态不是"教"出来的,却是可以激励出来的。当学生有点飘飘然的时候,讲一讲"骄傲使人落后,谦虚使人进步"的故事;当学生有些意志消沉的时候,讲一讲"是金子早晚会发光"的故事。于学生而言,老师的每一句肯定都会成为他们前进的动力,所以,请不要吝啬你的赞美。

(2)二年级乐乐班精神文化建设的评价

赞美是人类语言的独特创意,它蕴含着超乎寻常的力量。心理学上有一个著名的效应,名为罗森塔尔效应,也叫期待效应。1968 年,美国著名心理学家罗森塔尔和助手来到一所小学进行试验,他们从一至六年级各选了 3 个班级,对 18 个班的学生进行了"未来发展趋势测验"。之后,罗森塔尔以赞赏的口吻将一份"最有发展前途者"的名单交给了校长和相关老师。8 个月后,罗森塔尔对这些学生进行复试,结果奇迹出现了:凡是上了名单的学生,各个成绩有了较大的进步,且性格活泼开朗,自信心强,求知欲旺盛,更乐于和别人打交道。但实际上,罗森塔尔对这几名学生并不了解,名单上的学生是随意挑选的,罗森塔尔撒了一个"权威性谎言"。

罗森塔尔是著名的心理学家,在人们心中是权威的象征,老师们对于他评选出来的"最有发展前途者"深信不疑,于是产生了积极的期待。而这种期待会在无意识当中通过老师的情感、语言和行为传递给学生,让学生认为自己是优秀的,是值得被期待的,从而也提高了对自己的要求标准,最终真的成为优秀的学生。

卷四 研究篇

①夸一夸:激励点滴进步

由罗森塔尔效应,我们不难发现,热切的期望与赞美能够产生奇迹,期望者通过一种强烈的心理暗示,使被期望者的行为达到他的预期要求。既然如此,我们何必吝啬我们的期望与赞美呢?当然,这份夸赞不能是空洞是、泛泛的。孩子们需要的是真诚的赞赏,或许这份感受无法形容,孩子们却能真实地感受到。孩子们需要的是具体夸赞,以给予他们方向的引领。所以,请用心发现孩子们的点滴进步,然后去夸赞他们吧!

②晒一晒:晒出"优秀作品"

同理,将孩子们优秀的时间安排计划表、优秀的预习单、优秀的作业等"晒"出来,无疑是对孩子们更加直接的赞美。但需要我们注意的是,要晒优秀学生的,更要晒进步学生的。优秀是一种状态,进步是一个过程。优秀的学生是局部群体,但进步的学生却是全体成员。我们教育的本质不是一场优秀者的展示会,而是激励每一个个体进步。

③选一选:评选"爱学习之星"

将罗森塔尔效应贯穿始终,评选"爱学习之星"是赞美与期望的又一种形式,是一份荣誉感、一份成就感、一份推动力。同样,在评选的过程中,我们不仅要关注结果,更要关注过程。哪些同学从不爱读书,现在开始读书,并主动跟大家分享故事了?哪些同学的预习单做得比之前好了?哪些同学变得爱思考、爱提问、爱回答问题了?毕竟,学生的成长是一个动态的过程,教育的发生也是一个动态的过程。

4.二年级乐乐班精神文化建设常见问题的解决

学习从来不是一件容易的事,学习需要我们不断突破自己的舒适区,"头悬梁,锥刺股"的故事更是从古传颂至今。对于还未成年的孩童来说,在学习上面临这样或那样的困难和问题再正常不过,这也是我们为师者存在的意义。

(1)尊重个体差异

每个个体都是独一无二的,每个孩子都是与众不同的。虽然他们年龄相近,但花期不同,我们不可能用同一个标准去要求每一个孩子。

每一朵花都是独一无二的

第一次见衡衡的时候,他距离成为我的学生还有一个月的时间,那时候我们彼此还不认识。他跟着他的姥姥到我邻居家玩儿,还和一个只有两三岁的小弟弟抢玩具。当时的场景让我着实不解,毕竟他的样子看上去已经有六七岁了。没想到就是这样匆匆一见,却是我们缘分的开启。

在一年级报到的那一天,我第一次点名,每个孩子在听到自己名字后用或大或小的音量回应着。而只有衡衡站了起来,手举得板正、声如洪钟、面无表情:"到!"在那一刻,我意识到了这个孩子的与众不同。

果然,开学后相处的日子印证了我的观点。衡衡的心理年龄明显低于同龄的孩子,在与衡衡妈妈的交流中,我了解到,衡衡小时候因为身体状况不太好,没怎么和身边的小朋友接触过,幼儿园也没上几天。为了哄着年幼的衡衡接受治疗、吃药,父母家人更是买玩具、买吃的,各种哄,各种"利诱",对衡衡提出的要求照单满足。因此,造成了衡衡心理年龄偏小、秩序感较差、喜欢沉浸在自己的世界里、社会化进程较慢等一系列问题。直到二年级,衡衡走路队永远和前面的同学对不齐,他永远是男生队伍那条线里凸出来的一个点；无论课上课下，他总喜欢手里摆弄些什么，低着头，默默无言。

一次语文课上，所有同学都在做语文练习册上的习题，当我巡视到衡衡的座位时，发现他在非常"认真"地画画。尽管心中一惊，但我还是温和问道："衡衡，你怎么在画画呀？"衡衡头没有抬，手里的动作也没有停，慢悠悠地道："还是画画比较好。"停顿几秒后，我决定和他好好"聊聊"。

"衡衡，你有什么爱好吗？"

"我喜欢睡觉。"

"那除了睡觉呢？"

"玩手机。"

当时的我感觉空气都尴尬得凝固了……我不知是该赞赏他的童言无忌和真诚，还是该为他的未来担忧。好在，我坚持住没有放弃。

"衡衡，我们建立一个新的爱好怎么样？"

他终于抬抬头，看了看我："什么爱好？"

"上课的时候跟我互动，怎么样？就像现在这样。"

大概是他觉得这个主意还不错，也或者是觉得像现在这样聊天也还不错，他点了点头，算是答应了。

之后的每堂课，我开始有意识地为他设置一些问题，并给他一个期待的眼神，果然，他感受到了我的信号，高高地举起了手。就这样，他开始回答我给他精心设计的一个又一个问题。每次答得不错的时候，我还鼓动同学们为他鼓掌。这似乎触动到了他，渐渐地，衡衡变得越来越爱举手，不管是什么样的问题，他总想试着说一说。而我也总是给他一个不错的评价："你是第一个举手的，真勇敢！""你的声音真洪亮！""你说得越来越好了！"

渐渐地,课堂之外,衡衡也开始了行动,他会帮助值日生扫地、擦黑板,会主动倒垃圾,会真诚地对待身边的同学。

每个个体都是有差异的,每个个体都是独一无二的。每一朵花都有自己的花期,每一朵花都要去装饰不同的窗子,但每一朵努力绽放的花都是美的。

（2）做情绪稳定的教育者

情绪是人受到外界刺激所产生的心理反应。教师也是普通的人,也会因工作环境、工作压力等因素产生负面情绪。但为师者面对一个个正在成长中的孩子,我们要学会调节自己的情绪,而不是简单粗暴地将学生当作我们情绪的宣泄口。

随笔:不以"爱"的名义来伤害

据有关数据显示,教师的焦躁情绪在各项考评到来之前的一段时间呈较高的水平。我们渴望我们的每一个学生品学兼优,身强体健,多才多艺,但那只是一种美好的愿望。考评压力与学生现状间的差距,造成教师队伍产生集体性的焦躁情绪。

携带焦躁情绪的我们,适合走进教室吗?答案是否定的。我们可以批评学生,可以指出他们存在的问题和不足,可以帮助他们解决他们存在的问题,可以帮助他们完善他们的不足,但却不可以用带有情绪的表情、语言、肢体动作等去伤害他们,使他们失去信心,否定自我。

人民教育家陶行知先生曾说道:"在你的教鞭下有瓦特,在你的冷眼里有牛顿,在你的讥笑中有爱迪生。"我们不妨换一个视角来看学生,相信一定会有全新的发现。不以"爱"的名义来伤害,而是以更为平和的心态看待学生学习的成果,以更为平和的心态和全面的视角看待自己的教育教学成果,用心去看待每个个体的进步,而不是用标准线去丈量每一个孩子。做一名情绪稳定的教育者吧。

(3)理解孩子们的"小担心"

二年级的孩子爱动脑、爱思考,兴趣广泛,认知水平和体能也都有了很大程度的提高。他们常常会给自己提出很多学习要求,但又担心自己无法完成这些"艰难"的学习任务,因而产生了各种"小担心"。

有的孩子选择了内向纠因,把一切问题都归罪到自己身上,人也变得多愁善感、不自信起来。但也有的孩子选择了外向纠因,他们惧怕失败,而又不敢做任何尝试,还把所有的精力用来狡辩。此时,我们要给予他们肯定与鼓励。

嘴里冒出的那些狡辩

小黑是我们班的运动健将,无论是足球场上还是短跑竞技,都能看到他熠熠生辉的身影。小黑也是一个聪明、知上进的男孩儿,但却有些迷失了自己。看到我表扬了硕硕主动帮忙扫地,他会跟人"抢"扫帚;看到我表扬了衡衡主动帮忙擦黑板,他会跟人"抢"抹布;看到我表扬小胡主动帮忙倒垃圾,他会跟人"抢"纸篓……

而在学习这件事上,小黑总是丢三落四,不能按时完成学习任务。当堂完不成的习题带回家便再也没了踪影,昨天的习题"被狗吃了",今天的"被奶奶当垃圾扔进了垃圾桶",明天的又将去哪里呢? 面对这种情况,他总有说不完的理由。

不难看出,小黑对自己是有要求的,他渴望得到老师的表扬。他害怕失败,害怕完不成学习任务,害怕老师、同学不再喜欢自己,但又不做任何行动上的尝试,且因为惧怕,选择了错误的方式——狡辩。

一天,小黑的课堂练习再次没有按时完成,我似乎已经想象到了那个去而不返的画面,我觉得不能再这样下去了。这次,我没有对着所有人说"课堂练习没有完成的同学,回家做完,明天带回来",而是走到了小黑的跟前说:"老师看看还差多少?"我随手翻看他的习题纸,其实所剩不多:"哇,原来没差多少啊!老师相信,你用不了十分钟就能把它们完成!"我用坚定且期待的眼神看着他,点了点头。小黑抬头看着我,眼神有些闪烁,看得出他有些不好意思,但被人期待,也仿佛给了他一股力量。紧接着,我给了他一个具体的导向:"小黑,这张习题纸写完后我们可要保护好它,不能再让它发生意外了。"尽管我清楚地知道,那些所谓的意外不过是他一时找来的由头罢了,但戳穿他又有什么意义呢?不如保护他的"小面子",给他一个转变的机会。"写完后,我们把它放在哪儿最安全呢?"小黑一下子来了精神,信心满满地跟我保证:"我写完会把它夹到书里,然后放进书包里,这样就不会丢了。""好!老师等着明天和它的会面,记得主动把它送到我这儿来!我很期待啊!"这次小黑没说什么,只是笑着点了点头。

第二天,习题纸出现在了我的面前。既然这是一个好的开始,我何不乘胜追击?课堂练习的时候,我有意识地多在小黑身边"经过"了几次,起初的他有些紧张,每每我经过的时候,他的手都把笔抓得更紧了,但写字的速度却变慢了,看着他无措的样子,我轻声道:"写得不错,如果字迹再工整些就好了。"果然,当我再次"经过"时,他的字有了明显的改观。"小黑的字真漂亮!要是能再提提速,就更好了。"这天,他的课堂练习早早完成,且字迹工整,正确率高。看着习题纸上红红的对勾,我给他写了一个大大的"优"字。他咧开嘴笑了,仿佛尝到了成功的"新滋味"。

渐渐地,从到身边鼓励变成了远距离的默契,无论是学习,还是参加各类运动竞技,我远远地朝他握拳以示加油,或者朝他竖起大拇指给予肯定。他总能心领神会,远远地回应我灿烂一笑。

作为教师,我们与其批评、打击、消磨学生的进取心和自信心,不如给予期待、肯定和鼓励。当然,每一个转化都需要一个过程,没有什么变化是可以三言两语地讲一次大道理便可以发生的。做教育的有心人吧!

(三)三年级乐乐班的精神文化建设

三年级的学生已经融入校园生活,校园生活已经成为他们生活中不可缺少的一部分。但提到三年级,人们能想到的往往是成绩下滑的"三年级现象"和人生的第二个叛逆期"儿童逆反期",一切看上去似乎都不是那么的美好,但事实真的如此吗?

1. 求上进——三年级乐乐班精神文化建设的主题内容

"三年级现象"是如何造成的呢?从客观因素上看,三年级的知识难度较一二年级明显增加;从主观因素上看,"超前教育"在带来一定学习效果的同时,其弊端也显现出来,孩子的独立思考力没有被开发出来,学习习惯上依赖性较强,过多的兴趣班、培训班导致了孩子们学习负担较重,学习兴趣减退。而与此同时,孩子们的独立意识渐渐觉醒,开始有自己的思考和想法,但又不能完全在精神上摆脱大人,此时的他们内心是拧巴的,他们渴望得到父母、老师的关注和认同,但如果大人们还像之前那样简单直接地下达命令,他们便会一面屈服,一面焦躁。这就是我们要面对的三年级学生。

三年级的学生更愿意接受挑战,更愿意接受新鲜事物,但同样他们的内心也是敏感的,他们渴望被大家肯定、认可和接受。同时,他们的自我意识增强,思维日趋成熟,分辨是非好坏的能力逐渐增强,开始关注道德行为,他们讲道理,重诚信。他们的协调性明显增强,能够独立阅读自己喜爱的书籍。

基于此,在三年级的乐乐班我开启了以"求上进"为主题内容的班级精神文化建设。上进,即向上、进步,是一种积极乐观、向阳而生的人生态度。求上进,是一种主动追求的向上拼搏、努力进步的生活态度。

2. 三年级乐乐班精神文化建设的主要内容

三年级的乐乐班根据学生的年龄特点和发展需求,将爱生活、爱学习、爱运动、爱劳动、爱他人作为我们班级精神文化建设的主要内容。

(1)爱生活——温暖向阳乐生活

快乐是一种能力,爱生活更是一种能力。一个爱生活的人总是能以积极乐观的心态面对生活中的每一天,对每一天饱有热情、饱含期待。

①以积极的心态迎接每一天

②以饱满的热情度过每一天

③以收获的视角审视每一天

(2)爱学习——勤学善学乐分享

学习可以开阔视野,丰富经验;增强思维,提升理解力;开阔心胸,提升格局;涵养人格,磨炼意志;增强自信,正视不足。

①爱读书,爱思考

②爱创作,爱动手

③爱交流,爱表达

(3)爱运动——强身健体乐运动

好的身体是一切的基础,只有拥有健康的身体才能更好地学习、工作、生活。同时,运动能提高团队协作精神,能缓解不适、释放压力,能让人正视输赢,反思问题,能锻造坚毅的品格和顽强的精神。

①培养至少一项体育爱好

②坚持每天进行体育锻炼

③学会通过运动调节自己的心态

(4)爱劳动——增强责任乐担当

劳动可以培养学生的生活能力和自理能力;可以培养学生吃苦耐劳、克服困难的意志品质;可以培养学生的动手能力和责任感;可以使学生做事更具条理性。

①能整理房间,扫地、擦地

②能清洗小件衣物,分类收纳

③能收拾餐桌,清洗碗筷

(5)爱他人——与人为善乐交往

关爱他人是人与人之间建立连接的开始。在人与人的交往中,能够相互尊重,彼此关爱,与人为善,增进信任,是维持社会稳定、推进社会文明进程的必需品。

①感恩父母

②诚实守信

③乐于助人

3. 三年级乐乐班精神文化建设的策略与评价

上进是一种人生态度。小学三年级是学生性格形成的关键期,是学生是非观、价值观形成的启蒙阶段,抓住这个关键期,培养学生积极向上的人生态度,将使他们受益终生。

(1)三年级乐乐班精神文化建设的策略

①利用优秀民族传统文化,传承拼搏进取精神

中华民族是勤劳勇敢的民族,具有刚健有力、自强不息的进取精神,这种民族特质与民族精神一直是中华民族奋发向上、日益进取的源动力,是流淌于中华儿女血液中的精神力量。我们可以通过开展故事会的方式,让孩子们每天读一个优秀故事,也可以进行每日摘抄,每天抄写一句名言。日积月累,水滴石穿,于春风化雨、润物无声中,使学生受到这份进取精神的感染与影响。

②利用班内学生资源,发挥榜样引领作用

段正山老师在《班主任心语》中曾讲道:"一个班级就是一个小社会,把每个学生的优点都看作是一种优质资源,科学合理地配置、组合、使用,人尽其才,这样,每个学生作为个体都得到了培养、锻炼与提高,而由这些个体组成的集体一定是积极向上、生机勃勃的。"我充分发挥每位学生的长处,让他们在班级内成为相关领域的领航员,带动其他同学前行,形成榜样示范力、引领力。

③利用肯定激励,激活学生的进取心

良言一句值千金,尤其是对于渴望得到老师认可的三年级学生而言,老师的肯定性话语、激励性话语,无疑会给予他们强大的动力,帮助他们建立自信心,成为他们积极进取的动力源泉。但要引起我们足够重视的是,赞美学生一定要小心,我们可以赞扬他的行动力,可以赞扬他的品格,却不可赞美他的聪明。我们通过对行动力的赞美,让学生明白任何一件事想要获得成功,都需要通过不

懈的努力,没有谁能够随随便便成功。

(2)三年级乐乐班精神文化建设的评价

①选一选:每周故事大王

以进取精神为主题的故事会,被安排在每天的语文课上,每天上课的前五分钟由一名同学分享故事,这让每个孩子都有站到讲台上和大家分享故事的机会。每周五从当周讲故事的五名同学中选出本周的"故事大王",大家可以从故事内容、讲解的感染力等多个视角进行点评,说出自己支持某位同学的依据。评选的过程无异于对故事内容的再次回顾,交流的过程既培养了学生独立思考的能力、语言表达的能力,也对故事中的进取精神进一步深化领会,以评价的方式促进了进取精神的深化。

②议一议:每周最佳榜样

每周评选最佳榜样,看哪位或哪几位同学在本周为班集体做出了较为突出的贡献,或者是哪些同学在自己的岗位上尽职尽责。每周评选最佳榜样,既是对班内学生积极进取的一种评价,也是对学生们认真完成自己的"工作任务"的助推力。

③评一评:每周进取之星

进取之星可以是在各种竞赛中斩获佳绩的人,可以是在与人相处中伸出了援助之手的人,可以是改正了自己某个小缺点的人……我们的评选依据不是班内最优,而是今天的你是否比昨天的你进步了。

当然,每个人都会有情绪波动的时候,没有人能日复一日永远激情满满,总有需要休息的时候。对于八岁多的孩子而言,他们的每一个进步也都会出现反复的情况,老师要正确看待这种反复现象,耐心引导,耐心等待。

4.三年级乐乐班精神文化建设常见问题的解决

每个孩子都会在成长的过程中表现出一些规律和特点。"规律"是符合他年龄变化的心理特点;"特点"则是属于他个性化的独特之处。大多数情况下,班级学生成长的主流往往是好的,但也会出现一些棘手的问题有待解决。

(1)冷静分析学生的各方面表现

每一个学生都是独立的个体,每一个学生也都有很多个面。与人相处中,他可能是热情、善良而友好的,但动手操作上,他可能永远都是那个笨手笨脚的;学习上,他可能永远是遥遥领先的,但与人相处中,他可能又是骄傲的。大千世界,色彩斑斓,每一个学生也都是多元的、鲜活的生命。当一个孩子某一方面出现问题时,我们不能被情绪所左右,而应冷静分析学生各个方面的综合表现,助其扬长"改"短。

给任何一个孩子贴标签都是不妥当的

过去,我们把学习上存在困难的学生称为"差生",顾名思义,他们是相对较差、不太好的学生。后来,人们普遍认为这种叫法是对学生的不尊重,严重伤害了学生的自尊心和自信心,便将对这部分学生的名称改为"后进生",美其名曰,"后来、慢慢地会进步、会追上来的学生"。殊不知,在小学生的心目中,这两种叫法并没有本质上的不同,他们会从老师、同学们表情、语气中感受到,他们被划分到了一个圈子里,被贴上了一种标签,而这种标签意味着他们是不好的。被贴上这种标签的学生,久而久之,也会认为自己是不行的,是不好的。

东东是三年级开学后一段时间转入我们班的插班生,在我眼中,东东是一个沉默少语、内敛羞涩的男孩儿,就连平时上课也不太敢直视老师的目光,似乎总想要把自己藏起来。我以为他性格使然,并没有太过在意。

直至有一天,东东和小武站在我身侧排队判习题,小武因为最近一段时间总是粗心大意,得到了我的批评。令我没想到的是,小武没有搭腔,反倒是东东低声说了一句:"不是我把她带坏的。"我一下子就愣住了,看着东东那半低着的头,我不解地说道:"我没有说是你把她带坏了呀,也没有任何人说是你把她带坏了呀!"这次东东什么也没有说,只是把头埋得更低了。那一瞬间,我心里好像明白了什么。东东来到我们班后,我把他安排坐在了小武的前面,我批评小武最近有些粗心的话语,触动到了东东敏感的神经。但,为什么东东会主动地把这种"责任"联系到自己的身上呢?

在与东东妈妈的对话中,我了解到,东东在之前的学校里一直是班上的"后进生",就连排座位,很多同学都不愿意和他坐在一起。这让东东的性格变得越来越内向,越来越少言寡语,更不用说学习成绩了。是打击、否定、人格攻击,让东东产生了深深的自卑感,进而怀疑自己的价值感与存在感。

冰冻三尺非一日之寒,我知道想要转化东东非一朝一夕可以做到的,他的根源在于学习成绩不理想带来的自卑,让他感觉自己一无是处。成绩的提升不是短时间内可以做到的,但东东乖巧懂事,很有礼貌,这成了我打开他心结的突破口,肯定他遵守纪律,表扬他礼貌待人,让他感受到老师和同学对他是接纳的,在这个集体里他不是孤独的。

受方方面面的影响,东东不是在学习成绩上名列前茅的学生,但这并不影响他成为一个积极进取、乐观向上的人。在家里,他懂得心疼父母,能帮忙照看两岁多的弟弟;在学校,他乐于助人,为人宽厚诚恳。

为师者,我们在教育学生的过程中,方法是多样的,赞扬、批评、鼓励都可以,但什么时候用,用到什么程度,需要调动我们的智慧。我们需要反思的是,我们在批评学生的过程中,有没有通过让孩子感到羞愧、丢脸来认识到自己的问题?破坏孩子的自尊是最不应该做的。与其让我们的伤害性语言消除学生改变自己的动力,何不帮助他们发现自己的问题,点到即止,转而给予期望呢?

(2)左手写字该不该纠正

你有没有遇到过左手写字的学生?我的高中时代,便有一位同学是左手写字的,他字体刚劲,行云流水,至今想来都很令人羡慕。在我看来,无论是左手写字,还是右手写字,都只是一种习惯而已,只不过右手写字是我们大多数人的习惯,而我们无须因为这种大多数人的习惯而要求每个人都如此。人的左脑掌握语言逻辑思维功能,右脑则掌握读写。左撇子习惯使用左手,右脑得到了更多的锻炼,右脑开发程度可能会比一般人更高,这就能极大地提高其整个大脑的工作效率,当然,这也并不意味着左撇子更聪明。

静待花开

小武不是一个特别漂亮的女孩儿,但是却给人一种干净明朗的感觉。自一年级起,她便用左手写字,这似乎成了班里的一个"特例"。班里的同学很纳闷儿,小武怎么用左手写字?为什么和我们不一样?各科的科任老师也很快发现了这一异样,见我就说:"你们班小武怎么用左手写字?"不知不觉中,这种声音给小武带来了困扰,尤其是她的写字速度很慢。

卷四 研究篇

一天，语文课上，当所有同学都开始在生字本上书写刚刚学习的生字时，小武却迟迟没有动静。她坐在那儿，低着头，咬着嘴唇，小眉头紧紧地皱在了一起。我走过去，低着问她："小武，你怎么不写呀？没带铅笔盒吗？"她慢慢点抬起头，皱了皱嘴巴，吞吞吐吐地道："我……我不知道用哪只手写……"说完，立刻把头埋了下去，好像自己犯了什么错一样。那可怜巴巴的样子，让人很是心疼。我拍了拍她的肩膀："那你平时用哪只手呀？"她把左手轻轻地抬高了一点点，又赶紧放下了。我微笑着继续问道："那你自己喜欢用哪只手写字？你用哪只手写字感觉更舒服呢？"这次，她又抬起来了头，看着我的眼睛，好像在探寻什么似的。"左手。""那我们就用左手写。"我的声音很坚定，我平淡地告诉她："用左手写字并不是什么大不了的事，它就像渴了要喝水，饿了要吃饭一样正常，一样普通。"孩子们也许说不出什么大的道理，但是他们的感受是敏锐的，你传递给他的情绪、态度，他们总能在第一时间最真实地感受到。

此后，我同所有任课老师讲，我们班小武就用左手写字，请大家一视同仁。但很快一个新的问题出现在我们面前：她写字速度太慢，经常无法在规定时间内写完规定的内容。难道我没有让小武改成右手写字，真的错了吗？我有些犹豫、有些踟蹰了。

但，也就在这个时候，小武反过来给了我坚定的勇气。就在我想要走过去，和她商量商量，要不要换成右手的时候，她抬起头朝我笑了笑。那一刻，我分明感受到，那笑容里藏着信任。紧接着，她便低下头接着写。她虽然写得慢，但她从不急躁；虽然写得慢，但她从不放弃，总是一刻不停歇地写好一笔一画；虽然写得慢，但是她字迹工整娟秀。"嗯，小武的字真工整，真漂亮，速度也越来越快了呢！"这次，她笑得更灿烂了，我也笑了。

果然,信任是一种力量,而这种力量往往能激发人内在的潜力,进而实现某种飞跃式的成功。二年级时,小武写字的速度已经达到了同学们的平均水平,到三年级,她的写字速度已在班里名列前茅,当然,她的字依旧那么工整娟秀。

此时的我,感到了一些庆幸,幸好我没有去试着改变她,而是选择了信任,并给予了激励。倘若当初我选择了让小武改为右手写字,她能写得像现在一样好吗? 她还能如此自信吗? 时光不负每一个积极进取的人,我的静待,换来了花开。

(3)用心营造爱的氛围

为师者要爱学生,更要会爱学生,以学生需要的方式来表达爱,以正确的输出方式来表达爱。如此,才能让爱的力量发挥作用。

用心融化"小冰灵"

班级里来了一位特殊的新同学,在还没见到孩子们之前我便听说,这是一个特殊的孩子——她从一年级到现在没在学校里说过一句话! 这一特殊情况让我在第一时间记住了她的名字——培培。

来到班里的第一天,她没有说话,甚至没有抬头,教室里安静极了,大家都在等待这位新同学的自我介绍,但却没有等来。我走向前去,弯下腰,她的两只手紧紧地搅在一起,抬起眼皮望着我——一张多么俊俏的脸庞啊! 白皙的皮肤上一双大眼睛,黑色透亮的眼珠,浓密的睫毛,精致的鼻子,小巧的嘴巴。可是,她的眼神中流露出的是冷漠和恐慌……她始终没有抬头,只是那一刻抬

卷四 研究篇

起眼,看得我不寒而栗。

事后,我通过和她的母亲沟通了解到,培培的听力和发音的发育不太健全。在她还小的时候,父母就离异了,现在妈妈一个人带着她。生理上的先天缺陷,加上后天家庭中父爱的缺失,让这个俊俏的小姑娘成了一个"小冰灵"。

开学后,我开始不断地主动接近,利用一切机会接近她,作业本我总是微笑着放到她的桌上,表扬她字写得真漂亮,尽管她连作业都没有写全;课间休息,只要见到她我便会从离得很远就开始对她微笑,然后她总是木木地看着我;课间活动,她蹲在角落里挖砖缝里的泥土,我主动走过去和她一起挖,并主动"搭讪",并在得到她点头允许后背着她在操场上旋转……

通过和她妈妈的沟通,我进一步了解了"小冰灵"的情况,她在家里的时候和在学校判若两人,她会很顽皮地上桌子,像个淘气的男孩子,她会大声喊叫,还会"欺负"她的小侄女。

这段时间里我也很快和她的妈妈成了好朋友,经常会通过电话、短信的形式随时交流"小冰灵"的情况,同时也鼓励着几近绝望的"小冰灵"妈妈。于是,她妈妈每天都陪她完成作业,尽管对她来说这些难度,我还是让她妈妈尽量鼓励她。每天到学校后我也总是不忘表扬她的作业写得棒,并主动伸出手去勾住她的手:"拉钩!争取下次写得更好!"渐渐地,她的眼神柔和了……

一天午饭后,我把她领到教室门口不远处的楼梯,我一屁股坐了下去,拍了拍旁边的楼梯,示意她坐下,她看着我没有敢坐,只是一动不动地站着,我笑着把她抱着坐在了旁边,并主动要求:"我们做好朋友,好不好?"她笑了,这是我第一次见她笑,笑得那么灿烂。我知道她的笑容是对我的默许。从那儿以后,她在楼道里见到我,也会对着我微笑了。这种相视而笑似乎成了我们之间的默契和秘密。我觉得自己仿佛收到了世界上最宝贵的礼物！

可是，有些事还是发生了。断断续续地一个月了，不断有同学和我反应"小冰灵"欺负同学，她把同学的橡皮偷走、切碎，她把喝剩的汤倒到同学的书包里，她掐旁边的女同学……

我感到有些棘手，一方面她的这种行为必须制止，另一方面我又怕刚刚建立起来的良好关系戛然而止。我知道，她是因为自卑，所以想用破坏性的行为引起周围人的注意和重视。

最终，在她再一次掐女同学之后，我批评了她。她只是看着我，没有起初的恐惧和冷漠，也没有愉悦和欣喜，这次是没有表情的……批评之后，我又问她为什么，她低声地说："她挤我了。"我恍然大悟，这是她因自卑而产生的过度自卫的行为啊！

在课间活动的时候，我把"小冰灵"和几个女同学找到一起，搂着"小冰灵"问同学们："你们喜欢和培培一起玩儿吗？"大家笑了："她只要不再弄坏我的橡皮，我就和她玩儿。"正好趁机，我对"小冰灵"说："你看，只要你和大家和平相处，大家是愿意和你玩儿的！"我又对着那个上次被掐的女孩子说："你是故意挤她的吗？""老师，我不是。""那你愿意和她一起玩儿吗？""嗯！"女孩儿边说边点头。我再次嘱咐"小冰灵"："大家没有故意要欺负你，你别太敏感，大家还是很喜欢你的，和大家一起去玩儿吧！"我示意她们带上"小冰灵"一起玩儿，这一次，我见到了她更加灿烂的笑脸，双人跳绳的时候，她那大大的眼睛竟笑成了一条线！

"小冰灵"开始主动上交作业了，主动改错题了，尽管每次只能改正几个字，但我仍然鼓励着她。她开始和同学们一起玩耍嬉戏，一起参加大课间活动了，当她取得进步的时候，同学们竟会为了她不约而同地鼓起掌来。

从那次以后，我再也没有听到其他同学打过她的"小报告"。

而且我接二连三地收到了惊喜——"小冰灵"主动为班级做卫生了，每天吃过午饭，她用扫帚扫遍教室的每一个角落，每一个动作都是那么细心，那么用心；放学的时候，她满脸笑容地送给了我一幅画，画上有蓝天、有白云、有太阳、有小鸟、有花草树木、有房子，还有一个在跳绳的小姑娘，小姑娘笑得和她一样灿烂；后来，我还在她的作文里看到了这样的话——"我有一个对我如妈妈一般的好老师。她是一位平易近人的老师，我第一次见到她的时候就特别喜欢她。觉得她像阳光一样可以让我觉得温暖。虽然我不聪明，可我要好好学习，报答关心我的好老师——陆妈妈！""妈妈"，对我来说这是多么强大的震撼！多么崇高的赞美！读完作文的我早已泪流满面……

爱，产生了化学反应！我终于迎来了收获的季节！

孩子就是一张白纸，作为老师，我们有责任也有义务让这张纸上的图画充满温情。又有哪个孩子不愿意成为一个积极上进的人呢？

(四)四年级乐乐班的精神文化建设

相比之前三年的小学生活，四年级的学生更加独立、更加自主，他们对他人的依赖明显减少了，做事也更有计划性，能够完成被中断的事情。这一切都会让家长、老师觉得省心了不少。同时，在这一阶段他们开始有了真正意义上的"朋友"，也会非常重视自己的朋友，甚至认为朋友的意见比家长的意见更重要。

1. 会合作——四年级乐乐班精神文化建设的主题内容

四年级学生的独立意识在不断觉醒的过程中达到一个新高潮。渴望独立、自主的他们更愿意以自己的方式，在自己想要做的时间去做某件事情。在摆脱父母的控制上,他们显得不遗余力。所以,父母开始觉得自己的孩子变得"叛逆了""不乖了",甚至开始向老师求助,觉得孩子不听自己的了,但是会听老师的。但其实,这不过是孩子们成长为一个独立的人的必经之路罢了,只是作为家长、老师,我们都要随着孩子们的身心成长规律,因时施教,不断变换自己陪伴、助力孩子们成长的位置。

从心理特点上来看,如果说三年级学生还特别渴望得到他人的认可与肯定,那么四年级的他们则不仅仅只从外界获得被认可感,他们开始有了自己内在需要的满足。

朋友世界的建构初具模型,这个阶段的他们非常重视友情,对自己的朋友忠心不二,甚至可以包容对方的一些小缺点,如果他觉得自己伤了某个朋友的心,那么这件事本身就足以令他伤感了。也正因如此,他们在这个阶段往往会因为与朋友的相处而产生困扰,造成情绪上的波动。与此同时,能够"自力更生"的他们既懂得了为自己考量,也能够跟人讲道理了,我们完全可以信任他们具备了善始善终完成一件事情的能力。

面对具有这样特点的四年级学生,我们要如何通过班级精神文化的建设助力他们的成长呢?在他们开始交朋友、重视朋友的初始阶段,引导他们如何与人合作,无疑是促进他们成长的助力。

"单丝不成线,独木不成林。""人心齐,泰山移。"在古往今来的先人哲思中,我们不难发现,人与人的合作会产生强大的力量。作为具有社会性属性的人,我们一生都离不开与人的合作。基于此,在四年级的乐乐班我开启了以"会合作"为主题内容的班级精神文化建设。

2.四年级乐乐班精神文化建设的主要内容

四年级的乐乐班遵循班内学生的身心发展规律,努力引导学生认识与他人合作的重要性,体会合作带来的乐趣,培养学生合作的能力,让学生学着在合作中竞争、在竞争中合作。

(1)认识与他人合作的重要性

随着人类的社会化进程,人与人之间的联系越来越密切,人与人之间的合作也成为一种必然。助力学生成长,我们有责任也有义务让每一名学生认识到与他人合作的重要性,因为在未来的人生旅途中,有很多事是靠他们一个人无法独立完成的。而一个人对事物的认识直接影响着他的行动力,因此,让学生认识到与人合作的重要性是助力他们学会与人合作的第一步。

(2)体会合作带来的乐趣

有效合作带来的成就感与满足感会成为孩子们进一步与人合作的无穷动力,从而推动他们合作意识的建立与合作行为的发展。因此,在学生学习与人合作的初期,需要我们有意识地帮助他们去体会合作带来的乐趣。

(3)培养合作的能力

会与人合作是一种能力,它和吃饭、走路、读书、写字一样,需要我们有意识地对学生进行培养。我们要根据学生的年龄特点,选择他们能够胜任的任务,让孩子们分工合作,在实践中习得合作的能力。

(4)学着在合作中竞争,在竞争中合作

在合作中竞争,在竞争中合作,可谓合作的最高境界。受家庭教育和孩子个人好胜心的影响,人们往往更多地看到竞争,而忽略了合作。在成长过程中,帮助学生建立正确的竞争观点是十分重要和必要的,我们要让他们清楚地知道,竞争是为了实现某个目标,而非单纯地与人对立。只有充分地考虑集体的利益,学会在关键的时候约束个人行为,甚至牺牲个人利益,与他人合作才有可能实现。尤其,在当今社会,只有在合作中竞争,在竞争中合作才能实现真正的共赢局面。

3.四年级乐乐班精神文化建设的策略与评价

学会与人合作,是一个人社会化进程中必须掌握的技能。"一个和尚挑水吃,两个和尚抬水吃,三个和尚没水吃。"在这个中国传统故事中蕴含的哲思值得我们每一个人深思与警醒。作为教育工作者,我们有责任、有义务让学生学会一些基本的生存技能,让他们学会与人合作。

(1)四年级乐乐班精神文化建设的策略

①在学习生活中学合作

对于学生而言,日常的学习生活是他们校园生活的主要内容,班集体是他们面对的最直接的社会化群体,身边的老师和同学是与他们联系最为密切的合作者。为师者,我们要有意识地为学生提供合作的机会,搭建合作的平台。

比如,日常的班级卫生,我们可以安排卫生委员统领各组的组长和组员去完成。放手由卫生委员根据班内同学的自身特点安排值日任务,力气大的同学承担擦地任务,个子高的同学承担擦黑板任务,细心的同学安排扫地任务等。受年龄特点的影响,往年他们的值日任务还需要老师的提醒和帮忙,但从四年级开始,他们逐渐可以自觉自主地完成这项任务了。但显然,这项合作任务具有灵活性和挑战性。例如,扫地和擦地的前后衔接,在有限的时间里,扫地的同学要在多长时间内清扫完毕,擦地的同学要在什么时间节点完成墩布的清洗,与扫地的同学紧密衔接。因此,这项合作任务更需要我们老师及时提示、鼓励和督促,才能促成这一合作越来越有序地进行。

这些事看似是一些烦琐的小事,但对于四年级的学生而言,小事并不小,是他们学会与人合作的新篇章。孩子们也会在这种合作中收获成就感,建立自信心。当然,他们在实践中往往会遇到这样或那样的问题和麻烦,但也恰恰是在这种碰撞中,让他们得以找到与人合作的边界,从而习得如何与人合作。

②在文娱活动中学合作

校园生活是丰富多彩的,除了学科知识的学习,还有各种文娱活动,而文娱活动中的合作往往是更深层次的,也更有助于学生进步和成长。

在小学阶段,最为普遍和常见的校园文娱活动就是六一儿童节联欢会和校园运动会。这是文艺特长生和体育特长生展示自我、建立自信心、形成良性内驱力的契机,也是锻炼班集体内部成员间合作的有效契机。

例如,在班级联欢会的筹备中,文艺委员负责统计同学们自愿申报上来的节目和时长,制定联欢会节目单,并承担主持人的任务。参演的同学除个人节目外,语言类节目要提前对词、走场,舞蹈类节目涉及编舞、排练。每个节目都是一场合作,各个节目间的衔接又是一场大的合作。宣传委员负责教室布置,需要召集班内具有绘画、书法特长的同学共同完成板报的设计与绘制,这是另一场合作。卫生委员则需要协调联欢会当天的值日小组,共同完成教室桌椅的挪动和卫生的清洁,这也是一场合作。最终,由文艺组、宣传组、卫生组共同合作达成六一儿童节联欢会圆满举行这一终极目标。

在活动中亲身体验与人合作的乐趣,体会合作的重要性,在活动中习得与人合作的方法,在活动中提升与人合作的能力。所有的亲身体验都会成为孩子们成长中的一笔又一笔的宝贵财富。

③在责任分工中学合作

任何一场合作都离不开责任的分工,为了达成一个共同的目标,大家在一个共同的任务里,承担着某个部分的任务。然而,每个人都是一个独立的个体,有自己的独立意识,有自己的想法,有自己的小目标。那么,要如何让两个人、几个人乃至一群人实现真正的合作呢?

以值日生做值日为例,如果每个人都想擦黑板,那么地谁来扫? 桌椅谁来摆放? 这就势必面临着责任分工的问题,如果每个人都能分到自己喜欢从事的小任务,那么自然是皆大欢喜,但往往很多时候,我们并不能照顾到每个人的喜好,这也就意味着有些人需要做出让步,需要退而求其次,承担一些自己并不十分喜欢,但能够胜任的任务。这种在合作中逐渐形成的让步意识,为的是最终实现整体的大目标,例如通过全组同学的共同努力把教室打扫得一尘不染,教室的干净整洁便是大家要共同努力实现的目标。从某种程度上来说,这种让步意识也是一种大局意识的体现。为了实现整体的共同目标,既需要有人当仁不让挑起领头羊的重担,也需要有人做出让步,甚至牺牲个人利益。

(2)四年级乐乐班精神文化建设的评价

①监督督促的评价策略

为了有效培养学生的合作能力,老师要有意识地安排合作内容,为学生习得合作能力搭建平台。在学生学习与人合作的初期阶段,往往需要老师较多的督促与引导。布置任务后,老师要静眼观察:及时表扬自觉主动去完成合作任务的同学,以此提醒忘记在既定时间内完成合作任务的同学;及时肯定在合作中勇于担当、做出让步等行为。总之,以评价促进合作任务的落实。

②奖励性评价策略

奖励作为一种激励手段,能够激发学生的荣誉感,调动学生的进取心,建立学生的自信心,甚至起到挖掘学生潜在能力的作用。在学生学习合作的初期,通过肯定的眼神、赞赏的微笑、夸赞的语言和物质奖励、奖状奖励等形式,能够让学生尝到"合作的甜头",产生合作的兴趣,进而推动学生合作意愿的发生与发展。

诚然,奖励性评价也要注意尺度的把握,不能一味地为了激励学生而夸大他们在合作任务中的成绩,为师者一定要在用心观察的基础上,确认学生在合作中做出的努力,再对学生进行恰当的、准确的奖励。

③任免性评价策略

在口头表扬、物质奖励、奖状奖励之外,还有一种特殊的评价策略——任免性评价,即任命某名在合作过程中表现突出的学生担任班内某项职务。任免性评价对学生而言是一种充分的肯定,是一份莫大的荣誉。对该生而言,任免是对其在合作过程中表现的充分认同,会对其今后与人合作的发展产生无穷的助益。对班内其他同学而言,这无疑树立了一个正面的典范。

4.四年级乐乐班精神文化建设常见问题的解决

在学习与人合作的过程中,孩子们难免会就合作的边界、方法、问题等产生各种各样的矛盾点和小困惑,这时候就需要我们为师者及时有效地引领。

(1)合作需要有效的沟通

有这样一个非常经典的故事:一位教授精心准备一个重要会议上的演讲,会议的规格之高、规模之大都是他平生第一次遇到的。全家都为教授的这一次露脸而激动,为此,妻子专门为他选购了一套西装。晚饭时,妻子问西装合身不合身,教授说上身很好,裤腿长了两厘米,倒是能穿,影响不大。晚上教授早早就睡了。他的妈妈却睡不着,琢磨着儿子这么隆重的演讲,西裤长了怎么能行？于是翻身下床，把西装的裤腿剪掉了两厘米，缝好烫平，然后安心入睡了。早上五点半，妻子睡醒了，因为家里有大事，所以起来比往常早些，想起丈夫西裤的事，妻子心想时间还来得及，便拿起西裤又剪了两厘米，缝好烫平，惬意地去做早餐了。一会儿，教授女儿也早早起床了，看妈妈还没有做好早餐，就想起爸爸西裤的事情，女儿寻思自己也能为爸爸做点事情了，便拿来西裤，再剪短两厘米，缝好烫平……这条裤子还能不能穿？如果事先他们之间能够进行有效的沟通，事情会不会就不一样了？

《"扫帚"和"墩布"的战役》

那是四年级上学期，孩子们刚刚开始学着在卫生委员和组长的带领下自行合作完成每天午间的教室卫生打扫任务。

从吃完午饭到开始午休有20分钟的时间，然而负责扫地的同学和负责擦地的同学总是无法在这20分钟内完成值日任务，这天，三组的"扫帚"和"墩布"终于"开战"了！

"你们到底有完没完啊？上周就是你们扫得太慢，害得我们擦地时大家已经开始午休了！今天难道又要让我们'背锅'吗?!"

"上周明明是你们等到我们把地都扫完了才去涮墩布，耽误了时间，凭什么怪到我们头上？"

"如果不是看你们扫得那么慢，我们早就去涮了，今天我们早早涮完了，还不一样站在这儿等着，只能看着你们干着急？"

"我们已经扫完了三组，你们可以先去那边擦啊！光是杵在那里，还抱怨我们！真是的！"

"我们还不是怕把你们扫出来的这些纸弄湿，一会儿用簸箕收都收不起来了！你们能不能把这些纸堆到一起，别这样零零散散

卷四 研究篇

的弄得到处都是!"

冷眼旁观的我静静地看着这场"战争"的爆发,好在他们只是唇枪舌剑,而没有拳脚相向,而且在他们的话语中,我捕获到了一些有效信息——他们吵架的原因。

找到"病因"接下来就是对症下药了。我不疾不徐地走到他们跟前,孩子们纷纷欲张嘴告状。我摆了摆手,道:"你们刚才的吵闹我都听到了。我觉得你们说得都挺有道理的。"

这下不仅吸引了扫地、擦地同学的注意,也吸引了班内所有同学的注意,孩子们纷纷瞪大了双眼,从他们的眼神里我读懂了一个疑惑:"吵架还有道理了?"

"没错! 挺有道理的!"我再次强调,"你们回忆一下自己刚刚说过的话,难道不是在为你们的合作提出有效的建议吗? 只不过如果以建议的口吻,而不是指责的语气来说这些话,我想你们的合作会更愉快! 不信你们试试!"

说着,我真的让他们换种语气,试着把刚才的话重新说了一遍。

"你们扫完了吗? 我们想快点儿擦地,上周就打扰大家午休了。"

"你们可以在我们开始扫地的时候就去涮墩布,这样能节约时间。"

"嗯,我们今天就早早把墩布涮好了,但是等得有点儿着急。"

"那边的三组我们扫完了,你们可以先去擦那边,你们擦完,我们这边也扫得差不多了,我们这样合作更能节约时间。"

"那你们把前面这些纸屑归拢到一起,我们怕弄湿了,一会儿不好用簸箕收了。"

"好。"

"大家觉得他们这样沟通怎么样?"

"好!"所有同学异口同声地大声喊到。

"我也觉得这样沟通非常好,而且他们这种合作的方法也值得我们所有人学习,我相信这样的合作一定能提高你们打扫卫生的工作效率!"

当然,起初他们并不知道如何换一种语气进行表达,但在我的具体示范和引导下,孩子们渐渐找到了表达的方向。在这个过程中,我没有简单地下达命令,而是给予了他们具体的可操作方法。

合作需要有效的沟通,沟通需要平和的心态,需要站在整体任务的大目标上去看待我们自己手中的小任务。当孩子们在学习合作过程中出现问题的时候,也就是他们需要我们的时候。静心观察,认真倾听,找到问题,对症下药,才能给孩子们以有效的帮助。

(2)合作能力的生长需要空间

当孩子蹒跚学步时,你放开手的那一瞬间便是他学会自己前行的时刻;当雏鹰学习飞行时,它挥动翅膀离开窠臼的时候就是它学会飞翔的时刻。学生合作能力的生长同样需要我们给予足够的空间。

放手后我看到了一种令人惊艳的美

四年级上学期末的班级诵读展示将如期在学校的报告厅举行。我想,是时候借这个机会让班里的孩子们都展示一下自己了。

经过大家的投票,孩子们选定了三个诵读内容:《出塞》《延安,我把你追寻》和《少年中国说》。我根据内容和学生特点将班内的孩子们分为三组,每组负责一个诵读内容,我们商议着,想要通过音乐将三个内容串联成一个爱国主题的诵读展示。

看着他们一个个跃跃欲试、摩拳擦掌的样子,我心中暗暗生出了一个主意,不如让他们三组自行推荐自己的组长,由组长统筹安排自己组诵读篇章的展示形式吧?

当孩子们听到我的提议后,开始有那么一瞬间的目瞪口呆,但丝毫不影响他们的行动力,须臾间他们便开始凑到一起推选组长、商量方案。看着他们热火朝天的样子,我暗暗开心的同时,也有了些暗自担心,虽然不用走出校门,但还是要展示的呀,最后会是一个什么结果呢?不会因为我的一时兴起,把事情搞砸吧?

于是在第二天,我"邀请"了三组的组长来向我汇报工作进度。

"出塞组"推荐出来的组长是晴晴,她诵读古诗时声音浑厚,很适合这首诗,而且她自幼学习舞蹈、古筝,我暗道:"孩子们还是很有眼光的嘛!"晴晴向我汇报说,他们觉得这首诗既然是讲古代征战沙场战士的,他们就把战鼓、战旗这些元素融入进来,加上学校推行武术进校园活动,他们最近刚刚学了一套拳法,可以营造一幅沙场点兵的气氛,再来诵读《出塞》这首诗,一定能让观众更加入情入境。我顿时眼前一亮,孩子们很有想法嘛!但就不知道能落实到什么程度。

"延安组"的组长是小石,也是我们班的班长,她被推荐出来倒是完全在我的意料之中。小石向我汇报说,他们组女生比较多,且大多都有舞蹈功底,虽然学习的舞种不同,但是他们想用舞蹈的形式展现红军长征路上的艰辛,同时进行诵读。我面上连连点头,心里暗暗想着:难道他们两组之间已经互相商量好了吗?风格这么统一,都从视觉、听觉的角度入手。

"少年组"的组长是杨杨,既不是班委,也不是班里的活跃分子,但是大家把她推举了出来,证明她在同学中还是有一定威望且被大家信任的。杨杨向我汇报说,他们组是三组里人数最多的一组,加上《少年中国说》的特点,他们想从气势上来展示这部分内容,用接读、齐读的形式来做三个篇章的收尾。我尊重了孩子们的想法。

接下来的日子里,每个大课间自由活动的时间,便总能看到他们聚成三小堆,排队型,练诵读,不亦乐乎。当然,他们也并没有忘了我,还给我起了一个名字——总顾问。我负责技术工作,为他们配乐。

最终,孩子们整个展示赢得了满堂喝彩,他们是我的骄傲。但我不因展示的成功而骄傲,而是因为他们合作能力的提升。

(3)抗挫折教育的重要性

人的一生中,不遭受挫折是不可能的。挫折不会放过任何一个人,只是对待挫折的态度,能够帮助我们及时调整自己,笑对人生。

请为孩子上好"挫折"课

首先,我们要分清楚两个概念,一个是"挫折",一个是"挫折感"。挫折指的是一个人在生活中自然遭受到的各种事件,而挫折感是随着那些挫折事件的到来而产生的焦躁、无助、自我否定等情绪。几乎每个人都毫无例外地在面对挫折时会产生挫折感。我们要做的是帮助孩子们学着处理自己的那些挫折感情绪。

第一,建立正视挫折的态度。我们要让孩子们知道,每个人在人生旅程中都是会遇到这样或那样的挫折的,没有人可以例外,关键是我们以一种怎样的态度来面对这些挫折。如果遇到一点挫折便一蹶不振，那么注定我们会一事无成，甚至会活在痛苦之中或者失去生命。但其实，这些挫折是可以帮助我们成长和进步的，它可以让我们学到一些在通常情况下无法学到的知识或经验，而这些知识或经验对我们而言是非常宝贵的财富。

第二，给予面对挫折的勇气。我们的挫折教育不是让孩子们对挫折麻木，而是让他们不再惧怕挫折，不会在挫折中陷入绝望，而是拥有战胜挫折的勇气。这与我们之前谈的激励、鼓励、奖励并不矛盾，因为越是内心被滋养得精神富足的孩子，越是拥有战胜挫折的勇气。因为他们清楚地知道，自己不是孤独的，自己是被认可的，自己的身后是有人在支撑自己的。

第三，学着在挫折中成长。一个人同样的错误不会犯两次，因为他在第一次犯错中便总结了经验教训。而生活中的那些挫折，刚好就是助力我们成长的宝贵资源。我们在这些挫折中，反思自己，学习知识，总结经验，使自己不断成长、成熟。

抗挫折教育是一个漫长的过程，不是一堂课就可以解决的，也不是一个事件就可以解决的，而是需要伴随着学生的成长，不断渗透，不断传递，不断影响。

三、乐乐班精神文化建设的启示

"蓬生麻中，不扶而直；白沙在涅，与之俱黑。"环境对一个人的影响，可见一斑。班级为学生学习知识提供了空间，为学生的社会化发展提供了空间，为学生成长提供了空间。班级作为学生成长的一方沃土，其氛围在无形之中影响着学生的成长。

一个良好的班级氛围必然离不开班级文化的建设。其中，班级精神文化的建设是班级文化建设中的核心内容，是班级文化的灵魂,是班内学生达成共识的价值观、信念、愿景等观念性的文化意识。

(一)班级精神文化帮助学生树立正确的人生观、价值观和世界观

正确的人生观、价值观和世界观如同一个人人生旅途中的灯塔,引领你前行;如同披荆斩棘的一柄斧头,帮助你延展脚下的人生之路。人生观、价值观和世界观的培养不似文化知识类教育具有学科性、逻辑性和系统性,而是侧重于对人的思想意识的改造,对人格的塑造,以及观念的产生。这一过程依靠简单的概念灌输是很难实现的,更多的时候需要我们把人生观、价值观和世界观渗透到日常教学活动和课余生活之中,以一棵树撼动另一棵树,在春风化雨中润物无声。

(二)班级精神文化涵养学生的人格

培养学生人格,是当前心理健康教育的重要内容,也是当前教育主题的直接反映。班级是学生在学校生活中的主要场所,班级文化是学校文化结合班级具体学情的直接表现。班级精神文化对学生人格的影响甚至可以持续一生。整个班级的思想意识、思维方式、人际关系以及价值观念等,无时无刻都在以一种无形的同化力和约束力对班级内的每一名成员产生潜移默化的影响。而一个班级的"共识"往往与以班主任为核心的教师团体密不可分。心理学家认为,人在一生中不仅其外显形式源于模仿,其情感态度、价值观、行为习惯乃至道德品质和性格特征也很可能源于模仿。以班主任为核心的教师群体不仅承担着向学生传递知识的责任,更肩负着以自身的人格修养感染学生的使命。

(三)班级精神文化培养学生良好的行为习惯

中华民族的文化源远流长,形成了高尚的道德准则、完整的礼仪规范和优秀的传统美德。"礼者,天地之序。"在孔子的思想体系中,"礼"是一种谦恭的礼节形式,是一种人际和谐的道德规范,是一种稳定的社会秩序。"礼"文化滋养着中华大地,孕育了中华民族一代又一代子孙。对于小学生而言,"礼"是培养学生良好行为习惯的文化源泉,是学生行为习惯养成教育的有效路径。通过传统文化的学习,"礼"化学生的行为,形成高尚的班风之魂。

(四)班级精神文化促进学生身体健康发展

小学阶段是孩子们身体、心理和社会化发展的重要时期,更是培养学生良好体育锻炼习惯的关键时期。近年来,随着生活水平的不断提高,孩子们出现了体重超标、视力下降等问题。究其原因,运动量的减少成为主要原因。从班级精神文化的视角入手,营造班级良好的体育锻炼风尚,互相学习,互相促进,激发学生对体育锻炼的兴趣爱好,逐步形成良好的体育锻炼习惯,从而促进学生身体健康发展尤为重要。

(五)班级精神文化让学生的兴趣爱好尽情生长

苏霍姆林斯基在他的一本名为《要相信孩子》的书中写道:"每个儿童都有自己的爱好和长处,有他自己的先天素质和倾向。必须发展这些东西,必须创造条件使这些学生能最充分地发展这些长处。"诚然,每个个体都是独特的,每个人的兴趣爱好不尽相同,但相同的是兴趣爱好让你的生命更加精彩绚烂,更加充实有意义。在成长路上,这份兴趣爱好或许会是他自信心的源泉;在未来的人生路上,这份兴趣爱好或许会助力他成功;在漫漫岁月中,这份兴趣爱好或许会令他每个平凡的日子充盈着灿烂的光芒。

　　班级精神文化是一个动态发展的变量,它需要随着学生的成长、班级的成长而不断进化、不断完善。乐乐班的孩子在班级精神文化的熏染下,年龄、身体和内在灵魂均在不断生长,结合学生身心发展规律,在不同年级打造不同主题的班级精神文化,从而助力学生在小学阶段的成长。

　　有人将学生的成长比喻为跑步,无论是百米冲刺还是马拉松,起跑线是必须的。对于教师来说,学生的原有认知水平、学习风格、个性特征等情况好比起跑线,找准这根"线",对学生进行准确分析是开展有效教育的基础。《乐乐班成长记》正是记录了根据遵循孩子的身心发展规律,依着学生的身心发展特点,在不同年级开展适合他们班级精神文化建设的实践历程。

卷四　研究篇

用千百倍的耕耘，换来桃李满香园

肖程，天津市西青区杨柳青第一中学班主任、英语教师。

优秀共产党员，西青区优秀青年技术骨干，教育系统区级学科带头人。2015年获西青区班主任论坛一等奖。2018年入选"西青区班主任培养工程"，并在多次活动中荣获优秀指导奖。2020年被评为校级"津门杰出班主任"。2020年7月获京津冀中小学班主任和德育管理者论文二等奖。所带班级多次获得区级、校级优秀班集体称号。2020年所带2018级7班团支部获得西青区教育系统"优秀特色主题团日一等奖"。

带班理念

德育为先,用爱心滋润学生心灵,
陪伴学生健康成长!

高中生亲师合育行动研究

肖　程

　　伴随着经济增长与教育现代化进程,教育的"顺序模式"即家庭教育、社会教育和学校教育正由在青少年个体成长中发挥各自作用转变为一种新的"重叠模式",即在青少年成长的每一个阶段,家教、家长、学校、教师、社会,越来越呈现为相互重叠联系,共同影响着孩子的成长和发展。如何将上述不同的教育因子有机结合在一起,形成一种整合优势,必将成为未来"亲师合育""亲师共育"的一个重要课题。

一、亲师合育的概念

(一)什么是"亲"?

1.说文解字

《古汉语常用字字典》和《现代汉语词典》中,"亲"的第一个解释就是"父母"。《庄子·养生主》:"可以全生,可以养亲。"亲,狭义上来讲,就是指"父母双亲"。随着时代的发展,家庭的规模逐渐缩小,广义上的"亲",可以扩大到"四老",即祖父母和外祖父母,下文我们将父母和"四老"统称为"家长"。

2. 家庭与家长

（1）家庭：一切教育的基础，培养孩子学会"规矩"

教育是衡量一个国家文明传承和经济社会发展水平的重要指标。习近平总书记在2015年新春团拜会的讲话中指出："家庭是社会的基本细胞，是人生的第一所学校。不论时代发生多大变化，不论生活格局发生多大变化，我们都要重视家庭建设，注重家庭、注重家教、注重家风。"就社会结构而言，家庭作为社会的最基本单元，营造良好的家风、弘扬家庭美德是构建和谐社会最为重要的基础，更是社会文明程度的重要标志。

就人的发展而言，家庭是个体生命成长的最初始的场所。家庭教育与学校最大的区别在于：第一，家庭教育是个别化的教育，针对孩子个别的关注、指导和教育，必须由家长来完成，学校无法替代；而学校则是面向大多数学生的教育，提供的只是一个公共的、普遍的教育，需按照统一进度、统一的课程，很难真正关注每一个学生的差异。第二，家庭教育是终身性、示范性的教育。从生活时空来看，多数时间孩子是在家与父母一块儿度过。学校对于孩子只是人生的一小段，因此家庭环境对一个孩子成长的影响比学校要大得多、长得多。第三，从教育内容上看，主要是与学校传授的知识不同，家庭教育的任务主要是生活教育、人格教育和行为养成教育。第四，从法律责任上看，孩子与家长具有天然血缘关系，这是学校、老师无法替代的，故每一个家庭监护人都应有教育孩子的责任。

当代父母大多是"70后""80后"，由于他们中许多人接受过高等教育，甚至不少家长有海外留学经历，他们与孩子相处变得更加民主、更加平等，但年轻的父母依然遭遇许多新挑战：时代变化太快，家长的许多知识、经验已跟不上孩子的视线、需求，这是现代父母面临的最大挑战。

除此以外,孩子学业与升学竞争压力仍然较大。中考、高考指挥棒经层层放大,最终将压力传递到了每一个家庭,导致学生学业负担尚未完全减轻。一方面,社会天天在喊"减负";另一方面,家长们又被迫给孩子"施压"。此外,中国代际关系是"反哺模式",父母对子女几乎是无限责任。因此,时下不少家庭对"家庭教育"的诠释主要还是抓孩子的学习。一项调查显示,52.5%的家庭教育仍然着重"为孩子安排课余学习内容";34.6%的家庭在"陪着孩子做功课",反而忽略了对孩子身心健康、做人教育这些家庭最基本职责的履行,这很大程度上反映了当前不少家庭在育儿职责上的"越位"或"错位"现象。

尽管家庭教育与学校教育有交叉重叠部分,但是,家庭教育无法完全被学校教育替代,家庭教育作为一切教育的基础、教育的重要组成部分,它在孩子成长、发展过程中承担着独特的、终身的教化功能。在笔者看来,学校教育训练学生遵循"规定"、社会教育是训练公民遵守"规则",家庭教育则是培养孩子学会"规矩"。

(2)家长:孩子的"第一任老师",要重视培养完整的人

教育始于家庭。家长的教育理念、教育方法、教养方式深深影响着孩子。在一个人的教育中,父母的家庭教育是成功的关键,对一个人起着举足轻重的作用。

首先,父母对孩子的教育进行得最早、时间最长。父母的教育是在孩子模仿性最强的幼小年龄进行的,不但占其"先入为主"的便利,而且父母的形象示范,言传身教给孩子以终身影响。如果父母语言、行为、习惯不良,那就较难保证孩子在这些方面能做到优良。因此,做家长首先自己要学习,学习家庭教育的科学理念与新知,不断提高自身素养与育儿能力。做父母的应明白,教育并不只

是认字、读书、数数等，教育也包括孩子的举止行为、感知认知等各方面。家长在平时生活中应成为孩子潜移默化的行为示范。

其次，让孩子在规则与自由中健康"成人"。"自由过度"会导致孩子任性放肆，如不服管教、攻击性强都与父母过度顺应孩子的自由需要有关。"自由过度"实际上就是放任、纵容，对培养孩子的社会性和责任心是不利的，使孩子"长"不出个性却"长"出任性。而"规则过度"又易于致使孩子缺乏个性。有的父母认为听话的孩子让人省心，少惹麻烦事，这种观念多表现在控制欲望比较强的父母身上，长期生活在这种环境中的孩子，做事和思维的依赖性比较强，害怕尝试新事物，而且调整情绪变化的灵活性比较弱，这势必将影响孩子的创新意识与个性成长。因此，应倡导让孩子学会遵守规则又拥有自由的平衡教育策略。没有规则的自由是放任，没有自由的规则是遏制，这都是家庭教育不得法的表现。

最后，培养孩子自信、悦纳，爱思考、善表达之品性。爱因斯坦曾说过，一个人提出问题的能力比解决问题的能力重要，想象力远比知识重要。在互联网时代，这一道理已经成为生动的现实。网络时代对于青少年而言，更重要的是具备以下能力：知识迁移与学习力，独立思考与表达力，坚毅与执行力，自我悦纳与抗逆力。

作为家长对于孩子的培养，重要的不在于孩子能考多少个100分，而在于把他培养成为一个"完整"的人，让孩子对生活和学习充满热情。一项关于儿童兴趣与幸福感的调查显示，如果有一件事情是孩子最喜欢做的，而大人又创造条件让他做这件事，那么他一定会很有幸福感。教育最大的成功是培养出自我悦纳、充满自信的学生。

(二)什么是"师"?

1.说文解字

韩愈在《师说》中提道:"师者,所以传道授业解惑也。""师",就是指为学生传授知识解答疑惑的老师。《现代汉语词典》中记载:"师",某些传授知识技术的人,如教师。

2.学校与教师

(1)学校:帮孩子"扣好人生的第一粒扣子",迈好人生第一步

习近平总书记在不同场合多次强调要引导和帮助青少年学生"扣好人生的第一粒扣子",用十分通俗、形象、准确的语言强调了对青少年进行正确人生观教育的重要性。如何才能帮助学生"扣好人生的第一粒扣子",习近平总书记为学校指导家庭教育提出了一个重大命题。

"扣好人生的第一粒扣子",包含了以下内涵:一是学校要帮助学生从小树立正确的人生观、价值观。观念是行动的指南,正确的观念才能引导出正确的行动,正确的行动才能产生好的结果,人才能拥有圆满幸福的人生。二是学校要通过"家校共育"帮助青少年树立远大的理想。观念重在当下,理想关注未来,要引导学生胸怀大志、放眼世界,脚踏实地,成就未来。三是学校要积极组织实施丰富多样的"亲师合育"、校园文化与社区公益活动,让孩子在集体生活中培养能力,在社会实践中增加才干。

如何走好未来生活道路的每一步,是由人生目标与信仰决定的。孩子在 12 岁到 18 岁的时候,是树立理想的关键时期。如何让青少年学会自主选择、自我决定,学校需要创造环境,教育引导青少年,尊重他们的选择,帮助他们去实现。人生目标选择为什么重要? 哈佛大学对一群智力、学历相似的人进行的 25 年跟踪发现:

卷四 研究篇

3%有清晰且长期目标的人,大都成了顶尖成功人士;10%有清晰短期目标的人,大都成为专业人士;60%目标模糊者,能安稳工作生活,无特别成绩;27%无目标的人,经常失业,生活动荡。尽管我们孩子中绝大多数终将成为普通人,但扣好人生"第一粒扣子",培养青少年迈好人生第一步,理应成为当前学校指导家庭教育之首要任务。

（2）教师:帮助家长认识家教,纠偏纠错

众所周知,学校任课教师尤其是班主任对本班学生接触了解多,在学生眼中也最具权威性。因此,当前由班主任指导家长实施、开展家庭教育,无疑是较为合适的。当然,我们一方面要确立学校教师对广大家长开展家庭教育的指导地位,另一方面也要处理好家庭家长指导与学校教师指导的边界。

第一,强调家庭教育由学校来主导,并不等于家庭教育全部内容都由老师来实施,老师也无法承担这一职责。老师主要任务是帮助家长提高自身素养与能力,对孩子的家庭教育主要由家长来实施。

第二,尽管学校教育与家庭教育有边界,但存在"重叠部分",因为孩子每天仍有相当多的时间在学校度过,故学校有时空、老师有责任对孩子开展德育与人格教育。相比之下,社区、社会其他机构无论从时空、专业来看,都无法与学校教师的优势相比。

第三,作为一名合格教师,必须掌握对家长开展家庭教育的科学指导方法。由于家长的职业不同、层次不同,教育孩子观念也不同,要让他们与学校老师保持"步调一致",并不容易。为此,教师要懂得与家长沟通的技巧,学会与家长互相配合,和谐施教。同时,教师要放下"教育权威"的架子,经常向家长征求意见,虚心听取他们的批评建议,这样才会使家长心悦诚服,积极支持、配合老师工作,维护教师的威信。

第四,学校和老师要抓住指导家长的重点。学校和老师要帮助家长认识什么是家庭教育,它的本质、特点及规律;帮助家长树立正确的家庭教育思想,纠正一些不正确的教育理念;指导家长改变错误的家庭教育态度和方法。与此同时,一名教师若要科学地指导家长开展家庭教育,必须加强系统学习,提高自身素养与指导能力,若教师自己水平不高,甚至连自己的孩子都教育不好,就无法指导家长来开展科学、有效的家庭教育。

总之,家庭、家长、学校、教师、社会,厘清不同教育因子的边界,使它们有机结合在一起,形成一种整合优势,是新时代面临的重要教育课题。

(三)什么是"亲师合育"?

"合"就是"联合、团结起来,共同"。"育"在《古汉语常用字字典》和《现代汉语词典》中虽然有"生育""抚养、养活"和"培养、教育"三种解释,但是放到"亲师合育"中,显然,我们要选"培养、教育"之意。因为"父母双亲和老师"能够一起做的只能是"培养、教育"了,或者进一步引申为"家长和学校"共同培养学生。这是家庭教育和学校教育不断变为一致的过程,不仅表现为二者在培养目标上是一致的,而且表现为家庭全方位支持学校教育工作,同时学校尽全力帮助家长解决教育子女过程中遇到的各种问题。这样,家庭和学校才能在学生教育的过程中密切合作,互相配合。

家庭教育和学校教育能完全一致吗? 答案显而易见——不能。因为他们的特点不同,却由于学生这一纽带紧密协作,共同发挥作用。

卷四 研究篇

1. 作用差异性

家庭教育和学校教育发挥的作用存在着差异性。家庭教育的优势和家长的教育力量是其他教育难以具备的。一般来说，父母的要求往往能成为孩子的生活准则和行为规范，父母对周围的人和事物的态度、评价标准，才能成为孩子评价社会的依据。美国心理学家托马斯·哈里森等人，根据生理学和心理学研究的最新成果指出，在童年时期其实在大脑当中一定是既有父母或相当于父母的人身体力行、言传身教所提供的外部经验，其将永久不衰地记录在每个人的"人格磁带"上，在人的生活当中会自动播放。这种播放具有贯穿人生事务的强大影响力。我国著名文学家老舍在他的作品《我的母亲》一文中深情地写道："从私塾到小学，到中学，我经历过起码有廿位教师吧，其中有给我最大影响的，也有毫无影响的，但是我真正的教师，把性格传给我的，是我的母亲。母亲并不识字，她给我的是生命的教育。"没错，父母对孩子影响是生命的教育，这种影响的作用应该说是其他人都难以达到的。

学校是专门从事教育工作的机构，是促使青少年社会化的专门场所，它的一些活动都是从培养和造就人才出发，并为培养人才服务。学校可以有效控制其资源和环境，抵制那些不利于成长的因素。同家庭教育天然的连续性相比，学校教育具有阶段性，一个人从低年级到高年级，要有一个衔接和过渡的问题，在升学的过程中有许多变化，学校通过班级的划分对学生进行重新组合。这要求学生对新的环境和同学要有一个熟悉的过程，师生之间要有一个相互认识、了解的过程。教学内容加深了，难度加大了，知识门类增多了，学生要有一个从不适应到适应的过程，这些变化总会使学生在一段时间内产生心理和情绪上的不稳定，或多或少地影响教育教学的效果。另外，如果在这个过程中教育要求不一，会大大延缓教育的过程,而且也不利于学生形成良好的习惯。要解决好这一过渡问题,如果缺乏家庭的帮助是很困难的,学校是专门的教育机构,可以对影响学生效率的环境进行控制,但却难以对校外环境进行控制,而学生几乎有一半多的时间是在家中度过的。这一段时间,若没有良好的家庭教育弥补,学校教育就会很难达到应有的教育效果。由此可见,家庭教育和学校教育都有各自的优势和局限性,因此强调家庭教育的优势并不是要用家庭教育来取代学校教育,而是用家庭教育的优势来弥补学校教育之不足。同时,强调学校教育的优势,也不是为了让学校教育代替家庭教育,而是让学校教育指导家庭教育,最终是家庭教育再来支持和强化学校教育。这种优势互利互补正是家庭和学校相互配合的目的所在。

2. 协同性

家长对学校教育工作的支持,包括对学校政策的理解和支持,对学校政策执行的配合和监督,需要进行一些力所能及的教育活动,为学校提供教育资源帮助,为学校提供孩子的信息,以及在家庭中为孩子创造良好的学习环境,较好地满足孩子受教育所需的衣食住行等物质条件,创造和谐的家庭氛围,努力提高自身的修养和教育素养,做好家庭教育等。

同样,学校由于在教育学生过程中处于主导地位,它的特殊性决定它必须指导家庭教育,积极主动地使家庭成为其教育过程中的合作伙伴。因此,学校必须打破把教育工作局限在以学生为对象和以学校为范围的传统,要尝试走出校门,把教育范围扩大到社区乃至整个社会,把教育对象扩展为学生、家长等全体社区成员,同时也为他们提供利用学校教育资源的机会,使学校成为社区教育的阵地。特别是在学生的思想教育工作上,要积极地以各种形式向家长和社区成员宣传学校政策,以争取他们理解和支持学校开展多种形式的家庭、家长教育活动。同时,还要了解学生家庭在教育外的其他困难,请求政府协助予以解决,以消除家长的后顾之忧。

家庭教育和学校教育成为一个一致的过程,还包括二者的相互衔接问题,在这方面有家庭教育和学前教育的衔接,有家庭教育与小学的衔接,还有家庭教育和中学教育的衔接等。总之在进入一个陌生的环境之前,只有事先做好心理准备,才能较快和较好地适应新的环境,这就要求每一级学校教育对家庭的指导要向前延伸,帮助家长在入学前让学生做好心理和其他准备。

二、为什么要进行高中生亲师合育?

(一)高中生亲师合育的理论依据

在高中教育中,突出德育时代性,坚持把立德树人融入思想道德教育、文化知识教育、社会实践教育各环节。强化综合素质培养,提升人文素养和科学素养。强化体育锻炼,加强美育工作,培养学生艺术感知、创意表达、审美能力和文化理解素养。重视劳动教育,使学生养成劳动习惯、掌握劳动本领、树立热爱劳动的品质。要达到以上目标,只靠学校或家庭一方是不可能完成的。因为学校和家庭是教育的"两只手",缺少了哪一只,教育必将孤掌难鸣。苏霍姆林斯基也多次指出:教育的效果取决于学校和家庭的教育影响的一致性。完善的亲师合育关系能更好地促进孩子健康成长,能够培养学生良好的行为习惯,能够优化学校教育环境。

2019年,中共中央国务院发布的《中国教育现代化2035》中明确提出:"推进家庭学校共同育人。"家校协同育人是通过参与主体理念融合、优势组合、资源融合,形成新的目标共同体、协作共同体、资源共同体和利益共同体,全面提升育人水平和育人质量的教育实践过程。家校协同育人是一种教育现代化新理念、新策略和新方法。协同不仅是简单的协作配合,更是形成系统间体制机制,发展系统本身的演化、改进与提升过程。目标同向、施教同心、资源同聚、成果同享是家校协同育人的典型特征。构建家庭教育与学校教育通道是实现家校协同育人的必然选择和有效策略。

《管子·权修》里有一段话:"一年之计,莫如树谷;十年之计,莫如树木;终身之计,莫如树人。"意思是:做一年的打算,种植庄稼是最好的;做十年的打算,栽种树木是最好的;而做一生的打算,培养人才才是最好的。如何才能提升家庭教育的水平,促进家校共育的深度融合,进而帮助孩子更好地成长呢?

著名心理学专家、中国教育科学院心理学与特教研究中心主任孟万金教授讲过,有些学生家长认为:孩子上学了,孩子的教育就全交给学校了,还有些家长望子成龙心切,把自己的思想完全地强加于孩子。教师是孩子学校生活的教育者,而父母是孩子家庭生活的教育者,为了孩子,教师要与家长相互沟通思想,共同寻求教育孩子的最佳方法,共同承担起教育孩子的重任。我们都知道,动物生下孩子后,会抚养到能独立生活,教给孩子捕食、御敌等生存的能力;但有些人却不能,还未抚养成人,未把子女抚养到能独立生活、适应社会,就撒手不管了、打工去了、交给学校了。一个人的成长,是家庭教育、学校教育、社会教育三位一体的有机结合体。

(二)高中生亲师合育的实践探索

家庭教育是一切教育的基础,尤其是高中阶段的学生,更需要家校联合,帮助他们完成从未成年人向成年人的平稳度过。因此,

卷四 研究篇

在学校教育过程中,如何切实有效地实施联合教育就显得十分重要。

1. 有效沟通——修复亲子关系的良药

班内有个学生的父母都在外地工作,学生只能住校,所以周末我常会到学生寝室去看看,结果发现另一个家住市内的学生已连续好几周都没有回家,这不禁让我感到困惑:人家是有家不能回,他却不想回家,为什么呢? 之后我找那个同学谈了几次话,才知道他母亲管教太严,自己成绩又总达不到要求,一回家母亲就围绕他的成绩唠叨,所以他很不愿意回家。于是我找到他母亲进行了细致的沟通,共同寻找解决办法。由于学生母亲的大力配合,学生心里的疙瘩逐渐解开,周末乐意回家了。学生母亲开心地告诉我,儿子主动和她谈话的次数渐渐多了起来,彼此之间沟通得越来越多,儿子学习的积极性也不断提高。

家长是孩子永远的老师,家庭是孩子永远的学校。上述案例反映了班主任通过与家长的沟通,对家长的教育思想、教育方法给予必要的指导,使家庭和学校的教育形成合力,使每个学生都能健康成长。

亲师是教育事业的合伙人,孩子是家长和老师共同的爱,为了孩子的教育成长,追寻自我更丰富的人生与未来,亲师必须共同合作。学生家长联合会扮演着亲师沟通的桥梁,积极协助各校校务推动的和谐发展,营造友善的温馨校园。

各校家长联合会的组织成员背景不一,有不同的意见和声音是非常正常的,家长会要发挥领导的号召力,集结家长的力量,整合众人的意见,提出建设性的建议,与学校沟通,与第一线教学与辅导的教师良性互动,共同营造健全的校务运作氛围,让孩子在优质的学校教育中,得到健康的成长。

亲师合育不是阻碍,而是机会;不是障碍,而是桥梁。亲师合作,携手教育,共创孩子美好的人生。

2.规则教育——与"手机控"说再见

近几年,很多孩子成了"手机控",如果学生使用手机等数码产品不当或过度,就会对其生理和心理健康产生一定的影响——手机的闪光灯和耳机会损害视力和听力;平板电脑背光源会造成调节性近视,若不及时防治,很快就会演变成真性近视。长时间玩游戏还会使孩子沉溺于虚拟世界,逐渐失去跟人沟通的能力,造成交往障碍。

怎样不让孩子成为"手机控",关键是要看班主任和家长引导,这时亲师合育的作用就凸显出来了。

(1)别让手机"保姆"代替家长

专家表示,现在的社会,将孩子与电子产品完全隔离是不可能的。其实,防止孩子被"电子化"的做法有很多,而最佳的方法就是用心陪伴孩子,了解他们的喜好和需要,让他们知道还有很多事物比手机更有趣,不要让手机或者其他数码产品成为孩子的"保姆"。

在孩子养育过程中,物质生活并不是重点,真正需要关注的是亲子关系。高中生处在生长发育的高峰期和正确价值观的形成时期,特别需要家长给予指导。家长们可以陪孩子去运动、亲近大自然,从而弱化他们对电子产品的依赖,不要让电子产品成为他们的主要娱乐方式,不要让手机成为不能陪伴孩子的补偿。不管是让他们看电视还是玩电脑、手机,家长都应该与孩子约定好时间。

(2)培养孩子的规则意识,学会自我管理

家庭教育不可没有规矩,当前提倡的柔性化家庭教育绝非是对孩子溺爱或放纵。在孩子使用数码产品的问题上,家长应与孩子"约法三章",这是一个不可多得的培养孩子规则意识的好机会。

卷四 研究篇

需要注意的是,家规不是单向的,而是双向的,它既要约束孩子,也要约束家长,否则孩子难以接受。在约法三章时,要明确使用数码产品的前提条件和使用时间,家长和孩子一起制定一个时间表,什么时间睡觉,什么时间学习,什么时间可以玩手机、平板电脑,控制好每天使用电子产品的时间,孩子一开始可能会不太接受,严格执行后他就会慢慢形成习惯,这就和制定其他规矩一样。

想让孩子正确使用电子产品,家长要以身作则,共同执行作息时间表。作为镜子的家长,应提高自律能力,当孩子正在做作业时,不宜在孩子旁边玩手机,更不可沉溺于网络世界,否则会令家规失效。而对于那些专门针对孩子的规则,家长要经常提醒和督促,培养孩子的规则意识,对孩子的违规行为不要武断地加以斥责,而应在弄清原因的基础上帮助孩子认清自己行为的不当之处,并指导孩子正确处理。

总之,约束孩子的艺术在于设法将成人的要求内化为孩子内在的需要,只有这种民主的约束方式才会收到更好的效果。

（3）用心陪伴,用爱引导

家长们往往认为高中生都是大孩子,不需要费心思教育了,而且孩子大多数正在经历青春叛逆期,亲子关系紧张,孩子什么都听不进去。这个阶段的孩子已经有了强烈的自我意识,他们把手机、电脑视作个人的私有物品,认为家长无权检查和干涉他们。在这种情况下,家长们就会出现两种极端的处理方式:一种就是用打骂等暴力手段逼迫孩子屈服,另一种则是索性放任不管。这都是不可取的,因为孩子是家庭的希望,处在青春叛逆期的孩子们同样需要家长的关心和爱护,而这种爱的表达方式值得我们去研究。

作为生活在数码时代的家长们,我们同样面临着网络世界的诸多诱惑,很多家长也会沉溺于网络游戏、短视频中无法自拔。因此,作为孩子的第一任教师,家长们必须认识到自己的行为对孩子潜移默化的影响力,学着提高自己的自律能力,和孩子共同抵御住网络的诱惑。这是一个和孩子共同成长的机会,同时也是教育孩子的绝佳时机,家长们切不可错过!

面对孩子沉迷游戏,家长们切不可表现过激,家长可以装作很好奇的样子陪着他玩一遍,然后发表自己的意见,引导孩子认识一下这个游戏是否适合他、会不会上瘾。此外,引导孩子转移兴趣点,带孩子多去接触自然、多运动,帮助孩子缓解学习的压力。孩子如果迷恋上了电脑,也别一味指责,可以慢慢地按照上面的步骤一点点消磨掉他的迷恋,指责是没有用的,引导才是治本的良药,陪伴才是对孩子表达爱的正确方式。

(4)高中生数码产品使用问题的解决思路

高中生在数码产品的使用问题上的确存在着诸多问题,这已经成为一个社会问题。

教育从社会发展中汲取营养,社会发展也需要教育的引导与支持。正因为这样一种互动关系,教育与社会相伴相生、互为促进,所以对于彼此存在的问题也必须谨慎对待,否则不仅对对方不利,对于己方负面影响也会显现,那么教育工作者应该如何正确地处理教育与社会的现实问题呢?

当今社会,建立在互联网基础上的资源共享,让青少年在网上可以按个人意愿阅读新闻信息、科技动态,从而认识世界、了解世界。上网越来越吸引青少年,也成为青少年寻求知识的主要手段。有关调查显示,当代青少年的观念,如学习观念、效率观念、全球意识等,都是由网络的信息化特征催生的,它使青少年不断接受新观念的挑战,接触新观念、新技术。对待网络问题,易疏不易堵,只有老师和家长辩证地看待网络问题,才能用科学的方法帮助孩子。

卷四 研究篇

全国优秀班主任、特级教师丁榕认为,研究学生的需要,满足学生的正当需要,是做好班主任工作的源泉。要真正解决学生迷恋网络游戏的问题也应该从这方面入手。沉迷于网络游戏,表面看症结在孩子自身和游戏上,其实仔细想来就能发现家庭教育和学校教育的缺陷。当孩子被游戏吸引时,家长和老师并没有尊重孩子,没有对孩子的心理进行分析,没有了解孩子的个性心理,也没有摸清孩子沉迷于网络游戏的根本原因,而是粗暴地断绝孩子与网络的关系,这样的做法看似一劳永逸,实则治标不治本。只有老师和家长从根本上改变自己的教育理念和教育技巧,才能真正解决孩子沉迷于网络的问题。

我们在指导高中生使用网络时,应将学习中一些需要解决的问题交给他们,让他们在网上找到解决问题的办法,鼓励孩子学习使用电脑和网络,不只是要他们学一门知识,更重要的是让他们永远保持好奇心,相信自己有能力借助电脑网络来解决一些问题。另外,班主任要和家长一起向孩子普及网络法律知识和有关规定,规范他们的上网行为,使他们养成道德自律的良好习惯。例如,组织学生学习《全国青少年网络文明公约》,普及法律知识和有关规定,用道德这种无形的约束力去规范他们的网上行为,使他们养成道德自律的习惯,自觉遵守网络法律或有关规定,文明上网,依法上网,做一个合格的上网者。

班主任作为学校教育的主要施行者,如果能够和学生就上网现象做一个交流,听听孩子的心声,了解一下孩子的个人观点,然后结合与家长交流的所得,也许就能形成这对这个问题的全面客观的认识,从而也有望得出更加有效的论断。

(5)指导家长制定家庭规则

家长的管束孩子不理睬,这样的情况我们常常归结为孩子没有规矩。所谓规矩,其实就是规则,合理地制定符合自己家庭教育现状的家庭规则,对培养孩子良好的生活习惯、学习习惯和情感习惯有一定的帮助,如果班主任能帮助家长立下规则、立好规则,那么家庭教育就会卓有成效。

我在教育实践中,多次帮助家长制定关于使用手机和玩游戏的家庭规则。在操作过程中务必要和家长提前商量好基本的条款和原则问题、底线,打好草稿,然后再根据具体情况决定是否需要老师在场最终商定条款、签订协议。我们一起来看一下我和学生小张妈妈一起制定的使用手机的家庭规则。首先规定:手机主要是通信工具和学习工具,不是纯粹的娱乐工具。我们还一起制定了使用规则,内容如下:

手机使用规则

a. 使用手机要以学习为主,娱乐为辅。

b. 每日完成作业,复习后使用最多半小时。

c. 尽量浏览观看一些有关青少年学习的网站。

d. 不把有关家庭的信息暴露给网上陌生人,尤其是不要放在社交媒体上,如微信。

e. 在网上遇到他人骚扰等麻烦事,立即与父母商量,如果父母不在家,就等父母回来以后再商量。

如果使用者违反上述规则,视情节轻重,处以减少或禁止使用手机的处罚。

执行了一个月之后,小张对手机的依赖渐渐减少了,但还是有不自觉的情况,比如到了半小时还磨磨蹭蹭不肯把手机交给家长,于是,我又帮助小张妈妈完善了手机使用规则。内容如下:

卷四 研究篇

手机使用规则

a.周一至周五,每日在家完成家庭作业并复习之后使用。只允许使用手机查找资料、查字典、背单词且必须征得父母同意。

b.每次用时 30~40 分钟。如果超时,累计超时时间从周末的使用手机娱乐、游戏时间中扣除。

c.周六晚至周日上午,白天可以用手机来听音乐、看电影、玩网络游戏,各一次,每次时间为 20 分钟左右。

d.手机的学习功能和听音乐、看电影、玩网络游戏等娱乐功能不能混用。违反一次,取消本周手机娱乐时间。

另外,我们还制定了使用手机的奖惩条件。内容如下:

使用手机的奖惩条件

a.当日表现好的时候记 1 分,累积 5 分时可以得到奖励,奖励内容由家长和孩子共同商定。表现好的内容如下:

(a)能严格执行手机学习功能和娱乐功能使用要求,不混用。

(b)上课专心听讲,课后认真及时完成作业并复习。

(c)能严格遵守作息时间,自觉做好日常生活中的小事,比如能整理自己的床铺,能按时吃饭,能自我管理时间,能自觉承担力所能及的家务劳动。

b.当日表现不好的时候扣 1 分,所有扣分从本周奖励分中扣除,累积分达 5 分时,则本周不允许使用手机的娱乐功能。表现不好的内容如下:

(a)违反电脑、手机使用规定,混用手机学习功能和娱乐功能。

（b）老师反映上课不专心听讲，作业错误太多，不虚心改正。

（c）没有特殊情况，超时使用手机；不能遵守作息时间，胡乱发脾气。

（d）不经同意，私自下载网络游戏等。

特别值得一提的是，在规则中还列有"手机使用的监督说明"一项，其内容如下：

手机使用的监督说明

a. 请孩子同时监督父母来共同遵守执行上述规定。

b. 在好习惯培养初期（以一个月为限），在使用手机的时候，需要父母陪同。父母可以和孩子共同学习，或者共同游戏，分享孩子的快乐，建立良好的亲子关系。

c. 孩子有义务教父母使用手机，父母不懂的应向孩子请教，不得唠叨说教。

又一个月以后，小张已经能够做到严格遵守规则，并且按照规则教父母使用手机，跟父母的关系比以前更融洽了。

总之，定下合理的规则，让孩子学会遵守，在孩子和家长共同严格执行的过程中培养孩子的责任心。规则意识有助于孩子合理使用手机及其他数码产品，其实制定家庭规则除了运用在数码产品使用上，还可以运用在其他方面，如作业、假期生活或者成员相处等，要让孩子知道享受自由首先要接受规矩。

在中央电视台《超级育儿师》节目第一季、第二季担任嘉宾的兰海，她有几条制定家庭规则的原则，我们一起来看看：

第一，建立家庭规则需要从全家人的角度考虑，而不仅仅是针对孩子。规则实际上代表了一个家庭的核心文化。所以，重新建

卷四　研究篇

立家庭规则是改变家庭环境的基础,只有每个家庭成员都用同一个规则来要求自己、约束自己,才有可能帮助孩子改变自己的行为,得到更好的发展。

第二,谨慎制定。规则一定是基于家庭情况全面思考的基础上建立的,父母在制定家庭规则时需要全面思考,不能冲动,不能偶然看见一个行为,就不假思考地把它框定在家庭规则的范畴内。

第三,更多的激发,更少的限制。需要注意的是,尽管有规则,但是更建议父母常说"你可以这么做",而不是"这个不能做、那个不能做",多肯定,少指责。规则其实限制的是孩子的行为,而不是思想。

第四,规则最多不能超过5条。超过5条的家庭规则不容易生效,还会让孩子感受到太多的约束和要求,并且容易混淆和忘记。

第五,规则在短期内不能变化。一些父母看到孩子行为有变化就开始增加或者改变家庭规则。孩子行为的改变需要一个过程,而改变家庭规则会导致孩子没有把偶然的行为转变为一种习惯的时候,就要去适应另外一种要求,这对孩子来说是困难的。

制定家庭规则除了以上几点要素,还需要注意用具体的事件来举例。有些家庭规则只能用抽象的文字表达,比如尊重、关心,但是需要具体的事例来帮助孩子理解抽象表达背后的具体含义,所以在制定规则时,需要说明什么是尊重的表现,什么是关心的行为。比如,别人说话不能插话,是对别人的尊重,问候辛苦的妈妈是一种关心的行为。

家庭规则的制定是千变万化的,但原则是不变的。制定出合理的家庭规则,才能帮助孩子更好地成长。

（三）高中生亲师合育的现实意义

学校教育、家庭教育各有自身特点，并在青少年成长过程中发挥着不同的作用，但是必须协调配合才能形成教育合力，才能发挥这两方面在孤立状态时所不能发挥的整体功能，进而提高教育的有效性。

教育部《关于进一步加强中小学班主任工作的意见》明确指出："班主任是学校教育第一线的骨干力量，是学校教育工作最基层的组织者和协调者……班主任不仅应该努力协调好各科任课教师做好班级的管理建设工作，学生的教育和引导工作，还应该成为沟通学校、家庭、社会的纽带，及时了解学生在家庭和社区的表现，引导家长和社区配合学校共同做好学生的教育工作。"传统意义上的班主任倾向于把自己的班级看作是一个单元，管理班级是一个人包干。自己一个人包干管理还只限于学生在校上学的时候，而现在情况却大不相同。首先，班主任是班级各种力量的协调者，是连接任课老师和学生、学校与家庭的重要纽带，班主任应主动联合学生家长共同商讨班集体建设的对策，以便形成教育合力，最大限度地发挥教育系统的整体功效，统一协调，让学校教育和家庭教育共同发挥作用。

1. 有利于教育思想的统一

教育思想是进行教育活动的指导思想，其核心是培养什么人的问题。学校教育、家庭教育和社会教育，都有一个以什么教育思想为指导的问题。如果三种教育的教育思想能够协调，就能形成统一的教育思想，从而相互促进，提高教育效果。如果不能统一，教育效果有可能会相互抵消。从家庭角度上来看，由于各个家庭的情况各不相同，家长的综合素质存在差异，各自的教育理念和教育方式也千差万别,因此学校教育、家庭教育的协调,对于实现教育思想的统一,既十分必要又十分重要。

2. 有利于两方面教育优势互补

学校教育、家庭教育不但在时空上有差别,而且在教育内容、教育方法和教育效果方面也各有特点。家庭教育是建立在血缘关系基础上的,子女对父母的这种情感因素会强化取得的教育效果,但是家庭教育也存在不同时期教育内容的偶然性,教育效果的系统性还受到家长素质影响的问题。学校教育具有执行教育方针政策的严肃性,实现培养目标的同一性,实施教育的系统性,施教者基本素质保证性和教育过程的规范性,这些为学生系统掌握知识,并在掌握知识的过程中,不断改进学习方法,不断提高思想品德,提供了良好的条件。

但是学校教育存在着教育内容的相对滞后,对教育对象难以形成实际性的因材施教问题。学校教育和家庭教育不仅过程都在教育有机整体,而且还形成青少年学生活动的整体环境,这两个方面的教育以不同的存在形式占据了青少年学生的全部生活,他们的作用是否能够协调配合关系到学生健康成长,这两种教育一旦形成教育合力就能取得最佳效果,否则各方面目标不同,互不联系,势必分散着教育力量,影响各自优势的发展,甚至出现相互抵消的情况。

由此可见,加强学校教育,家庭教育的协调,有利于教育合力的形成,其中尤其要注意发挥学校教育主导作用,通过学校教育主导作用的发挥,帮助家长明确教育子女的指导思想,使家庭教育同学校教育能够统一到国家的教育方针上来,提高家长教育子女的艺术和水平,二者间密切配合,形成家庭教育学校教育的教育合力,从而产生好的教育效果,在教育合力形成过程中,学校教育起着重要作用,而班主任则起着关键作用,教育理论的整合是班主任工作的内容,指导好家庭教育也是班主任做好工作的基础和前提。

三、我的亲师合育行动方略

(一)学生主体论——亲师合育的基点

1. 高中学生身心发展特征

高中阶段正处于人生从"动荡不安"走向成熟稳重的时期,是人生的第二次生长高峰,是人一生中身心发展最迅速、最旺盛、最关键的时期。了解高中生身心发展的特点和规律,将使我们的教育实践工作更有针对性和科学性,也将更有助于帮助高中生在德智体美劳等方面全面发展,使之成为高素质的有用人才。

(1)生理上趋于成熟

这一时期的学生处于少年期发育的后期,身体已趋成熟,进入缓慢增长阶段,各项形态指标先后呈现年增长速度减慢的趋势。其身体发育基本接近成人水平,由于性激素对脑垂体的抑制作用升高,体重增长速度减慢,骨骼已全部骨化,肌肉力量明显增长,神经系统发育,特别是脑皮层的结构、机能的发育已基本完成。性机能发育已基本完成,进一步意识到两性关系的问题。综上所述,高中学生到 18 岁时身体发育已经接近成人的水平,这一切都为高中学生进行较为繁重的学习工作和劳动提供了自然基础。不过,这一年龄段的学生还处于长身体的阶段,所以仍要关心他们的健康,督促他们加强体育锻炼。

(2)心理上逐渐断乳

个体在心理发展过程中存在着阶段性、不平衡性、连续性等特点。美国心理学家霍林沃斯把高中生的心理发育时期称为心理上的断乳期。在这个时期,孩子开始撕裂与父母在心理上的联系,正是这种急于独立的思想,使他们陷入矛盾的冲突之中,一方面自己急于自主、独立,总觉得对父母的依从是一种压力和束缚,因此常有反抗的表现;另一方面有很大的依从性,无论在经济上还是在精神上或情绪上都不能摆脱对父母的依赖,当遇到困难时,又非常期待父母的帮助和安慰。双重矛盾在高中生中是十分普遍的现象,作为独生子女,他们的心理断乳期将会比较长,由于学习环境、教育要求以及青春期生理的变化,高中生不再像初中生那样情绪激动,情感体验已趋于丰富,深刻细腻,有时甚至会出现与外表不一致的现象。其情感表现含蓄内敛,如明明喜欢与某些同学相处时,表面上却显示冷漠。高中生情感内容的社会形式与日俱增,形成了许多具有明确道德意识的社会性情感,如集体荣誉感、社会责任感、民族自豪感等。高中生不仅能够根据外在的情感,表现识别他人的情感状态,而且还懂得透过他们的情绪,识别他人真正的情况。多数高中生能较好地控制自己的情感,但也有少数学生会因暂时的挫折而垂头丧气,因一时激动而不能自已。

高中生的意志品质有了较好的发展,能够做到为实现自己的理想而进行艰苦的磨炼,表现出了意志的坚强性。他们意志行为的自制能力也有显著提高,注重自我教育,却在抵抗诱惑的能力方面尚有欠缺。高中生意志的独立性还不够稳定,有时也会盲目固执任性,会简单模仿,还会见异思迁,高中阶段随着个体的发展,逐渐成熟,自我意识水平渐渐提高,高中学生理想中的自我形象逐渐确立,他们具有很强的自信心和自尊心,热衷于显示自己的力量和才能,无论是在个人生活的安排上,还是对人生与社会的看法,都有了自己的见解和主张,他们已经不再满足于父母老师的讲解或书本上的现成结论,对同学的意见不盲从,如果说生理上的断乳是个体被动离开父母,那么心理上的断乳,则是个体主动离开父母。

2. 当代高中生的新变化

随着心理发展的日渐成熟,高中生的思想也越来越成熟。数字化时代背景下,高中生的思想也受到冲击。基于以上内部和外部环境的影响,高中生呈现出与以往各个时期的高中生明显不同的特点。

(1)紧跟时代,崇尚自我

高中生在集体生活中有强烈的参与率和自我表现欲,在人际关系中也注重突出自立、自主、自理等,他们渴望得到信任与尊重,也愿意尝试公平竞争,接受社会和市场的挑战与考验,他们不断增强自己的法治意识,必要时能够学着用法律捍卫自己的权利,他们崇尚时尚,张扬个性,即使千篇一律的校服,也被他们设计出个性化的标志。当代高中生紧跟潮流,努力让自己站在时代的最前沿,以至于常常让人觉得难以接受。

(2)开放与包容

随着改革开放不断深入,当代高中生思想的开放意识也日益增强,他们渴望了解世界各地的风俗文化,愿意接纳媒体传播的各种信息,并表达自己对时事人物的看法,同时也虚心接受不同的观点主张。"两耳不闻窗外事,一心只读圣贤书"不再是他们的追求,教师不再是独一无二的知识传授者,课堂也不再是唯一的学习场所,他们通过各种渠道了解并学习各个领域的最新知识。如今进入人工智能时代,高中生的网络生活逐渐成为常态。

(3)价值观趋于务实化、功利化。

当代高中生在择业方面有务实化、功利化的表现。其实当代高中生思想的主流是好的,但其思想发展存在着明显的不协调性和不平衡性,他们虽然有明确的是非标准,行为表现却是另一套;他们有较高的知识水平,但实践起来效果很差;他们勇于竞争,却缺乏面对挫折与失败的勇气……他们的这些行为表明了他们仍然具有重塑性,这为教育工作者提供了向学生进行正确人生观、价值观教育的良好契机。

(二)亲师合育的方式

国务院办公厅印发的《关于新时代推进普通高中育人方式改革的指导意见》,专门对普通高中教育改革发展做出重大部署,这不仅为近一个时期我国普通高中教育指明了发展方向,而且也给我们教育工作者们提出了新的要求。而教育的成果不仅仅取决于学校和老师,由于家庭是学生的第一课堂,因此,家校间的协同育人就变得尤为重要。那么,学校教育需要用哪些方式达到亲师合育的目的呢? 笔者认为,主要有以下三种方式。

1. 定期家访——亲自了解家庭环境

访问学生的家庭是班主任对待学生家长个别工作的重要形式,对指导家庭教育具有重要的意义。家访的目的不是向家长告状,或是由于自己的教育无力而把责任推给家长,而是为了和家长真诚地交换意见,调动家长教育子女的积极性,取得家长的协助,统一步调,共同把学生教育好。因此,我们在交往前要对被家访的学生有比较深入的了解,包括各科的学习心理和生活情况等,不至于在家访当中手足无措,使家长产生教师对自己的孩子关心太少,交往只是形式而已的想法。家访时,教师应力求语言朴实诚恳,开始可围绕一些家长感兴趣的话题聊几句,引导家长积极主动参与,或者肯定学生的优点和长处,力求达到与家长产生共鸣,取得家长信任,然后再逐步引入正题,向家长了解学生的情况。此外,不要接受家长馈赠的任何礼物。

（1）与家长沟通的技巧

放大优点，淡化缺点。一般的家访大多是由于学生成绩太差，或出现一些思想问题，班主任登门或通过其他途径向家长通报这些情况，要求家长予以协助，因此班主任优先讲学生的优点，再提缺点。同时，还要分析学生能够克服缺点的有利因素，要求家长对学生教育不要简单粗暴，不要损害学生自尊心，不要使家长丧失信心和希望，最后提出帮助和教育学生的建议和措施。

涵养性家庭。此类家庭的家长，由于本身就有比较高的需要，教育子女的方法比较得当，因此在交谈时可以将学生的表现如实向家长反映。教师应主动提出教育的措施，认真倾听他们的意见，充分肯定和采纳他们的合理化建议，并适时提出自己的看法，和学生家长一起同心协力，共同做好学生的教育工作。

溺爱型家庭。这类家庭的家长，对孩子的任何要求都予以满足，可以说是百依百顺，而且对自己子女的缺点错误往往会隐瞒包庇，而且对孩子与其他学生发生矛盾时，往往偏听偏信孩子一面之词。这类家长的思想工作是比较难做的，因而在交谈时更应先肯定学生的长处，对学生的良好表现予以真挚的赞赏和表扬，然后再实事求是，不仅要充分尊重学生家长的感情，肯定家长爱护子女的正确性，使对方在心理上能够接纳班主任意见，同时要用恳切的语言指出溺爱对孩子成长的危害，耐心热情地帮助和说服家长采取正确的方式来教育子女。

放任型家庭。此类家长或借口文化程度不高、管不了，或借口工作太忙，无暇照管或夫妻离异不好管，从而对学生不抱希望，班主任在家访时要多报喜，少报忧。教师应让学生家长认识到孩子的发展前途，激发学生家长对孩子的关心与期望心理，吸引他们主动参与对孩子的教育活动,同时还要委婉地向家长指出放任不管对孩子的影响,使家长明白,孩子生长在一个缺乏爱心的家庭中是很痛苦的,从而增强家长对子女的关心程度,加深家长与子女之间的感情,为学生的发展创造一个更合适的环境。

粗暴型家庭。这类学生的家长在教育孩子的方法上严字当头,凡事都由家长说了算,孩子稍有差错,往往是轻者训斥,重则动手使粗,因为家长在教育方法上过头,使孩子产生了对立情绪,孩子同家长的关系一般是很紧张的。这样的学生在学校的表现一般是非常遵守纪律,胆子很小,学习上不敢发表自己的意见,灵活性较差,缺乏创新精神。在家访的时候,教师要注意方式方法,在家长介绍情况的时候要认真听取,不能简单地加以反对,要充分肯定家长的愿望是好的,只有这样才能取得家长信任。在取得信任的基础之上,可以向家长介绍一些科学的教育孩子的方法,同时也可以讲述一些由于家长操之过急,方法不当而适得其反的家庭教育事例。总之,对这类家庭的家访,目的在于通过班主任工作改变家长对孩子的教育方法,从而使家长更好地配合学校的工作。

(2)善后督导,巩固成效

家访后要及时对学生加以督导,不失时机地对学生进行深化教育,这是家访中一个至关重要的环节。但多数班主任家访后对学生不闻不问,认为家访回来就意味着完成了一项任务,其实家访不一定会引起学生心理的变化,学生心理正在进行着"积极思想"与"消极因素"的对抗,正急需外部动力的辅助,以达到思想进化和改良。为了巩固家访效果,可以采用学生监督和老师疏导相结合的方式,辅以榜样示范正面激励等措施手段,对学生的行为给予公正的评价,定时采取谈心的形式,了解学生思想动态,防止学生错误行为的反弹。

总之,家访工作是班主任工作的一个重要方面,是学校教育在外的延续。要使家访取得良好的效果,必须根据学生家长不同的心理特点,分层次进行,以情感心、以理服人,创造一种和谐的气氛,使家长在聊天中转变教育观念,理解老师的苦心,领悟到教育自己孩子的方法。班主任只要做到细致、周密的工作,勇于探索尝试,定能取得明显的效果。

2. 创新家长会形式——融洽亲子关系

家长会作为一种被大众广泛认可的亲师合育方式,是加强家庭教育指导的重要途径。它将社会、学校、家庭三方建立联系,形成教育合力,从而促进学生的发展。在丰富家校沟通渠道、指导家庭教育服务内容方面,家长会同样发挥着不可替代的作用。当前,我国全面进入建设社会主义新征程,社会生活的方方面面都面临着新变化,那么,家长会是否也要变革? 怎么变呢?

(1)新时代孕育新家庭

改革开放四十余年的建设,使我国社会经济飞速发展,人民生活水平不断提高。义务教育的普及和高中大学教育的快速发展,使家长受教育的程度越来越高。现在教师的学历,在部分家长面前已毫无优势可言。文化水平普遍较高的"80后"父母更加尊重孩子,对孩子的学习更加重视。他们用民主积极的方式教育孩子,而不是单纯的溺爱或严厉管束。现在独生子女家庭占大多数,为了孩子的健康成长,家长们自然是尽心竭力地付出一切,并期望教师帮助培养孩子的自信心,还要经常与家长沟通,及时解决孩子出现的问题。随着生活水平的提高,家庭学习条件日益优越,家庭学习与学校学习间的对比关系不断改变,家长们对学校提供更高质量的教育的诉求更加迫切。然而,一提到家长会,家长和学生不禁联想到这样的场景:教师说、家长听,然后学生烦。害怕老师告状的学生们往往在得知召开家长会的消息时就开始紧张、焦虑,坐立不安。

(2)新要求催生新变革

当今社会条件下,如果我们还守住传统的家长会方式不放,与家长保持单向传统合作方式——时间固化,内容单一,以成绩为主导,形式呆板,家长无参与感,缺少互动和反馈,没有后续跟进。这样的家长会方式势必不适合新时代的要求,背离了召开家长会的初心,最终发挥不出家长会的真正作用。在大数据、智能化的今天,固定化、程式化的家长会,不仅耗费了老师的精力,而且耽误了家长的时间,还引起学生精神紧张,往往事倍功半。因此,我们要在深入了解学生和家长新情况的基础上,不断探索、创新家长会方式,真正获得家长会召开的价值,让家长会开得有意义,从而更好地落实家校协同育人。

(3)新思想探索新方式

作为冲在最前线、每天接触学生最多的班主任来说,要不断更新教育理念,用创新思维指导工作。这就要求我们必须打破"思维定式",探索新的家长会方式。但是,仅凭班主任单方面的力量是不够的,必须让家校命运共同体密切合作,共同探索,大胆创新,寻找适合的新方式,实现立德树人的根本目标。我在带班过程中通过实践,尝试着为家长和学校搭建了有创意的新型交流平台。

①科普型家长会——更新理念

如何科学育儿是每位"80后"父母的迫切要求。因此,我充分利用我班、我校家长委员会,邀请有关学者和专家主讲,针对学生各阶段身心发展特点和家长们比较关心的家庭教育方式、学生情感道德等问题,通过大量的实例,用科学知识引导家长正确对待孩子成长中出现的问题,在理论和实践上给家长以正确的指导,引起家长们的共鸣。

高三上学期为了鼓舞学生的斗志、体会国家强大带来的重大变化，我们聘请了教育科学院的徐教授宣讲了国际国内形势；为了让学生明确成人礼之后身上担当着更重的责任，我们聘请了在公安局工作的赵警官讲述了失足少年的故事……

②论坛型家长会——互相学习

家长的素质普遍提高，其中不乏对家庭教育有着成功经验和心得体会的人，把他们请到教室里，形成家长间面对面的交流，不但能为老师与家长的互动打下基础，而且还能让其他的学生家长学到良好的教养经验。之后，家长和班主任就教育中的共性问题进行探讨，或做个案分析，或交流经验，最后达成共识。这种论坛还不受地域的限制，可以充分利用网络平台，在微信群、钉钉群等社交媒体上实现家长与教师互动，共同交流教育经验、探讨疑惑、解决问题。

"让我的高三娃吃好"的话题引起妈妈们的热议，提出既要营养均衡又要操作简单，通过讨论和共享，大家收获了"孩子最喜欢的十道菜肴"。妈妈们纷纷表示，这样的方式让他们开阔了眼界，学到了知识，减轻了焦虑，收获了幸福。

③沙龙式家长会——倾听建议

家校共同体形成的最根本原因是共同教育学生或孩子。家长会上，班主任和科任教师在向家长介绍孩子在校的现状及科学育人的方法时，要让家长对学校的发展远景和教学目标有所了解。同时，每次家长会都应设立征求合理化建议的环节，倾听家长的呼声，恳请家长评价老师、评价学校，让家长不知不觉地也加入班级建设和学校建设中来，为班级和学校的建设献计献策。

每学期开学、期中和期末考试后等重大时间节点，我都会举办这类沙龙活动,引起家长热议的有"新高考形势下,您怎样指导孩子选择等级考试科目？学校对学生所做的选科指导,您有什么建议？"家长们面对这种新问题了解的程度深浅不一,通过沙龙进行探讨,提出了十多条合理化建议,实现了家庭和学校对"3+3"选科模式的共同探索。

④亲子型家长会——收获感动

这是孩子和家长共同参与的家长会,从设计独具特色的邀请函,到布置温馨舒适的教室、涂画独具匠心的黑板报;从恭敬的门口欢迎到邀请家长入座、喝水;孩子们可以拉着家长,向他们介绍本班的同学、展示班级活动的照片、讲述本班近期发生的趣事,也可以让家长欣赏孩子优秀的作品等,使家长自从踏入校门,便进入了具有浓厚亲情的氛围中,不仅受到感染、感受孩子们的成长,最终还收获感动。这种形式的家长会主要以学生为主角,既锻炼了孩子们的展示能力,又融洽了亲子关系,使家校命运共同体发挥着巨大的凝聚力,促进孩子们的健康成长。

母亲节期间,我们举办了以"妈妈我爱你"为主题的家长会。每个孩子牵着妈妈的手,完成了所有的活动环节,妈妈们几度落泪,场面十分感人。会后,妈妈们纷纷发来感谢的话语,表示自己从没有发现孩子这么优秀,和孩子之间的关系从未这么融洽过！这样的家长会无疑是亲子关系最有效的润滑剂。

⑤颁奖型家长会——激励成长

孩子们为自己的家长设计奖项、构思颁奖词、制作奖状。每位家长都会收到自己孩子肯定自己的奖状,如"最佳陪伴奖""最佳膳食奖"等,家长们面对小小的奖状热泪盈眶,家长会因无声的颁奖而充满欢声笑语。

同时,让家长给孩子颁奖。"最乐于助人奖""最热爱班集体奖"等各类奖项由家长颁发给孩子,这样的奖状更加珍贵,散发着浓浓的亲情。

全班每个学生和他们的家长都有携手走"星光大道"、上台领奖、发言的机会。这样的家长会不仅激发了孩子和家长的热情,也让每一个孩子都能很好地定位自己,让家长看到自己孩子的闪光点。

总之,家长会是沟通家校的一座桥梁,是展现班级成果的最佳舞台,是开展教育的前沿阵地,更是良好的教育契机。成功的家长会能够使家校命运共同体的各方受益,同时完美地实现我们共同的目标。

3. 信息时代的家校合育——发挥网络优势

随着信息技术的发展和普及,网络和手机已经成为我们日常生活中必不可少的交流媒介。于是,家校合育的阵地就扩展到了互联网上。

与之前的微信群不同的是,利用功能强大的钉钉、腾讯会议等新媒介召开网络班会、线上家长会等新的家校在线交流方式应运而生。网络上大量的视听资源,不受地域、人数的限制,进一步丰富了亲师合育的形式,使亲师联系更加紧密。因此,作为新时代的班主任必须紧跟时代步伐,不断探索亲师合育的新方法,提高亲师合育的效果。

新课改理念下,"互联网+"时代的到来,学校、教师、家长、子女之间不再是单独或者两两单线关系,而应当是在围绕孩子这一教育主体之间所进行的合作共赢关系。家长应主动承担起思想、德育、自主等方面的主体职责,而教师应当承担传授知识和先进学习方法等主体职责,从而形成以孩子为中心的多元合作成长共同体。我们应当在这一共同体中,明确各自的责任与任务,围绕孩子这一主体,展开民主、自由、开放的合作交流和公平、科学等全方位、立体式的氛围营造,确保孩子能够真正学会自主独立,努力进取,形成能力素养的提升。

寒暑假生活是青少年放松长期处于紧张状态的神经,为新学期的到来储藏体力和精力的必要休整期,班主任要指导家长帮助孩子做好假期生活的合理规划。一方面防止饮食无度、过度放松而产生的懈怠;另一方面要防止过重的课业负担。孩子们的寒暑假变得轻松快乐了,但在后续的教育过程中,必须要有跟踪了解并做相应的指导,使得亲师合作不断延续,从而加深对学生的教育影响,那么在悠长的假期中,亲师合作该如何开展呢? 下面是笔者的一则工作案例,也许会提供一些参考。

微信朋友圈——假期奋斗的加油站

又是一年十一小长假,面对日益紧张的高三生活,怎样让孩子的假期充实而有意义呢? 这是一个经久不衰的话题,也是一个常说常新的话题。有的孩子无人管束,睡觉、看电视、玩游戏、刷视频,奏响了假期主旋律;有的家长专制霸道,真题、模拟题像大山一样压得孩子喘不过气,想到这儿我就感到十分忧心。我知道,假期是学生通过实践活动促进知识的吸收,从而提升能力、增长智慧的好机会。尤其是高三的每一次假期对于缓解孩子们的压力、巩固知识体系发挥着至关重要的作用。自从我校对假期作业进行改革之后,更促使我努力做好此项工作。于是,我特意在网上查找励志的语言素材和相关内容的图。在十一假期的每个清晨为家长和孩子们送去我的"国庆假期语录",得到了孩子和家长们的一致点赞。家长们反应,孩子的假期每天都会早早地起床看老师发送的励志语录,伴着铿锵有力的话语开始充实的一天。寒假前,我在1月初的家长会上,特意开展了一次"高三寒假怎么过"的讨论会,收到了满意的效果,我用一个个生动的教育案例,引导家长了解高三学生,的心理特点,让他们感受到多彩的活动能够促进学生能力的提高,通过充分的讨论,家长们达成了共识,寒假绝对不能撒手不管,让孩子虚度假期,但也不能事事包办,强行安排假期生活。应尊重孩子做好规划,劳逸结合,真正让孩子过一个有意义、充实的寒假,为来年的高考加满油!

事后,我把家长的发言与学校对学生的假期要求整理成了"寒假寄语",在假期伊始发给学生,并通过微信家长群发给了所有家长。同时,群发了制定假期计划的要求和注意事项,提醒家长如果遇到困难可随时与我联系。接下来的假期中,为了更好地指导家长做好孩子假期生活的引导教育,我拟订了许多充满了力量的话语作为假期小贴士,每天为学生们加油鼓劲。这些温馨的话语,有效地提醒了家长对孩子的关注。他们不时将孩子的假期生活反馈给我,我也根据每个孩子的实际情况给予了中肯的建议。在亲师合育过程中,孩子们度过了一个充实的寒假,不仅学习成绩进步了,而且身心得到了锻炼和休息。新学期报到时,当我看到孩子们脸上洋溢着自信的笑容时,倍感欣慰。

微信等社交媒体的广泛应用,让学校和家庭实现了快捷、实时的沟通,在班主任家长之间架起了一座信息桥梁,为亲师合育提供了保障。老师,尤其是班主任,可以利用微信家长群,指导家长在假期中教育好孩子,使得家庭教育与学校教育保持一致,填补了假期中亲师合育的空白。那么微信群在亲师合育过程中有哪些优势和作用呢?

第一，信息互通，方便家长。班主任可以利用微信群，及时发布学校班级的各类通知和信息，如放假时间安排，放学时间变动，开家长会的要求等，特别是每天的家庭作业，即使孩子遗忘或丢失，家长也能通过微信了解相关内容，并及时配合学校做好相关工作，督促孩子认真完成各项任务。

第二，温馨提示，加油鼓劲。孩子的安全是学校、家长共同关注的头等大事，时刻牵动大家的心。针对不同情况，班主任可以选择相应的安全信息发给家长，让家长关注，请家长放心。比如季节交替，可提前请家长注意疾病预防；天气突变，请家长为孩子及时增添衣物，注意保暖，防止感冒；早晨上学，孩子到校后，告知家长孩子已经安全到校；放学时，提醒家长注意交通安全等。每天的温馨提示让家长感受到班主任对孩子的关爱，拉近了家长和班主任之间的距离，为亲师合育奠定情感基础。

每逢节假日，尤其是针对高三学生，班主任可以发送励志名言、祝福短信等，鼓励学生不断攀登。这些看似平常的祝福语传递的是班主任对孩子家长无微不至的关怀，是一种心与心的交流，家长也会给老师发送温馨的祝福，如此一来，学校与家庭，班主任与家长，班主任与学生的关系会更加和谐，这为今后的教育工作顺利开展提供了有利条件。

第三，反馈及时，教导有方。孩子在学校的各方面表现如学习成绩、学习兴趣、课堂表现、人际关系等，都是家长非常关心的问题。班主任对孩子在校信息可以说是了如指掌，将孩子的在校情况及时发送给家长，可让家长快捷全面地了解孩子的动态，班主任应有效利用这一平台与家长形成教育合力。

第四，校园动态，及时了解。家长不仅关心孩子的成长，也很关心孩子学习生活的学校环境，因此更加关注学校的发展。班主任及时将学校动态发布给家长,家长就能及时了解学校班级的状况,放心地将孩子送到学校学习生活,这样既宣传了学校又增加了家长对学校的信任,家长自然会积极配合班主任做好教育工作。

小小的一条微信,如果能够恰当利用,在亲师合育中会起到意想不到的作用,但是在使用过程中应注意以下问题:

一是用心收集素材,避免错漏字。班主任要在日常教育学中用心收集与学生、班级、学校等相关的第一手资料,及时整理后备用。老师要选择恰当的时机和对象,编辑整理有效信息发送给家长,对于家长咨询的家庭教育问题,回复应及时而有针对性,并注意语言简明扼要。发送信息之前必须仔细检查,避免出现错漏字、病句,以免引起家长们理解上的错误,产生误会。

二是通报及时,注意时机。班主任要将孩子的品德、学习、健康、安全、心理等方面的情况及时告知家长,对孩子临时出现的特殊情况,更要及时传达给家长。一定要避免将孩子的表现毫无保留地群发给全班家长,这会让孩子焦虑,也会打击家长的自尊心。同时注意发布的时间,应避免打扰家长休息。另外,微信内容应简明扼要,尽力传达有效信息,反之可能会被家长视为垃圾信息。

三是鼓励家长适时与自己互动。微信的内容丰富,班主任应指导家长将这些内容恰当地融入各自的家庭教育中。同时,鼓励家长与自己适时互动,将教育成效或疑问通过微信及时进行反馈,这样便于班主任对家庭教育的指导以及对孩子各方面状态的了解。

4.家长委员会——班主任教育理念的"铁杆粉丝团"

班主任可根据班级学生家长的综合情况,有针对性地选择不同类型的家长代表组成家长委员会,成员一般5~7人为宜,成员除具有代表性外还应热心,并在自己经营教育中有成功的经验,并有一定的组织能力和活动能力。定期听取班级工作情况介绍,了解班级管理目标实施状况,并对班级工作提出建设性意见。家长委员会如何发挥"铁杆粉丝团"的作用呢?

(1)协助班主任对全班学生家庭教育状况进行调研

收集整理家庭教育经验,对家庭教育指导工作提出意见,对贫困学生的情况保密,鼓励他们配合家委会实施各项教育活动,并给予物力财力的帮助,评优和考核时突出学生表现,向上级家长教育机构推荐优秀家长和教育经验。

(2)定期召开班级家长会议

一般每学期举行1~2次班级家长会议,主要任务是向全体家长通报班级工作情况、当前班级中亟须解决的问题、下一阶段主要工作的内容、进行家庭和学校教育中的专题问题研究、进行家庭教育经验交流、通报本班家长委员会的工作情况。

班级家长会的形式是多样的,如进行专题谈话、讲座,进行研究和讨论和由班主任进行汇报,也可由班委干部或家长做主汇报。

(三)亲师合育问题与对策

1. 沟通问题

亲师合育的过程中,最容易出现的就是沟通问题,所以班主任与家长沟通时应注意以下几点:

(1)尊重学生家长

班主任对优秀生和待优生的家长都应一样看待,都应尊重他们。特别是对一些成绩或行为表现不理想的学生,要克服埋怨的情绪,不要伤害家长的感情,不要使用推卸责任的讽刺挖苦的语言,要真正使家长感受到:教师没有歧视他们的孩子,而是在尽职尽责尽心地帮助他们教育好孩子。

（2）不要在家长面前否定他的孩子

家长都有望子成龙、望女成凤的思想,在他们的心里自己的孩子永远都是优秀的。班主任在家长面前否定他的孩子,会严重地挫伤家长的自尊心。在亲师合育中,班主任应该树立每个学生都有优点、每个孩子都能成才的教育理念,正确认识学生的可塑性,认真分析学生的优缺点,对学生有一个全面的、发展的认识。

（3）要讲究语言艺术

俗话说:"一句话说得让你笑起来,一句话说得让你跳起来。"由此可见与人交流时语言艺术的重要性。班主任在与家长沟通时应讲究语言艺术,拉近与家长的距离,让家长乐于和班主任交流,乐于接受班主任的建议,乐意和班主任一起共同努力教育好学生。

（4）要善于用心倾听

很多班主任在和家长交谈时说得多、听得少,有时只顾自己发泄一番,甚至不顾家长感受。这样,家长原来想说的话没法说,憋了一肚子气,回去只能拿孩子撒气。因此,建议班主任不妨换个角度,做个耐心的听众,用心倾听家长对自己和孩子对自己、对学校教育的看法,一来可以从家长谈话中了解情况,更好地了解学生,二来可以拉近同家长的距离,赢得家长的信赖和配合。

2. 期望值不一致问题

另一个亲师合育过程中最容易出现的问题,就是家长和老师的期望值与学生自身的目标差距过大,导致学生无所适从。

对于父母眼中的理想学生:一般标准,最简单地就是认真学习,不顶撞父母、听话,成绩跟得上就行,笔者认为这一要求已经非常低了,但是通过调查,笔者发现只有一半左右的学生家长认为自己的孩子能达到这样的要求。

对于老师眼中的理想学生:老师其实跟家长的要求差不多,无外乎就是不迟到,每天按时认真完成作业,积极参加班级活动,听老师的话,学习成绩跟得上,等等。

对于学生心中理想型的自己:高中生最终的目标主要就是在高考中金榜题名,考上自己理想的大学。但是高中学生尤其是高三学生,他们往往自视过高或者过低,对自己估计不足,认识不清:"眼高手低型"——努力程度不够,却接受不了自己分数低;"破罐破摔型"——对自己要求不高,考上什么算什么。这两种心态都是不可取的,那么家长和老师遇到学生出现以上情况,如何处理呢?

(1)"三多"和"三少"

多商量少命令。比如让孩子做作业可以提醒而不是命令,这样孩子就会感觉你很尊重他,愿意听你的话。

多引导少训斥。对于孩子的坏品行、坏习惯等,家长不要委婉,但也不可采用训斥的方式,而是要平等而又严肃地与他谈话,指出其危害性,要求其改正,并定出一些惩罚措施。

多交朋友少窥探"隐私"。家长应和孩子交朋友,平时多抽时间和孩子聊聊天,多了解孩子在学校的生活。这样,孩子感受到父母对自己尊重和信任,他们也会越来越信任父母,就会把父母当成倾诉对象。

注意,千万不要翻看孩子的书包,偷看孩子的日记,这是孩子最反感的。

(2)"好环境+好习惯"

营造一个安静的学习环境。安静的环境对孩子的学习很重要,家长应有意识地给孩子创造一个良好的学习环境,给孩子安排一个"学习角",使孩子可以在那儿安心学习。

家长应该培养和监督孩子的学习习惯。要求孩子学习的时候专心,不做任何与学习无关的事。完成课后作业后,提前预习第二天的课程,复习当天所学知识,补充和完善白天课上的笔记,归纳总结学习上的收获和遇到的问题。

(3)略知教材内容

对于大部分有一定能力的家长来说,孩子上高中了,应该对孩子所学教材的内容有一个大致了解,知道各科都要学习和掌握哪些知识。有了这些的基础,在孩子学习上才能有初步交流的可能。

如果有些家长觉得这样有困难,可以和老师沟通,大致了解学校课程的内容和进程,询问老师家长需要在哪些方面督促孩子。

(4)一起分析试卷

每次考试完后,老师会要求孩子分析试卷,也会在班上讲解试卷。虽然老师在班上讲了试卷,但是家长还有需要做的事。老师讲的是共性的东西,家长要做的是对孩子的个性问题进行分析,这样针对性强,孩子对自己各科的优势、劣势也更清楚了,更容易找到方向。

(5)与老师配合

家长不能当"甩手掌柜",平时需要加强和老师的联系,了解孩子在校表现。如果家长和老师联系少,很难及时把握孩子在校的情况和表现,教师也不了解孩子在家情况,不好配合。建议家长们采取主动态度,与老师经常联系。

一个人的成长过程中特别是高中阶段,主要接受家庭教育和学校教育,其中家庭教育是一切教育的基础,因此在学校教学过程中,如何切实有效地联合家长,实现有效的亲师合育极为重要。

3. 亲师合育缺乏全面性与针对性

对于亲师合育这一过程来说,存在着目标不明确的问题。笔者认为,班主任应设计好每次与家长沟通合作的方式和内容,若是只走形式,缺乏实际目标与方向,亲师合育的内容就会空泛,方式途径不适宜运用,从而得不到想要的结果。对于学生来说,最主要的成长学习场所莫过于家庭与学校,也只有将这两个场所有效联系,才能有助于提高教学的实际效果。因此,我们应当意识到两个生活场域的衔接和拓展问题,切莫过于注重成绩,局限于学校而忽略了家庭教育。

在以往传统的家庭与学校关系下,以学校和教师为主导,家长将教育孩子的重任放到了学校和教师身上,并没有意识到家庭教育的重要价值,形成片面缺失的单项主导家校关系。当然这其中也包含了学校教师的问题,具备了绝对权威的话语权,家长只能是被动接受。这本身就是一种双向关系的失衡。从学校教师的角度来说,其承担了像学生传授知识职责外的素养、心理、德育等多个方面的教育,无形中增加了工作量;从家庭家长的角度来说,由于将全部教育任务交给学校教师,逐渐与孩子拉开了距离成为旁观者,缺少交流互动,致使代沟、不和谐等问题的出现。单向主导家校关系最为严重的是对孩子话语权的剥夺,而话语权的缺失致使孩子的思想成长被漠视,这也正是家校矛盾的起源和激化的导火索。亲师合育的出现,很好地解决了这一问题,老师和家长共同倾听孩子的想法,针对问题共同商量解决办法,不仅能够全面地了解孩子,更重要的是拿出最优解决方案,让孩子在学校和家庭两个最主要的活动基地中得到科学、正确、一致的引导,最终实现"立德树人"的目标。

4."互联网+"条件下,亲师合育如何实施

亲师合育的核心问题在于学校功能,矛盾焦点在于资源转换,解决之道在于形成新体制、新机制和新方案。当下,互联网技术将现实世界与虚拟世界联通起来。如果说,工业时代学校体系分割了家庭与学校联系的话,那么互联网时代将为学校教育与家庭教

育融合发展创造前所未有的无限可能。构建家庭教育与学校教育的通道,实现体系现代化、资源数字化、传输网络化、功能一体化,是家校协同育人的关键之举。

传统学校的特点是学习方式的强制性、学习标准的权威性和资源的独立占有性,对于推进教育普及提升大众的科学文化素质发挥了重要作用。而现代信息社会特别是此次面对重大公共安全事件冲击时,世界各国获得的警示是必须从国家教育安全的长远利益出发,构建确保公共安全的新型教育体系和学校系统。现代化的未来学校应该具有物理空间和虚拟空间的双向界面,具备学校教育和家校共育的双重责任,可以便捷、顺畅地实现学校学习与家庭学习之间双向转换和双向互动,实现亲师合育。

构建家校命运共同体,实现家校双赢共同发展。家庭教育与学校教育命运共同体是一种全新的教育价值观,是基于共同理想、共同目标和共同利益所构建起来的互联、包容、可相互转换的现代公共教育服务体系,是实现家校协同育人、共同发展的教育实践合作体系。要以家校命运共同体的新视角,寻求未来家庭教育与学校教育的共同使命、共同责任、共同行动和共同价值的新内涵。

(1)目标同向是协同育人的根本基石

家长是家庭教育的责任主体,学校是学校教育的责任主体,两者之间在法律上具有平等性、差异性和共通性,在培养目标上具有高度的同向性和一致性。学校立德树人,家庭为国育才,培养社会主义事业的建设者和接班人,培养能够担当民族振兴大业的时代新人,是家庭教育、学校教育及社会教育的共同目标。

(2)施教同心是协同共育的精神内核

教育是一个有机、复杂、统一的社会生态系统,学校教育、家庭教育、社会教育共建共生,相互融合,才能不断发展并充满活力。

家长进学校,教师进家庭,家庭、学校、社会共同建构健全优质教育生态,同心育人。

（3）资源同聚是协同共育的必要条件

2018年9月10日,习近平总书记在全国教育大会上明确指出:"教育、妇联等部门要统筹协调社会资源支持服务家庭教育。"要克服传统学校教育存在的自我封闭格局,改变家校协同育人缺少制度保障、资源支持、技术支撑和机制联通的局面。从构建现代化大教育的视角出发,统筹协调一切社会资源,促进学校教育资源和社会教育资源面向家庭开放。充分发挥家委会的领导、组织和桥梁作用,共同形成家校协同育人的组织资源合力、治理资源合力和社会资源合力。

（4）成果共享是亲师合育的激励机制

实现家校协同人,必须要有家庭成员的共同参与、支持和努力,既要让家庭感受到孩子健康成长的希望,更要让家长感受到日日走近的未来。《关于深化教育教学改革全面提高义务教育质量的意见》明确提出:"加强社区家长学校、家庭教育指导服务站点建设,为家长提供公益性家庭教育指导服务。"公益性家庭教育指导服务的提出,体现了国家对于家庭教育的高度关注,即公共教育资源要服务于家庭教育。要让家庭和家长参与到学校教育教学改革的实践之中,感受成果,分享红利,激励家庭、学校、社会为协同育人出策出力,共同提升协同育人的质量、效率与收益。

未来的学校教育必须承担起教育学生和教育家长的双重责任。公办学校是国家教育的主体,是为青少年提供公共教育的最重要机构。儿童在学校的学业成果受家庭教育水平和品质的直接影响。缺少家庭教育,学校教育的质量难以提升;缺少家庭教育,学校教育的目标更难以达成。后工业社会,学校教育改革的最根本方向是对学校教育功能的调整与提升。单一、单向、封闭的学校教育时代已经过去。

(5)基于现代互联网技术,实现教育资源"双向转换"

现代互联网技术为实现教育智慧互联、资源互联以及构建家校协同育人通道,提供了可靠的技术支撑。2019 年《政府工作报告》明确提出发展"互联网+教育",促进优质资源共享。互联网的普及与应用,成为推进教育观念与模式改革的重要动力。

建立完善的现代化教育教学资源库,包括建立优质教学资源库、学科教学资源库、实践教学资源库、分级阅读电子图书馆、学生健康知识资源库、教师能力发展资源库、学生学习监测评估数据库。一方面,着眼于公共卫生安全和国家教育安全,充分利用现代信息技术,将学校图书设备资源、学科课程数字化、网络化、智能化,构建现代教育技术应用体系和资源配置体系,提升学校教育抵御重大公共安全风险的能力。另一方而,要通过"互联网+教育"与"互联网+家庭教育"之间相互链接、相互融合,开创家庭教育与学校教育相互融合一体化发展之路。

(6)学习守护者,亲师合育中的教师角色转换

课程育人、文化育人、活动育人、实践育人、管理育人、协同育人六者完美统一,协同育人是关键。教师是家校协同育人的最重要"纽带",是实现家长与学校信息连接、资源转换、合作育人的重要桥梁,是孩子健康成长的保护神。

教师是学生学习的组织者。传道、授业、解惑是传统教师的三大核心职能。互联网的快速发展带来了海量数据汇聚,实现了人类知识大爆发。面对人工智能浪潮的挑战,教师正在实现从知识的传授者向学习的组织者角色的转变。教师角色的重点不再是简单的知识传授,而是重在自我学习的过程中,科学、精准、有效地组

织学生学习。

教师是学生学习的引导者、支持者。正如习近平总书记明确指出的:"教师做的是传播知识、传播思想、传播真理的工作,是塑造灵魂、塑造生命、塑造人的工作。教师不能只做传授书本知识的教书匠,而要成为塑造学生品格、品行、品味的'大先生'。"教师要引导学生科学地管理时间,培养学生自主学习能力,指导学生开展个性化学习。"融合运用传统与现代技术手段,重视情境教学;探索基于学科的课程综合化教学,开展研究型、项目化、合作式学习。精准分析学情,重视差异化教学和个别化指导。"教师要学会利用智能导师系统,系统性甄别学生发展中存在的个别性问题,为学生提供个性化的帮助、个性化的辅导。

教师是学生学习的陪伴者,而最好的教育是陪伴。《中国教育现代化 2035》将"建成服务全民终身学习的现代教育体系"作为战略目标的第一条,要形成学校教育与社会教育、家庭教育密切配合、良性互动,形成公共性、公益性、网络化、个性化和终身化的教育体系。在建设终身学习型社会的进程中,教师应该首先实现人人皆学、时时能学、处处可学,率先成为终身学习的好教师、好公民。

教师是学生学习的评估者。居家学习、网络课堂的开展,使得教师的角色由讲授者转变为学生学习进程、效果和成绩的评估者。从经验型评估转变为以数据为基础的现代化评估,研究学生的学习行为学习内容、学习方式与学习效果之间的关系与规律,找到提升学生学习能力的好策略、好方法;充分利用现代网络技术和智能设备,采集学生健康数据,监测学生体育运动技能、身心健康情况,并进行有效的干预;对于留守儿童进行安全引导与管理,等等。要科学地评价学生的学习能力和学习特长,引导家长和学生正确认识自我,促进学生积极、健康、全面发展。

完善教师能力,使教师成为家校协同育人工作的推进者、构建者和实践者。克服家庭教育指导者、工作者和研究者在知识、技能和素质方面的缺陷,持续提升教师自身素质,建立家长、社会共同参与的专家库,推进家庭教育指导服务良性健康发展。特别要全面提升教师教学领导能力、学习组织能力技术应用能力和家校沟通能力,要具有技术能力和转换能力。

家校协同育人是新时代教育发展的战略课题。要实现从传统学校教育模式向家校协同育人模式的转变并非一朝一夕,更难以毕其功于一役。研究尚存在以下三点不足:一是对亲师合育的理论基础、基本概念的研究不足,尚缺乏更具权威性的支撑和普遍的共识。二是家校共同体在实施与操作层面,需要不断深化,以及法律支撑、政策支撑和必要的财政支撑。改变公共教育资源配置方式,依然是实现家校协同育人最大的体制机制障碍。三是指标体系研究处于初步阶段,数据的可采集性、可持续性和比较性还需要进一步加以研究和论证。

更为重要的是,在家校协同育人过程中,存在大量的法律、政策问题有待研究。学校公共教育资源进入家庭的法律正当性、家长及家庭教育的公共教育责任、家庭教育能力评价指标体系和中国特色社会主义亲师合育理论等,这一切都为教育工作者和教育研究者提供了巨大的理论与实践空间。

四、我的感悟:以心换心,构建家校命运共同体

苏联教育家苏霍姆林斯基说:"最完备的社会教育是学校—家庭教育。"家校联合教育是成就孩子的根本条件,用心给予对方最

大的帮助和关爱,是班主任和家长孩子和谐共处的关键。要想把家庭教育和学校教育紧密结合在一起,打出亲师合育的组合拳,学校和家庭的沟通至关重要。此过程中需要注意哪些问题;家校联合究竟应该做哪些工作;如何才能赢得家长的信任与尊重,支持与理解;如何处理家校冲突,并通过良好的应对措施获得教育效益的最大化;在家校冲突中,如果看到冲突的积极意义,及时反思和学习;我们应当有怎样的家长观、自我观、教育观;亲师合育如何向更高的阶段发展,发展的可能空间又在哪里……这些都是作为教育者必须思考的问题。

学生是在学校、家庭以及社会的共同影响下成长的,而亲师合育是确保学生健康成长的重要条件,亲师合育的水平影响着学生的发展状况,班主任应当理性地认识自己与家长合作育人的水平。亲师合育一般要经历三个发展阶段,即分享信息阶段、协调配合阶段、共事双赢阶段。其中,呼呼共同制定目标,参与活动,共享资源和分享成果,是班主任和家长合作的第三阶段。

一个真实的教育问题能激发人多方面的体验、思考与想象。作为教育研究人员能够意识到亲师合育的重要意义,而作为家长,伴随着孩子从小学到初中,又同时体会着做家长的种种无奈、困惑甚至是煎熬,不同的家长、教师有不同的体验、认识和立场,因此需要以合作的方式明确问题、厘清思路、共同发展。当下到底有哪些必须正视的问题,发展的空间又在哪里?

首先,家长的学历提升挑战着教师与教育。如果 20 年前拥有中师学历的小学教师还算当地较高学历者的话,随着义务教育的普及和高中大学教育的快速发展,现在教师的学历在部分家长面前已毫无优势可言,本科生和硕士生已经比较普遍,这种学历结构对比状态的逆转,必然会带来家长与老师合作育人的新预期、新方式。

其次,家庭结构与教育方式的转变挑战着教师与教育。独生子女政策实施多年,第一代独生子女已成长为新一代的学生家长,由于社会变迁的综合影响,离异家庭的比例越来越高,留守儿童群体规模已不容忽视,这些变化挑战着教育的目标和评价方式。与此同时,家长的教育方式,尤其是在核心家庭中越来越体现出时代转型的特征。一项研究指出,"80后"父母的教养方式与以往有很大不同,说话水平高,对待孩子更加尊重,更加重视孩子的学习,以民主积极的方式教育孩子,而不是单纯的溺爱或严厉管束,这样的家长很难能够接受自己的孩子在学校里被动压抑地生活。

再次,家长的教育理解与期望的变化挑战着教师与教育。现在基本上每一个家庭都只有一个孩子,为了孩子的健康成长,家长当然是竭尽心力。当然,现在的教育方式和以前的教育方式完全不相同,有家长曾在"我最期望老师做到"的栏目中明确写道:"给予孩子充分的肯定,培养其自信心;把学习当成一件轻松的事;不体罚;经常与家长沟通,及时解决孩子出现的问题。"

最后,家庭教育的具体条件已发生重大转变。随着人民生活水平的不断提高,绝大多数城镇家庭能为孩子提供电脑、互联网、独立的房间等。可以说更为优越的学习条件,已经在改变着家庭学习与学校学习间的对比关系,并要求学校提供更高质量的教育。

从对家长的关注到加强合作的主题上,我们需要思考,这些变化带来的是量变还是质变? 国外有学者指出:"我们对于家庭、学校、社区的当下状态或发展的一系列观点,正在经历革命性的变化。"中国是否也正在发生? 回答是肯定的。

首先,这意味着对传统的传承与更新。在亲师合育实践中,尊师重道本是重要的教育传统,但当前其在表现形式上已经发生了变化。家长对教师教育,已经表现出某种不满意,甚至用打投诉电话等较为激烈的方式表达,这是否意味着家长不尊重教师、学校了呢?进一步思考尊师重道的基础,笔者认为这种教育传统并没有丢失,而是建立在更为理性主动的基础上,合作的主体双方都在提高理性水平,感受对方的存在与独特价值,在真正的对话交流合作中改变自我和对方,那种单向的尊重或被尊重已经不再可能了。

其次,我们要关注网络时代对加强合作的新推动。新技术的快速发展与普及,将个体与无限广大的世界连接起来,对于家长、教师与学校,彰显个性都提供了新的可能,而大量的网上家长社区,不管是考试升学的信息分享,还是育儿心得交流,或是某些意见领袖的出现,均正在成为我们学校教育的新压力源。同样,网络也为学校传播教育信息,尤其是辐射教育力量提供了重要的可能性。尽管这种可能性尚未被充分察觉,认识或理解,更为重要的是,网络时代密切了人与人、人与组织的联系,正在成为加强合作的新方式。

最后,变革性实践正孕育着系统变革。在个体的教师层面,教师已经是家长教育的真正合作者,班级的发展计划、教育过程和评价吸引家长参与决策实施与评价全程。在学校层面上,开展更多的平等对话,尊重家长的学校参与权,要以多种形式推进家校互动,提出形成家校互动机制,让学校主动出击,迎接信息社会的挑战,就是为了促进学校正视现代社会应运而生的信息传播方式,学校在这些新生领域中不能缺位,不能失语,要起到有效的引导作用,一系列的实践变革孕育着新生的力量。

如果不考虑对学生和孩子的价值,亲师合育就可能误入歧途,因此亲师合育的开展,必须建立牢固的学生立场。与此同时,家校间的合作关系事实上应提升为教师与家长间的命运共同体关系。

孩子是家庭的希望,是家庭命运的最终体现者,学生也同样是教师存在的根本理由,家长与教师因孩子而必须相互合作,共同承担起教育的责任。在这意义上,教师与家长就形成了命运共同体的关系。

那么,如何更好地发挥家校命运共同体的作用呢?关键是家长和老师要密切协作,做好沟通,关键要用心沟通。

第一,对待家长要热心。某权威研究机构得出以下结论,一个孩子成长50%来自家庭教育,30%来自个人的修养,20%来自学校教育。我们姑且先不讨论这个百分比的准确率到底有多高,但这个数据足以说明家庭教育在一个孩子教育过程中的重要程度。因此,在和家长沟通中首先要有一副热心肠。因为家长是形形色色的,但是对待任何家长都要记住一个诀窍——"伸手不打笑脸人"。接待家长的态度,要做到"三个一":家长来校给搬一把椅子,请家长坐着聊;给家长泡一壶热茶;用一张真诚的笑脸迎接家长。只要做到了这三条,就没有不愿配合的家长。

家长来学校一般有如下三种情况:

第一种情况是孩子犯了错,老师请家长来学校配合老师教育孩子。这个时候家长是最不愿意来学校的,因为他们觉得孩子不省心,给老师添麻烦,也给自己丢脸。所以,他们一般抱着到学校接受批评的心情,惶惶不安地来到老师的面前,这种家长还是比较愿意和老师配合的。但有的家长接到老师的此类电话就火冒三丈,一股脑地想把责任推给学校,甚至打算到学校兴师问罪。遇到这种家长要小心沟通,老师一句不中听的话,就可能把家长的火点起来。所以遇到这类家长,我们应把作为老师应有的态度和热情充分表现出来,我相信只要家长看到老师对待他们的热情,一定会把自己的情绪收敛起来。

第二种情况是孩子在校表现较好，成绩也较好，可是在某一方面存在着问题，影响孩子进一步发展，老师想叫家长来沟通了解孩子在家庭中的状况和表现，以便帮助孩子更好成长。这类家长大部分很配合学校，愿意和学校老师合作，但也不乏一小部分家长认为自己孩子已经很优秀，是老师故意找碴儿刁难家长。这类家长通常是抱着无所谓的态度来学校，个别家长甚至对老师的沟通意愿不屑一顾。这类家长到校后，老师的热心更是必不可少，家长一旦感受到老师的热情和真诚，就一定会全力配合。

第三种情况是孩子在家里表现不好，总和家长顶嘴，对家长的话不听不理，和家长消极对抗，这类家长的内心备受煎熬，实在没办法才主动到校，向老师求助。此时的家长，从内心深处依赖学校老师的帮助，把教育孩子的希望全部寄托在老师身上。此时老师的热情，一定能温暖为教育孩子辛苦操劳的家长的心。

第二，与家长相处要诚心。要圆满解决任何问题，就必须学会换位思考。家校沟通要想达到预期效果，双方首先都应该换位思考，即在同理心的前提下相互沟通。当家长表示不满时，老师应该静下心来慢慢聆听家长不满意的原因，老师要耐心细致地和家长沟通，了解导致家长产生不满的问题所在，满怀真诚地帮家长解决问题，即使家长曲解了学校老师，也要耐心细致地做好解释工作，切不可一味埋怨、抱怨家长不通情达理。因为家长的素质参差不齐，有些家长不能通过一遍两遍解释就能理解我们的意图。但日久见人心，时间久了，我们总是满怀诚意，热情对待他们，我们相信没有捂不热的石头，更没有打动不了的人心，毕竟我们的目标一致的，都是为了教育好孩子。

但与家长沟通无效时，我们也不能放弃对孩子的教育，更不能放弃和家长的沟通。作为教育者，一定要记住：无论在任何时候，

530

我们都不能放弃任何一个可以教育孩子的机会,哪怕家长不配合,哪怕家长不理解,我们都要想方设法让家长明白,在教育孩子这件大事上老师是家长最亲密的盟友,只有老师和家长目标一致,心往一处想,劲儿往一处使,才能使孩子享受到最好、最全面的教育。

第三,和家长沟通要有慧心。我们平时要和形形色色的家长打交道,智慧地面对不同的家长,才能把亲师合育落到实处。对"溺爱型"家长重在说服;对于"放纵性"家长重在以事实引导;对"打骂型"家长重在劝告;对"隔代"家长重在尊重。

和家长沟通的方式,要根据不同类型的家长而定,"对症下药",灵活处理问题:对有教养的家长我们要坦诚相告,一步步引导他们公平、科学、民主地对待孩子的教育;对"溺爱型"家长,我们首先要肯定孩子的长处,让家长的心理不至于有太大的落差,慢慢渗透孩子身上存在的问题,让家长有心理准备,给家长一个接受的过程;对"放纵性"家长,我们除了让家长了解孩子在校的好的表现,还要动之以情、晓之以理,让他们明白家庭教育在孩子成长过程中的重要性;对后进生的家长要有同理心和同情心,在沟通过程中必须让家长看到教育孩子的希望,让家长有信心。只要有信心,只要家长愿意配合,后进生就有转化的可能;对情绪不好的家长,我们要以博大的胸怀接纳他们的坏脾气。之后我们再循循善诱,以理服人,只要沟通的方法合理,就没有解决不了的问题。

综上所述,在和家长的沟通中,只要保持"三心"——爱心、诚心、慧心,时刻记住维护"家校共同体"的团结,挖掘"家校共同体"的巨大潜力,就一定会赢得家长的支持,亲师合育就不再是一句空话。

卷四 研究篇